AF557519

Reinhard Leube

God Save the Fuehrer

Vierter Teil

Anderwelt Verlag

Reinhard Leube

God Save the Fuehrer

London und Europa 1939

Der Geschichte vierter Teil

Bilder von Andreas Schäfer

Impressum

God Save the Fuehrer
London und Europa 1939
Teil 4

Umschlagbild und Illustrationen Andreas Schäfer

1. Auflage 2020

Anderwelt Verlag, München
Druck: CPI Books GmbH Printed in Germany

ISBN: 978-3-940321-25-1

Das *Appeasement* war kein *Fehler*. Es war die Pflege und Wartung des Selbstzerstörungsmechanismus im Inneren Deutschlands, der den Namen Adolf Hitler trug und glaubte, er verdanke die Erfolge, die er wundersam erzielen durfte, im vollen Ernst der Vorsehung.

Dr. Joseph Wirth, der 1921/22 Reichskanzler in Deutschland war, ging nicht so weit, die englische und amerikanische Unterstützung für Hitler und seine braunen Truppenteile als Falle für Deutschland zu bezeichnen. Er beschränkte sich darauf, sachlich festzustellen: „Die Weimarer Republik und diejenigen, die zu ihr gestanden haben, erhielten nichts, die anderen alles.“ Aber die anderen waren Nazis.[1]

INHALTSVERZEICHNIS siehe Seite 358 ff.

Das Deutsche Reich im siebten Jahr unter Hitler

Um Mitternacht hat ein neues Jahr angefangen und der große Führer ist jetzt fester im Sattel als vor der Krise vom letzten September. Man kann sagen, dass das deutsche Volk inzwischen längst in vier Gruppen zerlegt ist. Es gibt die tatsächlichen Nazis und jene nominellen, die in die Partei eintreten, um zum Beispiel ihren Beruf ausüben zu können, Nicht-Nazis und Anti-Nazis. Trotz allem darf man sich diese Einteilung nicht gar zu statisch vorstellen. So bringt es die Kategorisierung schon ins Wanken, wenn einer in die Partei eintritt, um Entscheidungen der Staatsmacht in einem positiven Sinne beeinflussen zu können. Ganz unklar werden die Fronten, wenn es um die Haltung zu den Juden geht. Auf jeden Fall hat der Anti-Semitismus in Verbindung mit dem Anti-Kapitalismus und mit dem Anti-Kommunismus auf breite Schichten eine starke Anziehungskraft. Doch dass das 1933 und nochmal im November 1938 zu konkreter Gewalt führte, wird weitgehend abgelehnt, außer von denen freilich, die an den Pöbelfestivitäten teilnahmen und denjenigen, die durchaus gern teilgenommen hätten, aber nicht selbst zur Synagoge kommen konnten. Auf dem Gebiet des Reiches sind nach vielen Auswanderungen seit 1933 übrigens ungefähr 213.930 Juden verblieben. Richtig ist weiter, dass die Hälfte aller Leute mit keiner Nazi-Organisation Kontakt hat.[2] Es bleibt so, dass man nirgendwo eintreten muss, außer wenn man eine Karriere im Blick hat. Es wird aber schwer verübelt, wenn jemand aus einem der braunen Vereine wieder austreten will – vielleicht gar noch mit so einer Begründung wie: Ich möchte dagegen protestieren, dass mein Nachbar von der Gestapo abgeholt wurde. Der ist ein ganz feiner Kerl. Oder noch mit der Ergänzung: Früher waren wir zusammen in der KPD.

Kennen Sie eigentlich den Witz schon? Ein Rabbiner wird gefragt, ob er den Unterschied zwischen einer Katastrophe und einem Unglück kenne. „Das lässt sich leicht beantworten“, sagt der Rabbiner. „Wenn die Decke im Sitzungssaal einstürzt und die gesamte Reichsregierung begräbt, so ist das eine Katastrophe – aber es ist kein Unglück!“[3] Da kann man sich fragen, wie man über Zustände wie die in Deutschland auch noch lachen kann. Der amerikanische Schriftsteller Mark Twain fand darauf seinerzeit eine überaus treffende Antwort: „Die verborgene Quelle des Humors ist nicht Freude, sondern Kummer." Gut verstanden. Allerdings wird es mit dem Humor bei uns langsam immer kritischer. Noch im November des vergangenen Jahres wurde in diesem Kabarett der „8 Entfesselten" eine ganze Anzahl politischer Witze vorgetragen. So wurde zum Beispiel von den Entfesselten die *Bräuteschulung* der NS-Frauenschaft als eine „erotische Bastelstunde" bezeichnet und erklärt, eine Besucherin einer Bräuteschulung sei mit einem Führer der Hitlerjugend erblickt worden, der ihr gerade „Nachhilfeunterricht" erteilte. Auf keinen Fall darf falsch verstanden werden, was hier gesagt wurde. Das ist weder lustig noch ist es harmlos; damit werden die Sammelbecken der Nazis, die sie in langer und mühevoller Kleinarbeit zur Erfassung und Gleichschaltung unserer Gesellschaft aufgebaut haben, übel durch den Kakao gezogen. Man kann sich von außen sicher schwer vorstellen, wie ernst so ein Ideologe seinen Vereinskram nimmt und seine tausend Abkürzungen. Lästerliche Reden verträgt der nicht. Damit die Kabarettisten den Rahmen nicht sprengen, werden von Zeit zu Zeit Verwarnungen erteilt. So berichtet am 9. Januar das Berliner „12-Uhr-Blatt" von einer Rede jenes unsäglichen Gauleiters Julius Streicher, die eine Warnung an die Ansager enthielt; Ansager des Nürnberger Kabaretts hätten Witze über politische Leiter gerissen. Nun ist Freundchen Streicher selber einer von ihnen, und so erklärt er, dass er künftig Kabaretts schließen lässt, in denen sich so etwas wiederhole. Und einige der Kabaretts werden in den darauffolgenden Wochen dann auch tatsächlich verboten.[4] Halten wir an dieser Stelle für einen Moment inne. Das heißt andererseits auch, dass es diese lästerlichen Klubs in den Jahren nach 1933 überraschenderweise weiterhin gab und auch, dass sie trotz alledem ihr Publikum hatten.

Wenn jetzt ganz ausdrücklich Witze über politische Leiter verboten sind, dann wird man solche Witze über Goebbels, die sich auf seine gelegentlichen Seitensprünge wie zum Beispiel den mit der Schauspielerin Lida Baarova beziehen, eher unterlassen: Goebbels besucht Elendsquartiere. In einer Wohnung in der Berliner Ackerstraße trifft er nur einen zwölf- bis dreizehnjährigen Jungen an, von dem er sich erläutern lässt, wie die Familie wohnt. Es sind nur zwei Betten vorhanden. „In det eene schlafen meine Eltern. Un in det andere schläft meine Schwester mit mich." Um die Grammatik der Berliner Göre zu verbessern, sagt Goebbels lächelnd: „Mit mir", und das Kind entgegnet ihm prompt: „Mit Sie? Na ja, sie will ja so gern zum Film!" Und hier kommt noch so eine Nummer, die sich Werner Finck im *Kabarett der Komiker* in Zukunft wohl auch verkneifen wird: Finck kommt mit zwei Bildern auf die Bühne. Auf einem sieht man den Führer und auf dem anderen Goebbels. Mit belanglosen Worten stellt er sie zur Seite und beginnt seine *Conférence*. Dann erscheint ein Bühnenarbeiter, der die Bilder fortbringen will. Finck dreht sich um und ruft: „Nein, nicht wegnehmen! An die Wand stellen!"[5] Was meinen Sie, was für eine Stimmung im Reich herrscht, wenn die Leute an dieser Stelle *lachen*? Weil das kurz nach den Ausschreitungen gegen die Juden im November 1938 auf die Bühne kommt, erinnert die Pointe doch stark an den furchterregend wütenden Aufschrei von General Fedor von Bock, der in der Befehlshaberbesprechung nach jenen unflätigen Krawallen im November des vergangenen Jahres fragte, ob man „dieses Schwein, den Goebbels, nicht aufhängen" könne.[6] Aus den Tagen nach der *Glasnacht*, wie die Ausschreitungen gegen die Juden bei uns auch genannt werden, wird Fincks Ausruf bestimmt auch stammen. Andere nennen den Exzess *Reichskristallnacht*, weil vor alles zwanghaft ein *„Reichs-"* vorgeschnallt wird, ein Propagandatick, der auf die Art auf den Arm genommen wird.

Wer war denn nun eigentlich der heiße Kabarettist, von dem man unter der Hand so erzählt, er wäre auf die Bühne gekommen und danach sei das Licht erloschen? Der Kabarettist habe Streichhölzer entflammt und damit verschiedenen Leuten im Publikum ins Gesicht geleuchtet. Dann habe er in die Stille gesagt: „Nein, nein, es liegt nicht an den Leuten. Es liegt an der Leitung!" Danach sei es wieder hell geworden und er habe lächelnd wiederholt: „Ich sagte doch – wenn es dunkel wird, liegt es an der Leitung." Schön ist auch *der* Beitrag: „Nennen Sie mir einen großen Deutschen. Sein Name fängt mit Goe an, er ist intelligent, er sieht arisch aus und er ist Minister." Kommt da die Antwort: „Göring", so kommt die Entgegnung: „Ich sagte, intelligent!" Sagt jemand: „Goebbels", so lautet die Antwort: „Nein, ich habe doch erklärt, er sieht arisch aus! Ich meine Goethe."[7] Das Beste wäre noch, wenn das jemand einfach erfunden und in Umlauf gebracht hätte. Hitler hat alles im Griff und da traut man sich öfter mal, sogar Kabarettisten in ein Konzentrationslager zu bringen. In den letzten sechs Jahren sind übrigens in politischen Verfahren alles in allem 225.000 Menschen in Deutschland zu Freiheitsstrafen von insgesamt etwa 600.000 Jahren verurteilt worden. Dazu kommen diejenigen, die ohne ein Urteil in ein Konzentrationslager verbracht wurden, sowie alle, die von den Schlägern in SA, Polizei, Gestapo oder auf eigene Faust umgebracht wurden. Da man gar nicht jeden von der Straße wegfangen kann, der den Nazis irgendwie nicht so recht geheuer ist, kann man sich vorstellen, wie es um die gute nationalsozialistische Volksgemeinschaft im Detail bestellt ist. Da nicht jeder unbegrenzt brummen muss, sind es im Moment nach einem Bericht der Gestapo alles in allem etwa 163.000 aus politischen Gründen in Haft gehaltene sogenannte Schutzhäftlinge, 27.369 wegen politischer Vergehen Angeklagte und 112.432 wegen politischer Vergehen Verurteilte. Wahrscheinlich wird das Vierte Reich das Fragebogenreich. Die erste Frage wird lauten: „Waren Sie einmal im KZ? Wenn nein, warum nicht?“[8]

Aber noch mehr Leute von den Straßen wegzufangen, traut man sich im siebenten Jahr der nationalsozialistischen Revolution immer noch nicht. Bei einem ausgefeilten Sicherheitssystem in unserem Land und mangels einer freien Presse, aus der man erfahren könnte, mit wem man sich wo treffen kann, um das Regime zu stürzen, kann unsere Staatsführung nur von außen ausgerottet und vernichtet werden, um an der Stelle zwei der am liebsten verwendeten Ausdrücke des Führers der Nazis anzuwenden.

Das Konzentrationslager ist und bleibt ein Thema für sich – Gefängnisse und Zuchthäuser und was es noch so alles im Reich gibt. Da werden sich später wahrscheinlich die Kinder einmal wundern, ob wir das vielleicht nicht gehört hätten, und weshalb wir dazu schweigen, dass es die Lager gibt. Aber es ist ja nicht so, dass keiner etwas sagt, weil man von diesem Wegsperren der Leute nichts weiß. Umgekehrt ist es: Es sagt gerade aus dem Grunde keiner was, weil man von den Lagern von Anfang an hörte und nicht selbst dorthin geschickt werden will. Eins können Sie glauben, da überlegt man sich gut, was man zu wem sagt und was nicht. Will sich das jemand einmal plastisch vorstellen, dann ist das ganz einfach. In der

Schule fängt das schon an: Was reden junge Leute nicht über die Lehrer und ihre Eltern. Untereinander, und dann? Sie wollen ihre guten Noten, sie wollen nicht nachsitzen, sie wollen nicht geschlagen werden. Und sie kuschen. Und aus der Firma kennen Sie diese Schizophrenie nicht? Das glauben Sie ja selber nicht. Sie wissen sehr gut, was läuft und was nicht. Und? Sagen Sie dem Chef Ihre Meinung oder wollen Sie dort arbeiten?

Wenn Sie dieses Thema Konzentrationslager sehr umtreibt, nehmen Sie sich ein bisschen Zeit, um über folgenden Umstand nachzudenken. Eine Einrichtung, in der es so zugeht, hat es in dieser Form noch nie gegeben. In den Städten und Dörfern des Reiches leben demzufolge Männer und Frauen, die kein Bild davon haben. Solche Bilder wird es sicherlich einst geben, doch bislang gibt es sie nicht. Es muss sich ja um Übertreibungen handeln, wenn die Zustände in so einem Lager ausgemalt werden – und je schlimmer die Schilderung ist, desto unglaubwürdiger wird sie. Somit haben die Gerüchte zwei gegenläufige Wirkungen. Einerseits verstärken sie den Druck und behindern den Gedankenaustausch und andererseits nähren sie Zweifel daran, ob es wirklich alles stimmt, was erzählt wird.

Sicher wäre es schön, wenn alle auf einmal aufstehen würden und etwas unternehmen gegen diese Zustände. Und wie gut kennen Sie sich selbst? Sind Sie unter den Ersten, die den Aufruhr organisieren? Oder gehören Sie auch zu denen, die zu Hause am Abendbrottisch schimpfen und alles bloß zynisch kommentieren? Womit nun keinem Menschen geholfen ist. Es ist nicht jeder so *impulsiv und eruptiv* wie Franz Josef Strauß*. Leute wie er kennen diese ängstlichen Blicke rechts und links – wohlmeinende Ratschläge, besser den Mund zu halten. Da geht es nicht so sehr um eine Ideologie – da geht es um Menschentypen. Es gibt Zustände, die müssen kritisiert werden, und dann gibt es Leute, die das tun, und Leute, die das nicht tun. Ideologie wird überbewertet. Er selbst findet ja, für ihn ginge es da wahrscheinlich darum, seine eigene Identität zu wahren gegenüber jedem Angriff und Druck. Jedenfalls, und das ist für diese Art Menschen typisch, stellt er sich nicht die Frage, ob er sich nicht mit ein wenig mehr Selbstbeherrschung die riskanten Konfrontationen ersparen könnte. Da ist keinerlei Filter vorgeschaltet. Hans Bernd Gisevius ist immer wieder überrascht, dass sie jedes Mal andere holen und nicht ihn selbst. Daraus schlussfolgert Hans nur konsequent, dass unter bestimmten Umständen nichts so sehr verblüffen kann wie vollkommen unerwartete Offenheit.[9]

So eine Diktatur ist eine seltsames Gemeinwesen und funktioniert nach sonderbaren Regeln. Fragen wir einen Mann, der es wissen muss, da er Referent für Ostpolitik in der Dienststelle Joachim von Ribbentrops und Vorsitzender der Deutsch-Polnischen Gesellschaft ist, einer, der bereits seit 1931 in der Partei ist und nun auch SS-Obersturmbannführer. Es ist Peter Kleist. Er sieht bei Weitem nicht bloß Ja-Sager und kleinlaute Mitmenschen: „Sie sehen die Fehler im Einzelnen und leisten ihnen Widerstand. Sie erkennen die schweren Mängel im Großen und erheben mutig ihre Stimme, denn das ist möglich in dieser Diktatur. Sie trifft zwar diejenigen hart, die sich heimlich zusammenfinden, um ihren Missmut an andere Missmutige weiterzutragen. Sie verträgt aber ein offenes Wort an rechter Stelle.“ Und weiter: „So unangenehm es allen denen ist, die sich für ihre Mitläuferschaft mit der Gestapopistole zu entschuldigen suchen, so lässt es sich doch nicht leugnen, dass es eine Reihe von Männern gibt, die ihrem Gauleiter, ihrem Minister, die Hitler selbst mit zähem Widerstand begegnen und die dennoch das Dritte Reich überleben.“[10] Warten wir ab, ob Gisevius und Strauß die Tausend Jahre auch überleben.

Aber wie viele trauen sich, einfach eine Probe aufs Exempel zu machen? Und dann kommt es immer noch mächtig auf die Umstände an, ob man in dem Moment nicht doch ganz schnell aus dem Verkehr gezogen wird. Die allgemeine Rechtsunsicherheit, die 1933 in Deutschland Einzug gehalten hat, dürfte der wichtigste Grund für das verbreitete Ducken sein. Neid kommt auf über jene, die sich ins Ausland absetzen konnten. Unter den Nicht-Überzeugten kursiert daher der folgende Spruch: Fränkel war bald nach der „Machtüberhebung“ emigriert und hatte sich in New York eine neue Existenz geschaffen. Jahre später kommt sein Freund Rosenbaum nach. Mit Erstaunen sieht er in Fränkels Wohnung ein Hitlerbild an der Wand. „Ich kann nicht verstehen, warum du diesen Kerl hier aufhängst!“ Darauf erklärt der Fränkel: „Das ist doch leicht zu verstehen – gegen Heimweh!“[11]

Es ist ja nicht so, dass keiner etwas gegen die Festsetzung der Nazis hier machen würde. Werfen wir doch wieder einen Blick in jene Mitschriften der Kollegen beim Sicherheitsdienst. Widerstand gegen die Diktatur im Rahmen einer Institution ist streng genommen eigentlich nur in Kirchen und der Wehrmacht möglich. An die Versuche der Generäle im Heer die Vertrauenskrise vom September für einen Staatsstreich zu nutzen, kann man sich noch erinnern. Und auch in den Kirchen wird weiter um jeden einzelnen Menschen gerungen. Die Kollegen beim SD sprechen hier von krampfhaften Bemühungen vor allem der katholischen Kirche, den Einfluss auf dem Gebiet des katholischen Vereinswesens zu erhalten, sowie nach Möglichkeit zu verstärken. Sie attestieren diesen Bemühungen für den Berichtszeitraum des ersten Quartals 1939 Erfolglosigkeit und fügen erläuternd hinzu, warum das Strampeln nichts bringt: Staatliche Organe haben an zahlreichen Orten katholische Vereine aufgelöst und fertig. Im Januar wird der katholische Jungmännerverband „im gesamten Reichsgebiet zerschlagen".[12]

Wie lange gab es diesen Verein jetzt eigentlich bereits, morgen mal weggerechnet? Die Verbandszentrale der gesamten katholischen Jugendverbände wird geschlossen; dasselbe gilt für das Jugendhaus in Düsseldorf, das die Zeitung Der Deutsche Weg als den „Stolz des Katholizismus" gewürdigt hatte. Der katholische Akademiker-Verband wird verboten, die katholische akademische Bonifatius-Einigung wird verboten, die akademischen Missionsgesellschaften sowie der deutsche Marien-Ritterorden werden verboten. Es ist das gleiche Muster wie 1933. Mit Stiefeln waren die braunen Geistesgrößen durch die Büros von Gewerkschaften, Parteizentralen und Organisationen getrampelt, haben das Mobiliar vernichtet und alles verboten. Sechs Jahre lang konnten sich unsere Kirchen mehr oder weniger gegen die Gleichschaltung abschotten und jetzt wagen sich die Braunen sogar in deren Gemächer. Organisatorisch lässt sich auf die Art natürlich für Ruhe im Karton sorgen. Doch mit derartigen Methoden können sie keinen Menschen überzeugen. Auf Pastoralkonferenzen wird von den Geistlichen immer wieder gefordert, die ganze Arbeit nunmehr auf Seelsorge und das Laienapostolat zu verlagern, oder will man einem Pastor verbieten, mit seinen einzelnen Schäfchen zu sprechen? So sollen

Kerngruppen gebildet werden, um den auf außerkirchlichem Gebiet erlittenen Verlust im innerkirchlichen Leben wieder auszugleichen. Beim SD wird konstatiert, dass sich die Umwandlung der bisherigen Kampfmethoden mit überraschender Schnelligkeit vollzieht, und dass nun der Kampf um den Menschen von den Kanzeln immer mehr in die Pfarrhöfe und Privatwohnungen verlegt wird.[13]

In erster Linie bemüht man sich um die Jugend, damit sie jenes Denken, das ihnen in der Schule, in der Hitler-Jugend und beim Bund Deutscher Mädel angeboten wird, nicht kritiklos aufsaugen. Wer soll sie denn sonst von den überheblichen nationalen und rassistischen Parolen abbringen, wenn kein anderer öffentlich was dagegen sagen darf? Da bleibt bloß der Pastor. Die Betreuung der Jugend und die außerschulische Erziehung ist die Aufgabe der katholischen Mutter, die in Aussprache-Stunden an ihre Pflicht zur Erziehung „nachdrücklichst erinnert wird". Wer seine Kinder nicht erzieht, überlässt sie ja hilflos dem *Gedankengut* der Nazis. Dabei ist es den Katholiken sehr wichtig, dass die Kleinen an „Kinderseelsorge-Stunden" teilnehmen, die den ehemaligen Religionsunterricht ersetzen. Damit meint man es sehr ernst und arbeitet mit harten Bandagen: Sind hier Versäumnisse festzustellen, erhalten die Eltern einen Vordruck „im Auftrage des Ordinariats" zugeschickt, in dem man ihnen die Exkommunikation androht, und den Empfang der Sakramente und die kirchliche Beerdigung verweigert. Bei aller Liebe, zimperlich ist das wahrlich nicht. Mitglieder der Vinzenz- und Elisabeth-Konferenzen werden im Rahmen der Laienapostolatsarbeit veranlasst, bei katholischen Eltern, die schulpflichtige Kinder haben, Hausbesuche durchzuführen. Das Spektrum bei der Jugendarbeit reicht von derartigen Maßnahmen über wöchentliche Jugendstunden, monatliche Standespredigten, Schulentlassungsfeiern, Exerzitien, Jugendkurse und Einkehrtage bis hin zu ihren Wochenendwallfahrten. Der deutsche Jugendbischof Albert aus Mainz, weist dieses Jahr in einem Hirtenbrief an die Schulabgänger des Jahrgangs 1939 auf die Bedeutung kirchlicher Jugendstunden hin. Es führt definitiv zu weit, an der Stelle den Bericht komplett wiederzugeben. Langer Rede kurzer Sinn ist schlicht und ergreifend, dass sich die katholische Kirche heftig bemüht, alternative Inhalte anzubieten, die unsere Jugend auf Abstand zu den Lehren der Braunhemden halten.[14] Es wird ja sowieso spannend, welche Quellen die Historiker später unberücksichtigt lassen, um zu beweisen, dass auch die Kirchen nix gegen die Nazis gemacht haben.

Wenn sich die Kollegen vom SD außerhalb der Kirchen umschauen, sind sie nicht schlecht überrascht, dass sich vor allem in Mittel-Deutschland und in den industriellen Gegenden im Westen des Reiches Gruppen der Bevölkerung so verhalten, als sei die Gleichschaltung der ersten Monate nach dem Januar 1933 nicht mehr aktuell. In der Wahrnehmung des SD beginnen Leute da „in die alten Fehler der Systemzeit zurückzufallen".[15]

Nachdem man alles verboten, verboten und nochmals verboten hat, lebt in diesen Regionen das Vereins- und Gesellschaftswesen wieder auf. Das geht so ja nun gar nicht. Es kommt neuerdings sogar zu Neugründungen von irgendwelchen dubiosen Vereinen. Da werden Vorträge veranstaltet, „bei denen bekannte Gegner der Systemzeit" bis hin zu einer ehemaligen Reichstagsabgeordneten wie Gertrud Bäumer* auftreten. Als besonders unmissverständlich werden vom SD liberalistische Erscheinungen in der Wirtschaft gebrandmarkt. Es klingt, als wollten sich die Kollegen selbst beruhigen, wenn sie es als „Einzelfälle" bezeichnen, dass vorgenommene Steuererhöhungen, genau wie der Ausbau der Hermann-Göring-Werke kritisiert werden, die Baupolitik (an die entsprechenden Anmerkungen aus dem einfachen Volk zu den Repräsentationsbauten werden Sie sich sicher erinnern), sowie die Auswirkungen des wirtschaftlichen Boykotts durch das Ausland. Was sollen das für Einzelfälle sein, wenn die Männer vom SD schreiben, dass all das vor allem in Industrie und Handel, also längst nicht nur dort, „zum Anlass scharfer Kritik genommen" werde?[16]

Es folgen Hinweise auf die Kritik über das unsoziale Verhalten von „Betriebsführern" – früher hätte man diese Herrschaften als Unternehmer oder als Kapitalisten bezeichnet, Überschreitungen festgelegter Höchstpreise und Hinweise auf „Widerstand der Bauern gegen die Änderungen des Reichsnährstandes"[17] – will heißen auf dem Feld der Landwirtschaft. Auch von ehemaligen Angehörigen von Stahlhelm und Jungdeutschem Orden (Jungdo) kann man nicht sagen, sie wüssten sich nicht zu helfen.

Obwohl ihre Zusammenkünfte nach dem Verbot schon seit Jahren nicht „rechtens" sind, wie die Nazi-Sprachschöpfung heißt, halten sie die Verbindungen über gesellige Zirkel aufrecht. Beliebt ist das Skatspielen als Tarnung für ihre Arbeit. Wer wird denn Böses vermuten, wenn Männer zu einer Runde Skat zusammenkommen? Fürsorglich wie eine richtige Mutter merkt der SD in seiner Version eines pädagogischen Tagebuches über diese durchaus erwachsenen Männer an, dass sie weiter bockbeinig „außerhalb der verschiedensten für sie in Frage kommenden Ersatzorganisationen stehen".[18] Klasse, wenn andere Leute darüber befinden, was für fremde Menschen in Frage kommt. Das führt zu echter Begeisterung. In Hamburg enttarnt der SD zum Beispiel das Ziel einer der unverfänglichen Skatrunden: Wie Al Capone während der Zeit des Alkoholverbotes *in America* vor 1933 darum bemüht war, Chicago mit *dem Stoff* zu versorgen, so beschaffen diese findigen Hamburger die fehlende Butter auf ihre Weise. Zu allem Überfluss brandmarkt der unfähige Staat das auch noch als Wirtschaftssabotage. Bei einer funktionierenden Wirtschaft ist das Verschieben von Butter gar nicht nötig. Da würde man in den Laden gehen und sie ganz einfach kaufen.[19]

Adis Lieblinge, die alten Frontkämpfer, machen gleich überhaupt nicht, was sie sollen. Da gibt er einen Eingliederungserlass für alles, was so am Markt ist an Kriegerbünden, in den NS-Reichskriegerbund NSRKB, und rund 500 Soldatenorganisationen kommen diesem Erlass einfach nicht nach, sodass sie zum staatspolizeilichen Eingreifen Anlass geben, wie es der SD feststellt.[20] Wie wird es um die Stimmung in der Bevölkerung bestellt sein, wenn selbst bei den Soldaten auch weiterhin keiner etwas mit den braunen Männern zu tun haben will? Kopfzerbrechen bereiten dann jene, die zwangsweise in den NSRKB eingegliedert werden, weil sie dort ihren eigenen Einfluss geltend machen. Beim SD wird befunden, dass es letztendlich gerade jenes zahlenmäßige Anwachsen des NSRKB war, das „zur Einschaltung negativer Elemente" führte.[21] Weshalb spricht man in diesem Zusammenhang nicht glatt von feindlich-negativen Elementen? Das würde sich dann noch ein wenig abstrakt-steriler anhören. Das sind jetzt alles nur Beispiele aus dem grauen Alltag des Dritten Reiches. Dazu kommen auch wieder Leute, die weggefangen und eingesperrt werden.

Der Führer und die Welt rundum

Doch Adi sieht sich nicht nur in der neuen Heimat vor Probleme gestellt und muss sich behaupten. Auch außerhalb *Seines* Großdeutschen Reichs warten Herausforderungen auf den Jungen aus Österreich. Als normale Leute Weihnachten feierten, hatte er eine Einladung für den polnischen Außenminister Józef Beck fertig gemacht und an die Riviera gesandt. Im Januar ist es soweit und Beck schaut auf der Rückreise nach Hause beim Führer auf dem Berg in den winterlichen Alpen vorbei. Zugegen sind der Berliner Außenminister Ribbentrop, die Diplomaten Lipski und Moltke, der Warschauer Kabinettschef Graf Lubienski sowie Schmidt, der erneut Protokoll zu führen hat. Der Führer ergeht sich wieder einmal in seinen Ausfällen gegen die Russen im Allgemeinen und die Bolschewisten ganz speziell. Beck streicht heraus, wie gut sich die Beziehungen ihrer beiden Länder in der Septemberkrise bewährt haben, eine Krise, die es ohne sie freilich gar nicht gegeben hätte. Wenn nun ihr Verhältnis diesen „hohen Stand“ nicht mehr habe, dann sollten beide Parteien sich bemühen, die vorhandenen Schwierigkeiten aus dem Wege zu räumen. Wohlan. Einen kritischen Punkt sieht Beck in Danzig. So könne es doch Schwierigkeiten geben, wenn sich der Völkerbund auf einmal von dort zurückzöge. Weiß man es? Des Führers Entgegnung kulminiert in der Erklärung: „Danzig war deutsch, wird immer deutsch bleiben und muss früher oder später zu Deutschland zurückkehren.“ Dazu möchte er gerne eine Verbindung mit Ostpreußen durch Polens Korridor.[22]

Wenn für die beiden Probleme eine Lösung gefunden würde, ist er bereit zu einer Garantie der Grenze mit Polen. Hier erinnert er an jene Lösung, wie sie für die deutsch-französische Grenze gefunden wurde, indem man den Franzosen Elsaß-Lothringen überlassen hat, und wie es mit Südtirol geklärt wurde, das nun für immer zu Italien gehört. Übrigens wäre es für ihn auch nicht leicht, Polen den Korridor zu garantieren, denn er würde sich so einer sehr scharfen Kritik aussetzen. Daraus lernen wir, dass ein Diktator eben auch kein leichtes Leben hat. Aber da er ein *Realpolitiker* sei, habe er den Wunsch, das Problem endgültig zu regeln. Beck kommt seinerseits auf eine landschaftlich sehr schöne Gegend zurück, die leider weder zu Polen noch zu Deutschland gehört. Er vertritt die Auffassung, dass Karpatho-Russland im Osten der ČSR zum Herd antipolnischer Aktivitäten werden könnte, so dass Polen gegebenenfalls eingreifen muss.[23] Warum ähneln sich die Begründungen für Eroberungen eigentlich völlig unabhängig von der Staatsform der jeweiligen Länder?

Während die Führung Polens nach Wegen sucht, um mit deutscher Hilfe weitere Ländereien außerhalb seiner Grenzen zu erobern, sorgen sich an anderen Orten gute Menschen darum, Polen selbst vor einer feindlichen Übernahme durch Hitlers Großdeutsches Reich eventuell zu bewahren. Was die englische Seite betrifft, versuchen ihre führenden Militärs ganz nachdrücklich, den Außenpolitikern zu zeigen, dass Polen ohne die unverzügliche wirksame Hilfe durch die Sowjetunion einem deutschen Angriff nur begrenzte Zeit wird standhalten können. Aus diesem Grund sei der Abschluss eines Vertrages mit Moskau das beste Mittel, den Krieg zu verhindern. Unter den Militärs verbreitet sich ebenso die Überzeugung, falls Verhandlungen mit Moskau scheitern, sei wirklich die Annäherung zwischen der kommunistischen Sowjetunion und dem nationalsozialistischen Deutschland möglich.[24] Wie schon in den USA im letzten Jahr zu sehen, gibt es auch in Großbritannien verschiedene Interessengruppen, die durchaus ganz verschiedene Zielvorstellungen haben. Bei den militärischen Führern sind die Gedankengänge logisch und nachvollziehbar – bei vielen der führenden Politiker werden die verwendeten Worte lediglich dann verständlich, wenn man die Planung ihrer Väter im Blick hat, nach der die erstarkenden Konkurrenten Englands auf dem alten Kontinent sich in verheerenden Kriegen immer wieder gegenseitig schwächen sollen. Wie in Amerika wissen auch in London offenbar nur eingeweihte Kreise, dass nicht die Sicherheit von irgendwelchen Ländern das Thema ist, sondern der alles vernichtende Zusammenstoß Deutschlands mit der Sowjetunion. Für Chamberlain & Co. ist Polen wie zuvor Österreich und das Sudetenland nichts weiter als das Rohstofflager und eine erweiterte wirtschaftliche Grundlage dafür, dass die Sowjetunion mit ihren riesigen menschlichen und ökonomischen Ressourcen bei einem Kriege nicht in kürzester Frist am Rhein endet. Von solchen Überlegungen einmal ganz abgesehen kann man Polen ohnehin nicht helfen, denn die Warschauer Führung will das Sowjetreich lieber angreifen und das ausgerechnet mit

Unterstützung durch den Führer in Berlin und dessen Streitkräfte. Es ist nicht immer leicht, Politiker zur Vernunft zu bringen, vor allem in jenen Fällen, wenn sie durch kollektive oder gar private egoistische Interessen an vorausschauendem Denken gehindert werden.

Im Januar 1939 beginnen britische Diplomaten und Geheimagenten, die Regierung in London mit Gerüchten über einen bevorstehenden Angriff des Deutschen Reiches auf die Niederlande und Frankreich zu bombardieren.[25] Wenn es noch eines Anstoßes für eine Variation der britischen Politik bedarf, so liefert ihn der Führer persönlich. Der Botschafter der Sowjetunion Merekalov informiert am 11. Januar das Auswärtige Amt darüber, dass Moskau dem vorgeschlagenen Wirtschaftsvertrag durchaus zustimmt. Dann zahlt es sich jetzt aus, dass Ende letzten Jahres ein Großkredit des Reiches für die Sowjetunion in Höhe von 200 Millionen Mark für den Kauf deutscher Industriegüter vorgeschlagen wurde, ausgeglichen durch Rohstofflieferungen, die der Verführer braucht für die Aufrüstung. Auf einem Neujahrsempfang für das diplomatische Korps, der am nächsten Tag stattfindet, schenkt Adolf Hitler dem sowjetischen Botschafter demonstrativ Aufmerksamkeit und löst auf diese Art Spekulationen aus, er habe die Absicht, die Beziehungen beider Staaten zu verbessern. Kein Wunder, dass sich Warschau, Paris und London gut unter Druck gesetzt fühlen. Nicht das erste Mal geht das Grauen vor „Rapallo“ quer durch Europa. Mit dem Vertrag von Rapallo versuchten Berlin und Moskau am 16. April 1922 der Isolation beider Staaten nach dem Kriege zu entkommen. In den Stunden nach dem Eintreffen der Nachricht von einer Aussicht auf eine Erwärmung der Beziehungen zu Moskau müssen die Drähte in Hitlers Hirn geglüht haben. Selbstverständlich kann er mit den Polen gemeinsam Teile der Sowjetunion erobern; er kann aber auch gemeinsam mit der Sowjetunion ganz Polen erobern – und das Land zur Aufmarschfläche für einen späteren eigenen Feldzug in die Sowjetunion machen. Parallel dazu unternimmt Berlins Außenminister Joachim von Ribbentrop weitere Versuche, mit verschiedenen Angeboten Danzig von Polen zurückzubekommen. Doch es geht den Staaten um das Reich jetzt überhaupt nicht mehr um die Berechtigung anderer deutscher Wünsche. Hitler hatte vor der Unterzeichnung des Münchener Abkommen gesagt, dass es für Deutschland in Europa kein territoriales Problem mehr gebe, wenn erst diese Sudetenfrage gelöst sei. Was ist das Wort eines Mannes denn wert, wenn es kein Vierteljahr Bestand hat?[26]

Nüchterner als Hitler betrachtet Stalin in Moskau die Annäherungsversuche aus der deutschen Hauptstadt. John Cooper Wiley, der US-amerikanische Gesandte in Estland an der Ostsee meldet am 20. Januar dem Außenminister in Washington über eine Unterredung mit dem Oberbefehlshaber der estnischen Streitkräfte General Johan Laidoner, welchen er gewiss nicht ohne guten Grund als die beherrschende Persönlichkeit in Estland betrachtet: „Die sowjetische Politik beruht auf der Hoffnung, dass ein Krieg in Europa die Macht der großen Kontinentalmächte und ebenso die des britischen Empire tödlich schwächen würde. Er war zuverlässig unterrichtet, dass Litvinov von Stalin letzten Sommer höchst entschiedene Instruktionen erhalten hatte, nichts unversucht zu lassen, zu einer europäischen Krise zu ermutigen.“ Zu Außenminister Litvinov soll Stalin gesagt haben, er wünsche sich das Entstehen eines Krieges in Europa nicht später als September. Der georgische Schachspieler. Dort, fernab der Sowjetunion können sich die hochgerüsteten Kampfhähne in Mittel- und Westeuropa aneinander die Hörner abstoßen. Letzten Endes rechnet er genauso wie London mit der Fortsetzung einer Expansion des Deutschen Reiches unter seinem Friedensredner Adolf Hitler und unterstützt ihn, damit er sich andere Opfer sucht. Bleibt abzuwarten, wessen Rechnung am Ende des Tages aufgeht.[27]

Das öffnet wildesten Spekulationen Tür und Tor. Als sich andeutet, dass der Antikommunismus Hitlers, auf dem die britische, die polnische und seit einiger Zeit auch die französische Außenpolitik aufbauen, plötzlich einer anderen Linie in Berlin weichen könnte, bezieht Paris Stellung für den Erhalt Danzigs bei Polen. Berlin darf ja nicht noch belohnt werden, wenn es mit Moskau kuschelt. Von heute auf morgen vergisst Paris, dass es auf Warschau eben noch sauer war, weil es ein ökonomisch wertvolles Gebiet der ČSR geschluckt hat. In den Tagen von Ribbentrops Besuch in Warschau am 26. und 27. Januar hält der Pariser Außenminister Bonnet eine Rede über die Grundzüge seiner Außenpolitik vor der Nationalversammlung, in der er deutlich ausformuliert, im Fall eines Krieges, wenn England und Frankreich hinzugezogen werden sollten, so würden beide Länder sich gegenseitig unterstützen. Was die Beziehungen zu Polen angeht, genüge ihm völlig, daran zu erinnern, dass Außenminister Beck erklärte, dass die polnisch-französische Freundschaft zu den Grundlagen der polnischen Politik gehört. Kennen Sie auch Leute, die zwei und drei Menschen Treue schwören? Ministerpräsident Daladier betont bei dieser Gelegenheit, dass es gelte, den Forderungen von gewissen Nachbarn ein kategorisches Nein entgegenzusetzen.[28] Die Führung Polens jedoch, die munter auf mehreren Hochzeiten tanzt, auf Unterstützung aus Paris aber angewiesen wäre, wenn sie sich irgendwann gegen das Rückführen Danzigs zum Deutschen Reich wehren wollte, versichert Ribbentrop bei jenem *Talk*, dass sie bei einem denkbaren deutsch-sowjetischen Konflikt auf der Seite Deutschlands stehen wird, und das, zwei Wochen nachdem aufgefallen war, dass sich da etwas anderes als ein deutsch-sowjetischer Konflikt anbahnt.[29] Nach von Ribbentrops Besuch in Warschau, bei dem man sich in der Danzig-Frage nicht angenähert hatte und Warschau mit einer gewaltsamen Lösung rechnet, erarbeitet der polnische Generalstab Leitlinien für Operationen der Streitkräfte in einem nicht mehr unmöglichen Krieg gegen Deutschland, und er legt die Anfangsaufgaben für die polnischen Armeen fest. Bald darauf beginnt der sogenannte Hauptstab die Arbeit am *Plan Operacyjny „Zachód“*, dem Operationsplan „West“.[30] Hoffentlich sind Sie nicht durcheinander gekommen: Warschau arbeitet gemeinsam mit und gegen Paris sowie gleichzeitig mit und gegen Berlin.

Zum sechsten Jahrestag des Amtsantritts erklärt Hitler übrigens in einer Rede im Deutschen Reichstag: „In den schwierigen Monaten des letzten Jahres war die Freundschaft zwischen Deutschland und Polen eines der verheißungsvollsten Momente im politischen Leben Europas.“[31] Außerdem erklärt der *Kanzler des Friedens*, dass die Ausfuhr von Waren eine der Lebensnotwendigkeiten für das Reich darstelle und dass er mit einer Reihe von Friedensjahren rechne. Als Hjalmar Schacht im Dezember in London weilte, hatte er eine verstärkte wirtschaftliche Zusammenarbeit angebahnt. Der deutsche Botschafter berichtet nach Hause, Gedankengänge dieser Art fänden in London lebhaftes Interesse. Bei Gesprächen mit einflussreichen Briten erklärt von Dirksen, dass Entspannung über wirtschaftliche Zusammenarbeit gesucht werden müsse. Es sei durchaus viel politischer Reibungsstoff vorhanden, die wirtschaftlichen Interessen aber seien gleichgelagert und entwicklungsfähig. Es sei notwendig sowie zweckmäßig, auf wirtschaftlichem Gebiet durch mehr Zusammenarbeit Beruhigung und Vertrauen zu erzielen; dann könnte man weitersehen.[32]

In London regte man Ende Januar einen Besuch von Reichswirtschaftsminister Funk in Großbritannien an. Unser Botschafter kritisiert in dem Schreiben, dass hierauf die Antwort gekommen sei, dass Minister Funk „wegen Arbeitsüberlastung" nicht für einen Besuch in London verfügbar wäre und auch ein Zeitpunkt für einen späteren Besuch nicht angegeben werden könnte. Doch London lässt die Anregung zu einem Besuchsaustausch auf Ministerebene nicht fallen. Am Ende lautet die Lösung, dass Handelsminister Stanley nach Berlin geht und der Botschafter Deutschlands bei einem geplanten Festessen der Kohlenindustriellen selbst zugegen sein soll, nachdem bei den Kohleverhandlungen dem Unterbieten bei den Preisen und dem Abjagen von Märkten ein Ende bereitet wurde. Die zu haltende Rede muss von Dirksen aber beim Reichsaußenminister einreichen, damit sie auch „nüchtern und sachlich gehalten" bleibt, wie Berlin sich das wünscht.[33] Ein Wort gleich noch zu Reichsbankpräsident Hjalmar Schacht, der meinte, Hitler mittels der Finanzen an der Gurgel zu haben. Er kann seine führende Stellung in der Reichshauptstadt nicht noch einmal über den Winter bringen. Als die Diskussion ansteht, wie es mit den Wechseln der Reichsbank weitergehe, ist der Finanzspezialist in Berlin überflüssig. So weit reichte seine Phantasie im Jahre 1937 ja noch nicht.[34] Schachts Weggang wird in der gesamten Wirtschaft zum Anlass für scharfe Kritik am Staat genommen, wie man beim Sicherheitsdienst der SS (SD) festhält.[35] Das ist vollkommen verständlich, scheint Schacht doch der Garant dafür gewesen zu sein, dass sich die Inflation mit vielen Hungertoten nicht wiederholen würde.

Beim Sicherheitsdienst gehen Meldungen ein, nach denen Arbeitskräfte deutscher Nationalität in Polen entlassen werden, was darauf zurückgeführt wird, dass das gültige Grenzgesetz durch ein neues Gesetz Anfang

Januar des Jahres auch auf Deutsche ausgeweitet wurde, die mitten in Polen wohnen. Bis Ende des Jahres sind „sämtliche sich zum deutschen Volkstum bekennenden polnischen Staatsbürger zu entlassen“. Was im Besitz von Deutschen ist, wird „weitestgehend dem Staate ausgeliefert“. Beim SD protokollieren sie, dass seitdem „in der Tat kein Tag“ vergeht, „an dem nicht irgendwo in Polen Volksdeutsche aus ihrer Arbeitsstelle entlassen wurden“. Das wirkt sich unmittelbar auf Deutschland aus, weil viele der Entlassenen aus Polen flüchten, was von Warschauer Behörden auch nicht ansatzweise verhindert wird. Ist das kein Rassismus? Vorher war man froh, wenn die Juden das Weite suchten, und jetzt können die Deutschen gleich mit ihre sieben Sachen packen und abhauen. Allein im „polnisch gewordenen Olsa-Gebiet“ haben „von 25.000 Deutschen etwa 15.000 fluchtartig“ ihre Heimat verlassen, in Łódź und Umgebung sind es etwa 10.000 und in Ost-Oberschlesien sowie den Gebieten Posen und Pomerellen auch ungefähr 10.000. Zurückgeführt wird die jüngste Diskriminierung auf die anstehenden Gemeindewahlen in Polen, zweitens auf die Volksgruppenbesprechung als Ergebnis des Ribbentrop-Besuchs in Warschau und drittens auf Vorfälle in und um Danzig.[36]

Daraus kann man sicherlich ableiten, dass Warschau den Prozentsatz an Deutschen in Polen drücken will, um zu verhindern, dass Berlin wie im tschechischen Nachbarland mit dem Anteil an Deutschen argumentiert, wenn es sich vielleicht auch Teile von Polen einverleiben will. Nein, die Kooperation mit Deutschland war ursprünglich anders gedacht. Weiter heißt es im Bericht des SD: „Die Danziger Vorfälle wurden in den polnischen Universitätsstädten von den Studentenorganisationen zum Anlass für wüsteste Ausschreitungen gegen das Deutschtum und seine organisatorischen und kulturellen Einrichtungen genommen.“ Interessant ist, dass im Deutschen Reiche darüber trotz alledem bis zum heutigen Tage nicht berichtet werden darf. Hitler möchte den Gedanken gemeinsamer Militärschläge mit Polen einfach nicht aufgeben.[37] Erich Kordt sagt, der *Freundschaft zwischen Deutschland und Polen* fielen schon seit Jahren die Rechte der deutschen Minderheit in der Republik Polen zum Opfer. Hitler hatte bereits nach seinem Abkommen mit Warschau angeordnet, „dass die Presse keinerlei Mitteilungen mehr über polnische Übergriffe gegen die deutsche Minderheit bringen dürfe. Dies hielt Polen nicht ab, an seiner konsequenten Polonisierungspolitik festzuhalten",[38] wie Erich Kordt berichtet. Er weist darauf hin, dass auch viele unvoreingenommene Beobachter der Szene dem Auswärtigen Amte gegenüber bestätigten, dass Deutsche selbst in der Folge der deutsch-polnischen Erklärung, die am 5. November 1937 unterzeichnet worden war, in Polen nicht besser behandelt werden. Weil es jetzt plötzlich gut in Hitlers Plan hineinpasst, wird der Außenminister Ribbentrop im Februar '39 erstmals zugunsten der in Polen lebenden Deutschen tätig.[39]

Nachdem Londons Premier im Januar bei Mussolini in Rom war, wo er vermeintlich der versprochenen Garantie für die verkleinerte Tschechoslowakei näher kommen wollte, werden im Februar die französische und die britische Botschaft in Berlin instruiert, die Garantie zum Gegenstand einer *démarche* zu machen. Am 7. Februar gibt der tschechoslowakische Außenminister Chvalkovský, der gerade aus Berlin zurückgekommen ist, dem französischen Gesandten in Prag einen Bericht über die Gespräche mit Hitler und Ribbentrop, in denen es ebenfalls um jene Garantie ging. Vor allem scheint Chvalkovský aufgefallen zu sein, welche unverhältnismäßige Wichtigkeit die beiden Chefs in Berlin der Behandlung einer von ihnen erkannten jüdischen Frage beimessen. Offensichtlich suchten die beiden braunen Bonzen nach einer Begründung, warum sie die Grenzen der ČSR nun doch nicht anerkennen können, wie das beim Abschluss in München noch hoch und heilig zugesagt worden war. Beide hatten dem Herrn Außenminister erklärt, dass es ganz unmöglich sei, „einem Staat, der die Juden nicht eliminierte", eine Bestandsgarantie zu geben. Es ist bemerkenswert, wie ignorant die beiden Berufsdeutschen über Berichte hinwegtrampelten, die sie darüber informierten, wie das deutsche Volk in breiter Mehrheit auf die antijüdischen Exzesse der Schlägertrupps im November reagiert hatte. Die zwei Vögel mögen gedacht haben, *sie* seien das Volk, doch selbst zwei Schwalben machen noch keinen Sommer.

Im Gespräch mit dem Außenminister jedenfalls bedauerte Herr Diktator die *sentimentale und gemächliche Art*, in der Prag die Juden behandele. Man könnte fast vergessen, dass Adolf Hitler seit Monaten den Wächter über die Minderheitenrechte in der ČSR auf den diplomatischen Bühnen Europas gibt. Das Gesprächsprotokoll macht bloß zu deutlich, dass dem Außenminister der ČSR der Mund offenstand und die passende Antwort eben nicht im rechten Moment kam. Chvalkovský hatte den Mund noch nicht wieder geschlossen, als er darüber in Kenntnis gesetzt wurde, dass Hitler plant, auch Rumänien und Ungarn zu mehr Judenfeindlichkeit zu drängen, um einen Block antisemitischer Staaten ins Werk zu setzen.[40]

Letzte Vorbereitungen für den nächsten Krieg

In einer Empfehlung an London protestiert am 17. Februar der britische Militärattaché in Deutschland gegen erneute Versuche, das Reich weiter zu unterstützen, wie es bereits seit Jahren getan wird. Er schreibt unter anderem, England könne die Geschwindigkeit und den Umfang des allgemeinen Rüstungswettlaufs nur drosseln, wenn man das Reich zwinge, sein Tempo zu reduzieren. Es sei jetzt offensichtlich in sehr schwierigen wirtschaftlichen Gefilden. Aus militärischer Sicht wären Konzessionen gegenüber dem herrschenden Regime im Reich zu bedauern. Die *Opposition* im Reich und Englands Verbündete bei einem denkbaren Krieg – und insbesondere Amerika – kämen mehr und mehr zur Überzeugung, dass die Briten zu schwach seien und ihnen Wille oder Macht fehlen, um Deutschland Widerstand zu leisten.[41] Diese Zeilen sind nur ein weiteres Indiz dafür, dass der Militärattaché auf der Linie der britischen Militärs segelt und nicht mit dem Premierminister und dem Berliner Botschafter Seiner Majestät in einem Boot sitzt. Denn die Männer an den Hebeln im *Empire* verfolgen ganz andere Interessen. Schon im Februar 1930 waren die Zentralbankpräsidenten aus Großbritannien, Frankreich, Italien, aus Japan, Belgien und Deutschland mit den Vertretern eines USA-Bankenkonsortiums bestehend aus J. P. Morgan, aus der First National Bank of New York sowie der First National Bank of Chicago zusammengetroffen und haben die Bank für Internationalen Zahlungsausgleich auf die Beine gestellt. Damals diente sie der Abwicklung der Reparationszahlungen in den Jahren nach dem Weltkriege vor 20 Jahren. Seit Adolf Hitler an der Macht ist, tut diese Bank alles zum Wohle des Dritten Reiches. Jene BIZ wickelt für die Reichsbank die Devisengeschäfte ab – so haben die Chefs dieser Bank 1938 die Übertragung des österreichischen Goldes an Hitler angeordnet, womit sie den illegalen Anschluss Österreichs an das Reich Hitlers *de facto* akzeptierten. Das kriminelle Treiben dieser Bank erlebt im Februar 1939 einen neuen Höhepunkt. Da beginnt die BIZ damit, die bei ihr eingelagerten 94.772 Kilogramm Gold der tschechoslowakischen Nationalbank an die Nazis zu überweisen. Das ist deshalb möglich, weil die Staatsführung in Prag ihre Reserven zu einem Großteil sicherheitshalber auf Konten im Ausland gelagert hat, und dummerweise auch auf einem Konto der BIZ – bei der Bank of England. Damit lässt die BIZ die Argumentation aus Berlin gelten, nach dem Anschluss des Sudetenlands habe Deutschland anteilig Anspruch auf die Goldreserven der ČSR. Auf gewisse Art rächt es sich damit, dass der Grundstein für jenen Schatz im russischen Bürgerkrieg gelegt wurde, als tschechoslowakische Legionäre das „Gold von Koltschak“ mitgehen ließen. „Unrecht Gut gedeiht nicht“, ist da das passende Wort des Volksmunds. Aber zurück zum Thema. Der Amerikaner Thomas McKittrick wird 1939 Präsident der BIZ und macht diese endgültig zu einem Arm der Reichsbank. Da werden die Deutschen noch sehr lange warten, bis den Nazis wirtschaftlich vielleicht doch noch die Luft ausgeht, wenn sie seit Jahren künstlich beatmet werden. Dieser *support* beinhaltet neben der finanziellen Seite auch noch einen ökonomischen Teil. Deutschlands Elektroindustrie ist inzwischen eng mit zwei US-Firmen verbunden: der International General Electric und der International Telephone and Telegraph (ITT). Die deutsche Elektroindustrie ist somit in wenige große Unternehmen gebündelt, die in ein internationales Kartell eingebunden und mittels Aktienbesitz mit zwei großen US-Unternehmen verbunden sind. Jetzt zahlt es sich auch aus, dass Briten und Amerikaner mit Krediten die Gründung der IG Farben, des größten Kartells im Bereich der Chemieindustrie weltweit ermöglichten. Im Vorstand der amerikanischen Tochterfirma sitzen auch drei Direktoren aus der Federal Reserve Bank of New York. Die Firma ist verbunden mit der Standard Oil of New Jersey, mit der Ford Motor Company, der Bank of Manhattan und über die Firma AEG mit General Electric. Mag sein, dass normale Menschen hoffen, dass die heile Welt in Europa erhalten bleibt, aber mit den Produkten von IG Farben könnte man durchaus auch eine ganze Reihe von Feldzügen auf dem Kontinent durchziehen.[42]

In den Nachrichten werden Sie relevante Informationen dieser Art nicht finden. Dort wird eher berichtet, welcher Schauspieler in welchem Alter in Potsdam oder so verstorben ist. *In America* sieht es in dieser Hinsicht auch nicht besser aus oder glauben Sie, dass sie es melden, dass die USA seit Anfang 1939 durch ein Geheimabkommen mit der Sowjetunion verbunden sind? Das wäre ja dann Demokratie. Wenn du Leute wenigstens *informiert* würden, welche Verträge ihr Führer mit wem abschließt, wo sie schon nicht zuvor gefragt wurden, ob sie solch einen Vertrag mit dem Massenmörder im vollen Ernst gewollt hätten. Vier (!) Männer inklusive Präsident Roosevelt dem Guten wissen in den USA Bescheid. Sind in der Sowjetunion womöglich *noch weniger* Leute in dieses kleine Geheimnis eingeweiht? Dem wird im März ein Vertrag über die Teilnahme der USA am Bau sowjetischer U-Boote folgen. Dann werden strategische Güter in die vollkommen stalinistisch verseuchte Sowjetunion geliefert und auch dort kann man noch verdammt lange auf das Ende der Schreckensherrschaft Stalins warten. Die Herren des *British Empire*, die die *Monarchie* auf ihrer Insel gerne als *älteste Demokratie der Welt* bezeichnen lassen, stehen den Herren der Neuen Welt in nichts nach. Während man immer erzählt, das Dritte Reich sei im Handel vom Britischen Weltreich ausgeschlossen, hat Deutschland zum Beispiel beste Handelsbeziehungen mit Australien und Südafrika. Ein Buch, herausgegeben vom *Royal Institute for International Affairs* betont die Notwendigkeit und Vorteilhaftigkeit des deutschen Handels mit den Balkanländern. Rührend bemüht ist die Equipe in England ja auch um Hitlers Devisen. Nachdem die Monarchie und die Demokratie Geschichte sind, kann man *dem Reich Hitlers* auch wieder die alten Kolonien anbieten, und für Februar '39 wird ein Treffen von englischen und deutschen Industriellen in Aussicht gestellt. Es wird auch keinen erstaunen, dass Chamberlain Leute wie Henry Drummond-Wolff und dessen liebe Frau auf inoffizielle Touren ins Reich schickt und dass darüber keine offiziellen Aufzeichnungen angefertigt werden. Seine Reise ist beispielsweise bloß persönlich, hat aber die Billigung eines der Hauptberater des Premiers, vermutlich Sir Horace Wilsons. Im Februar schickt er auch den Diplomaten Ashton-Gwatkin nach Berlin und dieser schlägt vor, „Sir Horace Wilson nach Deutschland einzuladen".[43]

Die Kirchen kämpfen unerschrocken weiter

Eugenio Maria Giuseppe Giovanni Pacelli feiert am 2. März seinen dreiundsechzigsten Geburtstag. Nun fragen Sie unwillkürlich, wer das denn sei. Nun, Pacelli wird Anfang März in Rom unter dem Namen Pius XII. zum Papst gekrönt. Ganz unbekannt klingt der Name dennoch nicht: Er war schon letzten Mai beim Eucharistischen Weltkongress in Budapest den Nazibehörden bei uns negativ aufgefallen. Aus Kreisen der katholischen Kirche hier wird Pacelli als neuer Papst einmütig freudig begrüßt. Gerade mit seiner Person verbindet sich die Hoffnung für hinreichendes Verständnis der Lage der deutschen Katholiken. Die Wahl Pacellis wird als eine für die katholische Kirche sehr glückliche Lösung angesehen, da in ihm ein vielleicht in der Wahl der Kampfmittel geschickterer und so auch stärkerer Feind der außerchristlichen Weltanschauungen zu sehen ist. Es wird damit gerechnet, dass unter seiner Regierung eine endgültige Klärung des Verhältnisses zwischen Vatikan und dem Dritten Reich herbeigeführt wird. Die kirchlichen Oberhirten bei uns in Deutschland nehmen die Feierlichkeiten als „willkommene Gelegenheit, den Papst als eine der größten Führergestalten der Geschichte und den bedeutendsten Souverän unserer Zeit zu verherrlichen und die katholischen Gläubigen in Deutschland durch die unbedingte Verpflichtung zum Gehorsam vor dem Oberhaupt der Christenheit in ihrer Treue zum Führer wankend zu machen." Deren Hirtenbrief- und Predigtaktion in der Fastenzeit hat in der Wahrnehmung der Kollegen vom SD „in ihrer anmaßenden und aufreizenden Sprache alles bis dahin von katholischer Seite Gehörte" übertroffen. „In heftigster Form" hätten diese bischöflichen Verlautbarungen gegen den Nationalsozialismus den Vorwurf der Gottesfeindlichkeit und der Zerstörung des religiösen Lebens erhoben. Sie seien regelmäßig von kirchlicher Seite auch der Auslandspresse zugänglich gemacht worden – und genutzt zu „Hetze und Verleumdung" gegen den Staat selbst.[44]

Wie sieht es auf der anderen Seite bei den Protestanten aus? Der Kollege vom SD, der den Vierteljahresbericht von *Horch-und-Guck* verfasst hat, verweist in erster Linie auf die intensiven Bestrebungen zur Einigung innerhalb ihrer Kirchen. Die schon Ende des Jahres 1938 mit der Versendung von Rundbriefen an die evangelischen Pfarrer bekannt gewordene

„Volkskirchliche Arbeitsgemeinschaft der deutschen ev. Kirche" unterbreitet dem Reichsminister für Kirchenfragen eine über 300 Seiten umfassende Denkschrift, die im Wesentlichen Vorschläge zur Aktivierung des kirchlichen Lebens, zur Ausbildung der Pfarrer sowie zur Betreuung der Jugend enthält. Als Hauptzweck identifiziert man beim Sicherheitsdienst das Streben danach, dass die Bekenntnisfront und die 1933 abgespalteten Deutschen Christen wieder an einem Strang ziehen. Allerdings werde diese Kuschelrunde von beiden Seiten gleichermaßen abgelehnt.[45]

Befürworter und Kritiker des Regimes stehen sich verbissen gegenüber. Ausgelöst worden seien die Einigungsbemühungen nach Beobachtungen vom SD „durch eine unverkennbare Angst" unter den Pastoren „vor der stets größer werdenden Macht des Nationalsozialismus".[46] Auch bei den Protestanten werde immer wieder auf die Gewinnung der Jugend als eines der wichtigsten Ziele der Kirche hingewiesen. Lücken, die durch den Wegfall des Religionsunterrichts entstanden sind, sollen durch Kindergottesdienste und Bibelstunden gefüllt werden. Findig ist man auch, was den Konfirmandenunterricht angeht. Hier ist die Gruppe angesprochen, die den Unterricht an sich besucht; diese Jugendlichen werden zu Konfirmandenkreisen zusammengefasst und mit den verschiedensten Freizeitaktivitäten zusammengehalten. Da werden Jugendliche zu geselligen Runden mit Kaffee und Kuchen, mit Gesellschafts- und Unterhaltungsspielen eingeladen.[47] So bleibt wenig Zeit für HJ und BDM. Die Kirchen sind übrigens so ziemlich die einzige Alternative zu den Nazi-Vereinen.

Staatliche Stellen werden auch bei den Protestanten immer dreister. So wird der evangelischen Jugendarbeit „ein großer Schlag" versetzt durch die Auflösung der „Christlichen Vereine junger Männer" (CVJM) durch die Staatspolizei in Dresden, Leipzig, Burgstädt, Oldenburg, Remscheid, Lüttinghausen, Zwickau, Zittau, Halle, Merseburg, Oberhausen sowie in Plauen. Der Erfolg solcher Aktionen ist jedoch fragwürdig. Wenig später wird verboten, Flugblätter zu verteilen im Kampf um den Religionsunterricht und gegen den verordneten Weltanschauungsunterricht, wie ihn der Staat wünscht, und trotz des polizeilichen Verbotes mit einer Strafandrohung setzen sich siebzig Prozent (!) der Pfarrer über dieses Verbot hinweg. Konnte man sich vor einem halben Jahrzehnt noch obrigkeitshörigere Wesen vorstellen als evangelische Pfarrer? Bewirkt die Diktatur nicht gerade, dass sich Teile der Gesellschaft erst einmal richtig bewusst werden, dass sie eine Verantwortung haben und dass man einem Staate eben nur dienen kann, wenn der Staat das Richtige tut – oder zumindest nicht gegen sämtliche christliche Grundsätze verstößt? Die Einrichtung der „Kirchlichen Hilfsstelle für evangelische Nichtarier" wird im Sicherheitsdienst völlig zu Recht als „weiterer Beweis für die judenfreundliche Haltung und Einstellung der Bekennenden Kirche zur Rassenfrage" gewertet. Ist die Überraschung echt oder gespielt, wenn der Schreiberling kritisiert, dass evangelische Geistliche Juden taufen, obwohl das in dem Blatt Der Stürmer doch mehrfach angeprangert worden wäre. Na und? Judenfreundliche Einstellungen werden längst nicht nur dort registriert. Es sprengt den Rahmen der Vorstellungswelt des Kollegen vollkommen, dass sich ein Deutscher – ein Vater von 10 Kindern – geweigert hat, für seine Frau den Antrag auf Verleihung des „Ehrenkreuzes der deutschen Mutter" einzureichen. Die Weigerung hat er damit begründet, dass diese Auszeichnung der Prämierung von Zuchtvieh gleichkommt.[48] Bei ihm ist im Sinne der Nazis ebenfalls Hopfen und Malz verloren.

Londons und Moskaus Verhältnis zu Berlin

Als Botschafter Dirksen Anfang März an seinen Arbeitsplatz in London zurückkommt, herrscht weiterhin die optimistische Stimmung vor. Weil Deutschlands fleißiger Reichswirtschaftsminister Funk weder jetzt noch in Zukunft nach London kommen kann, wird nun wirklich der Handelsminister Stanley selbst am 17. März nach Berlin fliegen. Kommt der Prophet nicht zum Berg, so kommt der Berg eben zum Propheten. Die Reise Stanleys ist als „hochpolitische Aktion gedacht". Das britische Kabinett hatte Ende Februar eine Rückgabe der Kolonien an das Deutsche Reich beschlossen und der Minister soll Berlin diese freudige Mitteilung überbringen, wie Dirksen erfährt. Auf diesem Wege soll die Annäherung von München aufgegriffen werden, die nach den Pogromen im November in Deutschland ein paar Monate auf Eis gelegt wurden. Hätte das aber die britische Öffentlichkeit nicht so gewünscht wegen der Menschenrechte, wären die Außenpolitiker an der Themse dann nicht noch viel schneller wieder zur Tagesordnung übergegangen? Merke: Eine Demokratie kann die vorgesehene Politik um mehrere Monate hinauszögern; ändern kann man die außenpolitische Linie hier aber so wenig wie in einer Diktatur.[49]

Stalin stellt am 10. März auf dem Parteitag der Kommunistischen Partei zwei Aufgaben für die Außenpolitik seines Landes: Auch in Zukunft soll eine Politik des Friedens und der Festigung sachlicher Beziehungen mit allen Ländern betrieben werden und man möchte Vorsicht walten lassen und den Kriegsprovokateuren, die es gewohnt sind, sich von anderen die Kastanien aus dem Feuer holen zu lassen, keine Möglichkeit bieten, die Sowjetunion in Konflikte hineinzuziehen. Wenn man in Rechnung stellt, dass Moskau vor Jahren auf den Pariser Wunsch nach einem System der kollektiven Sicherheit eingeschwenkt war, bedeutet das eine strategische Neuausrichtung: Wenn militärisch potente Länder wie Frankreich oder Großbritannien nicht oder nicht mehr bereit sind, den Frieden auf dem Kontinent gemeinsam mit der Sowjetunion zu verteidigen, will Moskau sich auch nicht im Alleingang mit dem Deutschen Reich anlegen. Hitler in Berlin darf aus dieser Haltung in London und Paris entnehmen, dass seinen Expansionswünschen für Deutschland, die er in *Mein Kampf* ankündigte, keine gemeinsame Aktion der westlichen Demokratien mit der Sowjetunion mehr im Wege stehen wird. Stalins Überlegungen, die der Chefrevolutionär im außenpolitischen Teil seines Rechenschaftsberichts an den Parteitag darlegt, sind überhaupt bemerkenswert. Er findet, dass der neue imperialistische Weltkrieg längst begonnen hat, dass er jedoch diesmal eine durchaus seltsame Schieflage aufweist. Dieser Krieg werde durch aggressive Staaten geführt und verletze die Interessen von nichtaggressiven Staaten, womit er ausgerechnet Großbritannien, Frankreich und die USA meint. Die haben die Welt auch nicht in Eroberungskriegen mehr oder weniger unter sich aufgeteilt. Diese großen Staaten machten jenen Aggressoren seiner Beobachtung nach ein Zugeständnis nach dem anderen. Stalin glaubt gar, eine gewisse Zustimmung der großen Staaten zu erkennen. Dieses sei zwar unglaublich aber wahr. Da staunt der Laie und der Fachmann wundert sich. Wie erklärt sich also der liebe Genosse Jossif Wissarjonowitsch „eine so schiefe und seltsame Natur des neuen imperialistischen Krieges“? Seine demokratischen und nichtaggressiven Staaten seien unbestreitbar stärker als faschistische Staaten, sowohl was die Wirtschaft anbelangt als auch das Militär. Ihre Zugeständnisse seien vielleicht der Angst vor einer Revolution geschuldet, wenn der Krieg die Großmächte erfasse. Immerhin wüssten sie ja, dass „der erste Weltkrieg der Revolution in einem der größten Länder den Sieg beschert hat“. Er will damit dezent auf den Bombenerfolg des Sozialismus in seinem Land verweisen. Mit seiner alternativen Interpretation kommt er freilich real-kapitalistischen Gedankengängen schon deutlich näher. Da legt er jenen demokratischen Großmächten in den Mund, sie wollten jedes Land sich selbst verteidigen lassen, so gut es dies eben vermöchte, und würden in der Folge sowohl mit den Aggressoren als auch mit ihren Opfern Handel treiben. Dass Familie Ford ihre Fließbänder für alles denkbare Militärgerät längst in der Sowjetunion und in Deutschland aufgestellt hat, war ihm vielleicht in den vergangenen Jahren noch nicht weiter aufgefallen. Denkt er, das ganze Zeug wäre vor lauter Langeweile angekarrt worden? Ganz praktisch bedeute die Politik der Nichteinmischung, Aggressionen zu dulden, den Krieg zu entfesseln und ihn damit in einen Weltkrieg zu verwandeln. Wenn die anderen Länder dann erschöpft sind, würden die Demokraten mit frischen Kräften auf die Bühne kommen – natürlich im Interesse des Friedens – und den geschwächten Kriegsteilnehmern ihre Bedingungen diktieren. Wie kommt er bloß auf solche Verschwörungstheorien? Was dem Genossen Stalin scheinbar nun gar nicht einleuchten will, sind die Versuche, das Verhältnis zwischen dem aggressiven sowie faschistischen Reiche Adolf I. und seiner friedliebenden Sowjetunion zu erwärmen. In Anspielung auf die in München erzwungene Übergabe der Sudeten an das Reich schlussfolgert er messerscharf: „Der Gedanke liegt nahe, man habe den Deutschen Gebiete der Tschechoslowakei als Kaufpreis für die Verpflichtung gegeben, den Krieg gegen die Sowjetunion zu beginnen, dass sich aber die Deutschen nunmehr weigern, den Wechsel einzulösen und den Gläubigern die Tür weisen“. Wenn er *den* Gedanken aber schon seit 1938 im Hinterkopf hatte, ist es kaum nachzuvollziehen, warum er dann diesen Psalm über die faschistischen Mächte nicht zum weiteren Ausloten der Möglichkeiten für die friedliche Zusammenarbeit mit Deutschland bis zur Klärung der Verhältnisse vorerst zurückhält.[50]

Hitler im Glanze der Außenpolitik

Wie viele Leute im Reich haben wirklich einmal in Hitlers Buch reingeschaut? Was viele Leute interessiert, ist, dass man heute wieder arbeiten geht und mehr schlecht als recht davon leben kann. Wer sich für große Politik interessiert, kann sich freuen, dass die Regelungen von Versailles fast allesamt praktisch revidiert sind. Die absolut unbezahlbaren Reparationen sind lange schon aufgehoben, das Saarland gehört wieder dazu, die Wehrmacht darf heute auch westlich des Rheines unser Heimatland beschützen, die Deutschen in Österreich und im Sudetenland sind schon seit einigen Monaten wieder in dem alten deutschen Staatsverband drin. Wenn der Führer noch Danzig von den Polen bekommt und das Memelland von den Litauern, kann er getrost in Pension gehen. So viel hat kein Politiker in den Jahren seit der Abdankung des Kaisers geschafft. Es hat ja dieser Tage sogar einmal in der Zeitung gestanden, wie die Litauer im Memelgebiet mit den Deutschen umgehen. Irgendwie wurde das immer gar nicht erwähnt, dass es auch dort Probleme gibt.[51]

Früher war das Reich in Europa isoliert und musste sich sogar mit Russland arrangieren, obwohl dort die Kommunisten herrschen. Aber seit in der Reichshauptstadt der Führer das Zepter in die Hand genommen hat, geben sich die europäischen Politiker bei uns die Klinke in die Hand. So stolz war man auf Deutschland zuletzt vor dem Krieg, wenn unser Kaiser Geburtstag hatte. Am 14. März kommt beispielsweise auf Einladung des Führers hin der Präsident der Tschechoslowakei Emil Hácha mit seinem Außenminister František Chvalkovský in die Reichshauptstadt. Massen von Schaulustigen versammeln sich am Anhalter Bahnhof im Zentrum von Berlin. Alles ist mit den Staatsflaggen geschmückt und dann fahren die Staatsgäste zum Brandenburger Tor, wo sie im Nobelhotel *Adlon* für die Zeit ihres Aufenthaltes residieren. Als sie dann in der Reichskanzlei erscheinen, ist im Ehrenhof die Wachkompanie der Leibstandarte angetreten, deren Musikzug den Präsentiermarsch intoniert. Hácha schreitet sie ab, wie das bei solchen Anlässen üblich ist. Die Stadt liegt winterlich ruhig und verschneit und wer in Schal und Mütze gehüllt die Wilhelmstraße entlang flaniert, würde vielleicht gern mal Mäuschen spielen und erfahren, was da drinnen in der Neuen Reichskanzlei besprochen wird.[52]

Als am nächsten Tag die Zeitungen ausgerufen werden, ist die Sensation perfekt. Natürlich hatte Hitler, der sich ja nun auch nur noch einfach als *Der Führer* bezeichnen lässt, wichtige Themen angesprochen: „Bei der Zusammenkunft ist die durch die Vorgänge der letzten Wochen auf dem bisherigen tschechoslowakischen Staatsgebiet entstandene ernste Lage in voller Offenheit einer Prüfung unterzogen worden. Auf beiden Seiten ist übereinstimmend die Überzeugung zum Ausdruck gebracht worden, dass das Ziel aller Bemühungen die Sicherung von Ruhe, Ordnung und Frieden in diesem Teile Mitteleuropas sein müsse."[53] Weiter steht in der Erklärung: „Der tschechoslowakische Staatspräsident hat erklärt, dass er, um diesem Ziel zu dienen und um eine endgültige Befriedung zu erreichen, das Schicksal des tschechischen Volkes und Landes vertrauensvoll in die Hände des Führers des Deutschen Reiches legt." Na, wenn es ihm gelungen ist, die anstehenden Probleme so zu lösen, ist das genial. „Der Führer hat diese Erklärung angenommen und seinem Entschluss Ausdruck gegeben, dass er das tschechische Volk unter den Schutz des Deutschen Reiches nehmen und ihm eine seiner Eigenart gemäße autonome Entwicklung seines völkischen Lebens gewährleisten wird."[54] Wer hätte das gedacht, dass es Adolf Hitler gelingen würde, sich mit Prag so einfach auf die Angliederung von Böhmen und Mähren an das Deutsche Reich zu einigen? Ist der Führer nicht ein großartiger Taktiker, wird sich vermutlich ein großer Teil der Leute denken.

Wahrlich: Die Klinke geben sich die Großen in die Hand. Eine Woche ist vergangen, da kommt Litauens Außenminister Urbšys am 22. März mit einer modernen Lufthansa-Maschine auf dem Flughafen Tempelhof an. Roter Teppich, Fahnen und Hymnen. Feste feiert man so, wie sie fallen. Natürlich steigt man im *Adlon* ab wie die Filmstars und andere Promis. Am Tag nach dem Treffen mit Außenminister Joachim von Ribbentrop und dem Führer kann man nachlesen, wie es war: Mit viel Tamtam, mit Blitzlicht und dem Klappern der Aufnahmeapparate wurde ein Vertrag zwischen dem Deutschen Reich und der Republik Litauen geschlossen. In der Zeitung steht, er wurde unterzeichnet, um „die freundschaftlichen Beziehungen zwischen den beiden Ländern sicherzustellen". Dann heißt es dort außerdem, dass das „Memelgebiet, das durch den Versailler Vertrag vom Reich getrennt wurde, heute wieder mit dem Deutschen Reich vereinigt wurde." Litauen wird eine Freizone in Memel versprochen. Der Text schließt mit dem beiderseitigen Versprechen, „in den gegenseitigen Beziehungen weder Gewalt anzuwenden, noch deren Anwendung gegen den einen oder den anderen durch eine dritte Partei zu ermutigen."[55]

Das hätten Sie nicht gedacht, wie man das im Reich so wahrnimmt. Bei uns ist nicht alles nur Kritik und Widerstand! Welcher Eindruck würde sonst von den Deutschen entstehen? Mancher freut sich über diese neue Herrlichkeit im Reich. Wo sollen die Fotografen sonst die Motive finden mit den Leuten, die dem Führer glückselig und strahlend zujubeln? Die Nachwelt bekommt doch ansonsten ein völlig falsches Bild von dem, wie mancher bei uns tickt. An Tagen wie diesen ist es wieder wie zu Kaisers Zeiten. Jetzt muss sich der Führer noch um Danzig bemühen und dann ist im Reich wieder alles in Ordnung. Obwohl, neugierig sind die Leute schon, wie der Führer das alles wieder so hinbekommen hat. Früher gab es um solche Sachen dauernd Zank und Krieg, aber er hat ein Händchen dafür, wie man die anstehenden Herausforderungen friedlich löst. Es ist einfach zu verlockend, einmal hinter die Kulissen der großen Politik zu schauen, und wir sollten uns das Vergnügen gönnen. Greifen wir also zu einer außerordentlich ungewöhnlichen Maßnahme und drehen die Zeit noch einmal um einen halben Monat zurück. Wie sagte Samuel Butler so wunderbar zutreffend: Gott kann die Vergangenheit nicht mehr ändern, aber Historiker können es.

Wie die Tschechen wirklich zu Deutschland kamen

In Warschau hatten sie es vorhergesehen wie in Berlin, dass Unruhen in der Tschechoslowakei eigentlich nur eine Frage der Zeit sind. Berlin hat allerdings im Unterschied zu Warschau dem Gärungsprozess noch nachgeholfen. Seit dem 10. März heißt es in der Goebbels-Presse, dass es Unruhen im Osten der ČSR gebe. Es wird von haarsträubenden Zuständen in der Slowakei berichtet. Staatssekretär Wilhelm Keppler und Gauleiter Josef Bürckel werden ins slowakische Preßburg geschickt, um Jozef Tiso zu drängen, sich von Prag zu trennen. Der Staatspräsident im alten Prag setzt allerdings die aufmüpfigen slowakischen Landesminister ab. Nach der so erzwungenen Kabinettsumbildung in der Slowakei bricht um den 12. März '39 herum der Konflikt offen aus. Die Presse in England bleibt entspannt und zeigt für die Vorgänge auf dem Kontinent kein lebhaftes Interesse, wie Dirksen nach Berlin berichtet. Sogar die Abtrennung der Slowakei sei ruhig hingenommen worden; die Presse habe recht einheitlich befunden, das seien Vorgänge, die Großbritannien nicht berührten. Ruthenien erklärt sich am 14. März auch für unabhängig, und einen Tag danach endet seine *Unabhängigkeit* mit der Übernahme durch Ungarn, denn die übrige Slowakei steht unter dem Schutz des guten Adolf Hitler. War es das, was Polens Außenminister Beck im Sinne hatte, als er im sogenannten Karpatho-Russland oder Ruthenien eingreifen wollte? Damit hat er auf jeden Fall nicht mehr seine gemeinsame Grenze mit Ungarn. Das deutsche Vorgehen in der Slowakei dürfte zu einem Umdenken bei den Polen führen. Welchen Wert haben jetzt noch Hitlers feste Zusagen für einen gemeinsamen Beutezug durch die Ukraine? Kann Warschaus Außenminister Beck innenpolitisch noch seinen freundschaftlichen Umgang mit Berlin vertreten?[56] Will er es überhaupt noch oder setzt man in Polen von Stund an wie vor dem Vertrag von 1934 wieder auf eine Zerschlagung des Deutschen Reiches gemeinsam mit Frankreich und England? Dann wäre es wichtig, dass London und Paris nicht andere Pläne im weiteren Umgang mit Deutschland – und mit Polen haben. Gut, und wie sieht es in Berlin aus? Im Unterschied zur Presse in Großbritannien bewegt Hitler das alles sehr und auf seine Einladung hin kommt am 14. März der Präsident der ČSR Hácha gemeinsam mit dem Außenminister Chvalkovský nach Berlin, um hier einer Zusammenkunft beizuwohnen, bei der auch Ribbentrop, Göring und Keitel anwesend sind. Mag uns der Dolmetscher von dieser Zusammenkunft berichten. Paul Schmidt steht in dem etwas zu groß geratenen „Arbeitszimmer" Hitlers, einem hohen, braun getäfelten Saal, an dessen einem Ende Adolf Hitlers Schreibtisch steht. In der anderen Ecke ist ein offenes Viereck aus einer Kombination von Polsterbänken und tiefen Sesseln um einen niedrigen, runden Tisch herum gebildet worden. An der Fensterseite steht ein langer, aber nicht schwerfällig wirkender Tisch, und in der frei gebliebenen Mitte bedeckt ein Teppich den Fußboden – in den Hitler, glaubt man dem Volksmund, bei seinen Wutausbrüchen hineinbeißt. Die dunkle Täfelung zusammen mit dem braun abgetönten Teppich verbreiten in dem bloß durch einige bronzene Stehlampen erhellten Raum eine düstere Atmosphäre, die die Gemälde und das kleine Standbild Friedrichs des Großen auf einem der Tische im Halbdunkel nur undeutlich erkennen lässt.[57]

Der kleine, ältere Staatspräsident Hácha mit den dunklen Augen in dem vor Erregung geröteten Gesicht, der, gefolgt von seinem Außenminister, kurz nach 1 Uhr mitten in der Nacht in diesen Raum geführt wird, hatte noch am Anhalter Bahnhof mitten in der Reichshauptstadt einen großen Empfang erlebt und die Berliner konnten staunen, wie der Führer seine Staatsgäste würdigt. Auch bei ihrem Erscheinen in der Reichskanzlei ist im Ehrenhof die Wachkompanie der Leibstandarte angetreten gewesen, deren Musikzug den Präsentiermarsch intonierte, und Präsident Hácha schritt sie ab, wie das bei solchen Anlässen üblich ist. Dann erlebt dieser alte Mann seine Nacht mit Hitler, ein Erlebnis, das nun schon einige von den Prominenten Europas hinter sich haben. Doch sie blieben physisch unversehrt, das Mindeste im diplomatischen Umgang. Eine Aussprache im eigentlichen Sinne ist es nicht. Es handelt sich mehr um eine einzige, große Anklage gegen die Tschechen von Seiten Hitlers, in dessen Reich *die Menschenrechte* doch das oberste Gut sind, wenn er das auch nicht explizit betont. Er sagt, der Benesch-Geist lebe in der neuen Tschecho-slowakei unter der Oberfläche weiter. Dies sei kein Ausdruck des Miss-trauens gegenüber Hácha, denn von seiner Loyalität sei Deutschland – also der '32 eingebürgerte Adolf – überzeugt. Es sei aber zum Schutz des

Reiches nötig, dass es das Protektorat ebenso über den verbliebenen Teil der ČSR übernehme, um da selbst nach dem Rechten sehen zu können.[58]

Hácha und Chvalkovský sitzen wie versteinert in ihren Sesseln, während der Führer spricht. Nur an ihren Augen erkennt der Dolmetscher, dass es sich bei den beiden Schatten im Saal um lebende Menschen handelt. Vom Westen um ihre Maginotlinie geprellt, erfahren sie aus dem Mund Hitlers, dass das Ende ihres Landes gekommen ist. Draußen liegt Berlin winterlich ruhig und verschneit. Vom tschechischen Gesandten Mastný haben sie nach der Ankunft erfahren, dass deutsche Truppen inzwischen die Grenze bei Ostrau überschritten haben. Im Nobelhotel *Adlon* waren sie untergebracht worden und hatten stundenlang gewartet, bis sie letztlich um 1 Uhr in der Nacht von Hitler empfangen wurden. Wie ein Hitler mit Herrn von Schuschnigg, Monsieur Daladier, Mister Chamberlain in der Vergangenheit und jetzt mit Emil Hácha und František Chvalkovský umgeht, mag, wer ungezogen genug ist, als clever ansehen. Es ist einfach unverschämt, ein Umgang, dem alle erliegen, weil sie aus feinem Hause kommen und ein derartiges Verhalten nicht kennen. Göring redet dann noch eine Weile in einem anderen Zimmer der Reichskanzlei mit Hácha und man wartet auf das Zustandekommen einer Telefonverbindung mit Prag, die tatsächlich irgendwann gelingt, nach einer Minute aber wieder zusammenbricht. Der Dolmetscher wird durch Ribbentrop aufgefordert, auf der Stelle diesen Postminister, der schlafe, „während wir hier schwer arbeiten“, aus dem Bett zu holen, damit er sich persönlich um die Verbindung kümmere. Während sich Dr. Schmidt mit dem Telefon herumquält, hört er die Stimme von Göring: „Hácha hat einen Schwächeanfall bekommen.“ Der Dolmetscher denkt bei sich, wenn Hácha etwas zugestoßen ist, dann sagt morgen die ganze Welt, er sei in der Nacht hier in der Reichskanzlei umgebracht worden.[59]

Es wird nach Hitlers Leibarzt Morell gerufen. Der setzt dem Präsidenten eine Spritze, die ihn zurückholt ins Leben. Dann setzen Göring und sein Gesprächspartner ganz leise ihre Unterhaltung fort. In der Zwischenzeit kümmert sich der Dolmetscher um die Reinschrift der nur wenige Zeilen umfassenden Erklärung, in der konstatiert wird, dass der Präsident der

ČSR das Schicksal des tschechischen Volkes vertrauensvoll in die Hände des Führers legt, um Ruhe, Ordnung und Frieden in diesem Teil Mitteleuropas herzustellen. Um 3 Uhr 55 wird der Text, der von Hitler vorher bereitgehalten worden war, von ihm und Hácha sowie von Chvalkovský und Ribbentrop unterzeichnet.[60] Das Land, aus dem die zwei Tschechen gestern aufgebrochen sind, wird es bei ihrer Ankunft in Prag nicht mehr geben. Das geht alles so irre schnell über die Bühne, dass die Deutschen ihrerseits nicht wieder Panikattacken bekommen, worüber sich der SD freuen kann: „Der unerwartete und rasche Ablauf der Ereignisse hat im März ein beunruhigendes Vorerwägen möglicher Verwicklungen, wie es anlässlich der Eingliederung des Sudetenlandes zu beobachten war, von vornherein unterbunden."[61] Bleibt nur anzumerken, dass die Deutschen selbst danach nicht vor Freude überschäumen: „Diese Tatsache war aber auch begleitet von einer verhältnismäßig geringen Würdigung der Vorgänge und ihrer politischen und völkischen Bedeutung."[62] Die Leute hier in Deutschland haben es noch in den Ohren, wie Adolf Hitler vor einem halben Jahr herumposaunte, er wollte ja gar keine Tschechen. Es bleibt nicht unkommentiert, dass sich das Reich langsam übermäßig aufbläht. Nach der Besetzung der Tschechei kursiert in Deutschland der Spruch: Das Nationalsozialistische Kraftfahrkorps hat dem Führer ein Geburtstagsgeschenk gemacht: motorisierte Grenzpfähle![63] Grimmig brummen Kritiker auf der Straße: Warum ist in Deutschland das Holz so knapp? – Weil fünfundsiebzig Millionen Deutsche ein Brett vor dem Kopf haben.[64]

Zu denen, die kein Brett vor dem Kopf haben, gehören die Mitglieder im Alldeutschen Verband. Dieser Klub, „der sich in seiner Gesamtentwicklung zu einem Sammelbecken der reaktionären und unzufriedenen Kreise aus dem gesamten ehemaligen rechtsgerichteten Lager geformt hatte, vermochte es nicht, die in ihm gesammelte reaktionäre Einstellung äußerlich zu unterdrücken." Die Kollegen vom Sicherheitsdienst vermögen sich wohl kaum vorzustellen, dass man eben dies gar nicht versucht hat. Reaktionär sind ja auch erst einmal nur die Leute, die mit dem aktuellen Regime unzufrieden sind und die Zustände von früher zurückwünschen. In seinen zahlreichen öffentlichen Versammlungen sei eine sich immer mehr offenbarende staatsverneinende Tendenz zutage getreten. In noch verstärktem Maße sei diese Einstellung bei den internen Treffen und bei den Mitgliederversammlungen aufgefallen. Dabei habe sich jedoch seine gegnerische Einstellung nicht allein auf zersetzende allgemeine Kritiken beschränkt, nein, dort gemachte Äußerungen hätten ebenfalls verleumderische sowie „üble persönliche Angriffe gegen Männer von Partei und Staat" umfasst. Die geschilderte Ausrichtung habe ein staatspolizeiliches Zugreifen schnellstens erforderlich gemacht, sodass dieser Verband mit Wirkung vom 13. März 1939 aufgelöst werden musste. Zugleich wird das Erscheinen der Alldeutschen Blätter und der Lageberichte des AV auch untersagt. Verbieten, immer alles verbieten. Das ist das Einzige, was den Wächtern der Diktatur im Umgang mit kritischen Geistern einfällt.[65]

Noch bewegter als Hitler sind sie drüben in Polen. Die Herrscher in dem Städtchen an der Wisła haben sich fünf Jahre eifrigst um die Zuneigung Adolf Hitlers bemüht, auch wenn sie zwischendurch manchmal in Paris nachgefragt hatten, ob man unter Umständen nicht doch gemeinsam ins Reich einmarschieren sollte, fühlen sie sich doch, obwohl ihnen jegliche Voraussetzung fehlt, als eine verkannte Großmacht. Größenwahnsinn ist einfach nur schädlich, unabhängig von Alter, Geschlecht und Wohnort. Mit ihrem Großen Bruder vom Obersalzberg hatten sie immerhin einige Absprachen, nach denen sie die Slowakei bekommen sollten für die von ihnen intendierte gemeinsame Grenze mit dem befreundeten Ungarn – jetzt sieht es so aus, als habe sich das Großdeutsche Reich die Slowakei allein unter den Nagel gerissen und die *Großpolnische* Republik würde dort leer ausgehen. Solange diese Krise vor sich hin schwelt, vom 11. bis zum 13. März, bemüht sich Botschafter Lipski um eine Zusammenkunft mit Ribbentrop oder Weizsäcker – ohne Erfolg. Am Abend des 13. März trifft er zufällig den *General ohne Eigenwert* Keitel auf einem Empfang, den der *Minister ohne Bedeutung* Kerrl gibt. Der polnische Botschafter sagt zu Hitlers Schoßhund, dass es ihm bisher unmöglich gewesen wäre, „den Kontakt mit der deutschen Regierung aufzunehmen", obwohl „das deutsche Vorgehen Polen so unmittelbar beträfe". Der Schoßhund kann ihm nur zusagen, bei Ribbentrop vorstellig zu werden. Muss wirklich gesagt werden, dass ihm (auch) das natürlich nicht gelingt? Während Botschafter Lipski in Berlin keinen Stich sieht, nimmt die Wehrmacht kurz

Vitkovitse und Mährisch-Ostrau in der Ostecke von Mähren und bewegt sich dann mit großer Geschwindigkeit auf die Karpathenpässe zu, die in die Slowakei führen.[66]

Welches Schicksal Prag als Stadt im Großdeutschen Reich Hitlers zu erwarten hat, lässt sich ein Jahr nach dem Anschluss Österreichs sehr gut beim Vergleich mit Wien vorhersagen. Die alte Stadt, einst das Herz der europäischen Diplomatie, ist zu einer Sonderexistenz degradiert und ist ihrer Funktion als Landeshauptstadt beraubt. Anders als die deutschen Länder ist Österreich völlig liquidiert. Selbst der leiseste Anklang an die stolze Vergangenheit ist ausgelöscht. Die proletarische Gesinnung unter den Nazis und ihr Hass auf die alten Eliten vertragen sich eben nicht mit der Kaiser-Nostalgie im schönen Wien. Ober- und Niederösterreich hat man sogar umbenannt in Ober- und Niederdonau. Die ärmliche Gegend, in der einst Hitlers Vorfahren lebten, wird von Bulldozern plattgemacht. Dort entsteht ein Truppenübungsplatz im Reich Hitlers,[67] ein sehr sinnvoller Zweck, wie Hans Bernd Gisevius grimmig festhält. Die Tschechen, denen Hitler die Unterdrückung der Deutschen vorgeworfen hatte, sind jetzt selbst die Opfer von „völkischer Unterdrückung“. Beim Sicherheitsdienst ist man nicht davon begeistert, dass genau dieser Vorwurf nun im Reich wiederum von Nörgelfritzen erhoben wird.[68]

Das Interessante an der Feststellung ist, dass die denkenden Teile in der Bevölkerung die Propagandaparolen – wie zum Beispiel die vom Selbstbestimmungsrecht der Völker – nicht einfach so unreflektiert schlucken, sondern sie ernst nehmen und prüfen, ob sich eigentlich die in Deutschland und nun auch in Böhmen und Mähren herrschende Kaste selbst an ihre wohlklingenden Versprechungen von gestern hält. Schlecht sieht es nach Einschätzung der Sicherheitsleute auch mit wissenschaftlicher Zuarbeit im Dienste der Propaganda aus. Während die (gleichgeschaltete) Presse wenig überraschend vermochte, „sich auf die neuen Erfolge propagandistisch umfassend und erfolgreich zu konzentrieren“, konstatiert der SD, die deutsche Wissenschaft (in der Einzahl) habe den politischen Notwendigkeiten nicht nachgegeben, will heißen, Historiker etc. lassen sich nicht für den Zweck der Propaganda einspannen. Je nachdem, wer dies liest, freut sich darüber oder auch nicht. Das heißt also im Klartext, dass nun die Probleme erst richtig anfangen, wie man die Eingliederung des „Protektorates Böhmen und Mähren“ in einen deutschen Staat jetzt geschichtswissenschaftlich begründen soll. Wehmütig erinnern sich die Kollegen beim SD, wie ordentlich noch die Angliederung des Saarlandes und der Anschluss Österreichs sowie der Sudeten vorbereitet waren. Mit Neid blickt man auf Polen, wo die „Wissenschaft dem verstärkten Kampf ihres Landes um die rücksichtslose Durchsetzung völkischer Interessen die wesentlichen Grundlagen geliefert“ habe.[69] Die Herren beim Sicherheitsdienst kommen zu der klaren Schlussfolgerung: „Mit dem Versuch, aus geschichtlicher Begründung sein Vorgehen zu rechtfertigen, hat der polnische Chauvinismus den Volkstumskampf mit allen Mitteln persönlicher und wirtschaftlicher Schädigung weitergeführt. Sein für die Behauptung der deutschen Volksgruppe gefährlichster Erfolg war die verstärkte wilde Abwanderung der deutschen Bevölkerung ins Reich.“[70] Die Aufzeichnungen des SD geben keine Auskunft darüber, ob und wie sich Bürgerinnen und Bürger in Polen dem Nationalismus widersetzen, dem neben den Deutschen auch die Juden und die anderen Minderheiten im Land ausgesetzt sind. Da wird man sich wohl in Polen umhören müssen. Es ist ja schon von Interesse, wie tief das nationalistische Denken unter den Menschen in verschiedenen Ländern der Welt verankert ist.

Die Angliederung der Tschechei hat eher eine Schockwirkung auf unsere Historiker: „Sie hat zur Erschütterung des bisherigen Geschichtsbildes, dem immer noch der westliche Nationalstaatsgedanke als Staatsideal zu Grunde liegt, beigetragen.“[71] Dieser Eintrag muss zu denken geben, denn was ist das Ziel von Hitlers Staatsführung, wenn es ihr *nicht* um die Idee eines *deutschen Staates* geht? Und allgemein? „Die Lage auf dem Gebiet der Geschichte ist durch den weiteren Stillstand in Bezug auf Veröffentlichungen von wissenschaftlicher Bedeutung gekennzeichnet.“[72] Gibt es vielleicht ein Beispiel? „Über die wichtigsten Probleme wie Judenfrage und politische Kirche liegen nur Ansätze aus dem Kreis der Mitarbeiter des *Reichsinstituts für die Geschichte des neuen Deutschland* vor... Dem entspricht ein allgemeiner Mangel an wissenschaftlich und weltanschaulich einsatzfähigen Historikern."[73] Gut, das zu wissen. Die Universitäten in Deutschland häufen diese gedanklichen Schutthalden also nicht an.[74]

Dafür produziert jedoch das *Reichsinstitut für die Geschichte des neuen Deutschland* Artikel mit bestem nationalsozialistischem Gebrauchswert. Nicht bloß auf dem Feld der Geschichte sehen die Beobachter der Szene gewisse Defizite. Sie sehen auch, dass sich in wissenschaftlichen Kreisen ein geringer werdendes Interesse an tiefgehenden philosophischen Auseinandersetzungen bemerkbar macht. Das kann aber nach den Erkenntnissen aus dem Bereich der Geschichte jetzt auch schon keinen mehr in Erstaunen versetzen.[75] Ernüchternd sehen auch die anderen Ergebnisse aus: „Die Gesamtlage auf den Gebieten der Germanistik und Literaturwissenschaft ist in den letzten Monaten dadurch gekennzeichnet, dass kaum bedeutende wissenschaftliche Ereignisse oder Veröffentlichungen zu verzeichnen sind." Oder: „Die Zeit der Programme und der Konjunktur ist vorüber, aber die versprochenen Leistungen und grundsätzlichen Neuerungen sind bisher zum großen Teil ausgeblieben." Das ist traurig. „Es gibt vielerlei zersplitterte Einzelansätze, aber nirgendwo schon eine geschlossene Gruppe von nationalsozialistischen Wissenschaftlern, die lebenswichtige Forschungsaufgaben auf diesen Fachgebieten in Angriff nehmen."[76] Mit dieser Aufzählung von Misserfolgen geht es noch einige Seiten weiter. Aber kommen wir zurück zur Außenpolitik.

Den Versuch einer Zusammenfassung von Londoner Meinungsäußerungen unternimmt der Botschafter: Der deutsche Einmarsch in Prag habe einen Wendepunkt in den deutsch-englischen Beziehungen sowie in der britischen Außenpolitik überhaupt bedeutet.[77] Machtpolitisch sei durch die Angliederung Böhmens und Mährens und durch die faktische Oberhoheit über die Slowakei der Machtzuwachs überschritten, den England bereit sei, Deutschland als Folge einseitiger Aktion ohne vorherige Verhandlungen mit London zuzugestehen. Hieß es nicht, die Presse hat befunden, das berühre *Great Britain* nicht? Der Anschluss Österreichs sei schon wegen seiner Machtverschiebung zugunsten des Reiches bloß mit Widerwillen hingenommen worden. Die Angliederung Sudetendeutschlands durch die Münchener Konferenz wurde dann schon als eine ausgewachsene diplomatische Niederlage empfunden, aber sie wurde gerade noch geschluckt – mit dem Hintergedanken, dass damit Englands Weltgeltung und Weltstellung auf dem Spiel stehe. In außenpolitischer Hinsicht wurde die einseitige Liquidierung der Tschechoslowakei natürlich als ein Bruch des Münchener Abkommens angesehen. Stimmungsmäßig wirkte jedoch noch deutlich stärker die Empfindung, dass der Premierminister hereingelegt worden sei, wie es heißt.[78] Wenn man weiß, welche Absichten die Vertreter der englischen Elite mit den jeweiligen aktuellen taktischen Winkelzügen verfolgen, muss man ihnen neidlos zugestehen, dass sie ihre Show überzeugend auf die Bretter bringen, die die Welt bedeuten. Dafür dürfte der Botschafter in seinem Brief nach Berlin korrekt festhalten, wie sich die öffentliche Meinung auf der Insel darstellt.

Die Leute auf Englands Straßen empfänden, dies sei „unfair" gegenüber dem alten Mann, der im letzten September dreimal im Flugzeug hinüber geflogen war nach Deutschland, um „den Frieden zu retten", wie unser Botschafter berichtet. Damit wäre die ganze Vorstellung, die der Durchschnitts-Engländer sich vom Nationalsozialismus gemacht hatte, völlig ins Wanken geraten. Eines der wenigen Grundprinzipien des Nationalsozialismus, die *dem Engländer* klar geworden seien, und für die er ein gewisses Verständnis aufbringe, sei die Rassetheorie,[79] wie von Dirksen den Herren im Auswärtigen Amt schreibt. Man habe sich besonnen auf die gegebenen Zusicherungen, dass man im Reich kein Interesse daran habe, sich die fremdstämmigen und -rassigen Tschechen einzuverleiben. Dass das aber nun geschah, dass Deutschland sieben Millionen „Fremdrassige sich angliederte",[80] empfinde *der Brite* als einen unerklärlichen Widerspruch zwischen Grundsätzen und Handlungen. Vorgenannte Erwägungen, Empfindungen und Eindrücke hätten den Beziehungen beider Staaten den Boden unter den Füßen weggezogen. Der Einmarsch in Prag habe die britische Öffentlichkeit tatsächlich getroffen „wie ein Blitz aus heiterem Himmel".[81]

Verglichen mit 1936 und der Rheinlandbesetzung, als erst die Regierung und das britische Parlament für Krieg waren, aber – angeblich – bedingt durch die mäßigende Wirkung der Wahlkreise sich für „Zurückhaltung"

Deutschland gegenüber aussprachen, sei das die genau umgekehrte Entwicklung. Diesmal gehe die Verschärfung der Haltung vorrangig von der britischen Öffentlichkeit aus, die auf das Parlament einwirke. Konservative Wähler meinten nun, dass die Auflösung des tschechoslowakischen Staatsgebildes das Scheitern der „Appeasement"-Politik bedeute und zugleich eine Gefährdung der innenpolitischen Stellung ihres Regierungschefs, was die Macht seiner konservativen Partei an sich in Frage stellt.[82]

Die Besetzung der Tschechei schlägt Wogen bis nach *America*. Doch der US-Präsident kann erst einmal wenig machen, denn Roosevelt sind die Hände gebunden durch den Kongress. Die Abgeordneten dort wollen die Vereinigten Staaten aus diesen Problemen der Alten Welt heraushalten. Trotzdem verspricht er Franzosen, Polen und Briten, sie bei einem Krieg gegen das Deutsche Reich zu unterstützen. Da wird sich Herr Präsident wohl noch etwas einfallen lassen müssen. In der englischen Hauptstadt drängt er darauf, den Deutschen beim nächsten Revisionswunsch energisch Einhalt zu gebieten.[83] Es wird sich zeigen, ob der Führer nicht erst seine *Heim-ins-Reich-Aktion* hätte beenden sollen, bevor er sich an den Tschechen vergriff. Dass er im Eifer des Gefechts übersah, dass das alte Danzig und das Memelland ja noch nicht mit dem Reich wiedervereinigt wurden, kann sich noch als schwerwiegender Fehler herausstellen.

So weit also die Geschichte aus der Perspektive eines Seemannes, der an der Reling steht und sieht, wie das Sonnenlicht an der Wasseroberfläche funkelt. Was in der Tiefe geschieht, und sei es noch so bedeutsam, bleibt seinen Augen verborgen. Ziehen wir uns deshalb um, schlüpfen in einen Taucheranzug und sehen uns in der dunklen Tiefe des Meeres ein wenig um. Während sich das offizielle London als empörter Wächter über den territorialen Besitzstand anderer Staaten geriert, was nach dreihundert Jahren der ständigen Eroberungen großer und kleiner Länder überall in der Welt ohnehin komisch wirkt, weiß man in den Zirkeln der Macht im *Empire* durchaus, was man tun muss, um dem Lauf der Weltgeschichte die rechte Richtung zu geben. Die warnenden Worte der Diplomaten wie Herbert von Dirksen oder der führenden Militärs wie Ludwig Beck und anderer können die kriegerischen Absichten der braunen Chefetage im alten Berlin nicht ausbremsen, wenn andere Signale aus dem Westen die Illusion wachhalten, dass es wider Erwarten doch nicht zum Krieg führt, wenn Adolf Hitler *sein* Deutsches Reich hier und da und dort ausdehnt. Londons *Widerwillen* gegen den Anschluss Österreichs versandete nach kritischen Worthülsen, die für die Öffentlichkeit bestimmt waren. Doch was konnte der Führer den schon vor Monaten geschaffenen Tatsachen entnehmen? Bevor Hitler die Wehrmacht nach Österreich schickte, war ihm bekannt geworden, dass das offizielle London nicht bereit war, den Wiener Kanzler Schuschnigg zum Widerstand aufzufordern. Bald darauf erfuhr er, dass sich auch Paris nicht für Österreichs Unabhängigkeit einzusetzen willens war, da England dies abgelehnt hatte.[84]

Als dies über die Bühne war, wollte Hitler die Goldreserven Österreichs *heim ins Reich holen*. Dieser *Deal* war über die Bank für Internationalen Zahlungsausgleich zu bewerkstelligen und nichts war für die Führung an der Themse leichter, als dort zu intervenieren. Immerhin hat Hitler das Völkerrecht gebrochen, zum wiederholten Mal. Doch nichts dergleichen erfolgte. Dass die Angliederung der Sudeten als ausgewachsene Niederlage empfunden worden wäre, ist auch eher ein Gerücht. Danach wurde bereits ein Teil der Goldreserven der ČSR von deren Konto bei der Bank für Internationalen Zahlungsausgleich auf das deutsche Konto jongliert. Ob letztlich die einseitige Liquidierung der Tschechoslowakei bedeutete, dass der britische Premierminister hereingelegt wurde, hängt wesentlich davon ab, was Neville Chamberlain seinerseits wirklich im Schilde führt, und das lässt sich noch ehesten daran ablesen, dass nach der Annexion der ČSR der Rest der 94.772 Kilogramm Gold aus den Reserven der ČSR von ihrem Konto auf das Konto der Nazis bei der fragwürdigen Bank für Internationalen Zahlungsausgleich überwiesen wird. Hierzu zwingen die Eroberer von Prag die Direktoren der dortigen Nationalbank, nun auch die 27 Tonnen Gold, die sie selbst eingelagert hatten, „ihrem" Konto bei der BIZ in London gutzuschreiben. Malik und die restlichen Direktoren, die noch an das Gute im Briten glauben, gehen in größter Naivität davon aus, dass ihre Instruktionen nicht befolgt würden. Nach dem Einmarsch der Wehrmacht ist es ja eindeutig, dass sie dieses unter Zwang tun, und nach Artikel 10 des BIZ-Grundgesetzes sind Zwangsmaßnahmen gegen

Einleger untersagt. Doch Montagu Norman, der Gouverneur der Bank of England, macht kein langes Federlesen und im nächsten Augenblick ist Hitlers klamme Staatskasse wieder aufgefüllt. Das Gold wird schließlich aus London in die Tresore der Reichsbank transportiert. Der Londoner Daily Herald schreibt von „Normans Schuld". Die Financial Times veröffentlicht eine Reihe von Artikeln Paul Einzigs zu der Affäre, in denen er die Mittäterschaft sowohl des Finanzministeriums als auch der Bank of England offenlegt.[85] Der Nutzen der Pressefreiheit in Großbritannien konvergiert für die Tschechen und die Slowaken in der Praxis natürlich ganz hart gegen null. Was sich jedoch an der finanziellen Front ereignet hat, macht verständlich, wie sich die großen Politiker weiter verhalten.

Stur, verbissen und unbeeindruckt bleibt der Londoner Premierminister auf seiner Linie – wie könnte ein Mann sich auch täuschen? Ein Premier hat immer recht. Oder sollte er knapp vor dem Ziel aufgeben? Der Boss räumt am 15. März vor dem Unterhaus ein, dass „der Tschechoslowakei gegenüber eine moralische Verpflichtung" bestand, auch, die Regierung Seiner Majestät habe sich bemüht, „mit den anderen Regierungen, die in München vertreten waren, über den Umfang und die Bedingungen einer solchen Garantie zu einer Vereinbarung zu kommen", doch dann bleibt es beim Bedauern, dass dies bisher noch nicht gelungen sei. Davon kann sich natürlich keiner etwas kaufen. Es klingt so schnodderig wie hilflos, wenn er dem hohen Haus hinwirft, das Ende der ČSR „mag unvermeidlich gewesen sein oder nicht" und ergänzt: „Ich habe so oft von Vertragsbrüchen reden hören, ohne dass meiner Meinung nach die notwendigen Prämissen hierzu gegeben waren, dass ich nicht gewillt bin, mich heute solchen Anklagen anzuschließen." Mit diesem Dreh will er offensichtlich der Kritik an seiner Politik begegnen. Er findet auch eine juristische Begründung dafür, dass die Garantie ohnehin nicht mehr gilt. Er führt aus, seit der slowakische Reichstag die Unabhängigkeit des Landes erklärte, habe die Lage eine radikale Änderung erfahren. Die Wirkung dieser Erklärung mache durch eine innere Spaltung jenem Staat ein Ende, dessen Grenzen London garantieren wollte, und so habe denn der Zustand, den man stets nur für vorübergehend gehalten habe, aufgehört zu existieren, und dementsprechend könne sich die Regierung Seiner Majestät durch diese ehemalige Verpflichtung nicht mehr gebunden fühlen. So unbeeindruckt wie der Erste Minister Seiner Majestät König George VI. ist auch die englische Wirtschaft. Fernab der lütten Insel treffen sich Industrielle aus England und Deutschland in Düsseldorf und unterschreiben am 15. März ein vorläufiges Abkommen, worin erklärt wird, dass eines der Ziele dieses Abkommens darin bestehe, Hitlers Reich eine Vermehrung seiner Devisen zu ermöglichen. Als die Nachricht in England ankommt, erhebt sich ein Sturm der Entrüstung: Das bedeute, dass England vorhabe, das Rüstungsprogramm der Nazis in Deutschland zu unterstützen, indem es zusätzliche Devisen beschafft, und das, während deutsche Truppen quer durch Böhmen marschieren. Chamberlain, Wilson und die Männer aus der Wirtschaft sind weiter daran interessiert, die Zusammenarbeit nicht abreißen zu lassen und unterlassen es aus diesem Grund, extreme Maßnahmen gegen Hitlers Reich zu ergreifen.[86]

Überraschend erreicht London am 17. März ein falscher Bericht über ein Ultimatum, das Hitler an Rumänien gerichtet haben soll.[87] Lord Halifax schickt nach der eingegangenen Meldung ohne eine vorherige Prüfung der Informationen Telegramme nach Griechenland, in die Türkei, nach Polen, Bulgarien, fragt sogar den Vertreter Moskaus, was diese Länder im Falle einer Aggression des Reiches gegen Rumänien vielleicht zu tun bereit seien. Vier fragen noch nach, was London selbst zu tun bereit sei. Nur Moskau schlägt eine sofortige Konferenz mit Frankreich und Großbritannien, Rumänien und Polen sowie der Sowjetunion in Bukarest vor, die der Bildung einer geeinten Front gegen eine Aggression dienen solle. Die britische Regierung bezeichnet die Anregung Moskaus – wen soll es auch wundern? – als verfrüht. Zur Erinnerung: *London* hat gefragt, was jemand *jetzt* zu tun bereit sei. Zu spät, um diese Wogen noch zu glätten, stellt sich heraus, aus welcher ominösen Quelle das abenteuerliche Ultimatum gekommen war. Tilea, Rumäniens Gesandter in London meinte wohl, besser zu früh als zu spät, und setzte das Gerücht in die Welt. War die Lage nicht schon schwierig genug? Bucureşti ist in Panik und Virgil Tilea erhält von Außenminister Gafenco „einen sehr scharfen Verweis“. Dabei ist es nicht unmöglich, dass König Carol die Hand im Spiel hatte, und Tilea erst auf den Gedanken brachte. Wie dem auch sei: Nach einer

„langen und stürmischen Unterhaltung am Telefon" muss der vorwitzige Kollege in London seine Ente dementieren.[88] Es ist somit selbst bei dem größten Schurken weit und breit keine sonderlich gute Idee, ihm zu viel des Üblen in die Schuhe schieben zu wollen.

Seinen siebzigsten Geburtstag möchte der britische Premier im schönen Birmingham verbringen und er ist bereits einen Tag vorher in der Stadt seiner Kindheit, als die Wogen der Empörung über den Umgang mit der Besetzung der Tschechei durch die Deutschen über dem guten Mann zusammenschlagen. Für diesen 17. März war eigentlich eine innenpolitisch geprägte Rede vorgesehen mit den Schwerpunkten Frieden, Freude und Eierkuchen. Das kann er nun vergessen, das muss er sogar vergessen, da die britische Öffentlichkeit wissen will, wie er gerne weiter zu verfahren gedenkt. Mit Innenpolitik mag er den Leuten auf einmal nicht kommen, denn jene „furchtbaren Ereignisse, die in dieser Woche in Europa abgerollt sind, haben alles andere in den Hintergrund gedrängt." Wer würde ihm da widersprechen? Teils, um die Redezeit irgendwie zu füllen, teils für die Bestätigung, dass ein Mann auch dann recht hat, wenn er einmal nicht recht hat, nimmt ein Rückblick auf den Herbst des letzten Jahres längere Zeit ein, und dann tobt er los: „Die Tatsachen von heute können die vom letzten September nicht ändern. Wenn ich damals recht hatte, dann habe ich auch heute noch recht."[89] Er findet auch Gründe, warum er vor zwei Tagen ganz anders gesprochen hatte: Ja, er habe da erst teilweise Informationen gehabt und das sei auch alles noch nicht so amtlich gewesen, sodass seine Kollegen und er sich in der fraglichen Angelegenheit „nicht ganz sicher fühlten". Er verleiht der Hoffnung Ausdruck, den Irrtum von vor zwei Tagen heute richtig stellen zu können. Überdies lag das ja auch alles an der, wie er findet, etwas *kühlen* Darstellung, die ihn vom Botschafter Seiner Majestät aus Berlin erreicht habe. Es soll auf gar keinen Fall unerwähnt bleiben, dass auch der hier gescholtene Sir Nevile Henderson mit Illusionen schwanger geht wie ein gewisser Adolf Hitler. Beide vertreten in aller Öffentlichkeit die Auffassung, ihnen sei von der „Vorsehung" ihre Lebensaufgabe zugewiesen worden. Sendungswahn ist auch verbreiteter als man denkt. Über seine Ernennung zum Botschafter in Deutschland lässt er jeden wissen, „dass es nur bedeuten konnte, dass gerade ich von der Vorsehung dazu auserwählt war ... zur Erhaltung des Friedens in der Welt beizutragen".[90] So pathetisch muss es vielleicht gar nicht sein, aber er kann ja auch nicht damit herausplatzen, dass er nicht die Aufgabe hat, den Frieden zu erhalten, sondern Adolf Hitler so lange hätscheln und tätscheln muss, bis dieser Deutschland in einen Krieg mit Russland verwickelt hat. Chamberlain verrät ja auch nicht, dass ein Bote aus der Reichshauptstadt ihn schon vor dem Einmarsch der Wehrmacht in Böhmen und Mähren über die vorhandene Absicht des Führers informiert hatte. Hans Oster aus der Spitze des deutschen Geheimdienstes ist die Quelle gewesen und war dafür über den Agenten A-54 gegangen. Der heißt mit bürgerlichem Namen Paul Thümmel, was in erster Linie nicht der Gestapo oder anderen braunen Diensten bekannt werden sollte, sodass der deutsche Geheimdienst noch möglichst lange sein Doppelspiel durchhält, für Deutschland und gegen den Boss aus Österreich arbeiten zu können – die nervenzehrende Adolf-Hitler-Zitterpartie. Da bleibt nur die Frage, ob Chamberlain das schon am 10. März wusste, als er sich vor eine Gruppe Journalisten stellte und deklamierte, dass sich die Kriegsaussichten verringerten und eine neue Ära der Eintracht heraufzöge.[91]

Krokodilstränen vergießt Mister Chamberlain für „das stolze und tapfere Volk, das so plötzlich diesem Einfall ausgesetzt ist, dessen Freiheiten beschnitten und mit dessen nationaler Unabhängigkeit es vorbei ist."[92] Es folgt seine rührende Frage, was aus dieser Versicherung wurde, dass die Führung in Berlin ja gar keine Tschechen wolle. Er fragt natürlich nicht, wo die Garantie abgeblieben ist, die er nach München einfordern wollte. Darauf folgt eine Frage, die sich jeder andere vor Herrn Premierminister ebenfalls schon gestellt hat: „Kann man ..., nachdem sich Hitler derartig über so feierlich und so wiederholt abgegebene Zusicherungen hinweggesetzt hat, irgendwelchen weiteren Versprechungen, die er macht, noch Glauben schenken?"[93] Beweist das, dass sogar ein Politiker lernfähig ist?

Chamberlain rundet seine Ausführungen ab mit der von ihm erwarteten Ankündigung, welche Konsequenz er aus dem Einmarsch der deutschen Wehrmacht in nichtdeutsches Siedlungsgebiet ziehen wird. Da bietet er auf einmal die Ansätze einer *Einkreisungspolitik* gegen unser Reich an.

Witzig, nachdem er Österreich und die ČSR über den Jordan gehen ließ. Als wolle er über sich selbst hinauswachsen, nimmt er dann noch etwas verschämt ein Unwort des letzten Herbstes zurück und erläutert seinem verblüfften Volk nunmehr, dass „wir nicht ohne Interesse an dem sind", was in Ländern vor sich geht, von denen er angeblich vor einem halben Jahr noch nichts wusste.[94] Diese Sprechblase kann er ja auch absondern, ohne Schaden anzurichten, ist doch in der richtigen Realität inzwischen der *Status quo* eingetreten, der Deutschland und das moderne Russland einer gemeinsamen Grenzlinie näher gebracht hat, selbst wenn der rote Guru in Moskau sagte, man habe den Deutschen Gebiete der Tschechoslowakei als Kaufpreis für die Verpflichtung gegeben, einen Krieg gegen die Sowjetunion zu beginnen, dass sich die Deutschen nun aber weigern, den Wechsel einzulösen und den Gläubigern die Tür weisen. Noch ist ja nicht aller Tage Abend.

Erinnern Sie sich noch, dass der 17. März genau der Tag war, an dem der Handelsminister Stanley nach Berlin kommen und unser Reich erfahren sollte, dass es seine alten Kolonien zurückbekommt? Ja, Sie rümpfen die Nase, aber das ist ein großer Vorteil für die Kolonialmächte, dass sie ihre Rohstoffe billig aus ihren Kolonien herausholen. Wer diskutiert denn in aller Welt, ob das gerecht ist mit den Kolonien? Doch nun wird das wohl keine einzige Zeitung im Land mehr an die große Glocke hängen, dass es diese Idee mit den Kolonien ernsthaft gab. Das ist es, was einen doppelt nachdenklich macht. Auf deutschen Straßen flüstert man: Adi, Hermann und der Jupp, also Goebbels, fahren auf dem Königssee und wollen das Echo hören. Adi ruft hinüber: „Wann bekommen wir unsere Kolonien?" Das Echo schallt: „Nie ... nie ...!" Hermann tönt: „Wir haben die stärkste Luftwaffe!" Das Echo erwidert ihm: „Affe, Affe." Nun ist der Jupp dran: „Wo wird der Krieg beginnen?" Hallt das Echo: „innen ... innen!"[95] Das letztere Echo ist wieder ein Wink, wie es um Seine nationalsozialistische Volksgemeinschaft steht, und dass es einige Leute für wahrscheinlicher halten, dass der Großmeister vorhat, das Reich eben doch in einen Krieg zu führen, wie man es seit Monaten schon befürchtet. Die Wende in der Londoner Außenpolitik gegenüber Deutschland wird für den deutschen Sicherheitsdienst in einem Detail wichtig, bei dem sie aber weh tut: Seit

Jahren werden Emigranten aus Deutschland in der politischen Tätigkeit behindert, aber nun lässt die Regierung Seiner Majestät den Widerstand gegen die Propaganda der Flüchtlinge wider Hitlers Regime fallen. Und am anderen Ende wird der Landesgruppenleiter der NSDAP in England Otto Karlowa im Mai 39 plötzlich und unerwartet ausgewiesen. Doch die Behörden hatten ihn und 500 weitere Nazis seit Jahren längst auf dem Schirm, weil sie Emigranten ausspionieren und einschüchtern.[96] Das ist zugleich der Startschuss zum Einschläfern eines zwei Jahrzehnte vorgegaukelten *Appeasement* und bereitet die einhundert Jahre vor, in denen Nazis und Deutsche gleichgesetzt werden sollen – eine Neuauflage jenes Aufdrucks *Made in Germany*, der seinerzeit zu einem Schuss ins eigene Knie geworden war. Wehe dem Volk der Dichter und Denker, wenn die britische Propagandamaschine anfängt, *Den Deutschen* alle Verbrechen des Naziregimes anzukreiden und verlogen unter die Nase zu reiben.

Da das Deutsche Reich außer der ehemaligen Tschechoslowakei weitere Nachbarstaaten hat, treibt der Volksmund die Phantasien auf die Spitze: Robert Ley, der Führer der Deutschen Arbeitsfront, ruft auf einer Kundgebung: „Mein Führer! Noch scheint über uns der internationale Mond. Aber wir werden den Mond erobern und deutsch machen! Wir werden Mond-Luftschiffe bauen und werden KdF-Fahrten zum Mond machen für 4,50 Reichsmark hin und zurück, bei voller Verpflegung...“[97] Wer ein Regime wie das aktuelle in Deutschland nicht kennen gelernt hat, wird unwillkürlich fragen, warum dann niemand spontan auf die Straße geht und eine Demo gegen das alles macht. Als es darum ging, alleine einen Marsch der Wehrmacht in die Sudeten zu verhindern, standen am Ende nur ungefähr zweihundert gläubige Nationalsozialisten auf eine Einsicht hoffend vor Hitlers offiziellem Amtssitz. Auf 200 Anhänger würde unser Führer doch vielleicht nicht schießen lassen. Unter der Hand bekommt man dafür zu hören: „Aus was setzt sich das deutsche Volk zusammen?“ Und darauf folgt dann die viel sagende Antwort: „Aus einem Anstreicher und achtzig Millionen Lackierten.“[98] Generalstabsoffizier Hans Speidel* berichtet: „Während noch das im Münchener Abkommen von den Großmächten sanktionierte Recht auf Selbstbestimmung auch der Sudetendeutschen als gerecht empfunden worden war, hatte jetzt der »Mann auf der Straße«, nicht zuletzt der Soldat, ein dumpfes Gefühl des Unrechts. Nicht nur das internationale Vertrauen war zerstört, auch in der Heimat wuchsen Zweifel an unserer Vertragstreue, am Sinn für das Maß."[99]

Das äußert man dann aber nicht wie in Manchester einfach beim Bäcker oder im Zugabteil, so man dort befindliche potentielle Gesprächspartner nicht als Kritiker der offiziellen Linie ausmacht. Noch weniger vertrauen die Leute ihre persönliche Meinung anonym der Post an, die mit größter Wahrscheinlichkeit geöffnet und gelesen wird. Man ist ja nicht mit dem Klammerbeutel gepudert. Wer eine Diktatur nicht innen kennen gelernt hat, kann sich so etwas natürlich auch nicht vorstellen und kommt dann auf so verrückte Ideen, wie jene aufklärerisch pädagogischen Briten von einer „Peace Pledge Union", die Ende des Jahres 1938 und Anfang 1939 ein Schreiben an 6000 deutsche Adressen versandt haben, um für eine pazifistische Einstellung der Untertanen des Führers zu werben.[100] Das Beste aber ist, dass sie darauf eine Antwort erwartet haben. Und dreimal härter ist natürlich, dass sie allen Ernstes enttäuscht sind, dass das Echo aus zwanzig Antwortschreiben besteht, und ihre Aktion im März traurig, enttäuscht, mutlos und verbittert abbrechen. Aber kann sich einer dieser Friedensfreunde im freien Westen vorstellen, dass derjenige, der so eine Aufforderung zur Antwort nicht ignoriert, sondern, womöglich noch mit seiner eigenen, richtigen Absenderadresse eine Antwort in das Ausland schickt, wohlwollend betrachtet sehr verwegen ist? Dass die Deutschen in der Regel nicht bekloppt sind, wird schon daran deutlich, dass selbst in jenen zwanzig Antwortbriefen nur ein paar Kandidaten positiv auf das Schreiben aus England reagieren. Weiß der Deibel, was aus den mutigen Kandidaten danach geworden ist. Die meisten der zufälligen Empfänger, die den Absendern eine Abfuhr erteilen, werden schon die Richtigen gewesen sein, jene 108-Prozentigen, vor denen man sich ja auch zu Hause schon in Acht zu nehmen weiß. Merke: Über 99 Prozent der Empfänger in Deutschland haben den Friedensfreunden keine Abfuhr erteilt.

In London dreht der Wind noch einmal. Der Mann der „Vorsehung" aus England informiert noch am 17. März Staatssekretär von Weizsäcker im revolutionären Berlin, dass er „zum Bericht" zurückbeordert worden sei.

Um die Mittagsstunde muss Nevile Henderson wohl oder übel die Note seiner Regierung in Berlin überbringen, die so ablehnend ist wie die der Amerikaner und die der Sowjets, und dies, obwohl sein Premierminister noch vor zwei Tagen kein Lamento über einen Vertragsbruch durch den Führer in Berlin hören wollte. Doch der öffentliche Druck hatte bewirkt, dass Henderson in Berlin förmlich protestieren muss. Auch Frankreichs Botschafter wurde instruiert, Protest einzulegen.[101] Am nächsten Morgen erscheint also auch Robert Coulondre in der Wilhelmstraße, wo er ebenfalls mit Weizsäcker sprechen muss, da Ribbentrop bekanntlich in jeder kribbeligen Situation abwesend ist. Die Note, die er zu überreichen hat, bezeichnet den Einfall in dieses kleine Nachbarland des Reichs als „eine flagrante Verletzung des Buchstabens und des Geistes“ des Abkommens von München und weist auf die Umstände hin, unter denen Prag damals seine Zustimmung gegeben hatte. Es wird betont, dass die französische Regierung „die Legalität der neuen, durch die Aktion des Reiches in der Tschechoslowakei geschaffenen Situation“ nicht akzeptieren könne, und Berlin gibt sich indigniert. Hatte London bislang nicht immer gelächelt? Hat der französische Außenminister George Bonnet denn nicht bei dem Gespräch im Dezember zu Joachim von Ribbentrop gesagt, dass die ČSR „nie wieder der Gegenstand eines Meinungsaustausches“ sein würde? Es kann natürlich sein, dass sich Ribbentrop das hinterher ausgedacht hat. Bonnet selbst dementiert am 19. März energisch, Herrn Ribbentrop sein *désintéressement* an der Tschechoslowakei bekundet zu haben. Zugegen waren bloß Botschafter Graf Welczeck und Alexis Léger – anders als der Staatssekretär, der sich vorerst auf Ribbentrop verlassen muss. Pikanter noch ist, dass es ein *tête-à-tête* der beiden gab. Was sagte Bonnet da?[102]

Mag es jetzt so oder so gewesen sein, Berlin reagiert und beruft die Botschafter aus Paris und London zurück.[103] Vor der Abreise erklärt Dirksen das dann damit, dass der britische Außenminister „jede Entschuldigung für eine unverschämte Beleidigung des Führers“,[104] die der Abgeordnete Duff Cooper in einer Sitzung des Unterhauses ausgesprochen hatte, verweigert. Cooper sei vom Sprecher des Hauses nicht einmal zur Ordnung gerufen worden. Er habe die Ausweisung von Deutschen angedroht und die Abberufung eines Botschaftsmitgliedes eingefordert. Darüber hinaus weist Herbert von Dirksen darauf hin, dass in England Gerüchte im Umlauf seien, „dass Deutschland an der polnischen Grenze umfassende militärische Vorbereitungen getroffen hätte, ebenfalls mit der Absicht des Einmarsches in Polen, oder zum Mindesten in Danziger Gebiet." Damit sei *die hysterische Geistesstimmung* weiter verstärkt worden.[105] Halifax nimmt gelangweilt den Redeschwall hin und antwortet sichtlich lustlos. Herzlicher ist der Empfang in Paris auch nicht. Als Botschafter Welczeck noch einmal mit Daladier reden muss, wird er zornig angefaucht: „Hitler hat mich hintergangen, er hat mich lächerlich gemacht."[106] In den Tagen danach orientiert sich Paris neu. „Die Zeit zum Reden ist vorbei", erklärt Daladier, als er sich die nun benötigten Sondervollmachten zum Ausbau der Landesverteidigung von den Parlamentariern in Paris geben lässt.[107] Dass sowohl der deutsche Gesandte in Paris als auch der in London zum Bericht nach Berlin bestellt wurden, sei keine bloße Formalität, sondern der Ausdruck des Misstrauens gegen die britische Haltung, schreibt am 20. März die Deutsche diplomatische Korrespondenz, die, wie man sagt, Ribbentrops Ansichten genau widerspiegelt. Jetzt klingt es so, als wollte man auch noch das Marineabkommen mit Großbritannien kündigen.[108]

Der Wind schlägt übrigens auch in Berlin um, unerwartet für einen, der glaubt, dass ein Diktator auch selbst an ideologischen Dogmen klebt, die für das Fußvolk in die Welt gesetzt worden sind. Im Januar hatte unser Adi schon dem Botschafter der Sowjets schöne Augen gemacht und nach dem Marsch seiner Gladiatoren durch Prag sagt er zu Generaloberst von Brauchitsch unter dem Siegel der Verschwiegenheit: „Meinen nächsten Schritt werden Sie nicht erwarten. Bitte, setzen Sie sich. Ich werde einen Staatsbesuch in Moskau abstatten."[109]

Diplomatie gegen Litauen mit der Brechstange

Bleiben wir noch ein bisschen in Osteuropa oder genauer gesagt an der Ostsee. Streng genommen glaubt niemand mehr im Ernst, dass Hitler in der Memelfrage noch etwas bewegen kann, denn er hatte im Herbst den Staatsgästen in München zugesichert, dass er nicht die Absicht hat, den Status von Memel zu ändern oder sich dort einzumischen.[110] Aber wie es sich manchmal so fügt, kommt Litauens Außenminister Urbšys auf dem Weg von Rom nach Hause in Berlin vorbei, um die Probleme zu erörtern und aus dem Weg zu räumen, von denen seit Tagen in der Reichspresse die Rede ist. Am 20. März begeben sich Urbšys und der Gesandte seines Landes in Berlin zu Ribbentrop. Der deutsche Außenminister seinerseits wünscht jedoch auch mit Litauens Außenminister ein *tête-à-tête*. Voilá!

Gesandte stören meistens sowieso diplomatische Gespräche. Ribbentrop hat auch nicht groß Zeit, um sich lange aufzuhalten, und fordert Urbšys auf, Memel sofort abzutreten. Er ist schlussendlich ein Nationalsozialist und ned das Christkind. Urbšys verweist ihn darauf, dass er so eine Entscheidung nicht einfach ohne Rücksprache mit der Regierung in Kaunas treffen könne. Abgesehen davon müssen ja auch die Signatarmächte der *Klaipėda Convention* von 1924 erst konsultiert werden. Im Hauruckverfahren wird das nichts. Dann folgt diese Nummer wie bei Hácha. Urbšys solle in Kaunas anrufen und die Zustimmung der Regierung telefonisch einholen. Halten Sie sich fest: Herr Urbšys lehnt das einfach ab! Hast du da Töne? Als Ribbentrop merkt, dass er das Gespräch doch besser in der Nacht hätte anfangen sollen, macht er das Stundenziel zur Hausaufgabe und schickt Urbšys mit einem Ultimatum von knapp vier Tagen in seine Heimat – nicht ohne den freundlichen Tipp, dass er sich nicht um Hilfe an andere Mächte wenden solle, sonst würde man diese Sache hier nicht mehr auf diplomatischem Weg, sondern in einem militärischen Sinne in Ordnung bringen. Hinter Urbšys steht zwar keine gewaltige Macht, doch er lässt sich, vielleicht gerade deshalb, etwas Unerwartetes einfallen.[111]

Juozas Urbšys umgeht nach dieser forschen Verhandlungsführung den diplomatischen Weg und berichtet den Militärattachés Englands, Frankreichs und Polens in Berlin, was vorgefallen ist. Er fügt noch hinzu, die

Haltung der litauischen Regierung hinge absolut davon ab, mit welcher Hilfe sie rechnen könnte. Aus diesem zweifellos couragierten Verhalten lässt sich getrost entnehmen, dass er keinerlei Ahnung davon hat, dass Polen nach der Eroberung des Gebietes um Vilnius auch den Rest seines Landes gern schlucken würde, dass Litauen für London nicht mehr und nicht weniger ist als ein Aufmarschgebiet für den großen Zusammenstoß zwischen dem Deutschen Reich und der Sowjetunion, und dass man im schönen Paris für Litauen so wenig tun wird wie für den Erhalt der ehemaligen Tschechoslowakei, weil London schon im letzteren Fall gedroht hatte, Frankreich allein im Regen stehen zu lassen, wenn die Übermacht der Franzosen die zarte Pflanze der Wehrmacht zertrampeln wolle.[112]

Hat England denn nur zum Spaß Hitlers Wiederaufrüstung mit Krediten *en masse* finanziert? Haben amerikanische Firmen der Wehrmacht die Rohstoffe für ihren Krieg gegen die Russen bloß zur Verfügung gestellt, damit die Franzosen den Deutschen alles in Klumpen schießen? Urbšys hat von alledem gewiss keinen blassen Schimmer und verlässt Berlin zur Beratung mit der Regierung in Kaunas. Vilnius ist ja so ziemlich zwanzig Jahre schon nicht mehr die Hauptstadt des Landes. Damals hatte Polen sich in den Südosten Litauens wie auch in große Gebiete Weißrusslands, der Ukraine und Deutschlands ausgebreitet. Bloß an die Tschechei sowie die Slowakei war man damals nicht herangekommen. Dumm gelaufen.

Weil Ribbentrop gerade so in Fahrt ist, treibt er am 21. März die Debatte um Danzig voran. Auf Botschafter Lipskis Anfrage, warum er seit Tagen ignoriert wird, entschuldigt sich Ribbentrop, dass der „ungestüme Lauf der Ereignisse“ die Tschechoslowakei betreffend ihn gehindert habe, die Vertreter des Auslandes in einer geeigneten Weise zu informieren. Dann folgt eine kurze Darlegung über die Natur der Krise und ein Hinweis auf die Lösung des karpathorussischen Problems, die seiner Meinung nach „die größte Zufriedenheit in Polen hätte auslösen müssen“. Er kann sich nicht so recht denken, warum sie das nicht getan hat. Wie in einem Ehestreit halten sich die zwei Gesprächspartner die alten Verfehlungen vor, die der jeweils andere Teil zu verantworten hatte, und lassen umgekehrt weg, wo sie sich selbst nicht so korrekt betragen haben. Alles das mag ja sein, doch jetzt geht es aktuell um die Slowakei. Lipski weist Ribbentrop auf die lange Grenze Polens mit diesem Land hin und macht ihn darauf aufmerksam, dass der einfache Mann es nicht verstehen würde, warum das Reich die Schutzherrschaft über die Slowakei angenommen hat, was sich doch gegen Polen richten könnte. Darin sähe Polen einen schweren Schlag in den Beziehungen beider Staaten. Doch diese lange Grenze im Süden gab es auch schon, als die Führung in Warschau voriges Jahr von Paris auf die Gefahren hingewiesen wurde, *falls* sich Deutschland unter Umständen die ehemalige Tschechoslowakei unter den Nagel reißt. Dies konnte Warschau damals noch nicht beunruhigen, bekam es doch dieses Industrierevier von Teschen nach der Eingemeindung der Sudeten. Der Reichsaußenminister verweist anschließend auf die vielen Vorschläge in verschiedenen Feldern, die der Führer Polen gemacht hat, und fügt dem hinzu, dass es überhaupt nicht gut sei, wenn beim Führer der Eindruck entstünde, „dass Polen glatt ablehne“. Er schlägt einen Besuch Becks in Berlin vor; der Führer wünsche sich darüber einen Meinungsaustausch. Als Ribbentrop über sein Gespräch mit Urbšys befragt wird, gibt er eine ausweichende Antwort. Lipski hegt den Verdacht, dass Ribbentrop jetzt nur die polnische Neutralität während der Memelkrise erhalten möchte. Józef Lipski wird am Schluss dazu aufgefordert, er solle in Warschau berichten. Das tut der Botschafter und hält fest, der Ton dieses Gespräches war „sichtlich anders als der, in dem bisher verhandelt worden war“ und fügt dem hinzu, „er war eindeutig nötigend“.[113]

Im Westen kommen die Politiker ganz schön außer Atem bei dem Megatempo der Vollblut-Eroberer in *Germania*, wie Hitler die Hauptstadt in Zukunft nennen lassen will, nachdem der Endsieg errungen ist. London erlebt ab dem 21. März einen dreitägigen Staatsbesuch aus Paris, der in der angespannten Atmosphäre jedoch nicht übermäßig feierlich ausfällt. Es hat ein paar Tage gedauert, bis London *eine bessere Idee hat* als den Moskauer Vorschlag für eine Konferenz in Bucureşti. Die Regierung auf der Insel bringt ein Memorandum ins Gespräch als ersten Schritt gegen eine mögliche deutsche Politik der Beherrschung Europas. Moskau und Paris, Warschau und *last but not least* London sollen bei einer vorstellbaren neuen Gefährdung des Friedens eine Vier-Mächte-Erklärung unterzeichnen und veröffentlichen, die besagen soll, dass die „Regierungen sofort zusammen beraten werden, welche Schritte gegen jede derartige Aktion gemeinsam unternommen werden sollen." Die Zeitersparnis läge darin, dass die Erklärung sofort veröffentlicht werden würde, um Berlin zu beeindrucken, noch bevor eine Konferenz Ergebnisse zeitigt.[114] Wieso dieses Vorgehen eine reale Zeitersparnis bedeuten soll, bleibt ein Rätsel. Das könnte man mit dem Vorschlag einer Konferenz in Bucureşti völlig analog handhaben. Zu Beginn der Konferenz könnte man ebenfalls eine Vier-Mächte-Erklärung veröffentlichen und dann lang und breit herumdiskutieren und müsste im Ernstfall nicht erst hektisch alle zusammentrommeln. Hoffentlich hat Stalin ein schwaches Gedächtnis. Bislang ist seine *Außen*-Politik die sauberste im großen Umkreis und kommt er auf dumme Gedanken, müsste er sich nach der Eroberung Deutschlands mit Frankreich, mit England und letzten Endes mit den USA herumbalgen.

Auge um Auge und Zahn um Zahn: Litauen hat die Militärattachés über die Bedrohung durch Deutschland informiert und das Reich setzt drei in Ostpreußen stationierte Divisionen der Wehrmacht nach Norden an die Grenze zum Memelland in Marsch. Am 22. März besetzen sie Klaipeda, das auf Deutsch Memel genannt wird. Über die Jahrhunderte war diese Stadt wie so viele in Europa aber schon im Besitz verschiedener Reiche. Aktuell sind dort Garantien der Siegermächte des Weltkrieges in Kraft. Auch dort kann man trefflich streiten: gerecht oder ungerecht, litauisch oder deutsch, verhandeln oder mitnehmen, Frieden oder Krieg? Gewiss ist nur eines: Es gibt keine rechtliche Grundlage für den Einmarsch. Die wird man irgendwie in der nächsten Zeit bewerkstelligen müssen. Wenn jemand sagt, das wäre zuvor kein Ultimatum gewesen, dann erfolgt also der Einmarsch ohne jede Vorwarnung. Das macht es nur noch übler.

In der Luft über all der militärischen Betriebsamkeit fliegt am 22. März Litauens Außenminister nach Berlin, wo er am Flughafen Tempelhof mit allen Ehren empfangen wird. Das Angebot, die Zeit in der Reichshauptstadt als Reichsgast im Hotel *Adlon* zu verbringen, lehnt er dankend ab, und packt seine drei Sachen lieber in der litauischen Gesandtschaft aus. Mit solchen Abweichungen im Procedere werden deutsche Zeitungsleser natürlich nicht behelligt. Wo bliebe denn dann der feierliche Anschein? Es war nicht verkehrt, die Zeit um einen halben Monat zurückzudrehen. Um 18.00 Uhr beginnen unter von Weizsäckers Vorsitz im Auswärtigen Amt in einem Zimmer neben dem Ribbentrops die Unterredungen. Die Berliner Verhandlungsführer sind ungemein höflich, aber zur Änderung des Textes ihrer „Abmachung" mit Litauen nicht bereit. Als Urbšys seine Einwände vorträgt, legt man ihm nahe, mit Ribbentrop, der im Zimmer nebenan sei, zu sprechen. Unterschrieben wird das Abkommen, das das Land nordöstlich des Flusses Memel dem Reich zurückholt, um ein Uhr in der Nacht. Berliner Nächte sind lang und ein Arbeitstag ist es ja auch. Erwähnenswert ist der Schachzug, dass vereinbart wird, dass sich beide Staaten festlegen, „in den gegenseitigen Beziehungen weder Gewalt anzuwenden, noch deren Anwendung gegen den einen oder den anderen durch eine dritte Partei zu ermutigen".[115] Damit hebelt Berlin geschickt die Möglichkeit aus, dass sich Litauen jetzt noch von irgendeinem Land schützen, garantieren oder verteidigen lassen kann. Man darf vermuten, dass der Vertragstext überall in Europa aufmerksam studiert wird.

An der Spitze der deutschen Flotte gleitet am 23. März der Führer selbst auf der Ostsee pathetisch nach Memel. Er soll auf dieser Fahrt furchtbar seekrank sein, und das soll ihn im unabänderlichen Entschluss bestärkt haben, von den Polen eine Landverbindung mit Ostpreußen zu fordern. Warschau ist entsetzt. Sind die Beziehungen beider Länder so unheilbar, dass das sein musste? „Die Nachricht vom Einzug deutscher Truppen in Memel und der demonstrativen Fahrt des Kanzlers ... an unserer Küste entlang", schreibt Botschafter Lipski, „war für die polnische öffentliche Meinung eine ebenso große Überraschung, wie es der Einmarsch in die Slowakei gewesen war."[116] Jetzt treffen die Polen Vorsichtsmaßnahmen. Polens Marschall Rydz-Śmigły wartet nicht, bis es donnert, sondern verfügt die Mobilmachung eines wesentlichen Teiles der polnischen Armee; mag sein, dass die Wehrmacht in Richtung Litauen geschickt worden ist, doch wird hier nicht Stück für Stück ein Belagerungsring um sein Land herum installiert? Hitler und Goebbels sind die letzten Kandidaten, die sich darüber zu beschweren brauchen. Wer ist denn so empfindlich über eine Einkreisung? Drei Reservistenjahrgänge und tausende militärischer

Spezialisten werden eingezogen. Sieben Armeestäbe werden aufgestellt und rücken in ihre Hauptquartiere ein; Rydz-Śmigły erhöht zugleich die Truppenstärke der Armee um über 330.000 Soldaten und lässt Kampfverbände in Richtung Danzig und Pomerellen aufmarschieren. Macht er das Richtige? Handelt er zu früh oder ist es zu spät? Schätzt er die Möglichkeiten der relevanten Armeen realistisch ein? Hat er erfahren, dass Hitler schon am 24. November 1938 Vorkehrungen treffen ließ für eine „handstreichartige Besetzung Danzigs aus Ostpreußen heraus"?[117] Dabei stellt sich auch die Frage, warum die Warschauer Außenpolitik im März 1938 dieses Szenario noch nicht für bedrohlich gehalten hat. Seinerzeit erhielt Polens Botschafter in Deutschland noch die Weisung, er solle bei den Freunden in Berlin ausrichten, das Warschauer Kabinett sei bereit, die Interessen des Reiches bei einer polnischen Aktion gegen Litauen zu berücksichtigen. Dabei dachte man eben an das Memelland und war davon ausgegangen, dass polnische und deutsche Truppen zeitgleich in die entsprechenden Gebiete der Republik Litauen einrücken könnten. Es ist die Warnung durch den Moskauer Außenminister gewesen, welche den Handstreich gegen Litauen damals verhindert hatte.[118]

Ist der Frieden in Europa noch zu retten?

Unterdessen wird ein Handelsvertrag zwischen den Rumänen und dem Reich Adolf Hitlers geschlossen. Damit wird das Balkanland gezwungen, sich mit dem Status eines wirtschaftlichen Vasallen Deutschlands abzufinden und Hitler Agrarprodukte und sein Öl zur Verfügung zu stellen.[119] Haben Sie *Mein Kampf* schon gelesen? Dort erklärt Hitler, wozu er dies braucht. Im Nachhinein muss man fast annehmen, dass sich Rumäniens Gesandter in London sein Ultimatum nicht bloß aus den Fingern saugte. Hatte er, oder König Carol, einem Gespräch beigewohnt, welches auf das erpresste Stück Papier hingearbeitet hat?

Der neueste *Coup* des Führers verschärft den Ton in London weiter. Die Briten wurden in der Zwischenzeit durch den Militärattaché informiert, wie denn das erste Gespräch von Juozas Urbšys in Berlin verlaufen war. An diesem 23. März erklärt Premier Chamberlain dem Parlament, dass die Regierung entschlossen sei, sich mit allen zur Verfügung stehenden Mitteln dagegen zu wehren, dass hier „unabhängige Staaten durch Androhung von Gewaltanwendung derart unter Druck gesetzt werden, dass ihnen nichts anderes übrig bleibt, als ihre Unabhängigkeit aufzugeben." Die Frage tut ja überhaupt nichts zur Sache, aber wie viele Staaten sind nochmal durch Englands koloniale Ambitionen zwischen *New Zealand* und *Canada* durch Gewaltanwendung die Unabhängigkeit losgeworden? Die Briten wildern aber intelligenterweise nicht im guten alten Europa. Die an Polen gegebene Garantie sei lediglich die erste Frucht des neuen Entschlusses. Andere würden folgen.[120] Sagt er am 23. März. Beobachter der Szene werden sich in erster Linie fragen, von welcher Garantie jener große Stratege dabei eigentlich gesprochen hat. War das eine Freudsche Fehlleistung? In London wird in Hinterzimmern über eine Garantie für die Republik Polen nachgedacht, aber davon haben bislang bloß wenige Eingeweihte schon einmal etwas gehört. Namentlich in Polen wissen sie von ihrem Glück auf jeden Fall noch nichts und es steht in den Sternen, ob sie das an der Wisła überhaupt annehmen würden, schon alleine deshalb, weil es bei der *Garantie für Polen* um Rumänien geht. Wenn Polen Rumänien eine Garantie gibt, bekommt Polen selbst eine Garantie. Dem Warschauer Außenminister Beck ist jedoch klar, dass jedwede polnische

Verpflichtung für Rumänien automatisch die Ungarn ins deutsche Lager treiben würde. Woher soll er wissen, dass die Briten das selbst schaffen, indem sie die Avancen aus Budapest an der Themse abblitzen lassen?[121] Sie sind die Meister der Intrige und bereiten wieder einmal die Karte für den nächsten Krieg in Europa vor.

Moskau macht sein Ja zur Vier-Mächte-Erklärung von der Zustimmung Polens abhängig. Schnell wird klar, dass dies der Knackpunkt sein kann. Großes Verständnis für die Warschauer Haltung äußert am 23. März ein Times-Korrespondent: „Polens Lage ist anerkanntermaßen schwer. Die polnische Regierung scheut sich, und das ist durchaus verständlich, den augenblicklich wenig angenehmen Waffenstillstand mit Deutschland zu beschädigen, es sei denn, sie erhielte ein klares und greifbares Angebot der Zusammenarbeit von den anderen Mächten. Der Erklärungsentwurf scheint nach ihrer Ansicht nicht weit genug zu gehen.“[122] Die Führung in Warschau befürchtet, dass die Einbeziehung der Sowjetunion den Chef in *Germania* provozieren kann; man überschätzt die eigene militärische Stärke und unterschätzt die der Sowjets. Dazu kommt die alte Sorge um die Gebiete im Osten. Außenminister Beck will seine Verhandlungen mit Berlin nicht belasten und gewiss keine Garantie von Moskau annehmen.

Es mag durchaus sein, dass oft viele Wege nach Rom führen, aber in der durch Hitlers *Diplomatie* zugespitzten Lage gibt es eigentlich nur einen Weg nach vorn: Warschau erklärt sich feierlich bereit, auf seine Gebietsgewinne zu verzichten, die es 1921 erzielt hatte, als ausländische Armeen in das Russische Reich einbrachen. Die Sowjetunion wurde ja dann erst am 30. Dezember 1922 gegründet. Im Windschatten anderer und unter Ausnutzung der vielen Schlachtfelder hatte sich Polen, das es kurz zuvor noch nicht auf der Landkarte gab, Gebiete einverleibt, die es vor einigen Generationen an Russland verloren hat. Aber Größenwahnsinn ist nicht gut: Die polnischen Truppen haben zeitweise sogar Kiew erobert, das ja wirklich nicht polnisch ist. Kiew war die Wiege von Russland, wenn man hier schon geschichtlich argumentieren möchte. Stellen Sie sich vor, die Römer würden sich auf einmal erinnern, dass ihnen einst ein verdammt großer Teil Europas gehört hat – sehr bedenklich. Bei solchen Debatten am Biertisch ist natürlich immer auch Vorsicht angesagt: Polen-Litauen und Sachsen wurden lange von einem sächsischen König regiert. Zeigen die Polen dieselbe Sehnsucht nach *czasy saskie*? Aber wenn Männer auf Beutezug gehen, gibt es kein Halten. Und erklären Sie mal einem Mann, dass es in einer gefährlichen Situation vernünftig sei, etwas auch wieder herzugeben. Viel Erfolg. Wären weißrussische und ukrainische Gebiete ganz offiziell wieder Teile von Weißrussland und der Ukraine, fiele auch die Sorge weg, dass die Rote Armee gleich dort bleibt, wenn sie erstmal im Land ist. So wäre Warschau sein schlechtes Gewissen los und könnte den Kern seines Staatsgebietes schützen lassen. Ist es ein Vorurteil, dass die Aufgabe der Gebiete innenpolitisch nicht durchsetzbar wäre, da der Pole ein sturer Schrat ist, oder ist das nicht mehr als eine Schutzbehauptung der Führung in Warschau? Fraglich bleibt eigentlich nur, weshalb der britische Außenminister Lord Halifax Verständnis für die polnische Ablehnung gegen die Beteiligung der Sowjetunion heuchelt und sich für diesen Zweck gar zu blumigen Bildern aufschwingt. Er befindet, dass die in Warschau vorhandenen Ängste „nicht unnatürlich“ seien und schreibt hochpoetisch: „Ein intelligentes Kaninchen dürfte kaum die Protektion eines Tieres begrüßen, das zehnmal so groß wie es selbst ist und dem es die Gepflogenheiten einer *Boa constrictor* unterstellt.“[123] *Wer* hatte die Curzon-Linie 1921 weit hinter sich gelassen und fremdes Gebiet erobert? Hat Halifax die Vier-Mächte-Erklärung vielleicht überhaupt nur ins Gespräch gebracht, damit sie von Warschau selbst abgelehnt wird und die Briten ihre Garantie für Polen bekommen und den Stein des Anstoßes in der Hand haben wie 1914 mit Belgien? Geht es hier lediglich darum, wie die seit 1934 *viel zu guten* Beziehungen zwischen Warschau und Berlin jetzt demoliert werden können? *The English way – divide and rule?* Die Nagelprobe, inwiefern man an der Themse neuerdings ernsthaft mit der Sowjetunion gegen weitere Eroberungen in Europa vorzugehen gedenkt, steht ebenfalls noch aus. Und der Teufel weiß, ob nicht noch ein Wunder geschieht und London lässt im Ernstfall auch Frankreich hängen.

Als Polens Botschafter in Paris von dem britischen Ansinnen einer Vier-Mächte-Erklärung unter Einschluss der Sowjetunion erfährt, ist er nicht mehr zu beruhigen. Er lässt den Außenminister zu Hause wissen, dass er meint, ein solcher Vorschlag, der in aller Öffentlichkeit die Sowjetunion in eine Staatengruppe gegen Deutschland einbeziehen wolle, könne nur der britischen Innenpolitik dienen und Berlin den Eindruck aufdrängen, dass es sich hier einzig und allein „um einen ideologischen Kampf gegen Hitler" drehen könnte, „wobei das Ziel nicht Friede, sondern Revolution in Deutschland ist. Wer die alten und festen Grundsätze der polnischen Politik kennt, kann nicht auf den Gedanken kommen, dass die polnische Regierung auf die frivol gefährlichen politischen Schachzüge des Herrn Chamberlain hereinfällt."[124] Das ist sicherlich übertrieben moralisch für einen Mann, der im politischen Geschäft bisher gnadenlos gepokert hat. Davon abgesehen trifft der Vorwurf auch einen Premier, der sich keineswegs freiwillig auf die Einbeziehung Moskaus eingelassen hatte.

Doch hier hat Łukasiewicz recht: Da die Erfahrung der letzten 20 Jahre gezeigt habe, dass sich weder Frankreich noch England ihren internationalen Verpflichtungen entsprechend verhalten hätten und nicht einmal imstande gewesen seien, ihre eigensten Interessen zu verteidigen, werde keiner ihre Vorschläge ernst nehmen, es sei denn, sie wären bereit, ihre eigenen Beziehungen zu Deutschland zu gefährden. Mehr Sorgen als ein Erfolg der Londoner Initiative bereitet Botschafter Łukasiewicz übrigens ein Fehlschlag dieses Anlaufs, denn das wäre für Hitler bloß der Beweis für die Unaufrichtigkeit der englischen und französischen Politik. Wenn das Unterfangen nicht gelingt, werde das Hitler zu weiteren Angriffen in Ost- und Zentraleuropa ermutigen, was früher oder später trotzdem zur Kriegskatastrophe führen würde. Es sei nach seiner Auffassung wirklich kindlich verbrecherisch, Polen die Verantwortung zuzuschieben, ob nun Krieg oder Frieden ist. Łukasiewicz meint, es soll ein für alle Mal darauf hingewiesen werden, dass diese Verantwortung vor allem bei Frankreich und England liege, deren entweder unsinnige oder lächerlich schwache Politik die gegenwärtige Lage heraufbeschworen hat. Sollte die britische Regierung dies nicht begreifen, sei ein europäischer und möglicherweise sogar ein Weltkrieg unvermeidlich; das könnte womöglich bald der Fall sein, weil die Wahl des Zeitpunktes bei Hitler liege.[125] Die Gedanken des Schreibens habe er am 24. März auch bereits gegenüber US-Botschafter Bullitt geäußert, der von ihnen beeindruckt wäre und der über den Weg besonderer Befugnisse Kennedy, den US-Botschafter in London, beauftragt habe, sich zu Chamberlain zu begeben und diese Argumente an der richtigen Stelle vorzutragen. Geht Kennedy zum Premier oder tut er das nicht? Als ihn Polens Londoner Botschafter Raczyński darauf anspricht, ist Kennedy unzufrieden mit seinen Kollegen in Warszawa und Paris, die gar nicht in der Lage seien, die Verhältnisse in England so zu beurteilen wie er, und sich trotzdem mit derartiger Sicherheit über sie äußerten.[126]

Hätten Juliusz Łukasiewicz's Worte hier überhaupt eine Chance gehabt, Joseph Kennedy zu beeindrucken? Seine Empfehlung nach Washington lautet doch ohnedies, man solle die Polen ganz einfach ihrem Schicksal überlassen und sie auf diese Art zwingen, die deutschen Forderungen zu akzeptieren, was „es den Nazis ermöglichen wird, ihre Ziele im Osten zu realisieren.“ Juliusz Łukasiewicz' Argumentation in allen Ehren – doch was könnte er erreichen, wenn auch Londons Außenminister Halifax als schlimmstes Szenario vor Augen hat, dass ein Krieg in Europa beginnt, der Russland nicht betrifft und dessen Kräfte nicht aufzehrt. In diesem Falle könne Russland zur Hauptgefahr in der Welt werden.[127] Erneut ist er um den geeigneten aktuellen Spruch nicht verlegen und behält dabei die parteiunabhängige große Linie der Londoner Außenpolitik im Visier.

Die offizielle Antwort der polnischen Regierung auf den englischen Vorschlag einer Vier-Mächte-Erklärung übergibt Raczyński am 24. März. In Anbetracht von unvermeidlichen Schwierigkeiten und Komplikationen der sich durch diese multilateralen Verhandlungen ergebenden Zeitvergeudung und des schnellen Ablaufes der Ereignisse fragt Außenminister Beck, ob die britische Regierung nicht in Erwägung ziehen wolle, mit der polnischen Regierung sogleich „ein bilaterales Abkommen im Geist der vorgeschlagenen Erklärung“ zu schließen. Er befindet: „Ein solches Abkommen würde über das Schicksal weiterer allgemeiner Verhandlungen nicht entscheiden“, und da Polen ein Bündnis mit Frankreich habe, und Großbritannien selbst eine *Entente* mit ihm, würde es zur Politik beider passen.[128] Damit ist diese friedliebende *Vier-Mächte-Erklärung* mangels vierter Macht gestorben. Aus unerfindlichen Gründen findet man nichts dazu, ob England stattdessen nicht mit seiner Flotte drohen kann.

Der Oberkommandierende des Heeres wird zur Entwicklung in Sachen Danzig am 25. März in der Art informiert, dass der Führer vergangene Nacht Berlin verlassen habe; er wolle nicht hier sein, wenn Botschafter Lipski morgen wieder eintrifft. Die Gespräche sollte Ribbentrop führen. Der Führer wünsche keine gewaltsame Lösung des Danziger Problems, denn er wolle Polen nun nicht den Engländern in die Arme treiben. Eine militärische Lösung komme ausschließlich in dem Falle in Frage, wenn Lipski zu verstehen gebe, dass es die polnische Führung gegenüber dem Volke nicht verantworten könne, Danzig freiwillig abzutreten, und dass durch ein *fait accompli* die Lösung für sie leichter gemacht würde. Wer könnte andererseits auf bessere Erfahrungen bei der Schaffung solcher *vollendeter Tatsachen* zurückblicken als der Führer? Ist ihm entgangen, dass Rydz-Śmigły inzwischen die Teilmobilisierung angeordnet hat? Es sieht nicht so aus, als wollten die Polen auf die Hafenstadt verzichten.[129]

Bringt das Treffen von Lipski und Ribbentrop wieder die positive Wende in den bilateralen Beziehungen zwischen der Republik Polen und Hitlers Reich? Nach den Instruktionen zu urteilen, die der Botschafter von dem Warschauer Außenminister mitbekommen hat, sucht die Staatsführung in Warschau offensichtlich nach Wegen zu einer einvernehmlichen Beilegung der Krise, ohne unter Druck Danzig an das Reich anzuschließen. Dazu werden Konzessionen hinsichtlich der Erleichterung des Straßen- und Eisenbahnverkehrs zwischen Deutschland und Ostpreußen geboten, doch könnte es sich dabei nur um technische Dinge handeln. Die Souveränität Polens dürfe in keiner Weise verletzt werden; aus diesem Grunde könne eine Exterritorialität von Verkehrswegen nicht in Frage kommen. Damit geht der Ball zurück auf die deutsche Seite; jetzt müsste angefragt werden, wie dann die Sicherheit durch Polen gewährleistet werden soll. Sie gehen recht in der Annahme, dass dies nicht geschieht. Man hatte ja schon Bange, dass Berlins *Diplomatie* zu nachgiebig wird. Das Problem rund um Danzig, meint der Botschafter, müsse durch die Verständigung zwischen Warschau und Berlin gelöst werden. Der Völkerbund sei auch weiterhin nicht in der Lage, seinen Verpflichtungen nachzukommen. In Warschau denke man an eine gemeinsame Garantie für die Freie Stadt, „die neben der freien Entwicklung des deutschen Volkstums und seines innerpolitischen Lebens“ die Rechte seiner polnischen Bevölkerung und die wirtschaftlichen, maritimen und Handelsinteressen Polens sicherte. Unter Hinweis auf das Berliner Vorgehen in der Slowakei und in Litauen hält man in Warschau wenig davon, dass der Außenminister Beck „ohne eine vorherige Klärung der oben erwähnten Fragen“ zu Verhandlungen nach Berlin kommt.[130] Um *Berlin bei Nacht* nicht selbst *live* zu erleben.

Ribbentrop erklärt, dass er in dem durchgelesenen Memorandum „nicht die Basis für eine deutsch-polnische Verständigung“ erkennen könne. In seiner Erwiderung darauf versteigt sich der Botschafter zu der Aussage, dass es seine peinliche Pflicht sei, darauf hinzuweisen, dass jede weitere Verfolgung dieser deutschen Pläne, besonders hinsichtlich einer Rückkehr Danzigs ins Reich, Krieg mit Polen bedeuten würde. Was ist in ihn gefahren? Aus den Instruktionen geht nichts hervor, das diesen Ton im Gespräch fordert, nichts, das den blutigen Ernst des Satzes autorisierte. Hat sich der Botschafter vergessen? Hat ihm Beck mündlich gestattet, er dürfe mit Krieg drohen, falls Ribbentrop in der Sache ganz unnachgiebig bleibt? Mit schneidender Schärfe entgegnet ihm von Ribbentrop: „Wenn Polen die Gebietshoheit Danzigs verletzt, so werden wir das als eine Verletzung der deutschen Grenze ansehen.[131]“ Auf jeden Fall bekommt von Ribbentrop seine Antwort aus Warschau postwendend. Botschafter von Moltke schickt ein Telegramm, in dem es heißt, der Außenminister habe ihm gegenüber entgegnet, wenn von Ribbentrop gewaltsames Vorgehen von Polen gegen Danzig als *casus belli* bezeichne, so antworte er darauf, dass jeder Versuch Deutschlands, den Status der Stadt Danzig einseitig zu ändern, auch von der Republik Polen als *casus belli* angesehen werde. Damit will er sagen, dass das als ein Anlass für den Beginn eines Krieges betrachtet würde.[132]

Adolf Hitler glaubt wohl trotz dieser kritischen Zuspitzung im Verhältnis zu Polen oder gerade deswegen, dass Polen in den nächsten zehn Tagen einlenkt und mit ihm Lebensraum im Osten erobert. Das müsste seinen Partnern in Polen die Überlassung von Danzig wert sein. Signale gibt es, dass sie die Freie Stadt und den Korridor gegebenenfalls doch abgeben würden. Hat der Führer noch den Überblick und nimmt er es ernst, dass

Paris und London bei Danzig vorerst die Linie ziehen wollen? Hat er die Zeit, um eine weitere Möglichkeit abzuwarten oder geht es gar nicht um die Freie Stadt an der Ostsee? Nach der jüngsten Unterhaltung Lipskis mit Ribbentrop wird die Tonart der halboffiziellen Publikation Deutsche diplomatische Korrespondenz am 28. März Polen gegenüber drohend. Dem schließen sich die gleichgeschalteten anderen Blätter im Reich an. Das wirkt, als wolle man die Einladung Becks nach London sabotieren. Doch treibt man denn Warschau so nicht gerade in die Arme Londons? Die Spannung im Hexenkessel wird immer größer und in der britischen Presse erscheinen Berichte über „große Truppenbewegungen an der polnischen Grenze, vor allem in Schlesien", die in London „Befürchtungen über Deutschlands Absichten Polen gegenüber auslösten", ja sogar einen deutschen Einfall „innerhalb der nächsten Stunden" vermuten lassen.[133]

Die britischen Berichte sind kein Zufall. London wurde am 28. März bereits über seinen Botschafter in Berlin informiert, dass Deutschland den Angriff auf Polen plane. Eine zweite derartige Information übermittelte ein britischer Journalist mit mehr oder weniger direkten Kontakten zum Oberkommando der Wehrmacht. Erneut ist Paul Thümmel der Bote der brisanten Nachricht gewesen. Doch welchen Zweck haben all die äußerst gefährlichen Bemühungen um die Erhaltung des Friedens, da London in der Ferne gerne bereit ist, die Länder zwischen dem deutschen und dem sowjetischen Reich mittelfristig auf dem Altar der Großmachtinteressen zu opfern? So erstaunt es auch nicht, dass der Geheimdienst SIS, durch dessen Hände die Informationen gehen, diese noch nicht einmal an das Londoner Kriegsministerium weiterleiten will – der nächste Beleg dafür, dass es zumindest teilweise britische Militärs gibt, die in die langfristige Planung der Politiker um Chamberlain & Co. nicht eingeweiht sind.[134]

Ist es gut, dass Warschau die Gespräche unter strenger Geheimhaltung führt, so dass weder die Partner im Ausland noch die Öffentlichkeit von den Forderungen aus Berlin etwas erfahren? Die Franzosen bekommen die nötigen Informationen erst in den folgenden Tagen aus zweiter und dritter Hand. Glaubt man in Warschau, mit der Berliner Hemdsärmeligkeit schon irgendwie alleine fertigzuwerden? Wie will man andererseits

Unterstützung finden, wenn man nicht mit offenen Karten spielt?[135] Wie sollen, mag umgekehrt Beck in Warschau denken, sich die Gemüter hier beruhigen, wenn jeder noch Öl ins Feuer gießt?

Warschau wechselt wieder die Seiten

Um der allgemeinen Stimmung Rechnung zu tragen, ist London zu dem Schluss gekommen, dass man Berlin schon einmal die rote Karte zeigen müsse und bricht am 28. März die neuen Wirtschaftsverhandlungen mit den Deutschen ab.[136] Lassen wir uns überraschen, wie ernst sie es damit in London meinen. Während nun viele europäische Politiker verfolgen, wen sich Berlin als Nächstes vorknöpft, spielt Polen unbeirrt weiter mit dem Feuer. Vor der Reise des Außenministers Józef Beck nach England im April reicht das Pariser Außenministerium die „absolut zuverlässige" Information an London weiter, dass der Experte Beck folgenden Schachzug plane: Er möchte London eindeutig überhöhte Forderungen stellen und wenn sie, wie erwartet, abgelehnt würden, einfach erklären: „Polen hatte zwei Alternativen – sich an Großbritannien oder an Deutschland anzuschließen." Jetzt sei klar, dass es mit Deutschland zusammengehen müsse. Minister Józef Beck denke sich für Polen die Rolle eines Vasallen des neuen Napoléon.[137] Das heißt, dass Warschau nicht restlos von dem Plan mit Hitler weg ist. Ja, wenn Männer träumen. In *Mein Kampf* steht im zweiten Band auf den Seiten 429 und 430 klipp und klar, dass Hitler nicht der Auffassung ist, Polenpolitik könne weiter darin bestehen, den Polen nur Deutsch beizubringen: „Aber nicht nur in Österreich, sondern auch in Deutschland selbst waren und sind die sogenannten nationalen Kreise von ähnlich falschen Gedankengängen bewegt. Die von so vielen geforderte Polenpolitik im Sinne einer Germanisation des Ostens fußte leider fast immer auf dem gleichen Trugschluss. Auch hier glaubte man eine Germanisation des polnischen Elements durch eine rein sprachliche Eindeutschung desselben herbeiführen zu können." Begründet wird überheblich: „Auch hier wäre das Ergebnis ein unseliges geworden: ein fremdrassiges Volk in deutscher Sprache seine fremden Gedanken ausdrückend, die Höhe und Würde unseres eigenen Volkstums durch seine eigene Minderwertigkeit kompromittierend." Mit England oder Italien stellt sich Hitler durchaus ein langfristiges Bündnis vor, doch was Polen angeht, wünscht er sich Polen ohne jeden Polen: „Was in der Geschichte nutzbringend germanisiert wurde, war der Boden, den unsere Vorfahren mit dem Schwert erwarben und mit deutschen Bauern besiedelten. Soweit sie dabei unserem Volkskörper fremdes Blut zuführten, wirkten sie mit an jener unseligen Zersplitterung unseres inneren Wesens, die sich in dem – leider vielfach sogar noch gepriesenen – deutschen Überindividualismus auswirkt." Begreift Beck vor lauter Gier nach russischem Blut und Boden nicht, dass ein Großpolnisches Reich keine Option für Hitler ist oder hat er dies nicht gelesen? Der Schluss von Hitlers Ausführungen ist aber aus einem anderen Grunde auch interessant, denn dort erfahren wir, dass Hitlers Bemühungen um die Schaffung der *Volksgemeinschaft* seiner Einsicht entsprang, dass die Menschen um ihn herum nach seiner Beobachtung umgekehrt sehr individualistisch eingestellt waren. Keiner wird im Ernst glauben, dass aus den Deutschen unter den Fäusten einer braunen Schlägertruppe ein *Volkskörper* geworden wäre. Man muss die Kameras und Scheinwerfer eben nicht immer nur auf Teilmengen in der Bevölkerung halten. Die Ablehnung von herrschenden Regimes braucht man in Diktaturen nicht sichtbar plus laut auf den Straßen zu erwarten. Das Londoner Kabinett wird am 29. März plötzlich zu einer Vollsitzung einberufen und am nächsten Tag erneut. In Warschau übergibt der Sekretär der britischen Botschaft die Instruktion an Sir Howard Kennard, nach der er sich in Warschau erkundigen soll, ob man etwas gegen eine Garantie (!) durch Großbritannien einzuwenden habe, die beabsichtige, jeder Aktion zu begegnen, die eindeutig die Unabhängigkeit Polens bedrohe und gegen die Polens Regierung sich mit ihren nationalen Kräften zu wehren für lebenswichtig halte. Weiter steht dort, Premier Chamberlain schlage vor, am 31. März hierüber im Unterhaus eine Erklärung abzugeben. Mit diesem Auftrag im Gepäck stattet am ersten Tag schon der britische Botschafter Howard Kennard Herrn Außenminister Beck einen Besuch ab. Obwohl das nicht das bilaterale Abkommen ist, das Beck sich vorgestellt hatte, nimmt er nach Telefonaten mit Präsident Mościcki und Marschall Rydz-Śmigły diesen Vorschlag an. Aber hat er ganz bestimmt gefragt? Der britische Botschafter in Warschau Kennard meldet Halifax, Beck habe „ohne Zögern, zwischen zwei Zigarettenzügen" angenommen.

Schade, wir waren da nicht mit im Zimmer. Es ist eine kleine Sensation für die Diplomatie, dass solch eine Garantie zur Probe vorgelegt wurde. Die größere Sensation hingegen besteht darin, dass Chamberlain die zur Debatte stehende Garantie schon am 23. März vor den Abgeordneten im Unterhaus als Geschäftsgrundlage dargestellt hat. War es womöglich gar keine Freudsche Fehlleistung, wenn diese Garantie nun auch wiederholt wird, bevor Warschau der Garantie zugestimmt hat? Oder hat es demzufolge ja vielleicht überhaupt keine Sensation gegeben? Versucht London bloß, die seit Jahren engen Beziehungen zwischen Warschau und Berlin genau zu diesem Zeitpunkt auseinanderzutreiben? Ludwik Niemirowski, alias Lewis Bernstein Namier, stellt als politischer Beobachter die Frage, ob die Mitglieder der Regierung Chamberlain für Großbritannien selbst und für die mit ihm befreundeten Staaten als Friedensreisende oder als Versicherungsagenten die größere Gefahr darstellen.[138]

Nach den Vorstellungen der Leitung in London soll die einseitige Bereitschaftserklärung geheime Absprachen zwischen Berlin und Warschau in Zukunft ausschließen. Im Anschluss an die Vollsitzung des Kabinetts beginnen am 30. März britisch-französische Regierungskonsultationen, in denen die weitere Verfahrensweise abgestimmt wird. Hauptergebnis der Beratungen ist, dass sich Paris jener Garantie anschließt, was ja genauso realitätsfern ist, weil man durch die neutralen Länder nicht an das Reich herankommt und sich an der französisch-deutschen Grenze konfrontiert sieht mit der Siegfried-Linie. Bis sie bezwungen ist, kann Polen längst in deutscher Hand sein.[139] Paris klemmt jedoch zwischen Baum und Borke. So zwielichtig wie die Warschauer Außenpolitik seit der Gründung ihres Staates vor zwei Jahrzehnten ist, so ist es auch die Außenpolitik auf der Insel in der Nordsee. Sir Alexander Cadogan, der ständige Stellvertreter des britischen Außenministers, hält diese Strategie der Garantien für ein „schreckliches Spiel“, das bloß falsche Hoffnungen bei den Polen wecken muss. Obendrein überlässt ihnen die Formulierung der somit gewährten Garantie die Entscheidung, ob Frieden oder Krieg sein soll.[140] Mit diesen Erwägungen, wenn sie denn ernst gemeint sein sollten, würde ein völlig neuer Typus des Volksvertreters in London eingeführt: der Politiker mit einem schlechten Gewissen.

Hitler kontert jene Garantie für die Republik Polen am 1. April während einer Rede in Wilhelmshaven zum Stapellauf der *Tirpitz*, des mit seinen 251 Metern Länge größten je in Europa fertiggestellten Kriegsschiffs. Er bezeichnet Polen nun als Trabantenstaat Englands. Was für eine rasche Änderung im Ton! Er greift eine Formulierung Jossif W. Stalins vor ein paar Wochen auf und wandelt ab: „Wer bereit ist, für diese Großmächte die Kastanien aus dem Feuer zu holen, muss damit rechnen, dass er sich die Finger verbrennt." Das dürfen sie in Warschau gut und gern als eine Drohung auffassen. Scharfsinnig, wie Adi nun einmal ist, diagnostiziert er, dass London jetzt die gleiche Einkreisung rund um Deutschland aufbaut wie 1914. Und? Wird er nett gegenüber Polen? Nein. Wie besessen vom Teufel beendet er seine Rede mit Worten von der „wiedererlangten militärischen Stärke" und dem „Lebensrecht des deutschen Volkes". Das bestreitet ihm doch auch kein Mensch. Warum schreit er das so mächtig hinaus? Weshalb verspricht er, auf diesem Wege *weiterzumarschieren*? Hätte *diesen Weg weitergehen* nicht gereicht? Jeder kann sich denken, was er will, wenn er noch hinzufügt: „Ich vertraue nicht auf Papiere, ich vertraue auf euch, meine Volksgenossen." Wie könnte das gemeint sein, außer dass die Männer in den Krieg sollen? Falls dabei Fragen offen geblieben sind, beschließt Gauleiter Carl Röver die Kundgebung mit dem mutigen Versprechen: „Ich gelobe dem Führer zu folgen – komme, was kommen mag."[141] Na dann Hals- und Beinbruch, Parteigenosse!

Übrigens nimmt Großbritannien seine nach dem Einmarsch der Wehrmacht in die Tschechoslowakei offiziell abgebrochenen Wirtschaftsverhandlungen mit dem Deutschen Reich am 2. April heimlich wieder auf. So kann alles, was vom 29. März bis zum 2. April hätte passieren sollen, in dem Zeitraum vom 3. April bis zum 7. April rasch nachgeholt werden. Großbritannien unterstützt auf diese Art weiter das Reich, das es an der Ausdehnung ja angeblich hindern will, und das gegen den nachdrücklichen Rat seiner Militärs. Die Franzosen stehen dabei freilich auch nicht nach: Paris werkelt zugleich an einem Handelsvertrag über den Export von Rohstoffen in das Reich,[142] Rohstoffe, ohne die das Reich jedweden Krieg, der länger dauern könnte, nicht durchhalten würde. Solange sich der Krieg im Osten abspielt, ist für Paris alles in Ordnung. Für Stalin ist ja auch alles paletti, solange es sich in Westeuropa abspielt. Für England zumindest macht so eine eigenwillige Vorgehensweise deutlich, dass den Polen diesmal die Rolle zugedacht ist, die vor Weltkrieg Nr. 1 für Belgien reserviert war, nachdem der Schlieffen-Plan mit dem Durchmarsch der deutschen Truppen durch Belgien bei einem möglichen Angriff bekannt geworden war. Beschweren über diese neuerliche Schlechtigkeit könnte sich nur das polnische Volk – vor allem bei seiner eigenen Führung, die nicht aufhört, Zweifel an ihrer eigenen Friedlichkeit zu säen, indem sich der polnische Außenminister weigert, London und Paris über den Inhalt der Gespräche mit Hitler und Ribbentrop zu informieren.[143]

Als der Premierminister Neville Chamberlain am 3. April '39 im Unterhaus zu den Parlamentariern sagt, welche Resultate die Unterredungen mit den Pariser *Freunden* erbrachten, wird interessierten Zeitgenossen auf den britischen Inseln wieder ein Schaustück in Demokratie gezeigt. An die Schwächen erinnern Churchill, Greenwood, Sinclair sowie Lloyd George, als kenne der Premier sie nicht. Es wird betont, wie wichtig die Einbeziehung Russlands in dieser Angelegenheit sei. Lloyd George, der nicht mehr zu Führers fanatischen Verehrern zählen will, fragt Premier Chamberlain, wie er das eben gegebene Versprechen eigentlich konkret einlösen wolle. Polens Außenminister Beck hat sich bedauerlicherweise nicht so genau erkundigt, was die Briten im Fall des Falles unternehmen wollen. Ist es noch ulkig oder schon hinterhältig, dass Englands Außenminister Halifax ebenso wenig nachgefragt hat, wie Polens Kavallerie bei einem Krieg zwischen Deutschland und England der Insel zu helfen gedenkt? Józef Beck hatte ja auf einer Gegenseitigkeit der Hilfe bestanden, weil das die einzige Basis sei, „die ein Land, das auf sich hält, annehmen könnte". Der Außenminister von England erwiderte nur, dass er sich der Position, die Polen in der Welt einnimmt, bewusst sei. Das war klassisch diplomatisch formuliert. Mochte es Józef Beck verstehen, wie er wollte. Wir sind *Empire*, mag er gedacht haben, und wer bist du, Kleiner? Lloyd George weist Chamberlain darauf hin, dass weder Großbritannien noch Frankreich in der Lage seien, auch nur ein einziges Bataillon nach Polen zu schicken. Aber Chamberlain hat ja laut Times die Garantie auch erst einmal als „eine Anzahlung auf die Versicherungspolice" bezeichnet. So dürfen wir gespannt sein, wann er den Rest erledigt. Lloyd George sagt der Welt, es sei ihm „unbegreiflich, warum wir uns nicht, bevor wir uns auf dieses furchtbare Unternehmen einließen, die Anhängerschaft Russlands sicherten." Auch er sagt, es sei ein fürchterliches Spiel, und – leitet zugleich die Abkehr von Polen ein: „Wenn man auf Russland verzichtet hat, weil die Polen aus gewissen Gefühlen heraus die Russen nicht dabei haben wollen, dann müssen *wir* die Bedingungen stellen, und wenn *sie* nicht bereit sind, *die* Bedingungen anzunehmen, unter denen *wir* ihnen mit Erfolg helfen können, dann haben *sie* die Verantwortung zu tragen." So weit die Worte der Friedensreisenden und Versicherungsagenten.[144]

Der Kanzler des Ewigen Friedens in Berlin hat sich noch nicht endgültig entschieden, ob er erst Frankreich germanisieren solle oder Polen. Dass die Führung in Paris dies erfährt, stärkt dort den Willen zu mehr Kriegsbereitschaft. Warschau hat seinerseits nicht alle Brücken abgebrannt, so dass in den nächsten Tagen doch noch ein Wunder geschehen kann. Der Großmeister der Zwielichtigkeit trifft aber prophylaktisch am 3. April in Berlin die Vorkehrungen für Plan B: Polen. Wieder behält er sein kleines Geheimnis eher für sich, als die Öffentlichkeit darüber aufzuklären. Der OKW-Chef Wilhelm Keitel stellt nach der Hitler-Weisung den Befehlshabern der Teilstreitkräfte die Aufgabe, die Umsetzung von Plan „Weiß" so vorzubereiten, dass die Operation zu jeder Zeit ab 1. September 1939 beginnen könne.[145] Das ist scharf kalkuliert zwischen der Ernte und den Zuständen im Herbst. Wiederholt sich das Gebaren gegen die Tschechoslowakei vom Vorjahr? Erst legt er den Termin fest, dann wird noch ein bisschen verhandelt, vielleicht ja wieder in München, und dann ist Polen genauso offen wie zuvor die Tschechei? Äußerlich wahrt Hitler sogar vor den führenden Militärs den Schein und erklärt im Anschluss an die Erteilung der Weisung, er wünsche keinen Konflikt mit Polen und er habe auch kein Interesse daran, Polen zu schwächen und so Unabhängigkeitsbestrebungen der Ukrainer zu unterstützen.[146] Es müssten lediglich prophylaktische Vorkehrungen getroffen werden, damit gegen Polen vorgegangen werden könne, „um notfalls jede Bedrohung von dieser Seite für alle Zukunft auszuschließen".[147] Erforderlich sei das auch bloß geworden durch die gegenwärtige Haltung Polens. Damit spielt er auf die unnachgiebige Haltung bezüglich Danzigs an. Jedenfalls müssten über die bearbeitete Grenzsicherung Ost hinaus weitere militärische Vorbereitungen getroffen werden. Was die aktuelle Politik angeht, bleibe das Verhältnis zu Polen weiterhin von dem Grundsatz bestimmt, dass Störungen dabei zu vermeiden seien. Nur wenn Polen seine bisher stets auf dem gleichen Grundsatz beruhende Politik gegenüber Deutschland umstelle und, nur einmal so als Beispiel, eine das Reich bedrohende Haltung einnähme, so könnte durchaus die endgültige Abrechnung erforderlich werden.[148] Ihm gelingt es großartig, Argumente vorzutragen, die Zweifel an seinen ganz friedlichen Absichten im Keim ersticken. Es stellt sich eigentlich nur die Frage, wem die Masche zu welchem Zeitpunkt auffällt. Diesmal darf auf jeden Fall Polen nicht in Englands Arme getrieben werden.[149]

Der unerschrockene Tänzer, der auf unterschiedlichen Bühnen zugleich brilliert, der Außenminister der Republik Polen Józef Beck, kommt am 3. April zu einem Besuch nach London, zu dem er schon im Februar von der britischen Regierung eingeladen worden war. Er brüskiert das Reich und gleichzeitig auch die Sowjetunion, indem er in London auf ein europäisches Sicherheitssystem zur Verhinderung der weiteren Ausdehnung des Reiches drängt, aus dem die Sowjets herausgehalten werden sollten. Schön, dann ist von Stund an wenigstens kein System gegen eine weitere Ausdehnung des größten Polens auf der Welt mehr zwingend vonnöten. Warschau ist leider auch nicht vorn im Kampf gegen den Imperialismus. Vorbei ist die Zeit, in der man *nicht* gegen Hefekuchendeutschland war, und den Anschluss Österreichs und der ČSR tatkräftig unterstützt hatte. Das heißt, dass sich Polen vollkommen neu orientiert. Unter britischem Einfluss wiegt nun der teilweise Verlust von Danzig schwerer als der Zugewinn an Land, Menschen und Bodenschätzen südlich und östlich der bisherigen polnischen Grenzen.[150] Hört Beck diese Stimmen im Westen nicht, die meinen, dass es gar nicht möglich sei, auch bloß ein Bataillon nach Polen zu schicken? Im Unterschied zu Warschau hat London allerdings mehr Aussicht auf Erfolg der Doppeldeutigkeiten. So erläutert der britische Premierminister vor dem Unterhaus am 6. April, er hätte sich mit dem in London weilenden polnischen Außenminister auf einen Pakt über gegenseitigen Beistand geeinigt, für den Fall, dass die Unabhängigkeit einer der Vertragsparteien direkt oder indirekt bedroht wäre.[151] Das ändert inhaltlich aber überhaupt nichts, weil Warschau die Verteidigung durch sowjetische Truppen weiter ablehnt. Interessant ist hier noch, wie Polen ursprünglich zu der Garantie aus London kam. Wie in München wurden wichtige Entscheidungen unter Umgehung des Parlaments und sogar unter Verzicht auf reguläre Kabinettsberatungen von einer Handvoll Männern getroffen. Feine Demokratie. Übrigens wird es trotz allem keine Garantie für Rumänien geben, denn man einigt sich mit Bucureşti darauf die britischen Vorstellungen überhaupt unbeachtet zu lassen. Am 17. April entscheiden die Außenminister der zwei Länder, dass es keiner „unmittelbaren Aktion" bedürfe, um sich darüber zu verständigen, was zu tun sei, wenn Deutschland angriffe. Am 6. April stand im Reich noch in den Goebbelsschen Medien: „Die Tür gegenüber Polen darf nicht zugeschlagen werden. Man soll sie höchstens so ein wenig zumachen, dass noch ein Spalt für eventuelle weitere Verhandlungen offen bleibt."[152] Ist das bestimmt der richtige Ton, um Warschau trotzdem bei der Stange zu halten? Hieß es nicht, dass Polen nicht den Engländern in die Arme getrieben werden solle? Was auch immer unser Österreicher im Osten vorhat, Polen ist unser östlicher Nachbar und es würde das erste Hindernis, wenn es gegen Deutschland in Stellung gebracht wird.

Um in dem ganzen Durcheinander widersprüchlicher Interessen immer noch fair urteilen zu können, verschaffen wir uns doch sicherheitshalber erst einmal einen groben Überblick über das bislang schon zerschlagene Porzellan. Die Ereignisse in der ČSR nach dem 12. März 1939 bis zu der Übernahme der Schutzherrschaft über die Slowakei durch Deutschland begraben die geplante gemeinsame Grenze Polens mit Ungarn. An den entscheidenden Tagen wird sogar die Konsultation zwischen Warschau und Berlin durch die deutsche Seite verhindert. Damit steht es 1 : 0 für Berlin und die Polen verstehen, dass sie ausgetrickst worden sind. Dann folgt am 23. März der diplomatisch-militärische Handstreich in Memel. Nun steht es 2 : 0 für Berlin. Die Polen sehen sich von jetzt auf gleich in der Zange und ordnen eine Teil-Mobilisierung an, zumal sie mit einem weiteren solchen Handstreich in Danzig rechnen müssen. Es steht noch 2 : 1 für Berlin. Der Experte wird nun sagen, Polen habe so den deutsch-polnischen Vertrag gebrochen, weil es die Teil-Mobilisierung der Armee erklärt hat. Er wird außer Atem geraten, weil Warschau den Vertrag mit der Annahme der britischen Garantie im April bricht und erneut mit der Unterzeichnung des Vertrages mit den Briten im April. Schließlich habe der Vertrag Polens mit Deutschland Konflikte zwischen beiden Ländern ausgeschlossen. Diese Rechnung geht nur auf, wenn die Slowakei nicht als Konflikt gilt. Der Experte wird *summa summarum* auf den Endstand von 2 : 3 zugunsten Warschaus kommen und argumentieren, nach dem Vertrag mit den Briten seien die Polen gezwungen, gegen die Deutschen auch im Falle eines britisch-deutschen Konflikts zu kämpfen. Außerdem widersprächen der Abschluss des Vertrages mit Warschau und die gegebenen Garantien dem britisch-deutschen Vertrag, d.h. dem Stück Papier („Versicherung"), mit dem Londons Premierminister Chamberlain nach seiner Rückkehr aus München stolz und glücklich winkte. In dieser zusätzlichen Vereinbarung zum Münchner Vertrag hieße es, weder Berlin noch London dürften jegliche politischen Verpflichtungen übernehmen, ohne sich in vorangegangenen Konsultationen darüber zu informieren. Der Experte kann sich darauf verlassen, dass der Laie seinen Trick nicht mitbekommt, dass er die ersten beiden Einschläge bei der Übertragung übergeht und die Berichterstattung erst beim dritten Tor beginnt, muss sich aber auch nicht übertrieben aufregen, wenn es jemand merkt.[153]

Das Römische Reich wird reanimiert

Am 7. April packt den Duce ein weiteres Mal heftiges Jagdfieber, sodass italienische Truppen Albanien besetzen, obwohl sein Bewunderer Adolf Hitler versucht hat, Zurückhaltung nahezulegen, weil er selbst Ruhe für neue Abenteuer braucht. In Deutschland traut mancher keinem von den Diktatoren so recht über den Weg. So findet der nachfolgende Witz Verbreitung: Hitler, Stalin und Mussolini haben die Welt erobert und unterhalten sich, wer sie beherrschen soll. Stalin sagt: „Selbstverständlich ich, denn ich habe das größte Land!" Mussolini entgegnet sofort: „Nein, ich, denn schon der Allmächtige hat gesagt, Rom soll einst die Welt beherrschen!" An der Stelle unterbricht Hitler: „Was? Wann soll ich das gesagt haben?" Die reinste Sympathie der Deutschen hat der Zugewanderte aus Österreich also auch 1939 noch nicht in der Tasche und es fragt sich, ob das irgendwann gelingen wird. Mancher hält einfach von einem Diktator nicht mehr als vom anderen – sonst wäre dieser Witz hier nicht entstanden: „Wann wird die Welt aufatmen? Wenn Francos Witwe Stalin an das Sterbebett die Mitteilung bringt, dass Adolf Hitler anlässlich der Trauerfeierlichkeiten für Mussolini ermordet wurde." Der größere Teil der Bevölkerung teilt diese Geisteshaltung.[154] Schauen Sie eigentlich manchmal in die Quellen und Anmerkungen am Ende rein? Das kann sich lohnen.

Wenn man Freude auslösen will, muss man ja nur wissen, wie man das macht. Wird das wirklich gelingen, wenn im April im Saargebiet Pensionäre sowie Empfänger von Invalidenrenten bis zu 65 Jahren untersucht werden, um ihre Verwendungsfähigkeit in der gewerblichen Wirtschaft zu überprüfen? Für pensionierte Beamte und Angestellte gilt die Altersgrenze von 70 Jahren.[155] Nein, Freude ist anders. Doch selbst diese Maßnahme, die doch hoffentlich nicht vorausplant, wo man die Arbeitskräfte hernimmt, wenn die deutsche Jugend in einen Krieg geschickt wird, hat eine Obergrenze von 70 Jahren. Niemand soll noch länger schuften und das hat gute Gründe. Wie sieht es in dieser Hinsicht bei Politikern aus?

Ist es nicht gerade auch der Altersstarrsinn, der sie entfähigt, ihrem Amt noch gewachsen zu sein? Das Beispiel Neville Chamberlains führt es uns eindringlich vor Augen, dass man mit 70 auch der Politik entsagen soll, obgleich er nun gerade kein Saarländer ist. Als er im Unterhaus über die Wiederkehr der Römer in den Bergen von Albanien referiert und sich zu der Problematik äußern soll, dass England doch im letzten Jahr mit den Italienern vereinbarte, den *Status quo* im Mittelmeerraum aufrechtzuerhalten, beharrt er bockig: „Was mich angeht, so hat nichts von dem, das sich ereignet hat, meine Überzeugung geändert, dass die Politik der Regierung Seiner Majestät, als sie vor einem Jahr das englisch-italienische Abkommen unterzeichnete, richtig war." Anders klang es ja auch nicht, als er in Bezug auf die Tschechei meinte: „Wenn ich damals recht hatte, dann habe ich auch heute noch recht." Hatte er schon die offiziell abgebrochenen Wirtschaftsverhandlungen mit Berlin wieder aufgenommen, so mag er sich auch bei Italien letzten Endes ebenso wenig zum Erteilen einer roten Karte durchringen: „Zweifellos wird mancher sagen, dass wir jetzt das englisch-italienische Abkommen als erloschen erklären sollten. Ich bin anderer Ansicht. Niemand, der auch nur einen Funken von Verantwortungsgefühl hat, kann heute leichten Herzens etwas tun, was die internationale Spannung erhöhen würde." Wie man das eben sieht. Wer aber aus gutem Hause kommt wie Neville Chamberlain, der weiß, was er den Familien schuldet, die das *Empire* beherrschen. Da wird dann ohne Bauchschmerzen auch Leuten, die ein Gewissen haben, an den Kopf gebrettert, dass sie kein Verantwortungsgefühl hätten, wenn sie der Unterstützung für dubiose Regime in der Welt jetzt endlich ein Ende bereiten wollen. Beim Plattreden dusseliger Volksvertreter ist jedes Mittel recht. Wenn London das faschistische Italien Mussolinis seit Jahren mit Liebe überschüttet, gibt es keinen Grund, es kurz vor dem großen Waffengang mächtig-gewaltig auf den Pott zu setzen. Dann wäre die ganze Mühe der letzten Jahrzehnte womöglich über Nacht für die Katz gewesen. Da hatte unser Ex-Reichskanzler Dr. Joseph Wirth wohl recht, als er im Blick auf Deutschland und die Unterstützung der Nazis feststellte: „Die Weimarer Republik und diejenigen, die zu ihr gestanden haben, erhielten nichts – die anderen alles."[156] Dr. Wirth kann sich nur zu gut erinnern, was seiner Republik nach dem Krieg und bis in das Jahr '33 alles zugemutet wurde. Witzig: An vorderster Front beim Hochjubeln der Faschisten unter dem *Duce* Mussolini war, wie Sie sich vielleicht erinnern, Winston Churchill. Aber bei Hitler hat er diese *Show* ja bis vor kurzem auch aufgeführt.

Diplomatie am Pokertisch

Wie aus der endgültigen Fassung des Planes „Weiß" hervorgeht, möchte Hitler unbedingt vermeiden, dass es wie damals im Weltkrieg zu einem Zwei-Fronten-Krieg kommt. In dem Plan heißt es, dass es die politische Führung als ihre Aufgabe ansehe, Polen in diesem Fall zu isolieren, das heißt, den Krieg auf Polen zu beschränken.[157] In Moskau erfährt Stalin, auf dessen Unterstützung Polen verzichtet hat, am 13. April durch einen Spion von Hitlers Plan *Weiß*.[158] Wird er Warschau über die sich abzeichnende Bedrohung durch seinen Großen Bruder informieren, mit dem es die Sowjetunion angreifen wollte? Würden sie das in Warschau glauben oder eher für ein Täuschungsmanöver halten? Washington und London sind auf jeden Fall nicht willens Warschau zu warnen.[159]

Auf der Zielgeraden ihrer längerfristigen Strategie eröffnet die Führung an der Themse am 15. April Verhandlungen mit Moskau. Vorgeblich soll das zu sowjetischen Garantien sowohl für Polen als auch für Rumänien führen. Tatsächlich geht es darum, die Sowjets mit Gesprächen bis zum Herbst in der Hoffnung zu wiegen, sie könnten auf militärische Hilfe aus dem Westen zählen.[160] Die polnische und ebenso die rumänische Außenpolitik sind allerdings auf das Erobern von Gebieten in der Sowjetunion ausgelegt, was weiterhin nicht zur Disposition steht. Was also in der Tat nun noch übrig bleibt von den ehemaligen Vier-Mächte-Verhandlungen, nachdem sich die Großmacht Polen als vierte Macht verabschiedet hat, sind Drei-Mächte-Verhandlungen, und diese stehen unter keinem guten Stern, da Warschau deren Zusammenarbeit auch nicht gern sieht. Stalin erweitert den vorliegenden Vorschlag. Nicht bloß Polen und Rumänien, sondern auch Finnland, Estland, Lettland und Litauen will er absichern. Damit würde er den endgültigen Verlust früherer Besitzungen der Zaren anerkennen, wenn das von einem Pakt zur gegenseitigen Unterstützung von Großbritannien, Frankreich und der Sowjetunion begleitet wird. Die Idee wird von Paris begrüßt und findet in London *Anhänger* wie Lloyd George sowie Winston Churchill. Das Unterfangen scheitert daran, dass sich die britischen Diplomaten weigern, nach der englischen „Garantie" für Polen nun auch die Existenz der baltischen Staaten zu garantieren.[161]

Dabei ist die Begründung für die Haltung der Briten auch nicht von der Hand zu weisen: Von Rumänien bis hinauf nach Finnland wünscht sich niemand die sowjetische Garantie; Finnland und Estland erklären sogar, dass sie eine solche Garantie, die ohne ihre Zustimmung auf ihre Länder ausgedehnt würde, als einen Angriffsakt betrachten würden.[162] Ihnen ist die Äquidistanz, also der gleich große Abstand zur Sowjetunion und zum Reich Adolf Hitlers, eine Garantie für die Unabhängigkeit ihrer Staaten. Berlin verfolgt die Gespräche mit Argusaugen. Staatssekretär Ernst von Weizsäcker bestellt zum 17. April den Sowjet-Botschafter Merekalov ins Auswärtige Amt und gibt zu verstehen, Moskau werde es nicht gelingen, gleichermaßen normale Beziehungen zu Deutschland wie auch zu Großbritannien zu unterhalten.[163] Merekalov erklärt im Namen Moskaus, es bestehe für die Sowjetunion kein Grund, warum man nicht in normalen Beziehungen mit Deutschland leben könne. Der Normalisierung könnte sich eine Verbesserung der Beziehungen anschließen.[164]

Hat Hitler bald Atombomben zur Verfügung?

Der Staatssekretär hat freilich auch eine Familie. Verdammt stolz ist der Papa Ernst von Weizsäcker auf die Söhne Carl Friedrich* und Richard*. Carl Friedrich von Weizsäcker hat zum Beispiel Physik, Astronomie und Mathematik studiert und gehört heute zu den führenden Physikern der Zeit. Er interessiert sich unter anderem für die Möglichkeit der Spaltung von Urankernen durch Neutronen, die voriges Jahr von Otto Hahn hier in Berlin entdeckt wurde. Hahn hat inzwischen auch so seine Erfahrung mit den Nazis. Seine engste wissenschaftliche Mitarbeiterin kommt aus Wien und heißt Lise Meitner. Und ist Jüdin. Seit Adolf Hitler das Reich führt, ist das bekanntlich ein Problem. Für Lise ist das erst zum Problem geworden nach dem Anschluss Österreichs, denn jetzt ist sie keine Ausländerin mehr und unterliegt auf einmal Hitlers Rassegesetzen. Deshalb sorgt sich Otto Hahn um ihre Sicherheit und bereitet mit dem niederländischen Chemiker Dirk Coster ihre illegale Ausreise ins Ausland vor. So verliert das Reich eine weitere führende Kapazität auf ihrem Gebiet. Der Führer ist ja nicht davon zu beeindrucken, dass der SD schon vor Jahren gemeldet hatte, dass durch die Verdrängung der Juden die Qualität der

Wissenschaften und der Künste im Reich Schaden nimmt. Otto Hahn ist fortan brieflich im wissenschaftlichen Austausch mit Lise Meitner, die in Schweden am Nobel-Institut die Forschungen weiterführt, und setzt die Arbeit mit dem Assistenten Fritz Strassmann fort.[165]

Unterdessen weckt die Möglichkeit der Nutzung der Urankernspaltung für den Bau einer Bombe mit unerhörter Zerstörungskraft das Interesse höchster Kreise in Berlin. Das Oberkommando des Heeres bereitet jetzt ein entsprechendes Forschungsvorhaben vor, nachdem Ende April ein Brief des Hamburger Physikochemikers Paul Harteck und seines Assistenten Wilhelm Groth beim Reichswehrministerium eingegangen ist, in dem es heißt, dass neueste Forschungen einen Sprengstoff ermöglichen könnten, der die Wirkung bekannter Stoffe vielfach übertreffen könnte. Zuständigkeitshalber landet der Brief letztlich bei Kurt Diebner, einem Fachmann des Heeres für Sprengstoffe. Dieser fordert umgehend Mittel beim Heer an, um in Kummersdorf südlich von Berlin ein Versuchslabor einrichten zu können. Diebner wird der Leiter einer Kernforschungsabteilung im Heereswaffenamt. Gleichzeitig befiehlt die Heeresleitung der Physikalisch-Technischen Reichsanstalt, deren eigene Uranforschungsversuche unverzüglich einzustellen.[166]

Hitler übergeht die kleinste USA auf der Welt

Schon ein klein wenig unerwartet für Außenstehende meldet sich Ende April 1939 der amerikanische Präsident Franklin Delano Roosevelt mit der Frage an Benito Mussolini und Adolf Hitler, ob sie wohl bereit seien, die Unabhängigkeit von 30 konkreten Staaten anzuerkennen. Hitler ist empört, empört und nochmals empört über die Unterstellung, er wollte womöglich die Wehrmacht irgendwohin schicken, gerade so als hätte er seine Wehrmacht noch nie im Leben irgendwohin geschickt, selbst dann nich, wenn sie da irgendwas zu suchen gehabt hätte. Als Ende April 1939 auch noch Großbritannien als letztes der großen Länder die allgemeine Wehrpflicht einführt, ist es wieder Zeit für einen großen Auftritt Hitlers. Vielleicht ist es ja übertrieben formuliert, aber er scheint der Einzige zu sein, dem auch der nächste Schritt zurück in den Horror von Krieg und Gewalt keinen Respekt einflößt. Er hält also am 28. April eine Rede im Krolloper-Reichstag, in der er nach dem Hinweis auf Warschaus Ablehnung eines von ihm zu Danzig und dem „Korridor" nach Ostpreußen gemachten Vorschlages der Welt erläutert: „Ich habe die unverständliche Haltung der polnischen Regierung tief bedauert, aber das allein ist nicht die entscheidende Tatsache; das Schlimmste ist, dass jetzt Polen, wie vor einem Jahr die Tschechoslowakei, unter dem Drucke eines internationalen Lügenfeldzuges glaubte, dass es Truppen einberufen müsse, obwohl Deutschland seinerseits nicht einen einzigen Mann einberufen und nicht daran gedacht hatte, irgendwie gegen Polen vorzugehen."[167] Überdies ist er auch empört über Englands ablehnende Haltung gegenüber dem Einmarsch in die ČSR. Er persönlich hat ja nun gar nichts gegen Tschechen im Deutschen Reich. Also kündigt er den Flottenvertrag auf und weil die Engländer die Garantie für Polen übernommen haben, betrachtet er den Nichtangriffspakt mit Polen als nicht mehr bestehend.[168]

So geht das, zack, zack. Im Rahmen einer einzigen Rede schlägt er seine friedlichen zweiseitigen Vereinbarungen zu Brei und verwirbelt sie über seinen Zuhörern. Der US-Präsident wird überhaupt nicht erwähnt. Kurz und bündig wird die Rede bei der Botschaft der Vereinigten Staaten abgegeben, versehen mit einem Schreiben, aus dem hervorgeht, dass diese Rede die Antwort für den Präsidenten enthalte.[169] Es scheint, als bettele jemand um Schläge. Doch dieser erste Eindruck trügt. Richtiger ist, dass der Führer des Großdeutschen Reiches felsenfest überzeugt ist, dass sich die USA nun einmal dem Isolationismus verschrieben hätten und keine Energie hätten, um sich in europäische Angelegenheiten einzumischen.

Aber man kann auch an zu viel Überzeugung sterben. Die Analyse hinkt ganz erheblich, denn als Hitler ein Bub war, haben die USA Spanien als Großmacht beerdigt, und als er 29 war, haben sie 1918 Deutschland den Rest gegeben. Daran zumindest erinnert er die anderen Leute doch nun wirklich am laufenden Meter. Vielleicht, weil es zu weit entfernt war, hat Hitler auch nicht mitbekommen, dass zu derselben Zeit das Osmanische Reich abgeräumt worden war. Der Vorwurf der Ignoranz trifft freilich in Bezug auf Großbritannien ebenfalls zu. Niemand fragt den Botschafter, der ja immerhin Einladungen zum Essen für die Ehrengäste des Führers und zur Führerrede erhält, welche Beobachtungen er aus London mitgebracht hat. Auch hier erhält er keine Gelegenheit zu einem Vortrag beim Reichsaußenminister.[170] Diesmal ist es zur Abwechslung wieder Berlin, in dem Politiker auf den fachmännischen Rat ignorant verzichten. Eines müsste aber stutzig machen. Der wichtigste Punkt an dieser Rede ist das Schweigen über Russland. Wird das im Ausland als dringende Mahnung zur Vorsicht gedeutet werden? Hört man – vor allem in Warschau, dass diese Rede keine Ausfälle in Richtung Moskau enthält?[171] Mit der ganzen Großsprecherei bettelt der Adolf überhaupt nicht um Schläge. Deutsche Experten arbeiten an ihrer Bombe, mit der *Er* Städte wie New York von der Landkarte pusten wird. Wie viel Wasser muss der Mississippi in der Ferne in die Karibik spülen, bevor der Führung in Washington bewusst wird, dass man einmal schauen müsste, woran sie in *good old Germany* eigentlich basteln? Schon für den Tag nach Hitlers Rede sind die fähigsten Köpfe im Reich zu einer Expertenkonferenz eingeladen, die der Präsident der Physikalisch-Technischen Reichsanstalt Abraham Esau leitet: Wilhelm Hanle, Georg Joos, Walther Bothe, Hans Geiger, Robert Döpel, Wolfgang Gentner oder zum Beispiel ein Gerhard Hoffmann. Zählt man die Namen dieser Koryphäen hintereinander auf, wie man Zutaten zum Kuchen herunterbetet, stellt sich unwillkürlich ein schlechtes Gewissen ein. Natürlich ist jeder von ihnen einzigartig und unschätzbar wertvoll.

Unter ihnen fehlt sogar noch der erste Mann im Bunde: Otto Hahn. Der Mann, der den Stein eigentlich erst ins Rollen gebracht hat, wird in Abwesenheit auch prompt gerügt, da er die Formel für die Weltherrschaft in einem Briefchen an seine Ex-Kollegin Lise Meitner im Hohen Norden geschickt hatte. Von Stund an werden alle Resultate in dem Zusammenhang als streng geheim behandelt. Die Konferenz beschließt letztlich die Herstellung eines Kernreaktors, die Sicherstellung aller Uran-Vorräte in Deutschland und die Sammlung aller Kernphysiker zu einer „Arbeitsgemeinschaft für Kernphysik". Man nennt die Männer dann etwas salopp den Uranverein. Neben den hier genannten Unikaten sind auch Werner Heisenberg, Carl Friedrich von Weizsäcker*, Karl Wirtz, Wilhelm Groth, Kurt Diebner, Paul Harteck, Max von Laue, Horst Korsching sowie *last but not least* Manfred von Ardenne* mit von der Partie.[172]

Friedlich bleiben bis zum Erreichen der Bestform

England setzt trotz der Kündigung des Flottenvertrages die Umsetzung des 7-Punkte-Plans aus dem Jahr 1937 fort, wenn es bis jetzt auch noch nicht gelungen sei, Hitler für eine Gesamtlösung zu gewinnen, wie man sagt. Wenn Sie bis heute noch nicht wussten, was ein *Euphemismus* ist, dann wissen Sie es jetzt. Hitler hat gerade tragende Wände aus dem Gebäude der deutsch-englischen Beziehungen gerissen und in London sagt man, dass die Farbgebung an den Fenstern und am Giebel nicht perfekt sei. Dieser Plan, den Außenminister Lord Halifax darlegte, umfasste die Bereitschaft, den Anschluss von Österreich, der ČSR und Danzigs an das Reich zu akzeptieren, wenn keine Gewalt anwendet werde, immer unter der Prämisse, dass das Reich die Bastion gegen den Bolschewismus sein soll. Die Unterstützung für Hitlers Reich wird immer geheimer, weil die britische Öffentlichkeit keinen Anlass mehr sieht für Chamberlains Beschwichtigungspolitik gegenüber dem Reich. Aber der Premier kann den Leuten natürlich auch nicht sagen, dass das nie eine Beschwichtigungspolitik war, sondern umgekehrt ein offenes Messer, in das Deutschland und das neue Russland hineinrennen sollen. Deshalb geht ja diese ganze Kritik am *Appeasement* auch komplett am Thema vorbei. *Appeasement* ist kein Fehler – *Appeasement* ist eine Falle. Will man Londons Antwort auf die Kündigung des einzigen existierenden Rüstungsbegrenzungsabkommens in Europa anders sehen, dann sicherlich nur als eine biblische Geste: Wenn dir jemand auf die rechte Wange schlägt, so wende ihm die linke Wange ebenso zu. Die deutsche Wirtschaft war schon 1938 in einer komplizierten Situation, aus der ihr London herausgeholfen hat. Naheliegend war es erschienen, ihr die Ausbeutung von Osteuropa zu ermöglichen. Zugleich unterließ Großbritannien die Unterstützung der Länder dort und schloss im Januar 1939 ein Kohleabkommen und erst jetzt im März eine Generalvereinbarung zwischen dem britischen Unternehmerverband und der Reichsgruppe Industrie.[173]

Stalin nimmt seinen Außenminister vom Schachbrett

Ganz allmählich dreht sich auch in Moskau der Wind. So wird am 3. Mai der Moskauer Außenminister Litvinov banal durch Molotov ersetzt. Das Schicksal Litvinovs ist ein plastisches Beispiel, das geeignet ist, um den Einfluss zu überdenken, den einzelne Untertanen in der Diktatur haben, unabhängig von ihrer Stellung in der Gesellschaft. Sie sind beliebig austauschbar und verschwinden im Nebel, wenn jemand, der gerade etwas zu sagen hat, es so entscheidet. Die Parallele zu Konstantin von Neurath drängt sich geradezu auf. Nachdem der deutsche Außenminister seinem Führer an einer entscheidenden Stelle widersprochen hatte, konnte man die Tage zählen, die ihm noch im Amt verblieben. Das sollte jeden nachdenklich machen, der von kleinen Lichtern große Töne gegen Zustände erwartet, die sie für untragbar halten. Schon Lenin hatte unter besseren Umständen verstanden, dass Widerstand nicht zu jedem Zeitpunkt sinnvoll ist. Es ist unstreitig, dass Zarismus Gold war gegen Nazismus, und Lenin lehrte seinerzeit schon, dass es wesentlich sei, eine revolutionäre Situation abzupassen und dann den Umsturz herbeizuführen. Inhaltlich hatte Litvinov seinerseits noch nicht einmal Fehler gemacht, was daran abgelesen werden kann, dass der neue Kommissar im Moskauer Außenministerium Molotov die Linie im Prinzip beibehält: Es geht weiter um eine gegenseitige Unterstützung Großbritanniens, der Sowjetunion und Frankreichs in einem geplanten Dreierbündnis sowie um Garantien für Staaten, die an die Sowjetunion angrenzen. Litvinov ist einfach ein Jude und damit steht er einer Verbesserung der Beziehungen zwischen Stalin und Hitler im Wege. Molotov ist übrigens auch nur ein Pseudonym wie Stalin oder Litvinov. Genosse Wjatscheslav Michajlovitsch Skrjabin legte es sich zu, als die Bolschewiki unter dem Zaren noch illegal waren.[174]

Es ist vielleicht nicht uninteressant, in welchem Zusammenhang sich die zwei Genossen Molotov und Stalin kennengelernt haben. Molotov, oder eben Skrjabin, hat ab 1911 am Polytechnischen Institut zu Sankt Petersburg studiert und für die unter dem Zaren illegale Prawda geschrieben, deren leitender Redakteur seinerzeit Jossif Wissarjonowitsch Stalin war. 1917 kamen durch die Oktoberrevolution die Bolschewiki auf die Bühne; im Jahre 1918 wurde der Chefideologe Lenin durch ein Attentat schwer verletzt und im Januar 1924 verstarb er. Der große Vordenker bemühte sich noch im Jahre 1920, ein gewisses Gleichgewicht zwischen dem Ziel einer kommunistischen Weltrevolution und den realen Möglichkeiten zu ihrer Verwirklichung herzustellen und zu fixieren. Die Diskussion wurde unter den Genossen äußerst leidenschaftlich geführt. Noch im Beschluss „Zur Russischen Revolution“ des Weltkongresses der Kommunistischen Internationale (Komintern) wurde der Grundsatz so formuliert: „Der IV. Weltkongress mahnt die Proletarier aller Länder daran, dass die proletarische Revolution nie innerhalb eines einzigen Landes vollständig siegen kann – dass sie vielmehr international, als Weltrevolution siegen muss.“ Das war ’23. Halbherzig hat Stalin aus der Parteiführung noch am Grabe von Wladimir I. Lenin geschworen, „die Kommunistische Internationale zu festigen und zu erweitern“. Danach entbrannte die Diskussion richtig. In der immer rauer werdenden ideologischen Polemik wurde die Frage der Weltrevolution im Zusammenhang mit der Möglichkeit eines Sieges des Sozialismus vorerst in einem einzelnen Land aufgeworfen. Stalin hat diese These in seinem Artikel „Die Oktoberrevolution und die Taktik der russischen Kommunisten“ auf den Punkt gebracht. Um die Heißsporne in der Parteiführung mit ihrer Weltrevolution auszumanövrieren, hat er damals die Zügel straffer in die Hand genommen und den Parteiapparat zunehmend zentralisiert und auf seine eigene Person fixiert. Seit Herbst 1925 versuchten Sinowjew und Kamenew, eine „Neue Opposition“ gegen Stalin zu begründen. Dafür näherten sie sich, wenn auch widerwillig, an

Trotzki an, um den sich auf Hyperzentralismus sowie auf Autarkie ausrichtenden Kurs Stalins zu bremsen. Wer sich zur Kritik bemüßigt sieht, sollte sich entscheiden, ob ihm wohl Zentralismus in der Partei lieber ist oder der Versuch, der ganzen Welt den kommunistischen Glücksentwurf überzuhelfen. Man kann aber auch beides wollen oder ablehnen.[175]

Zu *der* Zeit vor anderthalb Jahrzehnten ergänzte der Genosse Stalin die Neuausgabe seines Sammelbands *Über die Grundlagen des Leninismus* um einen weiteren großen Komplex unter dem Titel „Zu den Fragen des Leninismus“, der unmittelbar gegen die beiden Genossen Sinowjew und Kamenew gerichtet war. Zu bekannten Streitpunkten über Begriffe und Sichtweisen des Leninismus, der Diktatur des Proletariats sowie anderer gesellte sich nunmehr die Frage des Sozialismus *in einem Land* und des sozialistischen Aufbaus hinzu. Über die Jahre hat sich diese Problematik zum Dreh- und Angelpunkt aller weiteren Auseinandersetzungen in der Theorie des Kommunismus entwickelt. Dabei wurde nun die These von der Möglichkeit des *Sozialismus in einem Lande* dem Grundprinzip der Weltrevolution als direkter Antipode entgegengestellt. Da Kommunisten diskussionsfreudige Gesellen sind, hat Grigori Sinowjew, der 1926 noch das VI. Erweiterte Plenum des Exekutivkomitees der Kommunistischen Internationale geleitet hat, in der Schlussrede ausgeführt: „Marschieren wir alle in geschlossenen Reihen für die Sache der Komintern. Nicht die kommende, bereits unsere Generation wird den Sieg des Sozialismus in Europa und, so hoffen wir, nicht nur in Europa erleben.“ Am 10. Mai des Jahres 1926 hielt es der deutsche Kommunist und leitende Mitarbeiter des Exekutivkomitees Josef Eisenberger für notwendig, einmal mehr die Frage des Kampfes um die Macht in Deutschland aufzuwerfen. Doch die sogenannte Ära Sinowjew stand da bereits vor ihrem bitteren Ende. Im Juni '26 schrieb Jossif Stalin privat an den Genossen Molotov, dass man die Sinowjew-Gruppe im Exekutivkomitee entwaffnen müsse, weil diese besonders schädlich geworden sei. Entsprechend wurde auch gehandelt. Das Politbüro der Partei gab ab sofort von sich aus konkrete Direktiven an die nationalen Sektionen heraus, zum Bergarbeiterstreik in England, zur Lage in China usw. Damit war das sogenannte EKKI praktisch kaltgestellt und es wurde sogar von der Beratung zentraler Entscheidungen ausgeschlossen. 1926 wurde Molotov durch den Steigbügelhalter Stalin Vollmitglied des Politbüros der Kommunistischen Partei und dann auch Mitglied des Präsidiums und des Politsekretariats des EKKI. Ende 1926 tagte das VII. erweiterte Plenum des EKKI, auf dem Grigori J. Sinowjew die Konsequenz zog oder ziehen musste und auf den Vorsitz verzichtete. Stalin sprach in seinem Referat zu innenpolitischen Fragen im Rahmen seiner Kritik an Trotzki, Sinowjew und Kamenew von einer sozialdemokratischen Abweichung und rückte die These vom „Sozialismus in einem Land" an die erste Stelle. Trotzki, der einst Leib Dawidowitsch Bronstein hieß, wies bei dieser Gelegenheit darauf hin, dass selbst der Versuch, das ökonomische und das politische Schicksal der Sowjetunion aus dem Zusammenhang und den Wechselwirkungen der Weltwirtschaft herauszulösen, ein Nonsens wäre. Für den vollen Aufbau einer sozialistischen Gesellschaft, deren Produktivkräfte die des Kapitalismus überstiegen, seien nicht einige Jahre, sondern Jahrzehnte notwendig. Um Trotzki zu übertrumpfen setzte Stalin noch eins drauf und postulierte, dies werde wohl noch ein Jahrhundert dauern, die Optimisten. In seinem Beschluss „Zur Russischen Frage" legte das Plenum des EKKI fest, dass die Sowjetunion über alles für den Aufbau einer „vollen sozialistischen Gesellschaft" Notwendige verfüge; sie sei ja bereits zu einem entscheidenden Zentrum der internationalen Revolutionsbewegung geworden. Der Opposition wurde dagegen vorgeworfen, die Parteipolitik in empörender Weise verleumdet zu haben, indem sie Genossen Jossif W. Stalins Programm als *Ausdruck nationaler Beschränktheit* kritisiert habe. Trotzki stellte sich noch Ende 1927 in der EKKI-Präsdiumssitzung hin und erklärte, dass das Regiment Jossif Stalins die Partei und die internationale Revolution immer teurer zu stehen komme und dass das persönliche Unglück Stalins, das immer mehr zu einem Unglück der Partei werde, in der ungeheuren Diskrepanz zwischen den (mangelnden) Ideenressourcen Stalins und der Macht des in seinen Händen konzentrierten Partei- und Staatsapparats bestehe. Im weiteren Verlauf seiner Rede schlussfolgerte Trotzki, das bürokratische Regiment führe zur Alleinherrschaft. Richtig, noch am Tage seiner Rede wurde auch Trotzki aus dem Gremium hinausgeworfen. Wer dann noch weiter von der Weltrevolution schwätzte, galt als Trotzkist. Stalin wollte eben keinen Konkurrenz-Sozialismus zu seinem. Hätte eine Revolution in einem der ökonomisch viel weiter entwickelten Staaten Westeuropas oder Amerikas gesiegt, wäre *Seine* Sowjetunion nicht mehr Leuchtturm, sondern Schlussleuchte gewesen. Es war sicherlich schlau berechnet, als Reinhard Heydrichs Sicherheitsdienst in Berlin mit gefälschten Schriftstücken 1936 versuchte, die Rote Armee von innen heraus zu schwächen und sich Männer wie Marschall Michail Tuchatschewski dafür auserkor. Der hat noch im Jahr '30 die Konzeption des Vernichtungskrieges gegen den Westen entworfen, die den massenhaften Einsatz von Panzern und Flugzeugen sowie den massiven Einsatz von chemischen Kampfmitteln vorsah. Das Ziel des Angriffskriegs war, die kommunistische Herrschaft in Europa und der Welt mit Waffengewalt zu verbreiten. Kommunisten sind eben diskussionsfreudige Gesellen. Damals hat sich Stalin noch mit seiner *Realpolitik* friedlich durchgesetzt. So wirklich verziehen hatte er Tuchatschewski aber offensichtlich nicht. Noch im Januar '36 wurde der prominente Marschall Michail Nikolajewitsch Tuchatschewski mit dem Außenminister Litvinov nach London geschickt. Am Rande der Trauerfeier für König George V. sollte er sich mit Vertretern des Generalstabes der Briten treffen und ihnen anbieten, *gemeinsam mit Moskau* in einem Präventivkrieg das Nazi-Regime zu beseitigen. Das konnte London verhindern, indem es den Leuten auf der Straße die Hucke vollgelogen hat, der Russe hätte die Stärke seines Militärs übertrieben. Heydrichs Mühe war nicht wirklich nötig. Lange bevor er mit Dokumenten nachhalf, die sein Sicherheitsdienst gefälscht und sie über Prag nach Moskau lanciert hatte, war Väterchen Frost selbst der Meinung, man müsse gewisse Diskussionen ein für allemal beenden und sorgte für Prozesse. Die Zahl der Opfer geht schon in die Millionen, darunter wenig erstaunlich viele Ausländer. 1938 ereilte der Tod für die Revolution auch Josef Eisenberger. Diese überzeugten Kommunisten wurden umgebracht, weil sie doch im trotzkistisch-sinowjewschen Block gewesen seien, Provokateure, Spione, Diversanten und was dem Genossen Stalin noch so eingefallen war.[176]

Im Westen nichts Neues

Englands Botschafter in Berlin Henderson schreibt am 4. Mai an seinen Außenminister Lord Halifax: „Wieder einmal ist die deutsche Sache weit davon entfernt, ungerechtfertigt oder unmoralisch zu sein." Seine These sei stets gewesen, dass Deutschland nicht zur Normalität zurückkehren könne, solange seine legitimen Forderungen nicht erfüllt worden wären. Die Danzig-Korridor-Frage sei zusammen mit dem Memel-Problem eine von diesen gewesen. Fast alle diplomatischen Vertreter in Berlin sagten, das deutsche Angebot sei ein überraschend günstiges und bezieht sich in seinem Schreiben auf den Vorschlag, Danzig an Deutschland abzugeben gegen die offizielle Anerkennung der anderen in Versailles der Republik Polen zugesprochenen Gebiete als polnisches Land. Warschau möchte aber Danzig nicht Deutschland überlassen und beharrt auf dem *Status quo* einer Freien Stadt, den man gemeinsam mit Hitler garantieren will. Den Anschluss Danzigs an das Reich sowie exterritoriale Verkehrswege könne es jedoch nicht geben, wie es in einer Note vom 5. Mai heißt.[177] Es liefert Hitler die Argumente frei Haus, dass Warschau zugleich entweder nicht in der Lage oder nicht willens ist, selbst für die Sicherheit auf dem Weg von und nach Ostpreußen zu sorgen.

Bevor der deutsche Botschafter Dirksen nach London zurückkehrt, kann er letzten Endes doch noch seinen Vortrag bei Reichsaußenminister von Ribbentrop erreichen und begibt sich am 6. Mai zurück an den Arbeitsplatz an der Themse – mit der Weisung, „dass wir keinen Krieg mit England wollten, aber auf alles vorbereitet wären. Wenn Polen mit Deutschland anbinden wolle, so würde es zerschmettert." Können wir uns diesen Ton in dieser Lage leisten? Und muss in diesem Ton mit der Regierung in London gesprochen werden, die sich kürzlich in München für die Abtretung des Sudetenlandes an das Reich eingesetzt hat und gerade eben dem Reich *nicht* den Krieg erklärte, als die Wehrmacht in Böhmen und Mähren einmarschiert ist? Von Ribbentrop gibt dem Botschafter außerdem auf den Weg, Deutschland sei auf einen Krieg von 10 Jahren, auch von 20 Jahren vorbereitet. Die Engländer sollten ihre Unterstützung für Polen aufgeben.[178] Damit verhält sich der RAM wie ein Kind, das sich die Augen fest zuhält und laut ruft: Du siehst mich nicht! Das Reich ist nach meiner unmaßgeblichen Schätzung auf einen Krieg von etwa einem Jahr vorbereitet und das wissen sie in England genau so wie der Spielpartner des Kindes weiß, dass es unmittelbar vor ihm steht. Was sollte dann der Spruch auf den Weg für die Engländer?

Wenn das neuerliche Gemetzel auf dem Kontinent 10 Jahre dauern soll, müssen natürlich noch einige Tonnen Rohstoffe aus dem *Empire* sowie aus *America* nach Deutschland jongliert werden.[179] Es wäre zu schön zu wissen, wie Hitler eigentlich die Unterstützung für sein Reich bei gleichzeitigen bösen Ausfällen gegen die Herkunftsländer unter einen Hut bekommt. Glaubt er im Ernst, die demokratischen Führer in England und Amerika wüssten nicht, was sich da in aller Heimlichkeit abspielt? Einen Henry Ford hatte Hitler seinerzeit noch als einen großen Individualisten verstanden und '38 mit dem höchsten Orden versehen, den das Reich zu bieten hat für Ausländer, doch dann kam von weiteren reichen Knöpfen Knete. Es ist immer wieder das Gleiche – Freude gehört ins Privatleben. Wenn ein Staat oder eine Firma Unterstützung von anderen Staaten und fremden Firmen erhalten, muss man über die Motive nachdenken.

Als von Dirksen in London ankommt, merkt er gleich, dass sich in seiner Abwesenheit eine *Schwenkung* in der englischen Außenpolitik vollzogen und ausgewirkt hat. Er informiert Berlin, Versuche, auf dem Wege einer direkten Aussprache zur Entspannung mit dem Deutschen Reich zu gelangen, sind „fürs Erste aufgegeben worden. Stattdessen wurde der Versuch unternommen, eine Weltkoalition gegen Deutschland zusammenzubringen, um die Ausdehnung des deutschen Lebensraumes gewaltsam zu verhindern".[180] Gewissermaßen zwinge man Deutschland „mit vorgehaltener Pistole", seine Wünsche nach mehr Platz vor dem Tribunal der Völkergemeinschaft vorzubringen, das dann darüber entscheiden sollte. „In dem Aufwallen des ersten Hasses hatte die englische Regierung eine Reihe von Staaten mit Garantien überschüttet, die einseitig waren, wenn der bedachte Staat sich gegen einen zweiseitigen Vertrag wehrte; zweiseitig, wenn der betreffende Staat bereit war, sich in das Bündnissystem einbeziehen zu lassen."[181] Goebbels fackelt nicht lange herum und greift für die Propaganda der gleichgeschalteten Presse stracks Chamberlains

Formulierung einer Einkreisungspolitik gegen diesen Hefekuchen Großdeutsches Reich auf. Nicht zum ersten Mal wird von offizieller Seite ein Witz in Umlauf gebracht. Häufig geht es bei solchen Komikattacken um innere Gegner des Regimes, doch diesmal richtet sich der recht bemühte Witz gegen den britischen Kabinettschef: „Welches ist der Unterschied zwischen einem guten Radioapparat und Chamberlain?“ Die Antwort ist ein echter Schenkelklopfer: „Ein guter Radioapparat ist ein Zweikreiser. Chamberlain ist ein Einkreiser.“[182]

Landesverrat zur Rettung Deutschlands

Propaganda hat jedoch nicht auf jeden Rezipienten die gleiche Wirkung. Das wäre doch auch zu schön für Klumpfüßchen, wie viele Deutsche den Herrn der Propaganda insgeheim bezeichnen. Mag sein, dass manchem die Argumentation von dem einkreisenden England einleuchtet. Andere bleiben nüchtern und sehen den Grund für den Richtungswechsel an der Themse in der Ausbreitung von Hitlers Hefekuchen. Es ist jetzt nicht so wichtig, ob Fritz, Franz oder Friederich die richtigen Schlüsse ableiten, denn sie können an der herrschenden Politik ohnehin nichts ändern. Es ist bloß wichtig, dass unter den Männern, die trotz der Nazis im Staatsapparat verblieben sind, einige das Richtige tun. Gott sei Dank sind dort Männer, die das Nötige in die Wege leiten. Einer, der „auf Grund seiner Stellung in der Lage“ ist, die Absichten des Führers und der wichtigsten braunen Bonzen zu kennen, begibt sich in Frankreichs Botschaft in der Reichshauptstadt, um im Ausland Interna aus den Planungen in Berlin bekannt zu machen. Während der Unterhaltung wird er immer erregter, was vermutlich daran liegt, dass der Botschafter professionell nüchtern bleibt. Etwas anderes ist ja auch nicht seine Aufgabe. Er hält fest, welche Informationen ihm anvertraut werden und am 7. Mai fertigt Botschafter Robert Coulondre das *Résumé* dieser Unterhaltung an, die er am Vortag mit der Person in der Berliner Führung hatte. Wer war der Mutige, den er in dem internen Schreiben nach Paris als den Herrn X bezeichnet?[183]

In seinem *Résumé* heißt es, Herr X habe viel berichtet, „viel mehr als er uns sagen durfte“. Es ging ihm namentlich um Hitlers Osteuropa-Pläne.

Bezüglich der Erwiderung von Polens Außenminister Józef Beck auf eine Rede Hitlers vor ein paar Tagen sagte der Herr X, das „scheint vielleicht sehr geschickt und juristisch gut begründet" zu sein, doch Hitler sei ein Mann der Tat und verachte alle legalen Argumente. Für ihn gebe es nur Realitäten und Bedürfnisse und er sei entschlossen, das Problem Danzig und das des Korridors zu lösen. Gegen jedes Missverständnis stellte der Mann aus dem Nebel klar, Hitlers letzte Forderungen stellten lediglich ein Minimum dar. Er warte nur noch ab, bis er alle Trümpfe in der Hand habe. Wörtlich hält Coulondre fest: „Ist Ihnen nicht aufgefallen, dass er in seiner letzten Rede Russland mit keinem Wort erwähnte? Haben Sie nicht gemerkt, in welch verständiger Weise heute morgen die Presse – nach genauen Instruktionen – über Molotov und Russland spricht?"[184]

Er verweist darauf, dass „gewisse Besprechungen im Gange" sind, sowie auf die Tatsache, dass sowohl der sowjetische Botschafter als auch der Militärattaché nach Moskau gereist seien. Am Abend der Abreise wurde Ersterer von Herrn Ribbentrop und Letzterer vom Oberkommando der Wehrmacht empfangen, wo sie über die Absichten der Reichsregierung in vollstem Maße informiert wurden. Seine Verzweiflung könnte kaum noch deutlicher werden als mit den Worten: „Mehr kann ich Ihnen wirklich nicht sagen, aber eines Tages werden Sie schon merken, dass etwas im Osten im Gange ist."[185] Was der Herr aus der Berliner Staatsführung dem Botschafter sagt, läuft darauf hinaus, dass Hitler die Unterstützung Moskaus für einen schweren Schlag gegen Polen suche. Wahrscheinlich, weil sich der Botschafter darauf beschränkt, in aller Ruhe die Worte zu notieren, die er an seine Auftraggeber in Paris weitergeben möchte, sagt der Deutsche schließlich aufgebracht: „Polen ist dreimal geteilt worden. *Eh bien!* Es wird auch ein viertes Mal geteilt werden!"[186] In den nächsten Tagen hört Robert Coulondre noch mehrmals Gerüchte, denen zufolge Berlin Sowjetrussland Vorschläge für eine Teilung Polens unterbreitete. Andere wollen gehört haben, dass Hitler solch einen Vorschlag machen wolle. Mit der Diplomatenpost verlassen alle diese Hinweise am 9. Mai die Reichshauptstadt. Hat das nun so lange gedauert, weil der Diplomat das von anderen Seiten bestätigt haben wollte?

In Europa wird gegrübelt

Das Kabinett in London behandelt am 16. Mai '39 ein Memorandum der Stabschefs der drei Waffengattungen der britischen Streitkräfte. In ihm heißt es unter anderem, eine Vereinbarung über gegenseitigen Beistand mit Frankreich und der Sowjetunion „wird eine solide Front von beeindruckender Macht gegen eine Aggression darstellen". Käme ein solches Abkommen nicht zustande, so wäre dies eine „diplomatische Niederlage, die ernsthafte militärische Folgen nach sich zöge". Falls Großbritannien ein Bündnis mit Russland ablehne und dieses zu einer Vereinbarung mit Deutschland dränge, dann begehe man in London „einen riesigen Fehler von existenzieller Bedeutung". Auf der Sitzung legt Außenminister Lord Halifax die Position dar, dass die politischen Argumente *gegen* so einen Pakt mit Moskau jedoch schwerer wögen als militärische Überlegungen, die für ihn sprächen. Chamberlains Meinung ist noch kategorischer. Er will eher zurücktreten, als ein Bündnis mit den Sowjets unterschreiben. Das Dogma vom Primat der Politik setzt sich in London ebenfalls durch gegenüber den Stimmen der Fachleute aus dem Militär. Unterschiede zu den Verhältnissen in Paris, in Berlin oder anderswo sind nicht zu finden. Wer bislang nicht verstehen konnte, wie es dem Reichskanzler in Berlin immer wieder gelungen ist und auch wieder und wieder neu gelingt, sich gegen die Experten auf ihren Feldern durchzusetzen, kann hier ein gutes Argument finden, das über eine Erklärung mit der Diktatur hinausgeht. Londons Konservative sind sich in der Frage einig, dass es der Pragmatismus erfordere, diese Verhandlungen mit Moskau noch eine Zeit lang weiterzuführen.[187] Eine wichtige Rolle spielt nun, wie sich Englands Vertragspartner am Mittelmeer zu einer Annäherung des braunen und des roten Reiches positioniert.

Den Italienern entgeht nicht, dass die Berliner Bemühungen um bessere Beziehungen mit Moskau von den Herren des Kreml mit großer Zurückhaltung betrachtet werden. Gerade Rom ist jedoch an einer Aussöhnung zwischen den Antikommunisten in Berlin und den Antifaschisten in der Stadt an der Moskwa interessiert, da man in Rom einen Zusammenstoß beider Riesenstaaten befürchtet, in den das vollkommen unvorbereitete Italien einbezogen werden könnte. Die diplomatischen Bemühungen der

Römer bleiben nicht erfolglos; Mitte Mai erwärmen sich die sowjetisch-deutschen Beziehungen allmählich, so darf Škoda im deutsch besetzten Tschechien nun wieder Militärgerät an die Sowjetunion liefern. Am 20. Mai empfängt Außenminister Molotov Botschafter von der Schulenburg auf dessen Bitte. Schulenburg übermittelt den Wunsch, Karl Schnurre zu Wirtschaftsverhandlungen nach Moskau zu entsenden. Die Sowjets vermuten dahinter aber eine Falle und lassen wissen, für eine derartiges Unterfangen sollte sich das Reich ein anderes Land als Partner suchen. Dafür müsste erst eine politische Basis geschaffen werden.[188] Allmählich fasst auch Rom mehr Vertrauen. Als am 22. Mai in Berlin nach so lange schon andauernden Bemühungen Hitlers und seiner *Equipe* schließlich doch noch ein deutsch-italienischer Bündnisvertrag unterzeichnet wird, weisen die Italiener deutlich darauf hin, dass ihr Land nicht vor 1943 bereit sei, um Krieg zu führen.[189] Hochpoetisch soll der Freundschafts- und Bündnispakt *Stahlpakt* heißen. In einem ersten Schritt sät Roms Außenminister Graf Ciano Zweifel an der Aufrichtigkeit Londons; man könnte auch sagen, er gibt einfach Erkenntnisse weiter, die die Italiener bei den Engländern gewonnen haben. So sagt er, England werde sich bemühen, die Verhandlungen hinzuziehen. Dem sowjetischen Geschäftsträger bei der italienischen Regierung Leon Helphand gegenüber äußert der Graf: „Es kommt die Zeit, da wird es zu spät sein, und Sie werden selbst keine Eile mehr haben, dieses Bündnis zu schließen."[190]

Hitler träumt den Traum von seinem Krieg

In Hitlers Arbeitssaal in der Neuen Reichskanzlei findet am 23. Mai eine Zusammenkunft statt. In der Bevölkerung weiß man, dass das Gebäude längst noch nicht fertig ist, und man hört auch, dass es richtig teuer ist. Von solcher Kritik bekommt der Sicherheitsdienst Wind: „Die offiziellen Staatsbauten wurden bisweilen in einigen Bevölkerungskreisen so lange für unnötig gehalten, als die immer dringlicher werdende Wohnungsfrage noch nicht gelöst ist. Auch gegenüber den Inneneinrichtungen dieser Bauten fehlte es nicht an Kritik.“[191] Vom Treffen am 23. Mai erfährt man in der Öffentlichkeit nichts. Eingeladen ist auch nicht Otto Normalverbraucher. Der Führer hat Hermann Göring, Wilhelm Keitel sowie Erich Raeder um sich geschart. Es fällt schon auf, dass der Personenkreis hier wieder sehr überschaubar ist. In der Demokratie war das immer so eine Raserei von Pontius zu Pilatus, bis mal irgendeine Entscheidung endlich getroffen war. Jedes Mal waren x Leute involviert. In der Diktatur haben wir die kurzen Wege: *Führer befiehl! Wir folgen dir*. Der an diesem Tag diensttuende Adjutant ist Oberstleutnant Schmundt. Ihm obliegt es, das Protokoll zu führen. Nach einer Untersuchung der politischen Lage und nach einem Rückblick auf die Ereignisse seit 1933, lässt Hitler die Katze aus dem Sack. In dieser im Vergleich zum November letzten Jahres neu zusammengestellten Runde kommt er auf das Leitmotiv seines Werkes *Mein Kampf* zurück, den Lebensraum für die Deutschen.[192] So hört sich das an: „Danzig ist nicht das Objekt, um das es geht. Es handelt sich für uns um die Erweiterung des Lebensraumes im Osten. Es entfällt also die Frage, Polen zu schonen, und bleibt der Entschluss, bei erster passender Gelegenheit Polen anzugreifen.“[193]

Vor Herren, die ihm nicht widersprechen, erklärt er noch einmal mit der Geduld eines Engels, dass es zusammenhängender Raum sein muss und warum er in Kolonien in Übersee nicht die Lösung sieht: Die Versorgung von dort aus kann mit Seeblockaden unterbrochen werden. Hasenfüßen setzt er klare Worte entgegen: „Zur Lösung der Probleme gehört Mut. Es darf nicht der Grundsatz gelten, sich durch Anpassung an die Umstände einer Lösung der Probleme zu entziehen. Es heißt vielmehr, die Umstände den Forderungen anzupassen. Ohne Einbruch in fremde Staaten oder

Angreifen fremden Eigentums ist dies nicht möglich.“[194] An die Wiederholung der Tschechei sei nicht zu glauben. Es werde diesmal zum Kampf kommen. Aufgabe sei es, Polen zu isolieren. Das Gelingen der Isolierung sei entscheidend und dies sei Sache geschickter Politik, um England und Frankreich von einer Kriegserklärung an das Reich abzuhalten.[195] Er will mit der Wehrmacht entweder sofort oder unmittelbar nach dem Fall von Polen auch gleich Litauen und Lettland „bis zu den alten kurländischen Grenzen“ unter seine Fittiche nehmen.[196] Gelinge eine Isolierung Polens allerdings nicht, dann müsse Deutschland zunächst Großbritannien und Frankreich angreifen, um diese beiden Länder schnell zu besiegen, oder wenigstens deren Kampffähigkeit zu zerstören. Das könnte jedoch lange dauern und dafür müssten Vorbereitungen getroffen werden.[197] Der Chef weiß zu gut, warum er seine Gedanken im ganz kleinen Kreis erörtert. In jeder Fachrunde würde man ihm entgegenhalten, allein schon durch die Rohstoffknappheit werde unser Land keinen längeren Krieg überstehen. Jeder denkende Mensch würde ihm außerdem den logischen Fehler vorhalten: Warum soll das im Westen lange dauern, wenn er sagt, dass man schnell siege? Man würde auch zu bedenken geben, dass Moskau kaum stillhalten wird. Als es ihm bereits um Details geht, erwähnt er, dass die Neutralitätserklärungen der Niederlande und Belgiens nicht den Hinderungsgrund für Kampfhandlungen darstellen dürften, weil die Luftstützpunkte in diesen Ländern gebraucht würden.[198] Es zeigt sich die gleiche Ignoranz gegen geltendes Recht, mit der die braunen Horden schon im Jahr 1933 an die Macht kamen und mit der sie ihr Recht inthronisierten, die er jetzt nur auf größere Zusammenhänge anwenden will – nach dem Motto: Frechheit siegt. Und am Ende des Tages schreibt immer noch der der Sieger die Geschichte. Doch muss die Frechheit auch dann siegreich bleiben, wenn sich die umsichtigen Überlegungen des kühnen Feldherrn bei einem Glas Kräutertee vor der Landkarte als das jüngste Kartenhaus der Weltgeschichte entpuppen?

Mag sein, dass man auf der Straße nicht ahnt, was sich zusammenbraut, doch in den Fluren der Macht wird getuschelt. Noch im Mai wird Fabian von Schlabrendorff wieder nach London geschickt, wo er von Lord Lloyd und Churchill empfangen wird. Auch Rudolf Pechel ist zu Gesprächen in

London. Carl Friedrich Goerdeler trifft dort Churchill und geht dann auf den Kontinent, um in Paris mit Politikern zu diskutieren.[199] In England werden sie denken, der gesamte deutsche Widerstand gegen den Führer, der bislang noch nicht in den Konzentrationslagern inhaftiert ist, sei an der Themse vertreten. Man spricht mit Baron Vansittart sowie mit Lord Halifax und warnt sowohl vor einem Überfall der Wehrmacht auf Polen als auch vor dem denkbaren Abschluss eines Vertrages zwischen Hitler und Stalin. Man rät den Briten, sie sollen selbst einen Vertrag mit Stalin unterschreiben. Kordt bringt es klar auf den Punkt: „Wir müssen in der jetzigen Lage selbst das Risiko einer zeitweiligen Einkreisung des nationalsozialistischen Deutschland der Gewissheit eines zweiten Weltkrieges vorziehen, der das Ende der westlichen Zivilisation bedeuten kann."[200]

Apropos London: Das Gold aus der Staatsreserve der Tschechoslowakei steht am 26. Mai im *House of Commons* zur Debatte. Für die Regierung ließen sich nur unter Schwierigkeiten Redner finden. Die Opposition hat aber leichtes Spiel. Paul Einzig hat sie informiert. Brendan Bracken von den Konservativen sagt: „Wir in London helfen gegenwärtig aktiv beim deutschen Wiederaufrüstungsprogramm mit und die Beamten unseres Finanzministeriums sitzen zusammen mit Leuten an einem Tisch und verhandeln mit ihnen über gestohlenes Gut oder darüber, wie viel von diesem gestohlenen Gut Deutschland zurückgegeben werden soll, damit es sein Wiederaufrüstungsprogramm leichter bewerkstelligen kann. Das ist wirklich die schmutzigste Form der Nachgiebigkeit. Eine politische Nachgiebigkeit ist natürlich unmöglich. Die Beiwahlen und die verschiedenen politischen Entwicklungen der letzten paar Monate zeigen, dass diese Politik jedenfalls gestorben und gerichtet ist, aber der Regierung liegt anscheinend noch immer ein Stück *Appeasement* am Herzen, das sie jetzt in ihrer finanziellen Form betreibt. Aber das ist eine sehr üble Form der finanziellen Anbiederung, weil hier der Frieden mit den Deutschen mit dem Geld der Tschechen erkauft wird."[201]

Ist Hitler womöglich nicht der einzige wirre Kopf in Berlin? So berichtet der französische Botschafter seinen Auftraggebern in Paris, dass ihm zugetragen worden sei, Ribbentrop habe einer Neuorientierung der Politik das Wort geredet. Dabei geht es sowohl um die Sowjetunion als auch um Polen. Ribbentrop schwanke zwischen der Ausschaltung von einem der beiden Länder. Er gäbe bloß ungern den Gedanken auf, „dass Polen auf der Bahn Deutschlands mitmache", um die Sowjetunion zu überfallen. In der Tiefe seines Herzens wünschte er jedoch eigentlich die Vernichtung Polens mit Hilfe der Sowjetunion. Coulondre reicht weiter, dass es heißt, Ziel der geplanten Eroberungen sei es, das britische Weltreich niederzuringen. Von dieser Übertreibung sind unsere Widerständler gegen Hitler nun durchaus nicht mehr abzubringen, auch wenn das schon im Herbst 1938 keinen zu einer Änderung des Kurses gegen Hitlers Reich bewegen konnte. In den Depeschen nach Paris steht auch, die Deutschen, die den Ausbruch eines neuerlichen Kriegs verhindern wollten, drängten in vertraulichen Gesprächen zu einer Einigung der Westmächte mit Moskau. Hindernisse in den Verhandlungen wären nur noch eine Ermutigung für den Führer. Jetzt, da die entscheidende Phase in Moskau einträte, sollte der Westen „die Situation klar erkennen" und daran denken, dass jeder Fehlschlag bei den Verhandlungen, und wäre er noch so gut verschleiert, von Hitler ausgenutzt werden würde.[202]

Berlin tut sich schwer mit London

Aus London meldet von Dirksen, dass sich dort immer mehr kleine, aber einflussreiche Kreise herauskristallisierten, denen die Einkreisungsfront gegen das Reich nicht Selbstzweck, sondern Mittel zum Zweck sei. Großbritannien fühle sich Deutschland unterlegen und nicht in der Rolle des ebenbürtigen Verhandlungspartners. Es wolle durch mehr Rüstung und die Bildung einer Koalition Deutschland zwingen, weitere Forderungen auf dem Verhandlungsweg geltend zu machen. Dabei sei ein steigendes Verständnis für seine Forderungen festzustellen. Die Briten hätten sogar den Begriff „Lebensraum“ in ihren Sprachgebrauch aufgenommen. Der Botschafter betrachtet das als die „einsichtigeren Tendenzen“ auf dieser Insel. Damit einher gehe eine zunehmende Ernüchterung, was die Wirkung der in Bildung begriffenen Einheitsfront angeht. Während über die Eingliederung der Türkei in diese Front restlose Freude herrsche, greife die Enttäuschung hinsichtlich Polens und Russlands immer stärker um sich: Man erkenne allmählich nicht nur „die Brüchigkeit des polnischen Staates“, sondern auch „seine größenwahnsinnigen Ansprüche“ und den unstillbaren Geldbedarf des Landes. Von Dirksen erläutert danach, über welche Kanäle er versuche, den Engländern die Einkreisungsaktion aus- und eine Entspannung einzureden. Dieses Bemühen bleibe ohne Frucht, da er aus Berlin nicht unterstützt werde: „In meiner Einwirkung auf die amtlichen Persönlichkeiten waren mir gewisse Schranken dadurch auferlegt, dass mir Zurückhaltung zur Pflicht gemacht war. Ich musste also davon absehen, Chamberlain oder Halifax amtlich aufzusuchen.“[203] Seit in den Nachrichten Danzig eine zunehmende Rolle spielt, bemerkt von Dirksen „eine steigende Nervosität der englischen Öffentlichkeit“. Aus unterschiedlichen Quellen fließe ein Strom reiner Lügenmeldungen über in Danzig versammelte Armeekorps, eingeführte schwere Artillerie, die Anlage von Befestigungen usw. durch die englische Presse.[204]

In Moskau wollen sie wissen, woran sie sind

Nachdem Moskau dem deutschen Werben um eine Annäherung bereits seit Monaten die kalte Schulter gezeigt und unserem Botschafter von der Schulenburg noch am 18. März klar gemacht hatte, dass man die Eingemeindung der ČSR auf keinen Fall anerkenne, bestellt schließlich Ernst von Weizsäcker am 30. Mai Georgi Astachow zu sich, um allmählich zu einer Normalisierung der Beziehungen beider Staaten zu gelangen. Der Freiherr von Weizsäcker hält anschließend in seinem Bericht fest: „Die Russen sind noch stark misstrauisch.“[205]

Am letzten Tag des Wonnemonats Mai debattiert der Oberste Sowjet im sonnigen Moskau. Demonstrativ anwesend sind die Botschafter Italiens und des Deutschen Reichs; nicht zugegen sind die des Britischen Reichs und Frankreichs. Wurden sie nicht eingeladen? Mochten sie nicht dabei sein? Verhandeln die Sowjets über die militärische Zusammenarbeit mit Italien und Deutschland oder mit England und Frankreich? Bleiben wir fair. Der neue Außenminister Molotov bespricht die Vorschläge für den Vertrag zwischen London, Paris und der Sowjetunion und kommt rasch auf Schwachstellen zu sprechen: Vielleicht erwiesen sich „Bemühungen, einer Aggression in irgendwelchen Gegenden zu widerstehen“ nicht als Hindernis, sie in „anderen Gegenden“ zu entfesseln. Deshalb müsse die Führung des Landes „auf der Hut sein“. Doch Molotov bleibt nicht bloß bei Andeutungen über irgendwelche und andere. Er benennt präzise, wo der Logik nicht Genüge getan wird. Während London plant, gemeinsam mit Frankreich und der Sowjetunion fünf Ländern – Griechenland, der Türkei, Belgien, Polen und Rumänien – eine Bestandsgarantie zu geben, soll eine solche Garantie Lettland, Estland und Finnland nicht gegeben werden. Für die Sowjetunion wäre dies aber unter Umständen gar nicht gut, weil es diesen Ländern dann freistehen würde, sich unter deutschen Schutz zu begeben, und man hat auf zweitausend Kilometern deutsches Militär an der sowjetischen Grenze von Ostpreußen bis hinauf ans Nördliche Eismeer. Da hätte ein Litvinov nicht mitgespielt, da macht Molotov nicht mit und Stalin braucht damit ebenfalls keiner ankommen. Er zieht die Hosen auch nicht mit der Kneifzange an. Ja, helfen soll Moskau den Wunschkandidaten, mit denen London sich zu einigen vermochte, doch der Vertrag zwischen Polen und Rumänien, der abgeschlossen wurde in der Absicht, gemeinsam in die Sowjetunion einzufallen, der muss nicht aufgelöst werden. Man braucht Väterchen Stalin nicht klasse finden, um ihm zu raten, die Hände von solchen Vertragspartnern zu lassen. Stalin besteht zumindest auf einer Klausel, nach der der Sowjetunion Beistand gewährt würde, „falls es sich um den Schutz seiner vitalen Interessen im Baltikum"[206] handelt, wenn eine bis an die Grenzen des Staates herangerückte Wehrmacht die Hufe ins russische Kernland setzt.

Auch die Politiker im Baltikum stehen vor einer schweren Entscheidung. In der New York Times kann man 1. Juni lesen: „Die baltischen Staaten haben Britannien gebeten, ihnen keinerlei Hilfe anzubieten, die den Anschein erwecken könnte, man zwänge sie in einen Block, wodurch sie in den Augen Deutschlands nur schwer kompromittiert würden."[207] Dieses sind die gleichen Überlegungen, die auch polnische Politiker umtreiben. Wer nach der Ursache für die ganz verfahrene Patt-Situation sucht, wird mehr oder weniger rasch auf den Avantgardisten der Vorwärts-Strategie im sommerlich strahlenden Berlin sowie seine Jünger stoßen. Das Spiel geht so jetzt schon ein halbes Jahrzehnt lang, und es hatte ja auch viel zu lange den Anschein, als beabsichtige er nichts als eine Gutmachung der *Fehler* von Versailles. Doch da wurden keine Fehler gemacht. Das waren Steilvorlagen gewesen. Und Hitler hat längst die Ziellinie erreicht, als er in dem gleichen Duktus fortsetzt. Ungebremst rennen seine Soldaten bis hinein ins Mährische. Sonst wären nämlich einfach alle Länder dort, wo sie sind, und müssten sich nicht zu Allianzen zusammenschließen oder sich aus Bündnissen heraushalten. Es würde das viele Grübeln ersparen und das Leben wesentlich erleichtern.

Es ist überraschend zuvorkommend von Väterchen Frost im Kreml, dass er die bisherige Politik der Äquidistanz der baltischen Staaten zu seinem Reich und zum Deutschen Reich toleriert und dass er es hinnimmt, dass seine Garantien für diese Länder abgelehnt werden. Doch hat er wirklich in der Tiefe seiner Seele akzeptiert, dass seine Sowjetunion wie aussätzig behandelt wird? Waren sowjetische Truppen 1920 nach England, Polen, Frankreich und China gezogen oder waren deren Truppen in sein Reich eingefallen? Waren Russen vielleicht gegen Serbien, Finnland und gegen die Tschechoslowakei in jenen Krieg gezogen oder war deren Militär auf Bolschewistenjagd in Russland? Was ist mit Griechenland, Deutschland, der Türkei, Rumänien oder Italien? Waren die Russen in Amerika oder die Amerikaner in Russland? Japan hat den Krieg gegen sein Land noch nicht einmal beendet; Rumänien und Polen haben das Territorium des Landes besetzt und es danach nie wieder verlassen. Wie wird der Kreml-Herrscher reagieren, wenn sich im Baltikum die Waagschale nach einer Seite zu neigen beginnt? Würde er es entspannt ansehen, wenn Länder, die von ihm nicht geschützt werden wollen, umgekehrt den Schutz des Erzfeindes Hitler annähmen? War Hitler auf Botschafter Merekalov zugegangen während des Neujahrsempfanges für das diplomatische Corps oder hat der Botschafter der verhassten Sowjetunion vielleicht die Nähe des Führers in Berlin gesucht? Bei einer Analyse muss man ja zumindest versuchen, gerecht zu bleiben. Sonst kommt man selbst bei Ideologie an. Nur weil auch der Genosse Stalin sagt, dass unsere Erde rund sei, ist sie ja nicht auf einmal flach. Die Ablehnung des Bolschewismus sollte nicht die Grundlagen des Nachdenkens vollkommen aus ihren Angeln heben. Winston Churchill, der die britischen Operationen in der Sowjetunion in der Zeit der Interventionskriege geleitet hat, ausgerechnet er schreibt in der Zeitung New York Times am 7. Juni: „Der russische Anspruch, dass Finnland und die baltischen Staaten in die dreiseitige Garantie einbezogen werden, ist durchaus begründet.“ Ist die Vernunft nur seiner Jugend zu danken? Er ist knapp 65. „Man sagt: »Und wenn sie von einer Garantie nichts wissen wollen?« Dabei ist es aber sicher, dass, wenn Litauen, Lettland und Estland von den Nazis überfallen oder durch Propaganda und Intrigen im Innern zum Nazisystem »bekehrt« werden sollten, ganz Europa in einen Krieg verwickelt würde ... Warum soll man da nicht lieber in aller Öffentlichkeit und mit allem Mut rechtzeitig die Maßnahmen erwägen, die einen solchen Kampf unnötig machen?“[208] Es ist eine ganz andere Debatte, dass Churchill in dem immer neu geübten Bühnenstück namens *Demokratie* in der laufenden Legislaturperiode die Rolle eines britischen Oppositionellen mit Leben zu füllen hat. Da wird gesagt, was inhaltlich richtig, aber nicht zielführend für die Elite ist. Bleiben wir am Ball und warten wir ab, ob er zu gegebener Zeit die Chance beim Schopf packt, um den amtierenden Premierminister mit seiner ach so falschen Außenpolitik abzulösen und seine eigene, viel richtigere Strategie in der Frage des Umganges mit den Schurkenstaaten zu verwirklichen.

In diesen Tagen schließt auch die Regierung von Dänemark einen Nichtangriffsvertrag mit Berlin ab. Litauen wurde sein Vertrag schon verpasst und nun lässt sich Jugoslawien von unserem Lebensraumpolitiker in die Hand versprechen, dass er dessen Grenze als endgültig und unverletzbar ansieht.[209] Nachdem Hitlers Zusage an Polen 63 Monate Bestand gehabt hatte und jene an Großbritannien bloß 46 Monate, stellt sich freilich die Frage, wie sich die Halbwertszeit von Verträgen mit ihm perspektivisch entwickeln wird. Es kann ja sein, dass Stalin absolut recht hat, wenn er stark misstrauisch ist. Streng genommen steht vor allen Nachbarn von Hitlers Reich die Alternative, einen Vertrag mit ihm abzuschließen oder es zu lassen. Letztlich versucht es ein Land nach dem anderen mit dem altmodischen Vertrauen auf unterschriebenes Papier. Das sieht arg nach einem Fehler aus, denn Hitler sagte: „Ich vertraue nicht auf Papiere, ich vertraue auf euch, meine Volksgenossen." Nach reinstem Pazifismus will das einfach nicht klingen.

Vilhelms Munters und Karl Selter, die Außenminister von Lettland und Estland unterzeichnen am 7. Juni ihre Nichtangriffsverträge mit Hitler. Topp, die Wette gilt. Kein Fehler darf jetzt unterlaufen, um den gleichen Abstand zur Sowjetunion einzuhalten wie zum Deutschen Reich, so dass ihre Politik auch weiter denselben Prinzipien folgt, wie die Belgiens und anderer Länder. Doch sie begehen einen wahrscheinlich sogar schweren Fehler. Sie lassen den Chef des deutschen Generalstabs Franz Halder in ihre Länder einreisen, jenen Militär, der einen Staatsstreich plant, wenn Hitler zu weit geht, der aber keinen Staatsstreich plant, wenn Hitler von wohltätigen Gönnern Geschenke für unser Reich erhält. Das würde man niemandem in der Welt verkaufen können, dass man einen Vorteil nicht ausnutzt, wenn er einfach ohne einen Krieg zu haben ist. Unter der Aufsicht von deutschen militärischen Sachverständigen wird im Baltikum mit dem Bau von Befestigungsanlagen begonnen.[210] Da die Länder nicht so viele Nachbarn haben, muss man nicht raten, gegen welches Land sie sich richten – gegen die Sowjetunion, deren Schutz sie eben gerade mit großem Tamtam abgewehrt haben. Versetzen Sie sich für einen Moment in Stalins Lage. Was wäre Ihre nächste Entscheidung? Was meinen Sie, wie eine Führung in London entscheiden würde, wenn sie den Eindruck bekäme, die Deutschen würden, rein theoretisch natürlich, probieren, in Norwegen Fuß zu fassen? Das liegt sogar noch viel weiter weg. Es dürfte jetzt eine Frage der Zeit sein, wann Stalin einen Weg findet, um Hitlers Militärs aus seiner Nachbarschaft zu verjagen. Karl Selter und Vilhelms Munters haben wohl schon in absehbarer Zeit Anlass zum Staunen. Die Außenpolitik ist ein Raubtierkäfig ohne Dompteure. Fehler können sich dort nur die Großen und Starken leisten. Und mit Sentimentalitäten und Moral macht man sich dort nur lächerlich. Die Kleinen dürfen sich keine Fehler erlauben, wenn sie den Hauch einer Chance haben wollen.

Hitler muss weg I

In der Zwischenzeit hatte Adam von Trott zu Solz endlich Erfolg mit der Bewerbung beim Auswärtigen Amt und bekommt sofort eine Reise nach London genehmigt. Er wird der nächste Emissär zur Beeinflussung der britischen Außenpolitik. Er soll wenigstens interessierte Stellen über die Kritik an der forschen Außenpolitik Hitlers unterrichten und helfen, ein paar grundlegende Voraussetzungen für eine Bundesgenossenschaft zu schaffen. Es wird keinen mehr erstaunen, wenn er das Gefühl hat, dass Chamberlain die Eröffnungen eisig aufnimmt. Da helfen auch die vielen englischen Freunde, selbst in den offiziellen Kreisen, nicht weiter.[211]

In der Wehrmachtsführung planen sie unter Witzleben und zusammen mit Goerdeler unverdrossen weiter am Staatsstreich. Bis zum Frühling 1940 sollen in den Wehrkreisen Verschwörergruppen aufgebaut werden, die Stoßtrupps zusammengestellt, die Gauleiter verhaftet und die Rundfunksender besetzt sowie die Presse unter Kontrolle gebracht werden.[212] Das hat freilich alles keinen Nutzen, wenn Londoner Gesprächspartner, wie Lord Vansittart, äußern, dass die Grundlage der Haltung gegenüber Deutschland sei, dass es eine wirkliche oder wirksame Opposition dort niemals gab oder geben würde.[213] Was nicht sein darf, kann ganz einfach nicht sein. Die Eingeweihten in Großbritannien und Amerika haben den Diktator aus Österreich nicht kriegstüchtig gemacht, um ihn nun auf der Zielgeraden von den Deutschen locker wegputschen zu lassen. Zugleich gehen weitere Hiobsnachrichten um die Welt. Der deutsche Botschafter in Tokio Eugen Ott telegrafiert am 7. Juni an Ernst von Weizsäcker, am Abend des 5. Juni sei eine Instruktion an den japanischen Botschafter in Berlin Ōshima gesandt worden, in der es heiße, Japan sei bereit, absolut automatisch an jedem Kriege Deutschlands teilzunehmen, wenn nur die Sowjetunion zu den Kriegsgegnern des Deutschen Reiches gehört. Am selben Tag kommt vom Moskauer Botschafter von der Schulenburg die Warnung, die Japaner könnten verärgert reagieren, so es zur geringsten Entspannung zwischen dem Reich und der Sowjetunion käme. [214] Hitlers Kritiker bleiben jedoch auch in Rom am Ball. Erich Kordt gehört zu den Diplomaten des AA, die wissen, dass weder der Duce noch der Führer zu dem jeweils anderen aufrichtig ist in Bezug auf die Eroberungen, die sie sich in ihrem Leben noch vorgenommen haben. Die tatsächlichen Pläne der beiden Friedensfürsten schließen sich jedoch gegenseitig aus und sie gefährden im Ernstfall beide Reiche. Als Hitler auf einen Brief des Duce vom 30. Mai einfach nicht antwortet, beschließen Beamte des deutschen Auswärtigen Amtes im Einvernehmen mit Persönlichkeiten aus Italien, ein direktes Treffen der beiden Diktatoren möglichst noch im Juli in die Wege zu leiten, bei dem sie gezwungen sein würden, sich gegenseitig die Pläne zu gestehen. Schon „aus Selbsterhaltungstrieb" müsste Mussolini dann sein Veto gegen die Kriegspläne seines „Partners" einlegen. Durch einen Aufschub des Krieges kann es rechtzeitig zu Einigungen zwischen anderen Ländern kommen, die die Eroberungspläne der beiden Männer vereiteln können. Letztendlich wird Mussolini beigebracht, er solle eine Konferenz zur Entspannung der Gesamtlage vorschlagen. Dafür wird ein Gespräch der zwei Diktatoren für den 4. August geplant.[215] Werden diese beiden hinterhältigen Gauner dann ihre Absichten offenlegen und kann das einen Krieg in letzter Minute noch abwenden?

Wie kommt man aus dem Hexenkessel raus?

Was die Auswanderung der Juden aus Deutschland angeht, so war diese bis zu den Pogromen im vergangenen November für den Geschmack des Sicherheitsdienstes nicht groß vorangeschritten. Als die Schockwelle im Reich um sich griff, wollten dann deutlich mehr Leute weggehen. Doch schon Anfang 1939 sind die Auswanderungszahlen wieder gefallen, weil viele Auswanderungsländer verschärfte Einwanderungsbestimmungen erließen und fast durchweg höhere „Vorzeigegelder" verlangten. Nur aus wenigen Gegenden wurden ansteigende Zahlen gemeldet. Da in Shanghai überhaupt keine Einwanderungsbeschränkungen bestehen, wandte sich ein großer Strom der Auswanderer dorthin. Hämisch wird beim SD der SS festgehalten: „Sie erlebten jedoch eine ziemliche Enttäuschung. Erwerbsmöglichkeiten sind nicht vorhanden, Unterstützungsmöglichkeiten nicht gegeben." Bezüglich der Vereinigten Staaten werden dortige Schwierigkeiten damit erklärt, dass die Einwanderungsquote für dieses Jahr schon im Juni 1939 erschöpft sei. Ob die Versuche des ehemals in Hamburg ansässigen Juden Max Warburg, der inzwischen in New York lebt, die Erhöhung der Einwanderungsquote zu erreichen, Erfolg haben, können die Herren beim SD „noch nicht übersehen". Sie stellen aber für die südamerkanischen Staaten ein anderes Problem fest; da werden für die Ausstellung von Visa oft 500 bis 1000 Reichsmark verlangt.[216] Leider ist die Mehrzahl der Juden in der Welt wie auch im Reich selbst so arm wie die Deutschen und hat nicht die Summen bei der Hand, die man zur Ausreise benötigen würde.

Aber kommen wir doch noch einmal zu den Christen und ihrer täglichen Not mit dem herrschenden Regime in Deutschland oder auch speziell zu Axel Cäsar Springer zurück. Er hatte sich im Sommer 1930 in ein junges Mädchen verliebt. Er war zu der Zeit 18 Jahre alt und sie war 17. Sie hieß Martha Else Meyer und war die Tochter eines Baumeisters. In Hamburg haben sie sich kennengelernt bei einem Spaziergang an der Alster. Kurz danach hat sie zum ersten Mal eine Reise ohne die Eltern unternommen nach Kampen auf Sylt. Er hat ihr eine Postkarte hinterher geschickt, auf der stand: „Ich komme!" Wenig später stand er vor ihrer Tür und wurde schon sehnsüchtig erwartet. Als sie sich kennenlernten, hat Axel gerade seine Lehre als Setzer und Drucker bei Hammerich & Lesser, der Firma von Hinrich Springer, absolviert. Ihre Eltern, Eduard und Mary Meyer, meinten jedoch, sie sei zu jung gewesen, um sich zu binden. Seine Briefe fingen sie ab und meldeten sie in einem Schweizer Internat an. Sie hörte vor Kummer auf zu essen und zu trinken, bis ihre Nieren versagten und sie zurückkehren konnte nach Hamburg zu Axel. Er hat inzwischen angefangen, für das Wolffsche Telegraphen-Bureau sowie die Bergedorfer Zeitung zu schreiben. Als die Nazis die Macht übernahmen, dachten sie nicht, dass Marthas jüdische Herkunft etwas an beider Gefühlen ändern würde. Marthas Mutter war lange konvertiert, sie selbst wurde christlich erzogen. Im Frühjahr '33 wurde sie schwanger, und im November, einen Monat vor der Geburt des Kindes, haben sie geheiratet und sind in eine größere Wohnung an der Elbchaussee gezogen. 1934 ist Axel Redakteur bei den Altonaer Nachrichten geworden. Ab '35 galten die Rassegesetze und Axel wollte die Frau am liebsten in die Standuhr einsperren. Später hat ihre Liebe diesem täglichen Stress nicht mehr standgehalten und er hat sich von ihr getrennt. Ihm droht ohne die Scheidung Berufsverbot – und ihr droht die Verfolgung durch die Nazis. Vermutlich hat er sich um ein Versteck für seine Frau gekümmert, denn die zwei pflegen fortan ein freundschaftliches Verhältnis. Wird das genügen, um das schlechte Gewissen des guten Mannes zu beruhigen und wird er in der Öffentlichkeit irgendwann noch einmal über seine erste Liebe sprechen? Axel Springer heiratet 1939 das Mannequin Erna Frieda Bertha Küster.[217]

Ein Wort zu Österreich (oder zur Ostmark, wie man ja neuerdings sagt). Die Nazis, die inzwischen in verschiedenen Formen Druck auf die Juden ausüben, erleben auch dort ein unangenehmes Erwachen. Aus Wien ist zu hören, dass ein Gesinnungswandel bei der Haltung der Bevölkerung gegenüber den Juden angestrebt wird. Das muss erreicht werden, indem die „Erkenntnis von dem internationalen Wirken des Judentums" in den Alpen verbreitet wird. Wissen die Kollegen nicht mehr, wie sich 1934 die antijüdische Propaganda mit den „sensationellen Enthüllungen in einer Mixtur von wilder Hetze und schwüler Sexualität" bereits im „Altreich" totgelaufen hatte, weil kein Mensch mehr das Zotenzeugs lesen wollte? An der Haltung zu den Juden vermochte das offenbar nichts zu ändern.

Das Traurige ist, dass die Naziführung selbst nichts vom internationalen Wirken des Judentums verstanden hat. Neben der Fähigkeit zur Kreditvergabe zählte Englands Topgeograph Halford J. Mackinder dies zu den beiden Faktoren, die dem deutschen Kanzler Otto von Bismarck in seine Hände spielten und dem zweiten Deutschen Kaiserreich das fulminante Wirtschaftswunder nach 1871 ermöglichte. Mackinder hatte eine absolut realistische Vorstellung davon, was die Ressourcen Englands angeht. Er sprach von einem „Klumpen Kohle umgeben von Fischen"; die Insel hat nur begrenzte Ressourcen und der Vorrat an Kohle reicht nicht ewig. In seinem Buch zur Auswertung des Erfolges des Weltkrieges von 1914 bis 1918 *Democratic Ideals and Reality* schrieb Mackinder ein Jahr danach über das Reich: „Internationale Großkonzerne wurden organisiert unter deutscher Kontrolle und dies im Wesentlichen mit Hilfe der Juden von Frankfurt." Wer Englisch lesen kann, ist klar im Vorteil. In der Schlussphase des Großen Krieges hatte London die Juden nach Palästina eingeladen, das sich englische Truppen seinerzeit gerade unter den Nagel gerissen hatten. Dazu schrieb der Meister: „Die jüdische nationale Heimstatt in Palästina wird eines der wichtigsten Ergebnisse des Krieges sein. Das ist eine Angelegenheit, über die wir es uns jetzt leisten können, die Wahrheit auszusprechen." Warum sollen die Juden aber eigentlich aus Europa abgezogen werden? „Die deutsche Durchdringung in den großen Handelszentren der Welt wurde in nicht geringem Maße von jüdischen Institutionen begleitet, so wie die deutsche Herrschaft in Südosteuropa durch Ungarn und Türken mit jüdischer Hilfe erreicht wurde. Juden gehören zur Elite der Bolschewiki in Russland. Der heimatlose, kluge Jude hat sich für jene internationalistische Arbeit zur Verfügung gestellt, und die Christenheit hat kein Recht, davon großartig überrascht zu sein." In einem Wort: Ohne die Juden wäre Deutschland bis 1914 nicht zu jenem mächtigen Land geworden, dass es dann war. Und der gerade erwähnte Bankier Max Warburg ist auch nicht irgendwer. Der Jude Max Warburg war der Geheimdienstchef unseres Deutschen Kaisers. Noch mehr Elite geht gar nicht. Diese Koryphäe musste 1938 vor den Vollidioten aus dem Reich flüchten. Die Juden in Deutschland wussten nur zu gut, was sie an Deutschland hatten, nicht aber in England oder woanders. In Frankfurt und Berlin war die Weltherrschaft, nicht in der Wüste Arabiens.[218]

Moskau sucht geeignete Bündnispartner

Hitlers neuer Drang, die Beziehungen zur Sowjetunion zu erwärmen, ist seit Monaten noch kein Erfolg, eine Reaktion nach den Gesprächen mit den Sowjets kam noch nicht, und er zweifelte ob der Erfolgsaussicht, als Chamberlain am 24. Mai verkündete, dass eine Absprache mit Moskau im Prinzip erzielt worden sei. Doch er bleibt weiter am Ball, schon, weil der Moskauer Außenminister Molotov am 31. Mai bei seiner öffentlichen Ansprache nicht den Eindruck vermittelte, dass ein Vertrag in trockenen Tüchern sei. Die Politik der Westmächte hatte er mit kühler Zurückhaltung behandelt, die Politik Japans scharf angegriffen – und informierte darüber, dass die sowjetisch-deutschen Gespräche zu Wirtschaftsfragen wieder aufgenommen würden.

Molotovs Auftritt sollte dem Westen wohl signalisieren, dass man ebenfalls auf eine separate Einigung mit Deutschland setzen könne, denn es folgen keine konkreten Schritte. Der Geschäftsträger in Berlin Astachow und der Leiter ihrer Handelsvertretung Baberin haben wohl auch keine Instruktionen bekommen. Erst am 28. Juni berichtet Schulenburg aus Moskau über eine neue Unterredung mit Molotov. Zwar sei das sowjetische Misstrauen sehr stark, doch die Schaffung einer „politischen Basis" für weitere Gespräche ist keine Bedingung mehr. Als Schulenburg sagt, dass ja der deutsch-sowjetische Neutralitätsvertrag von 1926 weiter gilt, fragt ihn Molotov: „Sind Sie sicher, dass der Vertrag nicht durch spätere Abmachungen außer Kraft gesetzt worden ist?" Ganz der Diplomat, hat er so dezent nachgefragt, welchen Inhalt denn der Anti-Komintern-Pakt habe.[219] Gute Frage, nächste Frage. Der Botschafter verweist auf solche klaren Beweise des guten Willens wie die Zurückhaltung der deutschen Presse gegenüber der Sowjetunion, den Abschluss von Nichtangriffsverträgen zwischen Deutschland und den baltischen Staaten sowie die Bereitschaft des Reiches, Wirtschaftsverhandlungen mit der Sowjetunion aufzunehmen. Dass das Deutsche Reich keinerlei böse Absichten habe, werde daran deutlich, dass es den Berliner Neutralitätsvertrag aus dem Jahr 1926 nicht annulliert habe. Der Botschafter beklagt jedoch, dass in Moskau keinerlei Entgegenkommen zu erkennen sei.[220]

Von der Schulenburg rät Berlin, bei der Verbesserung der Beziehungen zwischen Tokio und Moskau zu helfen, sowie zur Regelung von Grenzkonflikten beizutragen, zweitens, den Vorschlag für den Abschluss eines Nichtangriffspaktes mit Moskau zu erwägen oder gemeinsam die Unabhängigkeit der baltischen Staaten zu garantieren, und, drittens, ein umfassendes Handelsabkommen zu unterzeichnen. Italiens Botschafter in Moskau Augusto Rosso gibt diese Erkenntnisse an seine Regierung nach Rom weiter, die ihm den Auftrag erteilt, bei der nächsten Begegnung mit dem Diplomaten Potjomkin zu erklären, in Rom halte man das Streben der deutschen Regierung nach einer Verbesserung des Verhältnisses zur Sowjetunion für ernsthaft und aufrichtig. Rom halte diese Verbesserung auch selbst für überaus wünschenswert.[221]

Enervierendes Wildwasserrudern

In welcher Hauptstadt sind die diplomatischen Bemühungen jedoch angespannter als in Berlin – wo noch dazu zwei Lager mit gegensätzlichen Zielen am Werk sind? Mit Tokio wird nun auch über ein Militärbündnis verhandelt, mit London über den Ausgleich der regionalen und globalen Interessen, und mit Warschau will halb Berlin ein Bündnis abschließen, um gemeinsam Sowjetrussland in die Knie zu zwingen und die Ukraine abzutrennen, die dann *brüderlich* aufgeteilt werden soll. Die polnischen Machthaber werden aber von Chamberlain und Halifax zum friedlichen Beilegen der Probleme Danzigs und des Korridors gedrängt. Gleichzeitig warnen die Briten die polnische Führung, sich zu eng an die Deutschen anzulehnen. Es ist überhaupt keine Zeit, in der Diplomaten eine ruhige Kugel schieben. London ist in Gesprächen mit Japan und Deutschland, mit Frankreich und Polen, Griechenland und der Türkei, mit Washington und mit Moskau. Berlin lässt seine Muskeln spielen in *Talks* mit den Briten, verspricht Warschau das Blaue vom Himmel und bereitet einen Krieg gegen Polen vor. Zeitgleich macht Berlin Moskau immer schönere Augen und versucht Japan an die Leine zu legen, damit dessen Wünsche in Sibirien Hitler in Europa nicht die Tour vermasseln. Moskau versucht sein Verhältnis zu Großbritannien und Frankreich zu klären und ist sich nicht sicher, wann Japan im Osten einfällt.[222] Völlig unwichtig ist, wie es die Belgier sehen, was sich rundum tut. Anders sehen sie das nur selbst. Zweifellos erinnern sie sich besser als alle anderen, dass Garantien von Briten und Franzosen schon lange nichts mehr brachten, und in Brüssel gibt die Regierung am 23. Juni bekannt, dass sie keine Generalstabsbesprechungen mit England und Frankreich wünsche und dass Belgien die Neutralität strikt zu bewahren gedenke.[223] Das war die Überlegung, dass Deutschland Belgien nichts tut, so nur Belgien Deutschland nichts tut...

Ende Juni weist ein Gerücht darauf hin, dass eine Aktion der Deutschen Wehrmacht in Danzig bevorstehe, weil Otto Abetz vom Büro Ribbentrop während eines Besuchs in Paris verschiedenen Leuten sagt, am Wochenende würde in Danzig ein Handstreich stattfinden. In Windeseile wissen sie auch in London davon. Lord Halifax scheint ob der eventuell bevorstehenden deutschen Aktion gefasst; der französische Ministerpräsident Daladier ist bestürzt. Er vertritt gegenüber Englands Botschafter Phipps die Ansicht, dass es nur eine von Frankreich und England in einem sehr energischen und präzisen Wortlaut abgefasste Erklärung vermöge, solch eine Aktivität zu verhindern. Der polnische Botschafter in Paris wird gebeten, eine Mitteilung der Entschlossenheit in Paris nach Polen zu telegraphieren. Wörtlich wird dem noch hinzugefügt: „Wenn die Deutschen die Botschaft abhören, um so besser." Daladier zeigt keinerlei Zweifel an der französisch-englischen Solidarität. Der polnische Kabinettschef Graf Lubienski sagt zu Clifford Norton, der Botschafter Kennard während des Sommerurlaubs in Warschau als Geschäftsträger vertritt, wenn England und Frankreich unerschüttert blieben, könnte ein Danziger Handstreich verhütet werden. Dieser Rat trifft im Londoner *Foreign Office* im selben Augenblick wie eine Depesche Gerald Shepherds, des Generalkonsuls in Danzig, ein. Dieser berichtet, die Deutschen in Danzig seien davon überzeugt, dass England und Frankreich „Polen im Stich lassen und Danzigs wegen nicht kämpfen würden". Bis dahin tut der Diplomat, wie ihm geheißen und erfüllt seine Pflicht als ein Untertan der Krone des *Empires*. Doch dann begeht er einen folgenschweren Fehler. Wie auch Friedensfanatiker im Dritten Reich gibt er seine Meinung zum Besten. Shepherd rät zur Festigkeit. Er missbilligt jeden Vorschlag, dem zufolge Danzig an Deutschland zurückgegeben werden sollte. Wenn das geschähe, schreibt

Shepherd, würde „die Absorbierung des größten Teiles von Polen, wenn nicht ganz Polens, die unweigerliche Folge sein". Er fügt hinzu, England sollte keiner Panikstimmung verfallen. Eine großangelegte militärische Operation könne nicht vor August erfolgen. Das Wissen darum, dass es jedoch solche Operationen danach geben könnte, sollte England im Beschluss bestärken, Widerstand zu leisten. Das ist zu viel. Shepherd sollte nur berichten, was er sah, und sich seiner Kommentare enthalten. Sein Entschluss zu sagen, was getan werden sollte, führt zu seiner sofortigen Abberufung. Den ganzen Sommer über bagatellisiert die absolut unabhängige englische Presse die Bedeutung Danzigs. Politische Beobachter lassen keine Zweifel daran, dass das entsprechend der Anweisungen des Außenministers Halifax geschieht. Shepherd verschwindet zwar von der Bühne, wird aber nicht gefoltert, wie das in anderen Ländern üblich ist; im Kern geht es ihm aber auch nicht anders als den Rufern in der Wüste woanders: Shepherd verschwindet sang- und klanglos, indem der Mann durch einen anderen mit dem gleichen Familiennamen ersetzt wird. Den Posten übernimmt dann der Diplomat Sir Francis Michie Shepherd. Die Franzosen geben am 1. Juli ihre Erklärung ab. Bonnet bittet Halifax, „in Bälde" mit dem deutschen Botschafter zu sprechen und zwar „mehr oder weniger in dem gleichen allgemeinen Sinn". Halifax lehnt das ab. Er gibt auch keine ähnliche Erklärung ab. Paris steht mit dem Handlungsdrang allein auf weiter Flur. Auch Londons Botschafter in Berlin Henderson ist (wenig überraschend) dagegen, in der Danziger Frage fest zu bleiben. Er befindet, dass die deutsche Aktivität in der Freien Stadt an der Ostsee zu rechtfertigen sei. Absolut folgerichtig wird *er* dann auch nicht ersetzt.[224] In Berlin und Warschau haben die Briten eben die richtigen Männer am Start, solche, die Verständnis für die jeweiligen Gastgeber vorgaukeln.

Kurz und gut: Es herrscht ein heilloses Durcheinander unterschiedlicher Interessen. Leid tun können einem bloß die Menschen in den einzelnen europäischen Ländern, die noch einmal Krieg und Vernichtung erleiden müssten, wenn das *Faktotum* in Berlin *seinen Kampf* mit *seinem Krieg* krönen kann. Man müsste die Welt mit einem weichen Handtuch vorm Gesicht betrachten, wollte man belegen, dass Hitler ein anderes Ziel vor Augen habe. In London sprechen sie noch über irgendeine Einbeziehung

Moskaus und gaukeln Unentschlossenheit vor, ob sie die *Unterstützung* für Deutschland endgültig aufgeben sollen oder nicht. So werden die Gespräche mit Moskau halbherzig weitergeführt oder vielmehr hingezogen, ohne sich dem Verdacht auszusetzen, London sei an einer Übereinkunft nicht interessiert. Am 4. Juli brütet das Kabinett über der Frage, ob die Verhandlungen nicht doch eingestellt werden sollten. Am Ende will man die Gespräche fortsetzen, aber ein Abkommen vermeiden. Lord Halifax erklärt, dass man unbedingt verhindern möchte, „dass Russland irgendwelche Verbindungen zu Deutschland aufnimmt". Da ist es wieder, das alte Axiom der englischen Außenpolitik. Großbritanniens Kriegsminister Leslie Hore-Belisha meint, wenn es gegenwärtig auch zweifelhaft zu sein scheine, lege „die elementare Logik die Möglichkeit einer Vereinbarung" Deutschlands mit der Sowjetunion nahe.[225]

Beobachtungen in London im Sommer 1939

Anfang Juli '39 sieht die Stimmung auf der politischen Bühne gemäß der Wahrnehmung des deutschen Botschafters in London so aus: Er meint, es gebe eine zahlenmäßig geringe, politisch aber einflussreiche Gruppe, die die Gefährlichkeit des Kurses der Garantien gegen einen Überfall benenne und einen Ausgleich mit Deutschland anstrebe. Daneben gebe es allerdings auch entschlossene und zum Kriege treibende *Deutschfeinde* „um Churchill-Eden-Amery-Cooper mit ihrem Anhang", dann seien dort liberal eingestellte und pazifistische Kräfte, die Zeitungsgruppe im Umfeld von Daily Chronicle, Manchester Guardian sowie Yorkshire Post, es gebe einflussreiche jüdische Gruppen, Emigranten, amerikanische Einwirkungen usw. Vollkommen unverständlich ist, weshalb er sich ob der Behandlung der Juden im Reich über die ablehnende Haltung der jüdischen Verbände im Ausland gegenüber Deutschland eigentlich derartig wundert. Dirksen schreibt, dass auch englische Behörden „denkbar unfreundlich gegen die Deutschen" seien. So wären Landesgruppenleiter Karlowa und 5 andere Parteigenossen ohne irgendeinen Anlass aus England ausgewiesen worden. Deutschen Kaufleuten, die schon seit 10-15 Jahren in England tätig waren, sei auf einmal die Aufenthaltserlaubnis entzogen worden, und andere würden jetzt nicht mehr zurückgelassen nach England. Die breite Öffentlichkeit empfinde keinerlei Hass gegen Deutschland, sei aber der ewigen Störungen einer ruhigen Entwicklung müde, für die sie Deutschland verantwortlich mache. Ihre Gefühle fasst der Botschafter in einem Satz zusammen: „Wenn es einen Kampf geben muss, dann lasst ihn uns gleich austragen." Für sie sei das Gefühl wichtig, England sei im Bereich der Rüstung jetzt auf der Höhe der Zeit. Der Botschafter betont, dass er in den Gesprächen mit führenden Briten auf den Widerspruch zwischen den Worten über Frieden und Freundschaft mit dem Reich und der fieberhaften Einkreisungspolitik und Aufrüstung hingewiesen habe. Der Botschafter erinnert in seinem Schreiben jedoch auch an die Kritik des Pressebeirates der Botschaft an der Berliner Hetzpropaganda gegen Großbritannien und warnt, dass nur „ein Windhauch genüge, um den Löwen zum Springen zu bringen".[226] So weit die Wahrnehmungen des Botschafters auf der mächtigen Insel.

Seine Beobachtungen belegen unbeabsichtigt, wie die Elite des *Empires* die Bevölkerung dort mit den entscheidenden Stichworten versorgt, die das weitere außenpolitische Vorgehen der Londoner Chefs rechtfertigen. Welche Positionen wurden von ihm vorgestellt? Erstens gibt es eine einflussreiche Gruppe, die der Öffentlichkeit den Gedanken ausredet, Großbritannien könne allein oder mithilfe der anderen mächtigen Armeen in Europa *unsere* Wehrmacht pulverisieren, obgleich die Lords sehr wohl wissen, dass dies möglich ist.[227] Sie werden durch *pazifistische* und *liberale* Propaganda argumentativ unterstützt. Zweitens gibt es die Gruppe, die von Churchill und anderen dargestellt wird, die einer militärischen Auseinandersetzung mit Deutschland das Wort redet. Sie werden unterstützt durch neueste Propaganda, nach der England auf einmal perfekt gerüstet ist für einen Krieg, nachdem man den Leuten vor einem halben Jahr das Gegenteil weisgemacht hat. Aber das war ja auch während der Sudetenkrise, als den Tschechen noch der Festungsgürtel ihrer Maginotlinie abgenommen werden musste, so dass sie sich nicht mehr gegen die Deutsche Wehrmacht verteidigen konnten, und als man *unser* Reich mit weiteren Rohstoffen versorgen wollte, damit es der Sowjetunion tatsächlich etwas länger standhalten kann. Wenn unser Botschafter den Beginn der Einkreisungspolitik als Widerspruch zu den Reden von Frieden und herzlicher Freundschaft mit dem nationalsozialistischen Reich ansieht, dann hat er offensichtlich nicht verstanden, dass die alten Reden Hitler die Sicherheit vermitteln sollten, die Vorbereitungen auf den Krieg mit der Sowjetunion würden im Einklang mit Londoner Planungen stehen, und dass nun die Zeit reif ist, um das bolschewistische und das nationalsozialistische Reich gemeinsam untergehen zu lassen. Immerhin waren die Lords in London in beiden Fällen Geburtshelfer, unterstützt von den Firmen und Banken, die Franklin D. Roosevelt im Präsidentschaftswahlkampf 1932 in den USA geholfen haben.[228] Es wird so oft Klage geführt, dass man sich im Tohuwabohu der Welt nicht zurechtfinden könne, aber wenn dann jemand an die großen Linien durch das Dickicht erinnert, ist es auch wieder nicht recht. Damit wird man wohl leben müssen.

Deutsche gegen Nationalsozialismus und Krieg

Schauen wir uns im Sommer 1939 ein wenig in Schwaben um. Dort liegt Kirchheim unter Teck mit seinen malerischen Fachwerkhäusern. Im Juli macht ein Angestellter der Gauleitung der NSDAP seinen Aktenvermerk über den Pfarrer Otto Mörike. Dieser Mann war bereits vorher mit einer „Denkschrift" negativ aufgefallen. Doch er ließ es ja auch nicht bei dieser schriftlichen Anregung zum Grübeln. Kritik übt der Herr Pfarrer an, wie er sagt, gotteslästerlichen Reden von Adolf Hitler und Joseph Goebbels. Bam! Jetzt hat er seine Quittung dafür schwarz auf weiß in seiner Akte: „Bekenntnispfarrer. Verbissener Gegner des Nationalsozialismus. Guter Redner. Versteht es, seine Anhänger zu begeistern." Anhänger steht hier klipp und klar in der Mehrzahl. Mancher Deutsche ist auch im siebenten Jahr der Revolution nicht für gewisse Gedanken zu haben. Wenig später wird der Meckerer als „wehruntüchtig" eingestuft und in das Nest Flacht im Kreis Böblingen versetzt – als Denkzettel für jenen Herrn. Man muss aber nicht glauben, dass er sich so billig schocken lässt: In seinem Pfarrhaus packen Leute aus dem Nest „Päckle für Dachau" und Frau Mörike kümmert sich um die Frauen inhaftierter Pfarrer.[229] Das Pfarrerehepaar ist also auch hier wieder von Anhängern umgeben. Goebbels mag ja für den durchschnittlichen Nazi ein guter Redner sein, doch auf der Straße lachen Durchschnittsdeutsche, der Berliner Sportpalast, in dem Blasenredner Goebbels gerne Reden hält, solle umgetauft werden. Fortan solle er schlicht und ergreifend B.B.B.B. heißen: Bums-Beens Bunte Bühne.[230] Nett ist es natürlich nicht, dass die Leute auf das verunstaltete Bein des Propagandachefs anspielen, um ihre Ablehnung gegen seine politischen Auffassungen kundzutun. Aber wer seit Jahren bereits wie Dr. Goebbels austeilt, der muss dann auch ohne zu murren einstecken können.

Es geht ja auch nicht auf die Beiträge von Goebbels zurück, dass man bei den Deutschen von einem Volk der Dichter und Denker spricht; eher auf Eduard Mörike, einen der Vorfahren von Otto. Freilich hatte ein Eduard mehr Muse, um romantische Gedichte zu schreiben als Otto viele Jahre später. Dieser Tage brüten sie häufiger über Denkschriften und grübeln, wie es mit dem Reich der Dichter und Denker in dieser sehr verfahrenen Situation weitergehen soll, und das nicht nur in Schwaben. In Schlesien schreibt Helmuth James Graf von Moltke auf seinem Gut in Kreisau im Sommer dieses Jahres an seiner Arbeit *Die kleinen Gemeinschaften*. Er kommt unter dem Eindruck dessen, was jetzt im Reich so im Schwange ist, auf sein Konzept der europäischen Regionen, das Eintreten für einen europäischen Bundesstaat, die Frontstellung gegen einen Nationalismus als politisches Strukturprinzip, die Rückbesinnung auf die im Christentum und Humanismus liegenden gemeinsamen Werte der Europäer und den Ruf nach spontaner Solidarität aus christlichem Geiste.[231]

Während andere gewissermaßen mit der Gänsefeder über den Schriften zur Verbesserung der Welt brüten, ist Generalstabsoffizier Hans Speidel im Juli auf einer Reise quer durch Europa. In Basel treffen er und seine Kollegen den Chef des Generalstabs Franz Halder, der von Manövern in Italien zurückkommt. Dieser ist von tiefem Pessimismus erfüllt und betont immer nur erneut: „Hitler will den Krieg." Das ist ein neuer Beitrag für Leute mit dem Handtuch vor dem Gesicht. In Paris wird er von Botschafter Graf Johannes von Welczeck empfangen. Bei ihrem Gedankenaustausch macht auch der Botschafter seinen schweren Sorgen über die politische Lage Luft. Ganz offen erklärt er, dass bei der Fortführung von Hitlers Politik ein Krieg unvermeidlich sei. Er ist davon überzeugt, dass Frankreich seinen Verpflichtungen für Polen nicht nur theoretisch nachkommen werde, sondern auch praktisch. Kameraden im französischen Generalstab bestätigen Speidel solche Gedanken. Die Stimmung in Paris ist sorgenvoll und gedrückt.[232] Sei es der Pfarrer Mörike, Soldat Speidel, der Botschafter oder ein Jurist wie von Moltke, das sind die Deutschen, die sich Gedanken um ihr Heimatland machen, und das Reich und seine Menschen nicht zum Spielmaterial für größenwahnsinnige Experimente degradieren. Wer ist dieser dahergelaufene Gefreite, der sich ohne große Vorbildung angemaßt hat, in Deutschland den Ton anzugeben? Wer im Ausland ein Interesse daran hat, eine weitere, womöglich sogar gewaltsame Ausdehnung des Großdeutschen Reiches zu verhindern, hat in den hohen Rängen bis hinauf in die Führungsspitze des deutschen Staats, ja sogar in der Spitze des deutschen Geheimdienstes mögliche Verbündete. Die genannten Männer sind ja bei weitem nicht die einzigen denkbaren, hilfreichen und vor allem mutigen Ansprechpartner. Hitlers Reich ist ja überhaupt bloß eine Diktatur, weil die Nazzis nicht mehrheitsfähig sind, sonst könnten sie sich ohne Stress und ohne das ganze Wegsperren von Leuten ohne Wahlfälschungen wählen lassen.

Unterwegs durch Europa ist im Sommer 1939 auch der stellvertretende Leiter der Spionageabwehrabteilung des britischen Geheimdiensts MI 5 Dick White. Er soll in Deutschland Agenten rekrutieren, die dabei helfen sollen, deutsche Geheimdienstler in *Britain* zu identifizieren, und die in der Lage sind, Informationen über das Reich zu liefern. Er macht Hitler-Gegner ausfindig und findet in ihnen bereitwillige Zuträger, die in Großbritannien ein *moralisches Bollwerk* gegen den Nationalsozialismus erwarten. Eine Reihe deutscher Offiziere, die davon überzeugt sind, Hitler werde sie in einen Krieg führen, der nicht zu gewinnen ist, informieren London regelmäßig über Kanäle, die Dick White organisiert hat, und bei Aufenthalten in England. Es gibt auch ein Netz hochgestellter deutscher Zivilisten, die ihr Bestes tun, um vor Hitlers Absichten zu warnen. Aus diesen Quellen erfährt der SIS von der Gefechtsgliederung, den Mobilisierungsplänen und neuesten Waffenentwicklungen der Wehrmacht.[233]

Geheimdienstchef Canaris organisiert über deutsche und englische Vertrauensleute eine Reise von Oberstleutnant Gerhard Graf von Schwerin nach London. Mit einem Schreiben von Adam von Trott, dem Sprecher der Hitler-Gegner, trifft der Vertreter der Abteilung Fremde Heere West am 14. Juli dort ein und trägt den Gastgebern, meist britischen Geheimdienstleuten, seine Wunschliste vor: Die Briten sollen ein Schlachtschiffgeschwader in die Ostsee entsenden und zwei vollständig ausgerüstete Divisionen sowie eine Gruppe schwerer Bomber nach Frankreich verlegen. Da Hitlers Kurs eindeutig auf einen Krieg hinauslaufe, empfiehlt er, Winston Churchill ins Kabinett aufzunehmen als ein deutliches Zeichen an Hitler. Woher soll er wissen, dass er unter unverhältnismäßig hohem Risiko Eulen nach Athen trägt oder in der dortigen Landessprache eben Kohlen nach Newcastle? Das Ganze ist die reinste Zirkelei: England soll sich mit breiter Brust aufbauen, solle aber bloß nicht provozieren. Hitler ist unberechenbar und man weiß nie so recht, wie er jeweils auf welchen Reiz reagiert. Genau beobachtet werden muss auch Hitlers Umfeld, aus dem einige am liebsten ganz schnell ihren Krieg hätten. Ein Gesprächspartner von Trotts in Amerika ist John Wheeler-Bennett, ein britischer Experte für die deutschen Streitkräfte. Da ist von Trott natürlich auf den Richtigen gestoßen, wenn damit Kontakte zwischen den Gegnern Hitlers und dem Westen in die Wege geleitet werden sollen.[234] Good luck!

Polen rückt in den Fokus

Während bekanntlich seit Jahren über Zwischenfälle beim Zusammenleben von Deutschen und Polen in der Presse nichts gesagt werden darf, werden diese Vorfälle, die weiterhin an der Tagesordnung sind, plötzlich nicht nur gemeldet, sondern sogar propagandistisch aufgebauscht. Nach der Entgegennahme neuer Weisungen Hitlers besucht Gauleiter Forster am 19. Juli den Hohen Völkerbundskommissar Carl J. Burckhardt. Der Kanzler, so sagt er, gäbe seinen Anspruch auf Danzig nicht auf, er werde jedoch nichts unternehmen, was einen Konflikt provozieren könne; die Frage könnte ein Jahr oder auch noch länger warten. Aber um die Lage zu entspannen, müsste Polen in einigen weniger wichtigen Punkten, wie zum Beispiel dem der Zollinspektoren, nachgeben. Der Notenkrieg, den der Danziger Senat seit dem sogenannten *Kalthof-Zwischenfall* mit dem polnischen Generalkommissar geführt hatte, solle zu Ende sein, und die Vermittlung des Hohen Kommissars wird angerufen. Mehrere Stunden nach Protesten einer Menschenmenge in Kalthof zwischen Danzig und Polen wegen sexueller Belästigungen durch polnische Zollinspektoren war ein unbeteiligter Deutscher erschossen worden. Der Gauleiter sagt zu Burckhardt, er werde in einem Artikel den Standpunkt Deutschlands darlegen, und wenn der „kein heftiges Echo" finde, wolle man die Sache auf sich beruhen lassen. Er spricht von Entspannung und sagt die loyale Mitarbeit zu. Er erwähnt auch Hitlers Wunsch nach einem Gespräch mit dem Hohen Kommissar, dagegen habe aber Ribbentrop noch Einwände erhoben, und Hitler habe ausweichend gesagt: „Dann eben etwas später. Ich werde Sie benachrichtigen."[235] Burckhardt möchte britische Hilfe für seine Vermittlung nutzen und informiert Sir Francis Shepherd, Londons neuen Konsul in der Stadt, über dieses Gespräch. Am 21. Juli instruiert Halifax Sir Clifford J. Norton an der Warschauer Botschaft, bei Außenminister Beck immer wieder Zurückhaltung und Umsicht einzufordern. Dabei sagt er zu dem Diplomaten: „Ich hoffe, dass, wenn der Senat [von Danzig] Neigung dazu verrät, die Atmosphäre durch eine Besprechung konkreter Fragen zu verbessern, die polnische Regierung nicht zögern wird, freundlich und entgegenkommend zu antworten." Sir Norton solle auch eine ruhige Behandlung des Artikels von Forster sicherstellen. Am Ende muss es natürlich wieder Berlin sein, das den Krieg auslöst.[236]

London, Moskau, Warschau und Berlin

In der sowjetischen Hauptstadt wird am 22. Juli 1939 durch das Volkskommissariat für Außenhandel die Meldung über die Wiederaufnahme der Verhandlungen über Handel und Kredite zwischen Deutschland und der Sowjetunion veröffentlicht. Damit will man den Briten zu verstehen geben, dass sie nicht das Monopol auf die Gunst Moskaus besitzen und dass man selbst auch in der Lage sei, das Reich wirtschaftlich zu ködern. Karl Schnurre von der deutschen Botschaft bittet die Sowjets, in Zukunft keine Erklärungen mehr abzugeben, ohne sich zuvor mit den Deutschen abzusprechen. Der Diplomat Georgi Astachow wird eingeladen, um sich mit Ribbentrops Standpunkt zu den geplanten Etappen der Normalisierung der Beziehung zwischen beiden Ländern vertraut zu machen.[237]

Englands Außenminister Halifax informiert am 23. Juli den Botschafter Maiskij über die Bereitschaft zu neuen Verhandlungen mit Moskau. Der deutsche Botschafter in London berichtet an Ernst von Weizsäcker, dass die Briten nicht so recht mit den Sowjets wollen und die Verhandlungen eigentlich nur führen, weil sie eine Vorstellung von der Kampfkraft ihrer Armee bekommen wollen. Die britischen Verhandlungsführer sind dementsprechend auch drei Frontoffiziere. Die Briten wissen natürlich, dass sie ihre Verhandlungen mit Moskau wohl einstellen müssen, wenn sie zu einer Einigung mit Berlin kommen wollen.[238] Unterdessen führt Reichskommissar Harald Wohlthat, der für den deutschen Vier-Jahr-Plan verantwortlich ist, in London *Talks*, bei denen die Gastgeber Deutschland einen Nicht-Angriffs-Pakt zwischen Empire und Reich anbieten. Feilgeboten werden dabei Kolonien in Afrika, ein Wirtschaftsvertrag und eine Abrüstungsvereinbarung. Sir Horace Wilson macht keinen Hehl daraus, dass London damit von seinen Phantasiezusagen für Polen loskommen möchte.[239] In aller Kontinuität erhält Hitler in Berlin damit erneut seine Bestätigung, dass London den aggressiven Ambitionen in Berlin keinen Widerstand entgegensetzen wird. Da können die Gegner Hitlers herzlich lange warten auf die britische Drohkulisse in der Ostsee und im Westen Europas. Dem deutschen Botschafter von Dirksen bestätigt Sir Wilson, dass er Wohlthat folgendes Verhandlungsprogramm vorgeschlagen hat: den Abschluss eines *Non-Aggression-Vertrages*, in dem sich die beiden

Staaten verpflichten, auf einseitiges aggressives Verhalten als Methode ihrer Politik zu verzichten, eine gemeinsame Erklärung, die besagt, dass beide die politische Lage verbessern wollen, um neue Möglichkeiten des Zusammenwirkens bei der Verbesserung der wirtschaftlichen Weltlage zu schaffen, Besprechungen zur Hebung des Außenhandels und über die Wirtschaftsinteressen des Reiches im Südosten Europas wie auch in der Rohstoff-Frage. Sir Horace Wilson betont, dass die Letztere im Rahmen der Kolonialfrage behandelt werden solle.[240] Ungerührt wird demzufolge auch dieses Thema wieder aus der Klamottentruhe herausgekramt, ganz unabhängig davon, dass Hitler Böhmen und Mähren selbstverständlich nicht wieder herausrückt.

Es sei im gegenwärtigen Augenblick nicht zweckmäßig, sich in die Materie zu vertiefen, da es eine sehr delikate Frage sei. Es genüge momentan die Feststellung, dass die Kolonialfrage behandelt werden solle. Außerdem plane London eine Nichteinmischungsabrede für *the Greater Reich* oder auch Groß-Deutschland.[241] Hierunter werde zum Beispiel auch die Danzig-Frage fallen. Auch aus diesem Gespräch ist herauszuhören, dass dem Deutschen Reich keine Steine in den Weg gelegt werden, wenn man dort weiterhin einen Krieg in die richtige Richtung vorbereitet. Da heißt es beispielsweise, dass es im Bereich der Rüstungen nicht um Abrüstung gehe, sondern bloß um Gespräche über „Rüstungen im Allgemeinen".[242]

Nachtigall, ick hör dir trapsen. Wie dusselig sind sie in Berlin wirklich? Glaubt Hitler eigentlich im Ernst, dass die Londoner Politiker nicht im Bilde seien über die geheime Unterstützung für seine Streitkräfte – von der Lieferung neuer Flugzeugmotoren und Patente aus den Vereinigten Staaten über Rohstoffe aus dem Britischen Weltreich bis zu wertvollem Technologietransfer, ohne die er alles andere führen kann außer Krieg? Ohne ausländische Kredite kann er noch nicht einmal das Reich führen. Als der Deutsche fragt, wie sich ein Abkommen mit Deutschland mit der Londoner Einkreisungspolitik vereinbaren ließe, wird erneut klar, dass die britischen Garantien wie schon 1914 jene für Belgien allem anderen dienen als dem Schutz fremder Länder. Frank und frei erklärt der Brite, dass solch ein *Non-Aggression-Vertrag* gegenüber dritten Mächten die britische Regierung von den übernommenen Garantie-Verpflichtungen gegenüber Polen, Türkei usw. los und ledig werden lassen würde; diese Verpflichtungen seien nur für den Fall des Angriffs übernommen und in ihrer Formulierung darauf abgestellt. Mit dem Wegfall der Gefahr seien auch die Verpflichtungen hinfällig.[243] Aber die Gefahr durch den Psychopathen in Berlin verschwindet gewiss nicht durch den Abschluss irgendeines Vertrages. Hauptsache, London hat danach eine weiße Weste.

Man kann sagen, was man will, aber konsequent ist die britische Außenpolitik. Wie sich London bereits mit den Annexionen Äthiopiens durch die Italiener, oder Österreichs, des Sudetengebiets, Böhmens, Mährens sowie des Memellandes durch die Deutschen abgefunden hat, genau so unaufgeregt unterzeichnet der britische Botschafter in Tokio Sir Robert Craigie am 24. Juli gemeinsam mit Japans Außenminister Arita Hachirō das nach den beiden Diplomaten benannte Arita-Craigie-Abkommen, in dem die Verhältnisse in Ostasien genommen werden, wie sie eben sind nach dem totalen Krieg der Japaner, der seit mehreren Jahren andauert. Am anderen Ende der Welt einigen sich am selben Tag die britische, die französische und die sowjetische Regierung, in die Phase der Militärbesprechungen einzutreten. Das heißt noch nicht, dass sie auch losgehen – man hat alle Zeit der Welt. In Berlin ist der Moskauer Diplomat Georgi Astachow ins Auswärtige Amt bestellt, um über manche wirtschaftliche Konfliktstoffe zu diskutieren. Schon zwei Tage später kommt es zu dem zweiten Treffen von Karl Schnurre und Georgi Astachow binnen kurzer Zeit – auf deutschen Wunsch in inoffizieller Atmosphäre. Wie schon im Gespräch am 22. Juli '39, als die Sowjets geplante Verlautbarungen über ihre Beziehungen mit Berlin vorher mit der deutschen Seite abstimmen sollten, versuchen deutsche Diplomaten den Abschluss eines Vertrages zwischen Berlin und London nicht zu belasten. Hitlers Gegner verstehen nur zu gut, dass eine Vereinbarung zwischen dem Deutschen Reich und der Sowjetunion Hitler den Weg zum Krieg ebnen würde. Moskau zeigt sich aufgeschlossen für eine Normalisierung der Beziehungen zwischen beiden großen Staaten in Anlehnung an den Vertrag von 1926 oder eine neue Grundlage. So richtig mag Moskau ja nicht an etwas wie eine neue Linie in Berlin glauben. In dem Gespräch wird nur eine Gemeinsamkeit deutlich: Beide Staaten fühlen sich umzingelt – die Sowjetunion auf der einen Seite von Japan und auf der anderen Seite von Deutschland – und Deutschland so ziemlich vom Rest der Welt.[244] So ähnlich wie in Rapallo soll der Befreiungsschlag durch Abreden der zwei eingekreisten Staaten Sowjetunion und Deutsches Reich gelingen.

Jubiläen sind große Klasse. Nehmen Sie nur den 30. Juli 1939. Vor ganz genau fünfundzwanzig Jahren hat Russlands Zar Nikolaus II. die Mobilmachung seiner Truppen angeordnet, was für sein Reich den Eintritt in einen Weltkrieg bedeutet hat. Die Iswestija veröffentlicht einen Artikel und bei der sowjetischen gleichgeschalteten Presse darf man davon ausgehen, dass er staatsoffiziell inspiriert ist. Darin heißt es, dass längst ein zweiter Weltkrieg ausgebrochen sei – und dass die Sowjetunion jetzt vor der Aufgabe stehe, eine allgemeine Friedensfront zu schaffen, imstande, der weiteren Entwicklung faschistischer Aggression Einhalt zu gebieten, eine Friedensfront, die auf der Basis vollkommener Gegenseitigkeit und Gleichheit zu errichten sei und ehrlich, aufrichtig und entschlossen eine fatale Politik der „Nichtintervention" ablehne.[245] Hat es etwas gebracht, Deutschland und Italien nie von irgendetwas abzuhalten? Schon weil die Sowjetunion noch immer versucht, ihre Wirtschaft auf einen modernen Stand zu bringen, und weil neues militärisches Führungspersonal nach der systematischen Liquidierung der alten Armeeführung in den Jahren zuvor erst einmal ausgebildet werden muss, kann das nur als Zeichen an England und Frankreich gewertet werden, nunmehr ernsthaft Verhandlungen für einen Vertrag über gegenseitigen Beistand zu führen. Hätte Stalin etwas anderes im Sinne, müsste man sich fragen, warum er sonst den ganzen bisherigen Aufwand betrieben habe. Hitler hat sich um seine Gunst bereits seit Anfang des Jahres bemüht. Ach was! Schon Ende des letzten Jahres lockte Berlin mit einem Kredit. Da brauchte er bloß einzuschlagen und der *Deal* wäre perfekt gewesen. Ruhe strahlt aber der polnische Außenminister aus. Am 31. Juli äußert er zu Londons Botschafter Sir Howard Kennard, er habe keine Informationen über ein ernsthaftes Wachsen der deutschen Truppenzusammenziehung an Polens Grenzen, was freilich heißt, dass dort die Truppenstärke zuvor angewachsen war. Was ihn aber beunruhigt, ist die Einberufung deutscher Reservisten für die zweite Augusthälfte.[246] Baut Hitler wieder seine Drohkulisse auf, um einen weiteren *friedlichen* Triumph zu erringen? Nach dem Schema hat es ja nun oft genug schon geklappt.

Nachdem der Labour-Abgeordnete Hugh Dalton am 31. Juli in Londons Unterhaus von einer „noch nie dagewesenen diplomatischen Trödelei"[247] der britischen Regierung sprach, schreibt am 2. August Henry Denny in der New York Times, der Ton der Sowjetpresse sei pro-französisch und pro-britisch auf der einen Seite, dafür jedoch derart heftig anti-deutsch, dass neutrale Diplomaten glauben, dass Moskau trotz der verbliebenen Hürden den Pakt mit London und Paris unterzeichnen werde. Es geht in der Tat *nur noch* um die Definition, was eine indirekte Aggression wäre. In der Times wird das Problem um diese Begriffsbestimmung erläutert. Es gab die Vorgehensweise wie in Österreich und der Tschechei, wo das Opfer derart mürbe geklopft wird, dass es am Ende aussieht, als sei der Aggressor ins Land gebeten worden. Die Definition soll aber auch nicht so sein, dass grundlos in fremde Souveränität eingegriffen werden kann. Der Moskauer Korrespondent der Times führt die Vorsicht der Sowjets zurück auf die Erfahrungen der Hilflosigkeit bezüglich der Mandschurei und nennt weitere schlechte praktische Erfahrungen mit der Diplomatie der Westmächte in den vergangenen Wochen und Monaten.[248]

Der Monat August ist angebrochen und erst jetzt fangen Verhandlungen zwischen London, Paris und Moskau an. Wie lange drängt Moskau jetzt schon und wie lange mauert London? Die Gruppe um Chamberlain hält Hitler weiter im Glauben an die allumfassende politische Partnerschaft, als Gegenleistung für Frieden, wie es heißt, und unterdessen bedrängen die Vertreter der *Round-Table-Group* Warschau, den Deutschen nicht nachzugeben.[249] Halifax verabschiedet am 2. August Admiral R. Drax zu Militärverhandlungen nach Moskau mit der Auflage, die Verhandlungen zu verschleppen, damit ein Abkommen mit Moskau bis Sankt Nimmerlein hinausgezogen wird, so dass Hitler den Aufmarsch an den Grenzen im Osten *vorher* anordnet. Die diplomatischen Voraussetzungen in der polnischen Angelegenheit sind im Prinzip abgeschlossen. Jetzt braucht Hitler bloß noch Danzig zu fordern, Warschau bleibt hart, Moskau darf nicht helfen, London will nicht helfen, deshalb meint Paris, sie könnten das nicht, und Polen ist offen. Friedrich von der Schulenburg, unser Botschafter in Moskau meldet in die Heimat: „Wie wir aus einer britischen Quelle erfahren haben, hatten die Militärmissionen von Anfang an die Instruktion, in Moskau in verhaltenem Tempo zu arbeiten und die Verhandlungen möglichst bis Oktober hinzuziehen.“[250] Ein wenig unbedarft wirkt es durchaus, dass man im Tagebuch des amerikanischen Politikers Harold LeClair Ickes die erstaunten Worte vorfindet, in Großbritannien hege man die Hoffnung, es werde „gelingen, Russland und Deutschland in einen Konflikt zu bringen und selbst ungeschoren davonzukommen“. Man führe die Verhandlungen mit Moskau letztlich aus dem Grund, weil sie eine Annäherung zwischen Moskau und Berlin verhindern wollten.[251] Aber wer schon 1874 geboren ist, hat vielleicht doch schon einmal etwas von der Herzlandtheorie gehört, nach der es auch bereits vor dem Weltkrieg von 1914 in London darum gegangen war, jedwede neuerliche Annäherung Russlands und Deutschlands im Keim zu ersticken.

Was Frankreich angeht, so hat Premierminister Daladier vor der Abreise einer Militärmission nach Moskau General Musse, seinen Militärattaché in Warschau, dringend so instruiert, dass er Marschall Rydz-Śmigły unbedingt von der Notwendigkeit einer militärischen Zusammenarbeit mit den Sowjets überzeugen müsse. Als die Nachricht ankommt, dass es ihm nicht gelungen sei, den Marschall zu solcher Einsicht zu bewegen, bleibt nichts weiter übrig, als dem Verhandlungsführer Doumenc mitzugeben, er müsse „unter allen Umständen zu vermeiden suchen, dass die Russen diese Frage anschnitten.“[252] Etwas Surreales hat jener Auftrag durchaus, klingt es doch, als habe man Gäste zum Essen eingeladen und wolle nun die Offenbarung vermeiden, dass man vergessen hatte einzukaufen. Mal sehen, wie viele Minuten die Diplomaten in Moskau benötigen, um festzustellen, dass die Herren aus dem Westen trotz der brisanten Situation noch immer mit leeren Taschen vor ihnen stehen.

Am 2. August ruft Ribbentrop den Sowjet-Diplomaten Astachow zu sich, um ihm zu erklären, er halte eine Neugestaltung der Beziehungen beider Länder für möglich, wenn von dem Prinzip der Nichteinmischung in die inneren Dinge des jeweils anderen Staates ausgegangen werde. Mit dem Reden vom Prinzip der Nichteinmischung trägt der Außenminister aber ebenso Eulen nach Athen. Wenn sich ein Diktator nicht von den eigenen Untertanen ins Handwerk pfuschen lässt, wird er keinen Wert auf kluge Empfehlungen von draußen legen. Ribbentrop findet, es gebe zwischen der Ostsee und dem Schwarzen Meer kein Problem, das nicht lösbar sei. An der Ostsee sei doch für beide Platz; hier müssten die Interessen nicht kollidieren. Polen werde aufmerksam und kalt beobachtet. Provozierten die Polen selbst, wäre die Abrechnung in Wochenfrist erledigt. Berlin sei auch über diese britisch-französisch-sowjetischen Gespräche informiert und sehe sich selbst als das Zünglein an der Waage.[253] Die Aufzeichnung des Gespräches erhält Botschafter von der Schulenburg – nein, nicht das richtige Protokoll. Er bekommt so ein Papier, in dem weggelassen wird, was Ribbentrop zu Georgi Astachow über seine gleichzeitigen Gespräche mit London und Paris äußert. Bleibt zu hoffen, dass Ribbentrops eigenes Blatt wenigstens vollständig ist. Einen Tag später wird Astachow erneut ins AA geholt; Schnurre soll jetzt präzisieren und ergänzen. Immer noch ist nichts klar. Die Sowjets zögern – ein Streitthema bleibt Japan. Dann erhält von der Schulenburg den Auftrag, unverzüglich um einen Termin beim Moskauer Außenminister Molotov nachzusuchen und die deutsche Position erneut vorzutragen. Der Botschafter geht ins Moskauer Außenministerium und unterhält sich etwa eineinhalb Stunden mit ihm. Am 4. August telegrafiert er nach Berlin, Moskau sei entschlossen, die Vereinbarung mit London und Paris abzuschließen.[254]

Der Moskauer Korrespondent des Daily Telegraph konstatiert, Kreml-Experten seien davon überzeugt, dass ein Krieg, den die Westmächte zu führen gedächten, „sich, zum Mindesten in seinem frühen Stadium, auf einen Stellungskrieg beschränken würde“, wohingegen sie im Osten mit einem Bewegungskrieg rechneten – und Moskau habe keine Lust, da zu stehen, „wo die meisten Opfer gebracht werden“ müssten. Sollte jedoch die Sowjetunion wirklich so ein schlechtes Militär haben, wie es nur zum Beispiel Chamberlain und Hitler vermuten, ist die sowjetische Vorsicht nur doppelt gerechtfertigt. Moskau war schließlich aufgefordert worden, die „Friedensfront“ durch ein politisches Abkommen zu stärken und es bekanntzugeben, bevor eine Militärkonvention in Erwägung gezogen ist. Nur mit einem heftigen Widerwillen geht man im Westen auf die klaren Forderungen nach den notwendigen militärischen Erörterungen ein, die Moskau seit dem 3. Juni anmahnt.[255]

Deutschland im Spiegel der Jahre

Für die Bevölkerung in den Tiefen des Reiches bleibt es der Spekulation überlassen, was wirklich gespielt wird. William Shirer hat als Ausländer einen Logenplatz und erlebte, wie die Wahrheiten der gleichgeschalteten Presse seit sechs Jahren über den Deutschen herniedergingen. In jedem Fall sind die Deutschen im Reich von dem, was wirklich in der Welt geschieht und worüber man dort spricht, abgeschnitten. Eine Zeit lang gab es ja noch Schweizer Zeitungen aus Zürich und Basel mit objektiven Berichten. In den letzten Jahren ist ihr Vertrieb jedoch entweder verboten oder stark eingeschränkt worden. Kann man Englisch oder Französisch, konnte man sich noch gelegentlich eine Londoner oder Pariser Zeitung kaufen. Doch die wenigen käuflichen Exemplare reichten immer nur für eine Handvoll Personen. In seinem Tagebuch hält der Amerikaner noch Anfang August fest: „In welch isolierter Welt lebt das deutsche Volk!" Er vermerkt auch den gravierenden Unterschied: „Während die ganze übrige Welt der Auffassung ist, Deutschland schicke sich an, den Frieden zu brechen, Deutschland bedrohe Polen ..., vermitteln die Zeitungen hier in Deutschland den umgekehrten Eindruck. Was die Nazi-Blätter behaupten, ist dies: Polen sei es, das den Frieden in Europa störe, Polen sei es, das Deutschland mit bewaffneter Invasion bedrohe."[256] Sie kennen das Problem: Wie viele Leute glauben, was in der Zeitung steht, und wer ist durch einen aus der Ruhe zu bringen, der behauptet, dass die Zeitungen, wenn es sein muss, lügen wie gedruckt? Da gibt es Vorgaben, was in der Zeitung stehen soll, und es gibt Verbote, was dort nicht stehen darf. Und das ist klar: Wer nicht glaubt, was sie in der Zeitung schreiben, der muss ein Spinner sein, und daran wird sich in der Masse der Bevölkerung mit großer Sicherheit auch nichts ändern. Wie viele Leute versuchen an eine Person heranzukommen, die bei einem in der Zeitung berichteten Vorgang zugegen war, um sich einen Eindruck aus erster Hand verschaffen zu können, ob wahr ist, was da steht? Selbstständig denkende Personen werden immer wie Kassandra warnen und deren Rufe werden verhallen. So kann effektiver Widerstand gegen den nächsten Auslandseinsatz der deutschen Soldaten am Ende des Tages doch nur aus der Staatsführung in Deutschland selbst kommen.

Übrigens kann einer der Kritiker im August einen Erfolg verbuchen. Es gelingt Karl Ludwig Freiherr von und zu Guttenberg*, Kontakt zwischen Ulrich von Hassell und Carl F. Goerdeler herzustellen. Damit ist er einen Schritt weitergekommen beim Versuch, große Opponenten der Zustände im Reich miteinander zu vernetzen. Dafür gibt er schon seit Mai 1934 in Bad Neustadt an der Saale *Weiße Blätter* heraus, eine *Monatsschrift für Geschichte, Tradition und Staat*, wie es im Untertitel heißt. Es war ihm gelungen, Carl Krüger im sächsischen Mylau für den Druck dieses alternativen Blattes zu gewinnen.[257] Es ist nicht der dümmste Schachzug des Reichspropagandaleiters, vom Büchermarkt bis zum Zeitungsmarkt hier und da noch andere Meinungen zuzulassen, damit ihm die Gesellschaft nicht wie ein überhitzter Schnellkochtopf plötzlich um die Ohren fliegt. Betrachtet man sich die real-sozialistischen Verhältnisse in der Sowjetunion, kann einem nur angst und bange werden. Die *Antifaschisten* im Reich des Guten lassen abweichendes Luftholen weder in den Zeitungen noch sonst irgendwo zu. Es bleibt abzuwarten, wie lange sich die dortige Gesellschaft mit allen zu Gebote stehenden Mitteln deckeln lässt.

London hält Hitler auf Kollisionskurs gegen Moskau

Unter dem Siegel der Verschwiegenheit versuchen Canaris, Weizsäcker plus Göring Ribbentrops Gedanken für einen Pakt mit der Sowjetunion zu vereiteln und Hitler zurückzubringen auf die alte Liebe zu Engelland. Angeregt wird ein Milliardenkredit für das Reich, mit dem England eine Umstellung der Kriegswirtschaft in eine Friedenswirtschaft unterstützen soll. Hua! Satan, weiche von mir! Wie viel Geld haben sie mittlerweile in den Aufbau der Nazibewegung und in die Wiederbewaffnung des Reichs investiert? Was sollte die Briten an dieser Stelle reiten, dass sie jetzt auf einmal auf ein neues Pferd setzen würden? Welche Friedenswirtschaft? Schon der Krieg 1914 sollte die deutsche Warenschwemme eindämmen. Diese streng vertrauliche Berliner Friedensinitiative wird logischerweise prompt durch den Ersten diplomatischen Berater des Londoner Außenministers Lord Vansittart dem Daily Telegraph zugespielt, so dass unser Führer sie rechtzeitig morgens in der Zeitungsschau hat. Damit ist auch dieser Vorstoß, der den nächsten Krieg verhindern könnte, gestorben.[258] Neben allen offiziellen und inoffiziellen Kontakten zwischen Berlin und London reißt auch der Polit-Tourismus von Deutschland nach England nicht ab. Schacht kommt, inzwischen ohne ein handfestes Amt, zu verschiedenen Treffen mit dem Gouverneur der Bank of England Montagu Norman; Fabian von Schlabrendorff, Helmuth von Moltke, Erich Kordt, Adam von Trott und Ulrich Schwerin von Schwanenfeld zieht es immer wieder nach England, wo sie auf Biegen und Brechen eine Änderung der Londoner Politik zu bewirken versuchen, doch Erfolg ist ihnen nicht beschieden.[259] Wenn später jemand dumme Fragen stellt, warum man sich in London so gesträubt habe, kann man immer noch sagen, es habe die Sorge bestanden, dass das *Empire* in einem weiteren Krieg zusammenbrechen könne, da Unabhängigkeitsbewegungen in den Kolonien denkbar seien, sollten die Briten in Europa im Kriegszustand sein. Und dann kann man ja noch angeben, der Premierminister hätte geglaubt, schrittweises Entgegenkommen musste selbst auf einen Mann wie Hitler eine entwaffnende Wirkung haben. Genau dies kann jedoch nicht eintreten, nachdem Unilever, Dunlop Rubber, British Petroleum (BP) und Vickers-Armstrong, Pratt & Witney und die britische Stahlexportvereinigung ihn nach allen Regeln der Kunst *be*waffnet haben.[260]

Zurück auf das diplomatische Parkett

Die sowjetische Führung erhält am 7. August die Meldung, dass der Aufmarsch der deutschen Truppen gegen Polen und die Konzentration der nötigen Mittel zwischen dem 15. und 20. August beendet werden. Damit läuft auch für Moskau der *Countdown*. Ist die Wehrmacht erst einmal in Polen siegreich, und das kann ja auch wieder ähnlich laufen, wie mit der Tschechoslowakei, so steht sie auch rasch an den sowjetischen Grenzen. London und Paris müssen endlich sagen, was sie wollen. Auf jeden Fall ist ab 25. August mit dem Beginn von Kriegshandlungen gegen Polen zu rechnen. Das erfahren die Briten ein oder zwei Tage später. Der Admiral Canaris informiert sie über seine Mittelsleute; in London erfahren sie es dann durch Theo Kordt und aus Rom.[261] Der Chef der französischen Delegation bei den Verhandlungen in Moskau, General Joseph Doumenc, meldet nach Paris, dass die Sowjets den Plan einer „überaus wirksamen Hilfe" dargelegt haben, die sie den Franzosen nachdrücklich angeboten haben. Dieser Plan würde, „unserer Sicherheit und der Sicherheit Polens gerecht",[262] wie sich der General ausdrückt. Gehetzt war die französische Delegation nicht in Moskau angekommen; es häufen sich die Anzeichen, dass Paris auf den Kurs eingeschwenkt ist, Hitler den argen Bewegungsdrang in Richtung Osten einzuengen. Schön, und was ist mit den Briten? Ein paar Tage nach seiner Abreise aus London kommt Admiral Reginald Drax, der Großbritannien in Moskau vertreten wird, mit dem Schiff, als ob es auch anders nicht möglich sei, *in Leningrad* an. Anschließend darf er zusehen, wie er nach Moskau kommt. Besonders pikant ist, dass Drax ebenso ohne Verhandlungsvollmacht in die Sowjetunion geschickt wird, was sie in Moskau sehr schnell bemerken.[263] Der Admiral notiert, dass in Moskau andererseits binnen vierundzwanzig Stunden klar wurde, „dass die Sowjets eine Übereinkunft mit uns wollen".[264] Das nützt aber nichts, da England umgekehrt kein Übereinkommen mit den Sowjets wünscht. Hitler empfängt am 11. August den Hochkommissar des Völkerbunds in Danzig, Carl J. Burckhardt, und bittet ihn, als Friedenstaube im Westen zu erläutern, wie die polnisch-deutsche Konfrontation zu verstehen sei, und führt aus: „Alles, was ich unternehme, ist gegen Russland gerichtet; wenn der Westen zu dumm und zu blind ist, um dies zu begreifen, werde ich gezwungen sein, mich mit den Russen zu verständigen, den Westen zu schlagen, und dann nach seiner Niederlage mich mit meinen versammelten Kräften gegen die Sowjetunion zu wenden."[265] Dazu liefert er als Vordenker Großdeutschlands die Erklärung: „Ich brauche die Ukraine, damit man uns nicht wieder wie im letzten Krieg aushungern kann."[266]

Die Botschaft ist eindeutig: Überlasst mir Polen, dann lasse ich Euch in Ruhe und beende das bolschewistische Experiment zwischen Murmansk und dem Kaukasus. Offenkundig weiß er nicht genug davon, dass Briten und Amerikaner auch die Sowjetunion in die Lage versetzt haben, Krieg gegen ihn zu führen. Noch ist aber gar nichts klar. Briten und Franzosen scheinen immer noch in Moskau zu verhandeln und Diplomaten und die Militärs in Berlin sitzen wie auf glühenden Kohlen. Steht uns wiederum ein Zwei-Fronten-Krieg ins Haus? Wie lange wird es nun dauern, bis die British Broadcasting Corporation das Ende des Deutschen Reiches bekannt gibt? Geheimdienstchef Wilhelm Canaris will an der Stelle endlich Mussolini einschalten. Irgendwer muss doch in der Lage sein, Hitler von seinem Krieg abzubringen. Als der „Stahlpakt" abgeschlossen wurde, ist Mussolini eine Frist von drei Jahren Frieden sicher zugesagt worden.[267] Doch der Duce, dem seine Untertanen das Treffen mit Hitler als Vorbereitung einer internationalen Entspannungskonferenz eingeredet haben, lässt sich durch beruhigende Nachrichten aus anderen Quellen von dem großen Treffen abbringen. Abgesehen davon will er auch weiterhin nicht vor Hitler Farbe bekennen, mit welchen Eroberungen er einmal selbst in die Geschichte eingehen möchte, und wälzt das Treffen auf Ciano ab.[268]

Es kommt zur Begegnung der Außenminister von Ribbentrop und Graf Ciano in Ribbentrops Sommerresidenz Schloss Fuschl bei Salzburg. Das Domizil erinnert nur noch sehr vage an frühere sozialistische Ideale. Der Geheimdienstchef war schon am 10. August angereist, um sich selbst ein Bild von Ribbentrops Ansichten zu machen und sieht, dass jener Hobbystratege die Italiener einfach in sein Frontenszenario einkalkuliert. Ihm kommt zu Ohren, dass der blutige Amateur von 100 U-Booten schwätzt, mit denen seine Italiener das Mittelmeer in der Meerenge von Gibraltar vor einem Eindringen der Briten bewahren werden. Ein kurzer Blick auf die Landkarte genügt restlos, um zu klären, dass bei einem Durchbruch der Briten Italien für britische Schiffe auf dem Präsentierteller liegt. Im Kreise der Mitglieder der deutschen Delegation äußert Wilhelm Canaris am 11. August die vage Hoffnung: „Vielleicht wird Hitler noch vom Krieg abgehalten, wenn ihm die italienische Regierung in aller Form mitteilt, dass sie keine gemeinsame Sache mit ihm machen werde.“[269]

Der Schatten in vielen der Gespräche ist Dolmetscher Dr. Paul Schmidt. Er sieht Graf Ciano und die gesamte Delegation in heller Aufregung. Der Botschafter Attolico sagt zu dem Dolmetscher: „Sie können mir glauben, England und Frankreich sind diesmal entschlossen, es zum Kriege kommen zu lassen, wenn Deutschland gegen Polen nach derselben Methode vorgeht wie gegen die Tschechoslowakei.“ Schmidt erwidert, ihn müsse man wohl nicht überzeugen und sichert Attolico zu, es sehr eindringlich zu übersetzen, wenn das so zur Sprache gebracht wird. Der Graf spricht dann auch zu von Ribbentrop mit Engelszungen, warnt, beschwichtigt und er unterstreicht die Schwäche Italiens. Sein Gegenüber aber „ist bereits in einer Aufregung, wie ein Jagdhund, der ungeduldig wartet, von seinem Herrn auf die Beute losgelassen zu werden.“[270]

Der deutsche Geheimdienstchef erfährt, dass Graf Ciano mit Ribbentrop aneinander geriet und dass er um ein klärendes Gespräch mit Hitler bat. Daraufhin sucht er den früheren Geheimdienstchef der Italiener auf und warnt Mario Roatta, der inzwischen Militärattaché in Berlin ist, vor den Kriegsabsichten Hitlers. Absurder könnte diese Situation kaum sein: Die beiden Männer, die die Achse Rom-Berlin auf den Weg gebracht haben, intrigieren nunmehr, um sie zu zerlegen.[271] Am nächsten Tag fahren die Delegationen zu Hitler auf den Berg bei Berchtesgaden. Dieser ist zwar vollständig auf Krieg eingestellt, doch bei ihm wirkt die wilde Kampfentschlossenheit nicht so verkrampft wie bei seinem Außenminister. Hitler geht dem Grafen Ciano „sehr energisch zu Leibe“, denn dieser versucht, ihn auf den „Wahnsinn“ einer kriegerischen Verwicklung hinzuweisen. Italien könne sich höchstens einige Monate im Kriege halten. Schon von den Rohstoffreserven her sei mehr nicht realistisch. Am 13. August folgt ein weiteres Gespräch mit Hitler, der kategorisch erklärt, dass England und Frankreich nicht eingreifen werden. Und aus völlig unerfindlichen

Gründen klappt der Graf auf einmal zusammen wie ein Taschenmesser und sagt: „Sie haben schon so oft recht behalten, wenn wir anderen gegenteiliger Meinung waren, dass ich es für sehr gut möglich halte, dass Sie auch dieses Mal die Dinge richtiger sehen als wir."[272] Als Graf Ciano diese Worte ausspricht, nimmt er gewissermaßen alles zurück, was man in Rom bisher immer gesagt hat, und behauptet das Gegenteil. Was für eine Suggestivkraft doch dieser Hitler hat; war man nicht mit im Raum, kann man sich das wohl nicht so richtig vorstellen. Nach Cianos Worten zu urteilen, ist in Rom somit bis dato nicht der Verdacht aufgekommen, dass die Angelsachsen die Erfolge Hitlers ermöglicht haben und so auch den Punkt bestimmen können, wann sie ihm einen Dolch in den Rücken rammen sollten. Die Frage der Fragen ist nun, wie Mussolini in Rom auf die Eigenmächtigkeit seines verehrten Schwiegersohnes reagiert.

Seit einem halben Jahr widersetzt sich das kalte Moskau, in dem es aber im Sommer wirklich heiß wird, dem Liebeswerben des Führers. Die gute Seite des Kontinentalklimas lässt die Propaganda immer weg. Selbst vor vier Tagen noch hatte Staatssekretär Ernst von Weizsäcker ins Tagebuch geschrieben: „Wir werden in Moskau dringlicher."[273] Moskau ist jedoch ganz schwer zu erheitern, was beim Leitmotiv der deutschen Revolution, dem Antikommunismus, aber auch niemanden überraschen kann. Erst am 12. August, sieben Monate nachdem Hitler im Januar in Berlin beim Neujahrsempfang dem sowjetischen Botschafter demonstrativ Aufmerksamkeit geschenkt hatte, deutet ein Vertreter Moskaus an, man sei nunmehr zu umfassenderen Gesprächen über die politische Lage bereit.[274]

An der Moskwa beginnt die Stimmung schließlich umzuschlagen, da sie mit jedem weiteren Gespräch deutlicher sehen, dass weder London noch Paris zielorientierte Verhandlungen im Visier haben. Hätten die Sowjets die Anweisungen der Gesandten bei deren Abreise gekannt, wäre ihnen der Geduldsfaden höchstwahrscheinlich eher gerissen. Es ist auch nicht anzunehmen, dass jemand in Moskau nach allem antibolschewistischen Gedöns an gute neue Züge in Berlin glaubt, doch nach der Enttäuschung durch die Westmächte ist das Hemd näher als der Rock. Wenigstens ein Nichtangriffspakt, wie ihn Hitler schon mit anderen Staaten geschlossen hat, müsste doch herauszuholen sein. Da die alternativen Partner weiter in der Stadt sind, ist natürlich allen Beteiligten klar, dass ein Vertrag mit Berlin für Moskau bloß die zweitbeste Lösung darstellt. Was hat Moskau jedoch von der theoretischen Möglichkeit, zwei Verträge abzuschließen, wenn einer davon nicht so recht zustande kommen will? Doch den einen Vorteil hätte eine Abmachung mit Berlin wenigstens zu bieten: Moskau kann auf diese Art polnisch-rumänische Träume von mehr Lebensraum auf Kosten sowjetischer Gebiete erst einmal vereiteln. Wissenswert ist ja auch, dass dem sowjetischen Major der Auslandsaufklärung Bystroletow inzwischen gelungen ist, die Codes der Außenministerien in London, in Berlin und Rom zu knacken. Einem Kollegen gelingt es, die chiffrierten Telegramme des Tokioter Außenministeriums lesbar zu machen.[275] Die Hintergrundinformationen über die so offenbar werdenden alternativen Überlegungen der potentiellen Vertragspartner dürften den Moskauern sehr dringend nahelegen, unter den gegebenen Umständen wenigstens mit Berlin zum Schwur zu kommen. Sollen sie vielleicht warten, bis sich Berlin mit London auf ein Abkommen geeinigt hat, um dann zusammen mit der polnischen Armee an der sowjetischen Westgrenze aufzukreuzen und den Bolschewismus hinwegzufegen? Ist es denn dann nicht besser, man schindet über einen Vertrag mit Berlin Zeit zur ordentlichen Vorbereitung seines eigenen Angriffes gegen die ganze verlogene Rasselbande im Westen auf einmal? Warten wir Stalins nächste Schritte ab.

Am 13. August kehrt Botschafter Herbert von Dirksen für einen längeren Aufenthalt nach Deutschland zurück und bittet nicht zum ersten Mal um eine Möglichkeit für einen Vortrag beim Reichsaußenminister. In Berlin hört er mehrfach, dass jener geäußert habe, dass Großbritannien im Fall eines deutsch-polnischen Kriegs sich *nicht* an der Seite Polens beteiligen werde. Weiter erfährt er, dass der Bericht des Reichskommissars Harald Wohlthat über seine Londoner Besprechungen mehr als ein allgemeines Stimmungsbild aufgefasst und behandelt worden sei. Sowohl Wohlthats Äußerungen über die Stimmung in London als auch seine eigenen seien als weiteres Zeichen der Schwäche Englands aufgefasst worden. Anderes interessiert die führenden Leute in Berlin nicht, was es auch nicht muss, wenn Kuriere unter der Hand anderes bekunden. Der Staatssekretär von

Weizsäcker äußerte: „Ribbentrop garantiert englische und französische Neutralität, wenn wir in den ersten drei Tagen, wie er sicher glaubt, den Polen vernichtende Schläge erteilen."[276] In seinem Bericht für die Akten des AA erinnert von Dirksen daran, dass der Herr Minister während der Krise im März schon „nicht die Zeit oder den Wunsch hatte", seinen Bericht zu hören. Mit dem Gefühl der Last einer auf ihm ruhenden Verantwortung und ohne Möglichkeit zur mündlichen Berichterstattung, fängt auch dieser Botschafter an, in einer Denkschrift die Haltung darzulegen, die England im Fall eines deutsch-polnischen Krieges einnehmen werde. Er weist darauf hin, dass die polnische Frage nicht die ausschlaggebende für England sei; es gehe darum, allen einseitigen Machtverschiebungen zugunsten Deutschlands entgegenzutreten. Sicherlich sei England nicht zu automatischem Eingreifen im Fall eines deutsch-polnischen Konflikts verpflichtet; dies sei aber mit höchster Wahrscheinlichkeit anzunehmen. Dirksens Dienste werden nicht wieder in Anspruch genommen. Das ist nicht erstaunlich, denn Hitler hat dem Programm der Briten, das dieser Reichskommissar Harald Wohlthat überbracht hat, entnehmen können, dass die Briten im Falle eines Konfliktes neutral bleiben. Wie bereits im Fall der Tschechoslowakei muss Hitler auch bei Polen nicht rätseln. Das heißt, dass er den Trumpf bereits in der Hand hat: Wenn jetzt noch die Verhandlungen zwischen den drei Großmächten scheitern, dann ist eine Absprache mit Moskau nur das Sahnehäubchen, und sein Feldzug gegen Polen kann nur gelingen. Was der Spieler in Berlin wohl nicht weiß, ist, dass in London und Paris parallel zu den Verhandlungen im sommerlich sonnigen Moskau gar keine Vorbereitungen für irgendeinen Angriff auf seine Wehrmacht getroffen werden. Was soll das alles? Es kann ihm nun nichts mehr anhaben, dass in Berlin die Pläne für seine Verteidigung im Westen noch nicht fertig sind.[277] *Rien ne va plus!*

Unterdessen geht die Geduld der Sowjets mit den Verhandlungsführern der Westmächte zu Ende. Am 14. August stellt der Volkskommissar für Verteidigung Kliment Woroschilow schließlich die entscheidende Frage, ob sowjetische Truppen bei einem deutschen Überfall auf Polen vorher festgelegte, strikt begrenzte Gebiete durchqueren können oder nicht. Er denkt dabei an den Korridor von Vilnius im Norden und an Galizien im

Süden, um „in direkte Feindberührung zu kommen". Ohne eine positive Beantwortung dieser Frage verliere jede militärische Vereinbarung den Sinn. Sicherlich hatten die westlichen Verhandlungsführer probiert, das Thema zu umsegeln, doch da es der Vertreter Moskaus selbst anspricht, bleibt ihnen nur noch übrig zu sagen, darüber wäre mit Warschau nicht gesprochen worden. Dazu kommt, dass sich Rumänien ebenfalls einem Durchmarsch widersetzt, denn auch in Bucureşti regieren das schlechte Gewissen wegen seiner alten Eroberungen im revolutionsgeschwächten Russland und die Gier nach neuen Abenteuern. Wie Warszawa fürchtet auch Bucureşti, dass die Rote Armee als Lohn für die Rettung vor dem Deutschen Reich die Gebiete fordern werde, die sie nach dem Weltkrieg nicht vor den rumänischen Eroberern bewahren konnte.[278]

Als man in Warschau erfährt, dass in Moskau über ihr Land gesprochen worden ist, springen sie im Dreieck; neben anderen protestiert auch der Außenminister Beck scharf. Ganz schlüssig ist diese Reaktion nicht und das nicht nur, weil Polen zu den Ländern gehört, die vor *den Deutschen* geschützt werden sollen, sondern auch deshalb, weil *Adolf der Gute* die Warschauer Interessen durchaus vertreten durfte, als in München über das Schicksal der Tschechoslowakei entschieden werden sollte.[279] In den Diskussionen nach dem Protest der Warschauer dämmert in Paris, dass bereits im Vorfeld einiges vollkommen schief gelaufen war. Im Rapport des Außenministeriums an Daladier steht: „Als wir Polen Garantien zusicherten, hätten wir als Bedingung für diese Garantien die sowjetische Unterstützung nennen müssen, die wir für notwendig halten."[280] Es gibt Einsichten, die zu spät kommen, so richtig sie auch sind. In der französischen Hauptstadt wird weiterhin festgehalten: „Wie unser Botschafter in Moskau mitteilt, wird das, was die russische Regierung für die Erfüllung der Verpflichtungen des politischen Vertrages vorschlägt, nach Meinung von General Doumenc unserer Sicherheit und der Sicherheit Polens gerecht." Löblich ist sicherlich auch dies: „Nach Meinung von Naggiar bietet uns die UdSSR eine durchaus konkrete Hilfe im Osten an, ohne Zusatzforderungen im Westen zu stellen, aber unter der Bedingung, dass Polen durch seine negative Haltung die Bildung einer Widerstandsfront im Osten unter Teilnahme russischer Kräfte nicht unmöglich macht."[281]

Paul-Émile Naggiar ist der Pariser Gesandte im schönen alten Moskau. Am Rande: Die Sowjetunion wird dort als „UdSSR“ abgekürzt. Das heißt ausgesprochen: Union der Sozialistischen Sowjetrepubliken. Einen Sinn für feierliche Sprache haben sie ja. Der Sinn für die Sprache, pompösen Klamauk bei offiziellen Veranstaltungen und für andere Inszenierungen dürfte bei Stalin wie bei Hitler aus früherer religiöser Prägung stammen, um das hier einmal nur so zur Diskussion in den Raum zu stellen.

Fünf Sekunden vor um zwölf geht Paris nun doch noch in die Offensive. Premierminister Bonnet lässt den polnischen Botschafter Łukasiewicz zu sich kommen und bittet ihn, seinem Außenminister die Moskauer Frage zu übermitteln, ob dessen Truppen über polnisches Gebiet marschieren dürften – mit dem harten Hinweis: „Eine negative Antwort würde einen Abbruch der Verhandlungen mit all den sich daraus ergebenden Folgen zeitigen. Sie würde eine Katastrophe bedeuten.“ Der Gesandte erwidert, er werde das ohne jeden Kommentar weitergeben. Doch glaube er, dass Minister Beck nie und nimmer seine Zustimmung dazu geben werde. Er schiebt noch eine anschauliche Begründung nach, die verdeutlicht, auf welcher Wolke sich *diese* Warschauer bewegen: „Was würden Sie sagen, wenn man von Ihnen verlangte, zuzugeben, dass Elsaß-Lothringen unter deutschen Schutz gestellt würde?“[282] Ist das einfach nur naiv oder ist das nicht viel mehr schon unverschämt? Hier bestätigt sich auch, dass sie in Warschau den Schutz Polens durch die sowjetische Armee die ganze Zeit über schon ablehnen, weil so die Sowjetunion zur Schutzmacht für jene von Polen besetzten früheren russischen Gebiete werden würde. Aber es sollte schon erlaubt sein, einen Unterschied zu machen zwischen Elsaß-Lothringen, das seit Ewigkeiten von Franzosen und Deutschen gleichermaßen bewohnt wird, und den von Polen vor zwanzig Jahren eroberten Gebieten östlich seiner Grenzen, die in deutlicher Mehrheit von fremden Völkern besiedelt wurden, von Völkern, die überdies in den vergangenen zwanzig Jahren ihrer nationalen Rechte beraubt wurden. Wo wäre denn der Unterschied zwischen Hitlers Vorstellungen für Polen und polnisch geprägten Vorstellungen für Weißrussland und die Ukraine? Und Polen plant dieses Vorgehen nicht mehr, sondern praktiziert es schon lange.

Paris fordert von Beck, er sollte die Problematik von einem technischen Gesichtspunkt aus betrachten, nämlich „als einen wesentlichen Teil des allgemeinen Problems, in Osteuropa eine Defensivfront aufzubauen".[283] Aber an Warschau hatte sich ja bereits der ehemalige Außenminister der Franzosen Jean Louis Barthou seine Zähne ausgebissen. Bonnet sagt in aller Deutlichkeit: „Wenn die polnische Regierung dazu entschlossen ist, jede praktische Hilfe von Seiten der Sowjets abzulehnen, dann hätte sie es nicht so weit kommen lassen dürfen, dass wir uns ohne jede vorherige Warnung auf politische Besprechungen einließen. Auch hätte Herr Beck Ihnen gegenüber nicht äußern dürfen, und das hat er des öfteren getan, dass er den Besprechungen Erfolg wünsche."[284]

Boris Schaposchnikow erklärt den Verhandlungspartnern am 15. August 1939, sein Land sei bereit, 136 Divisionen und 5000 schwere Geschütze, bis zu 10.000 Panzer sowie 5000 bis 5500 Flugzeuge einzusetzen. Drax informiert seine Regierung in London darüber und äußert die Meinung, Moskau habe im Kriegsfalle „nicht die Absicht, die defensive Taktik einzuschlagen, die wir vorschlagen sollten"; es wünsche umgekehrt, sich an Angriffsoperationen zu beteiligen.[285] Daran lässt sich ablesen, dass man in Moskau nur ungern auf einen Vertrag mit Berlin ausweichen würde.

Hitler lässt derweil den Kriegsbeginn vorbereiten

An diesem 15. August wird Canaris angewiesen, Geheimdienstleute über die polnische Grenze zu schicken, damit sie im Hinterland einen Angriff der Wehrmacht vorbereiten.[286] Entgegen einer früheren Planung sind jedoch nicht mehr die ukrainischen Kämpfer vorgesehen; der Führer will offenbar einem Bündnis mit Moskau keine Steine in den Weg legen und vergisst erst einmal die Pläne für die Ukraine.[287] Reinhard Heydrich, der Chef des Reichssicherheitshauptamtes, beordert zeitgleich den 27 Jahre alten Mitarbeiter des Sicherheitsdienstes der SS Alfred Naujocks zu sich, um ihm den Befehl zu erteilen, einen Anschlag polnischer Soldaten auf eine deutsche Radiostation im Grenzstädtchen Gleiwitz vorzutäuschen. Wörtlich sagt der SD-Chef zu dem relativ jungen Mann, der schon einige (kriminelle) Spezialaufträge ausgeführt hatte: „Ein tatsächlicher Beweis für polnische Übergriffe ist für die Auslandspresse und für die deutsche Propaganda nötig."[288] Er solle mit fünf oder sechs anderen SD-Männern in das Städtchen Gleiwitz fahren und warten, bis der SD-Chef schließlich das Schlüsselwort für die Aktion durchgibt. Sein Befehl lautet, sie sollen sich der dortigen Radiostation bemächtigen und sie so lange halten, bis ein Kollege eine polnische Ansprache über das Radio gehalten hat. Den polnisch sprechenden Deutschen muss Naujocks auch gar nicht aus dem Hut zaubern; er wird ihm zur Verfügung gestellt. Heydrich sagt, dass es in der Ansprache heißen solle, dass die Zeit für eine Auseinandersetzung zwischen Polen und Deutschen gekommen wäre und dass die Polen sich zusammentun und jeden Deutschen, der ihnen jetzt Widerstand leistet, niederschlagen sollten. Es ist nicht unbedingt notwendig, dass Heydrich noch ergänzt, dass er Deutschlands Angriff auf Polen in ein paar Tagen erwartet; das kann sich Naujocks durch den Befehl selbst denken.[289] Zur Zeit gibt es noch keine Absprache mit Moskau; ob das wohl gut geht?

Weil Geheimdienstchef Wilhelm Canaris merkt, dass es unseres Führers heiliger Ernst ist, geht er am 15. August danach zu Militärattaché Roatta und sagt: „Der Führer hat nicht nur die Absicht, Danzig zu annektieren, sondern er will vielmehr Polen zerstören. Die militärische Operation soll in ungefähr zwei Wochen beginnen."[290] Die Information geht gleich per Kurier nach Rom, um das Abhören zu verhindern, und parallel dazu verbreitet er in Berlin, auf die Italiener sei kein Verlass und sie würden sich nicht an dem Abenteuer beteiligen. Canaris setzt außerdem auf General Keitel, von dem er weiß, dass er schon einige Wochen zuvor beim Führer war und gemeldet hatte, die führenden deutschen Generäle seien wegen der mangelnden Kriegsbereitschaft der Deutschen Wehrmacht und vor allem wegen der Möglichkeit des Zweifrontenkrieges, von größter Sorge erfüllt. Hitler hatte den OKW-Chef da noch abgewiesen und zugesichert, dass Italien mitziehen werde. Keitel hat letztlich die Chuzpe zum Nachhaken noch weniger als andere führende Soldaten.[291] Preußische Pflichterfüllung, Disziplin und Gehorsam haben dem Land über Jahrhunderte eine geradezu stürmische Entwicklung der Wissenschaften, der Technik und der Wirtschaft beschert, doch unter den Bedingungen der Diktatur können sie einen höllisch großen Schaden anrichten.

Moskau ist langsam von den Westmächten bedient

Im Verlauf des 15. August stehen die Chancen für eine Übereinkunft der Sowjets mit den zwei Westmächten oder eine mit dem Deutschen Reich 50:50, denn an diesem Tage nimmt der deutsch-sowjetische Meinungsaustausch deutlichere Konturen an. Aber Moskau hat sich noch immer nicht endgültig entschieden. Iosseb Bessarionis dse Dschughaschwili – besser bekannt unter dem Namen Stalin – ist jedoch zunehmend überzeugt, dass Großbritannien und Frankreich nicht zu Beziehungen bereit sind, in denen die Interessen von beiden Seiten gleichermaßen ihre Berücksichtigung finden. Auf der anderen Seite hatte Stalin *Mein Kampf* durchaus gelesen und ist sicher, dass die verfluchten Fritzen so oder so bald in die Sowjetunion einfallen wollen, so dass ein Vertrag welcher Art auch immer doch nur dazu dienlich sein kann, Zeit für die Vorbereitung dafür zu ergattern.[292] Bereshkow aus dem Moskauer Volkskommissariat für auswärtige Angelegenheiten benennt Gedanken, die sich aus dem so überraschenden deutschen Wunsch nach einem Vertrag mit dem bisher scharf kritisierten Reich des Dunklen ergeben. In Moskau schlussfolgern sie, dass das Deutsche Reich wohl erst einmal Opfer in Westeuropa ausgesucht hat und man rechnet mit mehreren Jahren Krieg dort. Dabei gilt es als sicher, dass sich die Wehrmacht speziell an Frankreich lange seine Zähne ausbeißen wird.[293] Es ist denkbar und sogar sehr wahrscheinlich, dass sie in Moskau in diesen Tagen die Idee entwickeln, die Zeit zu überbrücken, bis die Nazis Länder im Westen besetzt haben, und dann einen Befreiungsfeldzug quer durch Europa bis nach Frankreich und Spanien durchzuführen, als dessen Ergebnis in all den Ländern linke Kräfte die Macht übernehmen. Stalin wird sich denken, dass jede Kriegsgefahr ein für allemal gebannt ist, wenn überall die Arbeiter und Bauern die Macht im Staate haben. Dann braucht man auch keine Verhandlungen mit den Regierungen der westlichen Eliten mehr zu führen. Dafür wird man die nächsten Handgriffe Stalins in Europa beobachten müssen. Zuerst muss die Rote Armee einmal wieder in Schuss gebracht werden. Es ist jedoch so einigermaßen ausgeschlossen, dass sie in Moskau glauben, dass sie in Berlin auf einmal ihren verbissenen Antikommunismus aufgeben. Dafür müsste es auch ein Signal geben, zum Beispiel die Entlassung politischer Gefangener, von denen die meisten Kommunisten sind. Wenn das nicht passiert, muss kein Politiker vermuten, Stalin könne vielleicht mit Hitler gemeinsame strategische Pläne für die Zukunft schmieden. Das Höchste der Gefühle wäre es, den sowjetischen Herrschaftsbereich, so weit wie es jetzt schon möglich ist, in Richtung Westen zu erweitern. Das würde zugleich bedeuten, dass Stalin seine mit viel Blut durchgepeitschte Doktrin aufgibt, nach der man den Sozialismus nur in seiner Sowjetunion durchsetzt, beziehungsweise vollendet und fertig. Mittelfristig wird sich Stalin dann freilich beschleunigt Gedanken machen müssen, ob er seinen ehemaligen Gegenspieler Trotzki nicht auch im mexikanischen Exil aus der Welt der Lebenden nehmen lassen sollte, damit die Kommunisten in der Welt ihm nicht irgendwann vorhalten können, Trotzki habe doch ebenso wie Sinowjew und Kamenew an Lenins Idee von der Weltrevolution festgehalten und habe nun Anspruch auf die Führung der Kommunistischen Partei. Ein Toter mehr oder weniger spielt nun auch keine Rolle mehr – zumal eine Attacke auf den Besserwisser doch wohl schon lange erwartet wird. Das „Bulletin der Opposition“ mutmaßte im Oktober 1936 bereits, Stalin wolle den Kopf Trotzkis, das sei sein wichtigstes Ziel. Ein Zeichen dafür, dass die Befürchtungen nicht aus der Luft gegriffen sind, war die Ermordung von Ignaz Reiß im schweizerischen Lausanne im September 1937. Ignaz Reiß war ein führender Mitarbeiter des Volkskommissariats für Innere Angelegenheiten (NKWD) und hatte zwei Monate zuvor das Zentralkomitee der KPdSU(B) in einem Brief zum entschiedenen Kampf gegen den Stalinismus aufgefordert. Ende '37 erfuhr Trotzki von einem weiteren Opfer. Im Mai war sein persönlicher Sekretär, der tschechoslowakische Staatsbürger Erwin Wolf verschwunden. Und schließlich verschwand am 13. Juli '38 unter ungeklärten Umständen in Paris auch der Deutsche Rudolf Klement. Er war von 1933 bis '35 ebenso Sekretär von Trotzki gewesen. '38 wurde in Mexiko das erste Attentat auf Leo Trotzki selbst verübt. Getarnt als Bote, der ein Geschenk bringen sollte, hat ein verdächtiger Mann versucht, in die Villa in Coyoacán zu gelangen. Man ließ ihn jedoch nicht ein. Unweit des Hauses ließ der angebliche Bote ein Paket mit Sprengstoff zurück.[294] Es ist aber noch nicht aller Tage Abend.

Bekommt Hitler wieder seinen Willen?

Berlins Botschafter in Moskau F. Graf von der Schulenburg berichtet am 16. August nach Hause, der sowjetische Volkskommissar für Auswärtige Angelegenheiten Molotov habe den Abschluss eines Nichtangriffspaktes zwischen ihren beiden Staaten vorgeschlagen, was Hitler in eine euphorische Stimmung versetzt. Er ist sich restlos sicher, dass die Kabinette in London und Paris an diesem *Deal* zerbrechen. Demzufolge scheint ihm nicht in den Sinn zu kommen, dass die gemäßigte Politik auch von einer schärferen Gangart abgelöst werden könnte. Man sehe sich einfach bloß an, wer die momentan Regierenden ablösen kann. Den Worten nach zu urteilen, sollte man wohl meinen, dass Churchill zum Beispiel ohne Verzug Nägel mit Köpfen machen würde. Der Berliner Botschafter gibt die Zustimmung Hitlers nach Moskau weiter. Am 17. August stürmt Canaris zu Wilhelm Keitel; er will ihn bei der Eitelkeit packen und sagt, er halte es auf Grund des Gespräches Ciano-Ribbentrop für ausgeschlossen, dass sich die Italiener an dem Krieg beteiligen würden, und sichert Keitel zu, das Protokoll des Gespräches in seiner ausführlichen Version zu senden. Dabei geht er vom Stand der Erkenntnisse am 12. August aus. Weiß der Geheimdienstchef noch nichts vom Umfallen Cianos am nächsten Tage bei Hitler auf dem Berg oder verheimlicht er Keitel den aktuellen Stand? Keitel betont erneut, dass ihm der Führer das Gegenteil erklärt habe. Es ginge also aus Canaris' Ausführungen hervor, dass der Führer ihm nicht alles sage. Keitel hält letzten Endes den Druck von zwei Seiten nicht aus und tröstet sich damit, dass die Flucht nach vorn, in einen Krieg, schon nicht schiefgehen werde.[295] Also Augen zu und durch, alter Recke.

Wer kann die Nachrichten überprüfen?

Die Lage in Polen scheint sich auch von Tag zu Tag zu verschlechtern. In den Zeitungen von Goebbels überschlagen sich braune Journalisten bei den Schilderungen der Zustände. Sind die Nachrichten wahr? Wer kann das von seinem Heimatdorf aus überprüfen? Es soll schon zu einer Serie von Zwischenfällen und Schusswechseln an den Grenzen zum Reich und zu Danzig gekommen sein. Ausschreitungen gegen die Angehörigen der

Minderheiten seien an der Tagesordnung. Es heißt, in Galizien wäre eine Verhaftungswelle gegen Ukrainer im Gange, tausende Deutsche würden nach Innerpolen transportiert und in Lagern gesammelt, polnische Betriebe entließen massenweise Arbeiter mit deutscher Muttersprache, die Zahl deutscher Betriebe, die auf Anordnung der Behörden schlössen, sei im Steigen begriffen, in vielen Städten boykottiere man deutsche Läden, selbst polnische Soldaten zögen als Boykottposten unter Waffen vor den Geschäften auf, in Oberschlesien sei der kleine Grenzverkehr nicht mehr erlaubt und zehntausend deutsche Pendler seien von den Arbeitsplätzen abgeschnitten. Stimmen die Nachrichten nun oder stimmen sie nicht?[296] Lager wie das in Szczypiorno gab es in den 1920er Jahren in Polen wirklich; von daher sind solche Meldungen nicht so weit hergeholt. Berichtet der Straßburger Sender Einschlägiges? In deutschen Zeitungen schreibt man, polnische Schiffs- und Küstenartillerie habe Lufthansa-Passagiermaschinen auf offener See beschossen, dreimal. In Danzig soll es erneut Demonstrationen für die Wiedervereinigung mit Deutschland geben. Es habe eine Flüchtlingswelle von Deutschen ins Reich eingesetzt, die sich von Tag zu Tag noch verstärke. Bloß am 17. August seien es über 76.000 Flüchtlinge an den polnisch-deutschen Grenzen gewesen und dazu noch weitere 18.000 auf Danziger Gebiet. Wer kann das bestätigen? Wer hat Verwandte oder Bekannte in den Grenzgebieten, die darüber Genaueres wissen? Berlin verkehrt nun immer häufiger direkt mit den Danziger Behörden, statt, gemäß dem Danzig-Statut, den diplomatischen Weg über das polnische Außenministerium in Warschau einzuhalten, was noch Öl ins Feuer gießt. Entspannung ist anders.[297]

Mussolini will nicht mit Hitler in den Krieg ziehen

Canaris' Versuch, Mussolini zu verdeutlichen, dass sein Bündnispartner in Berlin sehr wohl auf Krieg hinarbeitet, erbringt den Erfolg, dass Roms Duce am 18. August eine Antwort erteilt, die nicht auf ungeteilte Freude stößt: Benito Mussolini widerruft den plötzlichen Sinneswandel Cianos in dem Plausch mit Hitler. Er wiederholt, Italien sehe sich außerstande, Krieg in Europa zu führen. Am nächsten Tag übergibt Ribbentrop Roms Botschafter Bernardo Attolico die Antwort des Führers darauf, in der er im Wesentlichen sagt, sein Entschluss, Polen zu überfallen, sei eindeutig gefasst und unabänderlich; der Polenkonflikt bleibe ein lokales Ereignis, da die Westmächte es nicht wagen werden, die Achse anzugreifen. Wenn sie Polen trotz allem militärische Unterstützung erweisen sollten, würde es für ihre Achse schwer sein, je günstigere Bedingungen für die Auseinandersetzung zu finden. Wenn ein allgemeiner Krieg entstehen sollte, so werde er auf Grund der Überlegenheit der Achse bloß von kurzer Dauer sein. Fasst man die Logik im Hirn des Führers zusammen, so rechnet er mit einem schnellen Sieg gegen Frankreich plus England – der sich auf die Achse Rom-Berlin stützt, obwohl der Duce eben gerade noch einmal erklärt hat, Italien sehe sich außerstande, Krieg zu führen, und auch die deutsche Generalität immer wieder warnt, dass unsere Wehrmacht dem denkbaren Angriff der Westmächte nichts entgegensetzen könne.[298]

Das kann ja heiter werden. Momente wie dieser sind wohl in besonderer Weise geeignet, um die Frage zu beantworten, welchen Anteil an Hitlers Erfolgen er seinen klugen Entscheidungen verdankt und wie viel davon auf die hinterhältige Unterstützung durch die Politiker, Diplomaten und nicht zuletzt durch Firmen feindlicher Staaten zurückzuführen ist. Diese Zeilen nach Rom, in denen Hitler erklärt, dass sein Entschluss, Polen zu überfallen, eindeutig gefasst und unabänderlich sei, wird der Empfänger im Archiv aufbewahren. Das ist ein weiterer Mosaikstein, der Historiker hoffentlich davon abhält, später zu schreiben, der arme Mann wäre von irgendwem zum Krieg gedrängt oder genötigt worden. Dieser Mensch ist Panne und von daher jeden *support* von draußen wert. Es gibt noch kein Problem am Sender Gleiwitz und bis dato können für jeden anstehenden Konflikt noch Lösungen auf diplomatischer Ebene gefunden werden. Es gibt in dieser Hinsicht auch *noch* ein durchschlagendes Argument. Wäre bei den treuen Sponsoren im westlichen Ausland über die Jahre der Eindruck entstanden, dass ihr Zögling von der Erweiterung des zusammenhängenden Lebensraumes für die Deutschen in Europa abgegangen sei, dann hätte man die teure Unterstützung für ihn eingestellt. Den Frieden bewahren sichert Konzernen der Öl- und der Rüstungsindustrie nämlich die horrenden Gewinne nicht, die sie im Fall eines Krieges weit entfernt von ihrer amerikanischen Heimat einstreichen können.

Die Halsstarrigkeit lässt grüßen

Drei Sekunden vor um zwölf wird in Moskau weiter um Polen gerungen, das verteidigt werden möchte, jedoch nicht von jedem, dessen Wunschverteidiger sich jedoch zur Rettung technisch nicht in der Lage sehen. In dieser Problemstellung drehen die Verhandlungsführer Pirouetten, mit denen sie bis zum 17. die Zeit vertrödelten. Da aus Warschau kein neues Lebenszeichen kam, verschoben sie ihr nächstes Gespräch auf Vorschlag von Drax allen Ernstes auf den 21. August '39. Nach langem Warten gibt Beck die Antwort in der Nacht zum 19. August an die Franzosen weiter: „Es ist für uns eine Prinzipienfrage: Mit der UdSSR haben wir weder ein Militärabkommen noch wollen wir ein solches mit ihr machen. Wir geben niemandem unter keinerlei Gestalt das Recht, über die Verwendung irgendeines Teiles unserer Gebiete durch fremde Truppen Gespräche zu führen."[299] Hoffentlich kann er mit einem derartigen großsprecherischen Redeschwall auch die Truppen der Deutschen Wehrmacht vom Betreten der Republik Polen abhalten. Hatte er *Mein Kampf* in der Hand gehabt? Darin deutet Hitler auf Seite 429 und der folgenden schon vorsichtig an, dass er sich Polen auch gut ohne die Polen vorstellen kann.

Die Militärattachés von Frankreich und Großbritannien in Polen führen am 19. August einen langen Disput mit dem Chef des Warschauer Generalstabes General Stachiewicz; auch das bringt nichts Neues. Warschau glaubt an einen gemeinsamen Militärschlag ihrer Länder gegen Hitlers Wehrmacht.[300] Dabei könnten sie sich noch nicht einmal über eventuelle hinterhältige Planungen ihrer Verhandlungspartner beschweren, da jene auf die üble Eroberung von Teschen im Windschatten von *München* verweisen können. Letztlich schlagen Naggiar und Doumenc der Regierung in Paris vor, die Einwendungen Becks nicht zu wörtlich zu nehmen und meinen, dass er vielleicht am liebsten von der ganzen Geschichte nichts wüsste. Man solle die Unterhändler einfach ermächtigen, einem Durchmarsch russischer Truppen durch Polen zuzustimmen, doch solle diese Zustimmung erst dann wirksam werden, wenn die Feindseligkeiten begonnen hätten. Absolut diplomatisch, wenn auch auf unkonventionelle Art und Weise, werden so die unterschiedlichen Standpunkte auf einen brauchbaren Nenner gebracht. Nachträglich greift man damit auf eine schon länger vorhandene, aber zuvor absolut weltfremde polnische Idee zurück, nach der über einen Einsatz russischer Truppen erst gesprochen werden könnte, wenn der Krieg offensichtlich bereits angefangen hätte. Diesen Plan B müsste man schon rechtzeitig vor dem Krieg bequackeln. Bleibt bloß zu ergänzen, dass der Westen trotz allem nicht daran denkt, gemeinsam mit der Sowjetunion irgendetwas zu unternehmen. Pläne für eine derartige Operation gab und gibt es nicht.[301]

Kunstvolles Zirkeln am Rande des Abgrunds

Während London unaufgeregt auf den nächsten Krach zwischen Russen und Deutschen hinarbeitet und die Polen so wenig behandelt wie gleichwertige Menschen wie zuvor schon die Deutschen, die Österreicher oder Tschechen und Slowaken, will sich Paris nicht schlussendlich vom Plan verabschieden, der Gefahr einer weiteren Ausdehnung Deutschlands im Bund mit Polen und mit englischer Rückendeckung die Stirne zu bieten. Somit kommen sich gegenseitig widersprechende Interessen im Westen heillos durcheinander und die polnische Führung übertreibt es absolut. Unterdessen wird am 19. August von Deutschen und Sowjets in Moskau ein Handelsabkommen unterzeichnet, und die russische Presse schreibt, es gebe Hinweise auf sich daraus ergebende mögliche politische Folgen, und die werden dann nicht bloß die Reiche Stalins und Hitlers betreffen, sondern durch die Mittellage zwischen den beiden Imperien auch Polen. Wenn es nicht auch bei den Polen um Menschen ginge, denen gar nichts Besseres übrig bleibt, als auf die Klugheit ihrer Politiker zu vertrauen, es läge nichts näher, als zu sagen: Das habt Ihr nun von dieser intriganten, doppelzüngigen Außenpolitik. Wer kann Paris oder London verurteilen, nachdem „die Polen“ eine äußerst gefährliche außenpolitische Situation ausnutzten, um sich eine Ecke der ČSR einzuverleiben, und nicht bereit gewesen sind, zu Frankreich zu stehen, falls „die Deutschen“ in das Land einmarschieren? So, wie die Dinge jetzt liegen, sind sie auf „die Russen“ angewiesen, ohne zu wissen, ob ihnen deren Hilfe nicht eher die Rache für frühere Verbrechen an den dortigen Völkern einträgt sowie ein politisches System, das auch viele Russen nach zwanzig Jahren Erfahrungen damit gern gegen ein anderes eintauschen würden. Da können wohl die

Polen auch bloß voller Neid auf die Schweizer Bürgerschaft schauen, die schon ewig bei all ihren politischen Fragen abstimmen kann. Die Gefahr für Polen naht indes auf zwei Lastkraftwagen der Abwehrstelle Breslau. Sie bringen die polnischen Uniformen, die für jenen fingierten Überfall auf den deutschen Rundfunksender Gleiwitz gebraucht werden. Am 20. August werden sie einem Obersturmbannführer Ratz beim Sicherheitsdienst der SS übergeben. An dieser Aktion nahe der polnischen Grenze sind übrigens insgesamt 364 SD-Leute mit von der Partie.[302] Die Presse wird diese Information nicht unters Volk bringen.

Am 20. August fallen die Würfel in Europa. Im grauen Moskau sieht die Partei- und Staatsführung, dass ein wirksames Bündnis mit der Sowjetunion nicht den strategischen Absichten der Regierung Großbritanniens entspricht, und dass sie in der polnischen Hauptstadt Warschau jegliche sowjetische Hilfe nach wie vor konsequent ablehnen.[303]

Auf dem Berliner Flughafen Tempelhof stehen indessen zwei Maschinen und warten auf ihre Passagiere, doch eine von ihnen wird das vergeblich tun. Hier eine Lockheed 12 A des englischen Geheimdienstes, die Göring zu einem geheimen *meeting* mit Chamberlain und Halifax in Chequers, Buckinghamshire, dem offiziellen Landsitz des Premiers, bringen kann, und dort steht eine moderne Maschine des Führers bereit, die dieser für einen Flug Ribbentrops in die sowjetische Hauptstadt angeboten hat.[304] Was seit 1934 schon Tausend Mal besprochen wurde, könnte jetzt in die Tat umgesetzt werden, wenn es die Diplomaten des Königs von England mit ihrer Hinhaltetaktik nicht auch bei Hitler übertrieben hätten – und wenn sie mit wirklich Deutschland gemeinsame Sache machen wollten.

Bis zu diesem Tag hat Berlin immer wieder von den Londonern und den Franzosen gefordert, sie sollten vor weiteren Gesprächen ihre Verhandlungen mit Moskau einstellen. Jetzt fordern die Westmächte von Hitler, er solle endlich das Techtelmechtel mit Moskau beenden.[305] Aber Berlins Nummer 1 hat mittlerweile seinen Entschluss gefasst: Auf nach Moskau! Ribbentrop deutet in einem Telefongespräch mit dem japanischen Botschafter Ōshima Hiroshi an, dass eine Annäherung mit Moskau in Aussicht steht. Die internationale Lage habe das Reich gezwungen, so vorzugehen. Wohl um dem Japaner ein schlechtes Gewissen zu bereiten, sagt der Hobbydiplomat zu ihm, die japanische Regierung habe zu lange mit dem Abschluss eines Dreimächtebündnisses gezögert. Nichtsdestotrotz bleibe die Weiterentwicklung der deutsch-japanischen Freundschaft das Ziel Hitlers. Ōshima aber weiß natürlich, dass gerade er sich in Tokio für ein Bündnis mit Deutschland eingesetzt hatte, und nimmt Ribbentrops Worte sehr deprimiert auf. Er erwartet eine heftige Reaktion aus Tokio, zumal ein eventueller Nicht-Angriffs-Vertrag zwischen Deutschland und der Sowjetunion jenes geheime Zusatzabkommen zum Anti-Komintern-Pakt verletzen würde, von dem natürlich *niemand* in der Welt weiß. Von Ribbentrop gelingt es auf jeden Fall nicht, Ōshima davon zu überzeugen, dass eine deutsch-sowjetische Annäherung auch für Japan günstig sei.[306]

Aber Angriff von Osten und Nicht-Angriff von Westen beißen sich auch. Damit steht für Japan der Anti-Komintern-Pakt in Frage. Die Regierung Hiranuma tritt daraufhin zurück und das neue Kabinett vertagt den vorgesehenen Angriff auf die Sowjetunion auf später.[307] Somit ist nach Rom auch Tokio von seinem Bündnispartner in Berlin vor den Kopf gestoßen, obgleich sicherlich aus zwei gänzlich unterschiedlichen Gründen. Hitlers Vorhersage, dass Regierungen am vorgesehenen Vertrag mit der Sowjetunion zerbrechen würden, wird also zuerst bei den Verbündeten wahr – kein gutes Omen für die Zukunft Deutschlands. Trotz alledem wissen sie in Rom und Tokio damit wesentlich mehr als knapp hundert Prozent der Leute im Reich: Nach zwanzig Jahren Antikommunismus möchte Hitler einen Pakt mit dem Reich der Sowjets abschließen. Vielleicht müsste er seine Untertanen auf diesen Schwenk vorbereiten – zumal er so viel von Propaganda versteht. Doch dafür bleibt keine Luft. Vor Tagen war nicht klar, ob man die Aussöhnung mit London oder die mit der Sowjetunion präsentieren kann, und jetzt drängt die Zeit, denn der Einmarsch in die Republik Polen darf nicht zu spät beginnen – sonst versinkt die Technik an verregneten Tagen in den Feldern im Matsch. Wenigstens führenden Generälen müsste er aber doch einen Hinweis geben, dass er die Außenpolitik in ihrer Tendenz um 180 Grad drehen will. Da heißt es plötzlich: „Die ganze Kolonne, kehrt Marsch!“

Kretins und Halbidioten

Hitler befiehlt die Führungsspitze der Wehrmacht (in Zivil!) für den 22. August auf seinen Berg in den Alpen. Auch Göring und Ribbentrop sind zugegen. Dann erscheint der Führer. Er begrüßt die Herren und lädt sie zu einem Frühstück ein, das auf der großen Freiterrasse eingenommen wird. Als ein Gewitter aufzieht, gehen die Männer in das Arbeitszimmer und die Tür schließt sich vor neugierigen Blicken. Irgendwann ist dieser Tag zu Ende. Die Dagewesenen haben eine Menge gehört und fahren zurück an ihre Standorte. Als Hans Oster in Berlin die Notizen liest, die am 22. August von seinem Chef Wilhelm Canaris angefertigt worden waren, sieht er erneut eine Chance, die Westmächte doch noch zu einer Aktion zu drängen. Oster fertigt, vermutlich gemeinsam mit Kollegen, eine verfinsterte Rede an. Es ist praktisch eine Fälschung, aber in der Not frisst der Teufel Fliegen. Das geht bis dahin, dass Hitler die westlichen Staatsmänner Kretins und Halbidioten genannt haben soll, Japans Staatsoberhaupt einen „schwachen, feigen, entschlusslosen Kaiser", der König von Rumänien sei ein korrupter Knecht seiner Sexualtriebe und so weiter. In Hitlers wirkliche Rede werden Sätze eingearbeitet wie folgender: „Nach Stalins Tod, er ist ein schwerkranker Mann, zerbrechen wir die Sowjetunion. Dann dämmert die deutsche Erdherrschaft herauf."[308] Wie sollte Hitler solch einen Gedanken äußern, wenn er selbst vor Generälen stets nur häppchenweise seinen allernächsten Schachzug bekanntgibt? Macht er natürlich nicht. Er ist ja nicht auf den Kopf gefallen.

Für den, der nicht auf dem Obersalzberg war, bleibt im Nebel, was jetzt Dichtung und was Wahrheit ist. Hitler hatte wohl einen Überblick über die politische und militärische Lage der einzelnen Großmächte gegeben und für die nächsten Tage die Unterschrift von Ribbentrops unter einen Vertrag mit Moskau angekündigt.[309] Davon, dass er selbst zum Staatsbesuch rüber will, ist keine Rede mehr. Die einzige Information, die davon in die Medien gelangt, ist der Abflug einer Delegation mit Herrn Außenminister Joachim von Ribbentrop an der Spitze in das *Reich des Bösen*. Die frisierte Version von Hitlers Rede geht über den SPD-Jugendführer aus besseren Zeiten Hermann Maaß dem amerikanischen Journalisten Louis P. Lochner zu. Dieser übergibt ihn am 25. August einem Beamten der britischen Botschaft in Berlin mit der Bemerkung, die Aufzeichnung stamme von einem Generalstabsoffizier, „der sie von einem bei der Versammlung anwesenden General“ erhalten habe. Schockiert sei der Herr General und hoffe auf die Bändigung des Wahnsinnigen durch England. Die Briten behalten diese Blätter im Tresor. So gute Formulierungen wie *dämmernde Erdherrschaft* kann man bei passender Gelegenheit gewiss noch einmal gebrauchen.[310] Getan wird natürlich immer noch nichts.

Parallel und zeitgleich

Um im letzten Augenblick einen Vertrag zwischen Berlin und Moskau zu verhindern, sandte das Amt Ausland/Abwehr den Rechtsanwalt Fabian von Schlabrendorff* nach London, um dort sowohl vor so einem Vertrag zu warnen – als auch vor einem darauf folgenden Einmarsch in Polen.[311] Die Nachricht, dass der Außenminister des Reiches am 23. August nach Moskau fliegen soll, schlägt nach Dr. Erich Kordt in London ein wie eine Bombe. Noch in der Nacht zum 23. August sitzt der Premier über einem Brief an Hitler. Er beschwört ihn, nichts Unwiderrufliches zu tun. Wenn es nach dem Krieg hieß, die große Katastrophe wäre vermieden worden, wenn die britische Regierung im Jahre 1914 ihre Stellungnahme klarer zu erkennen gegeben hätte, sei er doch dieses Mal entschlossen, es nicht wieder zu einem solchen tragischen Missverständnis kommen zu lassen. England werde Polen militärisch zur Seite stehen, auch wenn es zu einer deutsch-sowjetischen Abmachung jedweder Art komme. In seinem Brief warnt er davor anzunehmen, es könnte mit einem kurzen Kriegsverlaufe gerechnet werden, selbst wenn an einer der verschiedenen Fronten, auf denen er losbrechen würde, ein Erfolg zu verzeichnen wäre. Er möchte erneut ausdrücken, dass ein Krieg zwischen unseren Völkern die größte Katastrophe darstellen würde, die überhaupt eintreten könnte.[312]

Stehenden Fußes antwortet Hitler in einem Schreiben dem bis dato bevorzugten Bündnispartner, dass die Frage der Behandlung der europäischen Probleme in friedlichem Sinne nicht von Deutschland entschieden werden könne; das müsste in erster Linie durch die geschehen, „die sich seit dem Verbrechen des Versailler Diktats jeder friedlichen Revision beharrlich und konsequent widersetzt haben". Erst nach der Änderung der Gesinnung der verantwortlichen Mächte könne auch eine Änderung des Verhältnisses zwischen England und Deutschland im positiven Sinn eintreten.[313] Was für eine Unverschämtheit nach der nachgiebigen Haltung Großbritanniens zu allen einseitigen Änderungen bis hin zum Anschluss der Tschechei, die bei aller Liebe kein deutsches Land ist. Hitler, der auf seinem Berg in den Alpen schon die Neuigkeiten aus Moskau erwartet, empfängt am 23. August zwischen Erde und Himmel den Londoner Botschafter, um ihm die Antwort zu überreichen, die umgehend auf Reisen geht. Auch Hermann Göring nutzt Kanäle nach England um das *Empire* von seiner Opposition gegen die Absichten des Reiches bezüglich Polens abzubringen. Zu einem der Vermittler mausert sich ein Birger Dahlerus, ein Schwede, der schon länger bestrebt ist, eine Verständigung zwischen England und Deutschland herbeizuführen, in der Hoffnung, einen Krieg zwischen diesen beiden Ländern zu verhüten. Dahlerus sagt man freilich weder etwas vom geheim verkündeten Entschluss Hitlers noch von den vorhandenen militärischen Weisungen für einen Angriff auf Polen. Der selbsternannte Friedensengel hat so natürlich keine guten Karten.[314]

Vorfreude ist die schönste Freude. In diesem Fall ist es die Freude, dass es in ein paar Stunden mit Stalin in Moskau eine Abrede zur Aufteilung von Polen geben soll, die Hitler in Berlin bewogen haben muss, in dieser bewegten Zeit und an diesem aufregenden Tag, dem 23. August, etwa 30 deutsche Divisionen in Richtung Polen in Bewegung zu versetzen. Doch so leicht sind die Polen nicht zu schocken: Nun lässt auch Feldmarschall Rydz-Śmigły ungefähr zwei Drittel der polnischen Armee mobilmachen. Es werde aber, wird von polnischer Seite betont, zu keiner Provokation kommen. Londons Botschafter in Polen Sir Howard Kennard informiert Außenminister Halifax, dass der strenge Befehl gegeben wurde, herausfordernde Maßnahmen zu unterlassen. Als die Spannung weiter wächst, mahnt Halifax immer wieder zu Verhandlungen. Er fordert Polens Botschafter in Berlin auf, „spätestens morgen" mit Adolf Hitler zu sprechen. Ist das statthaft? Er ist doch nicht dessen Chef?[315] Aber es ist eindeutig, dass damit das Szenario für den Ausbruch des Krieges präpariert wird – für den Kriegsschuldartikel *à la* 1919: Die allgemeine Spannung ist ganz in Ordnung, aber den ersten Schuss abgeben müssen die Deutschen und den Weg nach Osten freigeben müssen dann die Polen.

Der Ribbentrop-Molotov-Pakt

Anders als die Franzosen, die gemächlich nach Moskau getuckelt waren, oder jene drei nachrangigen britischen Militärs, die mit einem Schiff in See stachen, das eine „Geschwindigkeit" von 13 Knoten hatte, landet der Herr Minister Ribbentrop, und alleine das schindet heftig Eindruck, mit einer modernen *Focke-Wulf Condor* auf einem Moskauer Flughafen in Begleitung von 32 Delegationsmitgliedern. So muss ein Besuch sein – schon allein zum Bauchpinseln für die Gastgeber in der Paradeuniform. Die Staatsdelegation aus der Reichshauptstadt kommt am 23. August im sonnigen Moskau an. Unter den Herren ist Paul Schmidt. Er beherrscht zwar die großen westlichen Sprachen, doch Russisch kann er nicht. Hier hat er lediglich das Protokoll zu verfassen. Bei einem Bummel durch die Stadt fällt ihm ganz besonders auf, dass das Lachen auf den Gesichtern fehlt, wie auch die Farbe in der Kleidung. Höchstens einige weiße Kopftücher bringen ein gewisses Leben in das Grau der Gesichter sowie der Kleidung. Obwohl fast alle auf der Straße sauber und ordentlich gekleidet gehen und er kaum jemanden in ärmlichen und zerrissenen Lumpen umhergehen sieht, scheint über Menschen und Häusern etwas wie ein schwermütiger, grauer Schleier zu liegen, den er sich bei den Gebäuden damit erklärt, dass sie wahrscheinlich lange Zeit hindurch weder einmal neu verputzt noch neu angestrichen wurden. Viele dieser Häuser wirken auf Schmidt ungefähr so wie die Gegend um den Schlesischen Bahnhof in Berlin kurz nach dem Weltkrieg und der Revolution von 1918.[316]

Nach dem Mittagessen beginnen die offiziellen Unterredungen. Ribbentrop setzt zu Beginn auseinander, dass man zu einer schnellen Einigung über die polnische Frage gelangen wolle. Daraufhin stellt ihm Staatschef Stalin die Frage, ob Berlin bereit sei anzuerkennen, dass das Gebiet östlich der Düna sowie die Häfen Libau und Windau außerhalb der eigenen Interessensphäre lägen. Nach einem Telefongespräch mit Hitler, der auf seinem Berghof weilt, wird dies zugesichert. Daraufhin schlägt Stalin die

Abgrenzung der Interessensphären in Polen vor. Ihm scheint eine Linie durch die Flüsse Pissa, Narew, Weichsel und San die beste Grenze ihrer beiden Einflussgebiete. Damit begräbt er eine Konstante der Moskauer Außenpolitik, die seit der Revolution von 1917 galt. Unter dem Eindruck polnisch-rumänischer Vereinbarungen zum Marsch in sein Reich sowie der schroffen Warschauer Zurückweisung jeglicher sowjetischer Unterstützung gegen Deutschland gewinnt er am Konferenztisch die Gebiete zurück, die sich Polen nach seiner Gründung bis 1921 angeeignet hatte, *plus* einen Streifen von Polen, fast bis vor die Tore Warschaus.[317] Genau in dieser kreativen Erweiterung des Einflussgebietes darf man den Kern seiner weiteren Planung sehen. Die Quadratkilometer, die jetzt schon in seiner Hand sind, müssen später nicht mehr *befreit* werden. Hitler wird seinerseits ebenfalls denken, mag er diese und jene Stadt erst einmal behalten; das hole ich mir, wenn ich Polen in der Tasche habe.

Minister Ribbentrop nimmt diesen Vorschlag sofort an. Diese Regelung wird Teil eines geheimen Zusatzprotokolls, in dem auch fixiert wird, die Sowjetunion überlasse Deutschland die Gebiete Polens westlich der vier genannten Flüsse und erkennt an, dass Litauen zum deutschen Einflussgebiet gehört, und umgekehrt erkläre Deutschland, dass Finnland sowie Estland und Lettland außerhalb seiner Interessensphären liegen. Bis vor kurzem war Moskau noch bereit, zusammen mit Großbritannien die Unabhängigkeit der baltischen Länder und Polens zu garantieren. Analog zu den polnisch besetzten Gebieten der Sowjetunion werden am grünen Tisch auch die Teile Bessarabiens zurückgewonnen, die Rumänien zwei Jahrzehnte zuvor den Russen abgejagt hatte. Beide Seiten erklären, dass sie der Balkan nicht interessiert.[318] Das ist aber die Gegend Europas, die London dem Deutschen Reich überlassen hat zur wirtschaftlichen Ausbeutung. Auf die Auswertung dieser Übereinkunft durch Historiker aus verschiedenen Ländern darf man auf jeden Fall gespannt sein. Wer von dieser Zunft erwartet, dass sie professionell die Wahrheit zutage fördert, hat nicht ansatzweise begriffen, dass die hier Beschäftigten ihre Gehälter nicht zum Spaß ausgezahlt bekommen. Die Produkte ihrer Arbeit haben nationalen, staatlichen und politischen Wünschen ihrer Auftraggeber zu genügen. Es wäre ja zu schön, wenn Wahrheit auch ein Kriterium wäre.

Werden die Experten später einmal auch noch in Rechnung stellen, wie zweigleisig alle Beteiligten vorgegangen sind und wie die verschiedenen Sympathien, Antipathien und hintergründigen Absichten schließlich zu diesem Schlussakkord geführt haben? Die Warnung vor der Möglichkeit des Abschlusses eines Abkommens zwischen Hitler und Stalin jedenfalls hatte London schon während der Septemberkrise des letzten Jahres von den Gebrüdern Kordt aus der deutschen Botschaft erhalten. Das wurde seinerzeit ignoriert.[319] Auch britische Militärs haben auf die Gefahr hingewiesen. Sie hatten versucht, den Politikern zu erläutern, dass das polnische Militär „ohne unverzügliche wirksame Hilfe seitens Russlands"[320] einem deutschen Angriff nur begrenzte Zeit würde standhalten können. Sie hatten den Standpunkt dargelegt, dass der Abschluss eines Vertrages mit der Sowjetunion das beste Mittel wäre, um den Krieg zu verhindern. Würden hingegen die Verhandlungen mit den Sowjets scheitern, sei eine „Annäherung zwischen Russland und Deutschland möglich".[321] Auch die Rede Molotovs am 31. Mai konnte niemanden im Westen beeindrucken. In London brauchen sie sich nicht zu beklagen. Dass sich Hitler notfalls mit den Sowjets verständigt, hat er sogar selbst noch am 11. August über Burckhardt, den Hochkommissar des Völkerbundes, ausrichten lassen.

Wie viele Historiker werden die Option erwähnen, dass Warschau seine Eroberungen tauschen konnte gegen gesicherte Grenzen der Gebiete, in denen tatsächlich Polen wohnen, und wie viele werden gelten lassen, es sei innenpolitisch nicht durchsetzbar gewesen, die ukrainisch und weißrussisch besiedelten Städte und Dörfer zurückzugeben? Wenn dies aber stimmt, wirft das neue Fragen nach der Ausprägung des Nationalismus in verschiedenen Ländern auf. Deutschland zum Beispiel besteht nicht nur aus den Reden Hitlers und der offiziellen Propaganda. Die Mehrheit der Deutschen – einschließlich vieler Nazis – wollte 1938 besser darauf verzichten, sogar die von Deutschen bewohnten Sudeten heim ins Reich zu holen, wenn man das Ziel bloß um den Preis eines Krieges erreichen konnte, doch die Polen sollen nicht bereit sein, Gebiete zurückzugeben, die von Weißrussen und Ukrainern bewohnt werden? Wenn nicht gesagt werden sollte, dass die Weigerung zur Rückgabe dieser Gebiete am Ende zur vierten Teilung dieses Staates führt, wie wird man die Außenpolitik der Sowjetunion bewerten? Werden sich die professionellen Historiker wagen, den Bau von Befestigungsanlagen in den baltischen Staaten, die nur gegen die benachbarte Sowjetunion gerichtet sein können, ganz einfach unter den Tisch fallen zu lassen? Lassen wir uns überraschen. Was Historiker zu beweisen versuchen werden, wird ja schon daran zu sehen sein, ob sie damit beginnen, dass in Berlin Ende 1938 ein Großkredit des Reiches für die Sowjetunion in Höhe von 200 Millionen Mark zum Kauf von deutschen Industriegütern ins Gespräch eingeführt wurde und dass sich Hitler Mitte Januar an Botschafter Merekalov herangepirscht hatte, oder ob sie eine der Moskauer Reaktionen auf den Umschwung in Berlin an den Anfang setzen. Technisch bleibt trotz alledem der Anfang vorne.

Zur nächtlichen Stunde werden dann noch ein paar offizielle Artikel als Nichtangriffsvertrag zwischen Moskau und Berlin ausgearbeitet. Als von Ribbentrop den Gedanken vorträgt, man könne hier durchaus auch eine Präambel voransetzen mit der Absichtserklärung, dass man die freundschaftliche Gestaltung der deutsch-sowjetischen Beziehungen im Visier habe, zeigt der sowjetische Staatschef Stalin ein gesundes Gespür dafür, was *Er* gläubigen Kommunisten zumuten kann und was nicht. Nachdem die Sowjetregierung schon sechs Jahre lang, so wörtlich, mit Kübeln von Jauche übergossen worden sei, könne man nicht mit Beteuerungen zur deutsch-sowjetischen Freundschaft auf den Plan treten. Daraufhin wird eine neutralere Lösung gefunden und in *der* Form wird der Vertrag von den zwei Außenministern Molotov und Ribbentrop unterzeichnet.[322]

Um einen Keil zwischen Deutsche und Japaner zu treiben, ist Stalin also bereit, sich selbst mit dem Teufel zu verbünden, denn er fürchtet länger schon ebenfalls einen Zweifrontenkrieg wie ihrerseits die Franzosen und die Deutschen. Frankreich befindet sich zwischen Francos Spanien und Hitlers Reich und Deutschland selbst liegt zwischen Frankreich und der Sowjetunion. Es ist präzise das Szenario, das die Polen nach den Unterschriften von Moskau jetzt wohl erwartet. Das ist *Appeasementpolitik* in der Moskauer Ausführung, steht Polen doch nach den Vorstellungen in London auch teilweise oder sogar ganz zur Debatte.[323] Hitler seinerseits ist gleichermaßen bereit, sich mit dem Teufel zu verbünden, wo es doch gilt, mit einem hyperschlauen Schachzug den entscheidenden Fehler im Weltkrieg zu vermeiden: Um keinen Preis der Welt darf es noch einmal zu einem Zweifrontenkrieg kommen. So viel hat er verstanden. Im Reich wie auch in der Sowjetunion muss nun natürlich um etwas Verständnis für den überraschenden Vertrag mit dem jeweiligen *Reich des Bösen* geworben werden. Während in Deutschland zumindest in letzter Sekunde der Abflug der Staatsdelegation nach Moskau bekannt gegeben wird, ist in den sowjetischen Medien noch nicht einmal von deren Ankunft etwas zu finden. Auch als die Deutschen bereits auf dem Weg nach Hause sind, bleiben Deutschland und Italien in den sowjetischen Zeitungen noch für einige Tage die faschistischen Aggressoren, bis allmählich ein neuer Ton Einzug hält.[324] Besonders grotesk wirkt es, dass Molotov, nachdem sich die deutschen Diplomaten ein halbes Jahr lang mit Tauchsiedern um die Erwärmung des Verhältnisses der zwei Staaten bemühen mussten, nach dem Abschluss dieses Vertrages so tut, als sei die Initiative ursprünglich von Moskau ausgegangen und jetzt von der Weisheit und Weitsicht des verehrten Genossen Stalin schwärmt, der Berlin genau wie auch Moskau ein Licht aufgesteckt habe.[325] Auf keinen Fall darf der Eindruck erweckt werden, ein Fremder und noch dazu ein Böser hätte einen guten Einfall gehabt und der weise Führer in Moskau hätte nachziehen müssen.

Sicher sind auch die Deutschen überrascht von dem jüngsten Streich des Führers, doch hier überwiegt die Erleichterung über den Vertrag mit der Sowjetunion und ein Ende der Einkreisung des Reiches. Von Polen geht sicher keine Gefahr mehr aus, wenn es von zwei Seiten gut eingekeilt ist. Gläubige Nationalsozialisten dürfen sich bestätigt fühlen. Hatte Kanzler Hitler nicht vor Jahren schon angeboten, bis zum letzten Maschinengewehr abrüsten zu wollen, und wiederholt erklärt, dass das Unglück anderer Völker dem eigenen Volk keinen Nutzen bringen könne? Und dass die Wohlfahrt aller die Grundlage des Völkerlebens sei? Sehr eindrucksvoll war das Flottenabkommen mit England, seine Erklärung Frankreich gegenüber, keine territorialen Ansprüche mehr erheben zu wollen, auch das Münchener Abkommen und schließlich der Vertrag mit der Sowjetunion. Gerade der ruft eine Welle der Freude hervor, weil er den Frieden mit dem potentiellen Gegner bringt, der in der Propaganda bislang stets als der schlimmste Feind bezeichnet worden ist.[326] Es bleibt auch weiter der Spekulation überlassen, inwieweit Hitler in der Breite des deutschen Volkes Sympathie genießt. Doch man darf vermuten, dass sie nach dem Tiefpunkt vom September des vorigen Jahres und jener Kriegsangst von damals nach dem Abschluss des Vertrages mit Moskau auf ihrem absoluten Höhepunkt angekommen ist. Wenn für die übrigen 994 Jahre des Tausendjährigen Reiches Frieden herrscht, werden Hitlers Bäume wohl in den Himmel wachsen.

Viele Leute sparen übrigens auch weiterhin unverdrossen auf einen der 1933 versprochenen Volkswagen, denn es hat sich ja längst nicht überall herumgesprochen, dass in Wolfsburg fast ausschließlich Fahrzeuge zum Einsatz bei der Wehrmacht gebaut werden. Spötter jedoch machen das Auto zum Aufhänger für Witze wie: „Der Volkswagen wird noch billiger. Statt 990 soll er nur noch 750 RM kosten." Da fragt man sich unwillkürlich, warum, und bekommt zur Antwort: „Nun, er wird 1. keine Bremsen haben – denn in Deutschland geht es nur noch aufwärts, 2. werden die Kotflügel fehlen, denn wir sind ja aus dem Dreck heraus, und 3. sind die Winker und Scheinwerfer überflüssig. An ihrer Stelle sind Sammelbüchsen des Winterhilfswerks angebracht – wenn die auftauchen, laufen die Leute sowieso aus dem Fahrweg."[327]

Wahrscheinlich hält fast bloß noch der knorrige Schlosser Ansgar an der Ecke bockig daran fest, dass Hitler sicher den Krieg bedeutet. Leute wie er brummeln herum, das sei aber schnell gegangen. Vor kurzem hätte es ja noch ganz anders geklungen. Von diesen Brabbelköpfen und Meckerlieschen hört man jetzt solches: Auch Joseph Goebbels wird demnächst nach Moskau reisen. Auf die Frage, warum, wird erklärt: „Er will Stalin die Maske wieder aufsetzen, die er ihm im Frühjahr abgerissen hatte."[328] Das war es, was vor Monaten großspurig überall in den Medien gebracht wurde. Es ist aber auch zu blöd, dass die Leute solche überholten Wahrheiten nicht einfach wieder vergessen und aus dem Hirn löschen.

Noch im Januar hat ein gewisser Herr von Ribbentrop einen Vortrag vor der deutschen Generalität gehalten, in dem er unterstrich, dass die antibolschewistische Linie unwandelbar wäre. Ein halbes Jahr dauerte diese Ewigkeit an. Jetzt muss sie Hitlers *Realpolitik* weichen. Übrigens waren unsere Generäle von der Dauerfeindschaft mit der Sowjetunion nicht so sehr angetan gewesen. Etwas Entspannung hätte für das Reich auch ein Mehr an Sicherheit bedeutet.[329] Anders als auf den Straßen des Reiches liegen die Verhältnisses in den Fluren der Macht in Berlin. Dort hat sich inzwischen herumgesprochen, dass es gar nicht um den Frieden mit der Sowjetunion geht und nicht um die Befreiung Danzigs, sondern um den Krieg gegen die Republik Polen, der in einen Weltkrieg münden kann im Falle des Eingreifens durch Frankreich und England. Es ist ja geradezu gespenstisch, dass die Großmächte dem Maulhelden in Berlin bisher die Gaunereien alle durchgehen ließen.

Was Moskau angeht, so hält Außenminister Molotov die Tür zu Vereinbarungen mit den Westmächten weiter offen und erklärt gegenüber dem französischen Gesandten Paul-Émile Naggiar, der Nichtangriffspakt mit Deutschland sei nicht unvereinbar mit einem Vertrag über gegenseitigen Beistand zwischen Großbritannien, Frankreich und der Sowjetunion.[330] Das wollen die westlichen Diplomaten jedoch immer noch nicht und sie packen nach der Pleite der eigenen Verzögerungstaktik die guten Sachen in die Koffer für ihren Heimweg. Mit dem Vertrag zwischen Moskau und Berlin ist aus der Angst vor einem erneuten *Rapallo* Realität geworden. Das *Foreign Office* informiert noch seine Botschaft in Washington über Molotovs Erklärung, dass die Verhandlungen etwa in einer Woche fortgesetzt werden können.[331] Wenn das einer wollen würde.

Werden die beiden großen Diktatoren nun die Welt unter sich aufteilen? Und welche Aussicht erst für ihr Geheimprotokoll! Man wird es erst im neuen Jahrhundert in den verstaubten Regalen von Archiven in Moskau und Berlin auffinden! Was für eine romantische Vorstellung, jedoch auf keinen Fall wahrscheinlich. Wenn diese Sowjets seit Jahren in den Krieg ziehen wollten gegen Hitlers Reich und bis zum 15. August an Angriffsoperationen gegen die Wehrmacht beteiligt werden wollten, wird sie am 23. August kaum die übermäßige Liebe erfasst haben. Demzufolge wird es jenem Papier nicht gehen wie Dornröschen, hundert Jahre Schlaf und dann geweckt vom Kuss eines Prinzen. Es ist viel wahrscheinlicher, dass die Sowjetunion an der personellen und technischen Verbesserung ihrer Roten Armee arbeitet und neben Deutschland auch die Westmächte auf die Speisekarte setzt.

Es ist tatsächlich berechtigt, von zwei Lagern unter den Zuständigen für die deutsche Außenpolitik zu sprechen. Die Tinte unter dem Dokument ist noch nicht trocken, Nazi von Ribbentrop ist kaum außer Sichtweite, da informiert Herwarth von Bittenfeld den Rat der US-Botschaft in der sowjetischen Hauptstadt Charles Eustice Bohlen über den Inhalt dieses geheimen Zusatzprotolls. Bittenfeld informiert auch die Botschaften der anderen Großmächte Großbritannien, Frankreich und Italien über diese Absprachen.[332] So kommt es, dass das Dokument kurz nacheinander von Diplomaten in Moskau und Berlin, in Washington und London sowie in Paris und Rom gelesen wird. Es ist überflüssig, extra zu erwähnen, dass kein Mensch die Polen warnt, und es ist klar, dass die Verantwortlichen für diese Entscheidung vor den Gerichtshof in Den Haag gehören, wenn Polen daraus jetzt Schaden erwächst. Hans Herwarth von Bittenfeld, der bei den Kollegen angesehene Diplomat, der seit mehreren Jahren an der deutschen Botschaft in Moskau tätig gewesen war, verlässt am Tag nach der Unterzeichnung dieses Ribbentrop-Molotov-Paktes aus Protest den diplomatischen Dienst, tritt in die Wehrmacht ein und hält sich dort wie schon mancher andere für den dringend erforderlichen Staatsstreich im Deutschen Reich bereit.[333] Dabei ist solch ein Arbeitsplatz in der Abwehr der Wehrmacht auch für den Herrn Diplomaten gewöhnungsbedürftig.

An der deutsch-polnischen Grenze

Verlassen auch wir die hektische Großstadt Moskau mit ihren hübschen Metrostationen und den Schlangen vor den Fässern mit frischem Kwas, so etwas Ähnlichem wie Bier, und sehen uns an der polnisch-deutschen Grenze um. Auf der deutschen Seite liegt recht verträumt das Städtchen Gleiwitz. Alfred Naujocks und die anderen Männer aus dem SD warten noch immer auf ihr Zeichen zu einem Einsatz. Das quirlige Leben in der Reichshauptstadt gewohnt, reicht bei ihm nach mehr als einer Woche in diesem toten Kaff die Geduld nicht mehr und er ruft Reinhard Heydrich an, um von seinem Chef die Erlaubnis zu erhalten, nach Berlin zurückkehren zu dürfen. Er wird jedoch angewiesen, in Gleiwitz zu bleiben. An diesem 24. August appellieren der Papst und der Präsident der USA an den Führer, den Streit mit Polen nicht bis zum Kriege zu treiben.[334] Der Präsident seinerseits muss keine schlaflosen Nächte bekommen, weil er ein Einlenken Hitlers befürchten müsste. Als er im April zuletzt so einen Friedensappell an Mussolini und Hitler gesandt hatte, hat der Führer in Berlin darauf nur mit beiläufigen Worten im Rahmen einer seiner tollen und immer sehr ausführlichen Reichstagsreden reagiert.

Neue Krokodilstränen in London

In London bleibt es nicht beim Schrecken über das Abkommen zwischen dem braunen und dem roten Imperium. Wie geht es nun weiter? Bis zum 25. August liegt die Rede von König George VI. vor, die gehalten werden soll, wenn in Europa ein Krieg ausbricht. Da Herwart von Bittenfeld die Großmächte über das geheime Zusatzprotokoll zu dem Vertrag zwischen Berlin und Moskau informiert hat, ist es am wahrscheinlichsten, dass es in Kürze zu einer vierten Teilung Polens kommt. Der König soll aus dem Anlass dann die folgenden Worte sagen: „In dieser ernsten Stunde, vielleicht der ernstesten in unserer Geschichte, sende ich an jeden Haushalt meines Volkes diese Botschaft, die mit derselben Gefühlstiefe für jeden von Ihnen geschrieben ist, als könnte ich persönlich über Ihre Schwelle treten und zu Ihnen selbst sprechen." Der Herrscher über ein gewaltiges Weltreich soll vor der staunenden Menschheit ausführen: „Wir sind eine friedliebende Nation. Wir glauben, dass es keine Frage gibt, die in einer zivilisierten Welt nicht vernünftig und gerecht geregelt werden kann, ob es sich um eine Auseinandersetzung zwischen Individuen oder um eine zwischen Nationen handelt." Dann soll er ganz traurig sein: „Aber in den vergangenen Jahren hat sich in Europa ein neuer Geist herausgebildet, der diesen Zivilisationsprinzipien absolut entgegensteht, die wir, genau wie alle Nationen, die wie wir denken, wertschätzen." Warum soll denn ausgerechnet *Er* das sagen? „Es ist dies der Geist des Angreifers und des Rabauken, der bereit ist, Verträge zu brechen, internationale Verpflichtungen und Verbindlichkeiten zu annullieren, die Rechte und Freiheiten anderer Nationen zu missachten, wenn sie schwächer sind als er selbst, oder kurz gesagt, der die Welt mit brutaler Gewalt zu beherrschen versucht. Dieser Geist wohnt der Nazi-Partei inne, die heute die Oberherrschaft über Deutschland hat." Der Herrscher über das britische *Empire* wird sich hüten zu erklären, dass Eliten in England und Amerika diesen Rüpel erst in die Lage versetzt haben, an die Macht und zu erstaunlichen außenpolitischen Erfolgen kommen zu können. Bis vor kurzem war gar noch die Rede davon, dem Obernazi in Berlin die ehemaligen deutschen Kolonien zu Füßen zu legen. Weiter steht in dem Entwurf: „Solange dieser Geist vorherrscht und die Politik einer der Großmächte leitet, kann es kein Vertrauen zwischen den Nationen geben, keine Sicherheit für die kleineren Staaten, keine Hoffnung auf Frieden für die Welt, sondern nur Angst, Misstrauen und Hass unter den Menschen." Um die Ernsthaftigkeit dieser Rede zu einer Kriegserklärung an Deutschland abzuschätzen, werden wir abwarten müssen, ob England Polen bei einem Überfall zur Seite steht oder wie es weiter verfährt. Man kann es auch umgekehrt betrachten: Nach solch einer Rede muss man dann auch für Polen auf die Barrikaden gehen, notfalls auch gegen die Sowjetunion mit ihrem ach so schwachen Militär, wie es in London heißt. Weil der Psalm berechtigterweise als zu schwülstig eingeschätzt wird, muss diese Rede überarbeitet werden.[335] Mag sein, dass einer der Berater eingewendet hat, die vorgetragen Gedanken würden in Dr. Joseph Goebbels' Presse genüsslich ausgeschlachtet und gegen das Britische Weltreich verwendet werden.

An diesem 25. August werden zwei Unterschriften unter einen Bündnisvertrag zwischen London und Warschau gesetzt. Botschafter Raczyński setzt seine Unterschrift unter eine Verpflichtung, die nicht stärker hätte formuliert werden können, die jedoch zwei Schwachstellen aufweist. Da ist zuerst die polnische Flotte, die es höchstens auf dem Papier gibt, und da ist zweitens die Weltmacht Großbritannien, die sich um Polen schert wie um Birma, Schwarzafrika oder Weihai. Indien ist viel bekannter geworden, doch dort geht es nicht menschlicher zu als im Rest dieser Welt. Es ist wahr: Die Artikel des Vertrages sind Muster diplomatischer Klarheit. Im Artikel 1 steht: „Sollte eine der vertragschließenden Parteien in Feindseligkeiten mit einer europäischen Macht infolge einer Aggression letzterer verwickelt werden, wird die andere vertragschließende Partei der in die Feindseligkeiten verwickelten Vertragspartei sofort jede Hilfe und Unterstützung gewähren, die in ihrer Macht steht.“ Das ist bei den Polen bescheiden und die Gralshüter der englischen Außenpolitik lägen lieber tot im Straßengraben als ihren langjährigen Gespielen Hitler vom Ostlandfeldzug abzuhalten. Man braucht gar nicht fürchterlich lange zu suchen, um einen Beleg dafür zu finden, dass die Polen für London bloß Spielfiguren auf dem europäischen Schachbrett sind. So erklärt Norton, der Geschäftsträger in Warschau: „Die Polen glauben, dass sie wirklich unsere Verbündeten sind, und wir werden das Beste aus ihnen herausholen, wenn wir sie behandeln, als ob wir auch davon überzeugt wären.“ Und die Polen sind doch selbst schuld; warum wohnen sie auch dort, wo sie wohnen, zwischen Russland und Deutschland? Der Vertrag, den man heute abschließt, ist ein Traum: Nicht nur eine Aggression würde ihn in Kraft treten lassen. Artikel 2 sagt, dass der Vertrag für „jede Aktion einer europäischen Macht gilt, die offenkundig, direkt oder indirekt, die Unabhängigkeit einer der vertragschließenden Parteien bedroht.“ Doch mit der Klarheit ist es auch schnell wieder vorbei, denn nicht nur Hitler und Stalin vereinbaren neben dem offiziellen Text ihres Vertrages auch noch geheime Extraklauseln; auch Warschau und London tun dies. Gott weiß, ob sich die polnischen Unterhändler besonders klug vorkommen, weil in dem geheimen Text steht: „Der in Artikel 2 vorgesehene Fall ist der der Freien Stadt Danzig.“ Natürlich steht Danzig nicht unter der Verwaltung Warschaus, sondern des Völkerbunds, aber Halifax und der Botschafter

Henderson halten ihr Hitlerchen in Berlin zugleich im Glauben, dass sie fänden, er könnte Danzig berechtigterweise wieder zurückfordern, auch, indem die Freie Stadt im veröffentlichten Text des englisch-polnischen Abkommens nicht erwähnt wird. Selber schuld, wenn er selbst geheime Absprachen trifft und solche bei anderen nicht einkalkuliert. Der Außenminister Polens seinerseits kann es tollkühn ablehnen, mit Deutschland über Danzig zu sprechen, da er den geheimen Vertrag in der Tasche hat. Auch selber schuld, wenn er den Erhalt des Status der Freien Stadt nicht im offiziellen Text garantieren lässt. Wie will er damit jetzt diplomatisch operieren? Er kann es ja nicht erwähnen. Bedenklich ist, dass die Polen auch dann noch nicht in die Luft gehen und den Vertrag wegen Irrtums über den Inhalt anfechten, als Außenminister Halifax ein paar Minuten nach dem Abschluss zu Botschafter Raczyński sagt, er begreife ja schon, „wie wesentlich für Polen die Lage in Danzig sei“, teile nun jedoch nicht die Sichtweise, dass die polnische Regierung richtig oder klug handelte, wenn sie eine Gelegenheit zu Unterredungen über Danzig zurückwiese, wann immer sie sich ergeben sollte. Er sagt noch, dass er der Auffassung sei, die polnische Regierung mache „einen großen Fehler, wenn sie eine Haltung einzunehmen suchte, die Diskussionen über friedliche Status-Änderungen Danzigs ausschließen würde“. Der polnische Botschafter ist bestürzt und antwortet, dass „es viel für sich hätte“, in Diskussionen mit Deutschland „eine unbeugsame Haltung einzunehmen“. Warschau habe auf deutscher Seite kein Anzeichen irgendeiner Kompromissbereitschaft gefunden. Er ist so geplättet, dass er andererseits nicht fragt, wozu man denn dann die Freie Stadt überhaupt in den Vertrag reingenommen hat. Minister Halifax widerspricht. Verglichen mit dem Vorjahr, erläutert er, habe England an Stärke sehr zugenommen. Genau. Immer wie es gerade in die jeweilige Argumentation hineinpasst. Auf einmal befindet er, die Schwierigkeit, Unterredungen aus Schwäche führen zu müssen, sei zum Glück in großem Maße gewichen. So ähnlich wird es wohl sein. England, die Weltmacht, das die Kapazität hat, sich selbst und parallel dazu noch den Erzrivalen Deutschland aufzurüsten, führte Unterredungen aus dem bedauernswerten Zustand der Schwäche. Und da kommt der ultimative Hammer für alle, die trotz allem glauben wollen, dass das *Appeasement* den Frieden hier in Europa erhalten soll: Nur wenige Stunden nach dem

Versprechen, „einander ausführlich und rasch von jeder Entwicklung zu verständigen, die ihre Unabhängigkeit gefährden könnte, und insbesondere jeder Entwicklung, die geeignet wäre, die besagte Verpflichtung in Kraft treten zu lassen“, beginnt die britische Regierung, in der Danziger Frage eine neue Politik einzuleiten, von der die Polen natürlich nicht in Kenntnis gesetzt werden. Halifax lässt Hitler mitteilen, dass England zu Verhandlungen über den zukünftigen Status Danzigs bereit sei. Es geht nicht mehr darum, die Polen zu bitten, die Initiative zu ergreifen. Hitler soll wieder einmal gebeten werden, seine Forderungen klar und deutlich zu formulieren. Wenn er sich damit einverstanden erklärte, würden die Engländer auf Polen Druck ausüben, sodass die deutschen Bedingungen angenommen würden. Das Szenario für den Crash ist so vorgezeichnet. Berlin wird über Danzig verhandeln wollen (mit der Rückendeckung aus London) und Warschau wird dies nicht wollen (mit der Rückendeckung aus London), die Lage wird eskalieren, das Hitlerchen hat seinen Anlass zum *Losschlagen* und das Wirtschaftswunderland an der Elbe unter der Kuratel des Volksschulabgängers aus dem Wald in Österreich wird sich mit der nächsten Alleinschuld herumzuschlagen haben.[336] Menschen mit der Gnade der späten Geburt werden ihre Freude an Historikern haben, von denen sich ein Teil auf den einen Fakt stürzen kann und ein anderer Teil auf den anderen.

Auf der schrägen Ebene in den Krieg

Paul Schmidt, der sich mit der deutschen Delegation nur 24 Stunden in Moskau aufgehalten hat, wird schon am 25. August wieder in Berlin gebraucht. Am Vormittag soll er Hitler besonders wichtige Stellen der Erklärungen von Chamberlain und Halifax im englischen Parlament übersetzen, die ziemlich gleichlautend sagten, dass es zynisch sei, wenn man in Berlin meine, der Abschluss des Abkommens mit der Sowjetunion sei ein großer diplomatischer Sieg, denn er beseitige jegliche Kriegsgefahr, da die Westmächte ihren Verpflichtungen nun nicht mehr nachkommen würden. Die vorgetragenen Passagen bringen den Führer zum Grübeln. Gegen 14 Uhr trifft er den englischen Botschafter. Anfangs ist er relativ ruhig und sagt zu Henderson, er habe sich dessen letzte Worte in Berchtesgaden über die deutsch-englische Verständigung noch einmal durch den Kopf gehen lassen und wolle daher einen letzten Vorschlag für eine Regelung machen. Ausdrücklich verweist er auf die Erklärungen im Parlament und schon wieder gerät er in ziemliche Aufregung. Das Problem Danzig und die Frage des Korridors müssten unter allen Umständen gelöst werden. Dass es da gewisse Probleme mit Polen gibt, hat die Staatsdelegation selbst erlebt, als ihre beiden Flugzeuge von Abwehrjägern begleitet werden mussten auf dem Flug über Polen, damit sie nicht wie andere Lufthansa-Passagiermaschinen zuvor beschossen würden. Neu ist an seiner Rede bloß, dass Hitler die Gefahr eines Zwei-Fronten-Krieges als gebannt ansieht. Ansonsten wiederholt er nur, dass ein Eingreifen in Polen zum Krieg des Reiches gegen den Westen führen würde. Geografie ist seine Stärke nicht unbedingt – Ist es kein Zwei-Fronten-Krieg, wenn deutsche Truppen an der östlichen und an der westlichen Reichsgrenze in Kampfhandlungen verwickelt sind? Gut, dass er darüber auch einmal gesprochen hat. Wenn der Korridor zurück beim Reich ist, möchte er die neuen polnischen Grenzen aber garantieren. Als er das sagt, gibt es den Plan „Weiß" schon lange, sonst hätte Stalin zum Beispiel nicht schon vor etwa einem halben Jahr davon erfahren – und der bezog sich ausdrücklich auf Polen. Darin ist keine Rede von einem Korridor, dort geht es um das Wohnzimmer. Es ist zuvorkommend, dass Hitler den Rat gibt, dass London eine Kriegserklärung nur zum Schein abgeben solle. Wenn man vorher die Schlüsselelemente einer künftigen Aussöhnung abspreche, ist es für ihn halb so schlimm – das Gewitter werde die Gesamtatmosphäre reinigen. Dann bringt er erneut eine Vereinbarung über die Kolonien an. Das ist jedoch letzten Ende genau das, was er ohne den Einmarsch in die ČSR bekommen hätte und wovon er ja immer wieder erklärt hatte, dass Deutschland keine Kolonien fern dem Vaterland gebrauchen könne.[337]

Er würde sich, großzügig, wie er ist, zum Verzicht auf jede Veränderung der westlichen Reichsgrenzen verpflichten. Rüstungsbegrenzung hat er auch wieder auf der Angebotsliste. Doch wem will er damit imponieren, wenn schon in vielen Bereichen lange bekannt ist, dass sich das Reich – auch schon vor seiner Zeit – nie an Limits gehalten hat? Gegenüber dem Botschafter wiederholt er, dass die Wehrmacht Großbritannien in jeder

Ecke der Welt vor Angriffen von jeglicher Seite beschützen möchte. Aber vor wessen Angriff will Hitler das *Empire* präzise schützen? Der Gegner, mit dem man dort hauptsächlich rechnet, ist ja wohl sein Reich. Japan kommt noch in Frage, aber mit Japan ist er ja selbst verbündet?! Hitlers Vorschläge werden schriftlich fixiert und von Botschafter Sir Henderson am nächsten Morgen nach London geflogen. Sie können nicht sehr ernst gemeint sein, denn wenn alles klappt, ist dann schon Krieg.[338] Wie kann man sie auch ernst nehmen, wenn zur selben Stunde der Angriffsbefehl auf Polen an die Köpfe der Wehrmacht ausgegeben wird und Sabotage- und Kampfkommandos der Abwehr und Reinhard Heydrichs Amateurprovokateure losgeschickt werden?[339]

Nach dieser Unterredung erzählt er seinen Psalm auch dem neuen Botschafter Frankreichs Coulondre. Als er schließen möchte und aufsteht, lässt sich der Botschafter jedoch nicht einfach abwimmeln. Eindringlich redet er auf Hitler ein und betont, es dürfe keinerlei Missverständnisse geben: Er gebe sein Ehrenwort als französischer Offizier, dass die Armee seines Landes aufseiten Polens kämpfen werde, wenn dieses Land angegriffen wird. Umgekehrt gebe er sein Ehrenwort, „dass die französische Regierung bis zum letzten Augenblick bereit ist, alles für die Erhaltung des Friedens zu tun und auf Warschau mäßigend einzuwirken."[340] Adolf Hitler, der kurz vor dem Eintreffen des Botschafters über den Abschluss eines formellen englisch-polnischen Beistandspaktes informiert worden war, fährt Coulondre unter Bezug auf die Polen gegebene Garantie an: „Warum haben Sie dann Polen eine Blankovollmacht erteilt?" Der Botschafter will noch etwas erwidern, da springt Hitler auf und beendet die Unterredung mit den Worten: „Es ist mir schmerzlich, gegen Frankreich Krieg führen zu müssen, aber die Entscheidung darüber hängt nicht von mir ab." Damit Coulondre nicht noch mehr sagen kann, gibt er ihm die Hand und komplimentiert den Diplomaten hinaus. Vor der Türe wartet schon der nächste Kandidat. Es ist Italiens Botschafter Attolico.[341]

Unterdessen war in Rom ein Schreiben Hitlers eingegangen, in dem der Führer angedeutet hatte, dass er wahrscheinlich gezwungen sein werde, in Kürze gegen Polen vorzugehen, wofür er um Mussolinis Verständnis bat. Das war etwas knapp, denn als Termin hatte er den Generälen den 26. August benannt. In Rom wusste man schnell, was zu tun ist, und informierte London, Paris und Berlin, dass man für einen Krieg gar nicht gerüstet ist. Attolico hat die Hiobsbotschaft zu überbringen. Dramatisch heißt es: „Es ist für mich einer der schmerzlichsten Augenblicke meines Lebens, Ihnen mitteilen zu müssen, dass Italien nicht kriegsbereit ist.“[342]

Erneut wird auf Versorgungsengpässe wie beim Treibstoff hingewiesen. Allein bei der italienischen Luftwaffe würden die Vorräte nur für drei (!) KriegsWochen (!) ausreichen. Dann blieben die Flugzeuge am Boden. Es sei noch nicht einmal die Versorgung für die Soldaten gewährleistet. Der Dolmetscher versteht nicht so recht, warum dieser Brief wie eine Bombe einschlägt. Hatte Hitler Attolico vor einigen Tagen überhaupt zugehört, als der über Italiens Schwäche und die Unfähigkeit zur Kriegführung gesprochen hatte? Der Abschied des Hobbyfeldherrn von Signore Attolico ist letztlich noch frostiger als der Rauswurf von Monsieur Coulondre.[343]

Bei Hans Oster vom Oberkommando der Deutschen Wehrmacht laufen seit Jahren schon die Fäden vieler Informanten zusammen, sodass Oster häufig zeitnah weiß, was geschah und was weiter geplant ist. Momentan ist es wohl die wichtigste Nachricht, dass eine Mobilmachung der Armee an den Grenzen zu Polen von Ostpreußen über Schlesien und weiter bis in die Slowakei erfolgt ist und dass es sich diesmal nicht wieder bloß um den üblichen Aufbau von Druck handelt, um Verhandlungsergebnisse zu erzwingen. Wie viele Privatpersonen würden mit diesem Wissen ausgestattet gern das Ausland warnen, doch das bliebe alles die reine Theorie. Was wird hingegen dieser Mann bewirken, der tatsächlich an einem der Knotenpunkte des Informationsaustausches sitzt? Jetzt hängt alles vom Empfänger der brisanten Information ab. Welche Schritte wird er in die Wege leiten? Er bittet einen Journalisten, mit dem er mehr oder weniger enge Kontakte hat, die Engländer über die bevorstehende Aggression zu informieren. Immerhin hat London doch die Bestandsgarantie für Polen übernommen. Oster geht selbstredend davon aus, dass das die richtigen Stellen erreicht. In London gibt der Mann vom Geheimdienst SIS jedoch dieses Material nicht weiter.[344] Das ist gleich der nächste Kandidat, dem man vor dem Gerichtshof in Den Haag den Prozess machen muss, wenn es einem so ernst ist mit der Bestrafung für einen Angriffskrieg. Auf alle Fälle müsste er wenigstens in England vor den Kadi kommen, weil er die „friedliebende Nation“, von der der König sprach, nicht warnt, dass bald der Bündnisfall eintreten werde. Wir werden abwarten müssen, wie und in welcher Form dem Ganoven die Hammelbeine langgezogen werden.

Hitler muss weg II

Nicht im selben Raum, aber in derselben Stadt Berlin läuft parallel dazu eine Aktion, mit der General Thomas, Schacht und Gisevius die Heeresführung diesmal zum Putsch gegen Hitler zwingen wollen. Brauchitsch und Halder sollen noch einmal zum Staatsstreich aufgefordert werden – und notfalls erpresst. Man will drohen, dass man die hochverräterischen Gespräche zum Thema Staatsstreich der Gestapo preisgibt. Sie gehen zu Canaris, der ihnen Zugang zu Halder verschaffen soll. Der Marschbefehl ist erteilt und es muss gehandelt werden. Als sie endlich in der Zentrale der Abwehr eintreffen, kommt die Nachricht von der Aufhebung des Befehls. Sie löst unter den konspirierenden Angehörigen der Abwehr riesigen Jubel aus. Hans Oster behauptet: „Der Führer ist erledigt!“ Canaris triumphiert: „Von diesem Schlag erholt er sich nie wieder. Der Friede ist für zwanzig Jahre gerettet.“[345] Freude ist wunderbar. Andererseits sieht General Halder ohne Witzleben, der nach dem Westen abkommandiert worden ist, zum jetzigen Zeitpunkt keine Chance für einen Staatsstreich. Überdies hat Halder genügend Erfahrung mit Hitlers „unabänderlichen“ Beschlüssen – nichts ist bei ihm unabänderlich. Er ist sich völlig sicher, dass der Führer wieder einmal mit großem Gewese gedroht hat, nur um erneut ein Land kampflos überlassen zu bekommen.[346] Uns bleibt nichts weiter übrig als abzuwarten, was die nächsten Tage bringen werden.

Falscher Alarm

Hitler ist wieder dem Nervenzusammenbruch nahe. Er lässt seinen persönlichen Keitel kommen und fährt ihn an: „Sofort alles anhalten! Holen Sie Brauchitsch her, ich brauche Zeit für Verhandlungen."[347] Der Schoßhund eilt hinfort, um die riesige Kriegsmaschine noch rechtzeitig aufzuhalten. Der Dolmetscher nimmt erst in diesem Moment wahr, dass die Gerüchte stimmten, wonach ein Vormarschbefehl an die Wehrmacht ergangen war. Neben sich hört er einen Major sagen: „Es wird ein furchtbares Durcheinander geben, wenn die auf dem Vormarsch befindlichen Truppen wieder rechtzeitig zurückbeordert werden sollen. Auf den Straßen an der Grenze wird jetzt vielstimmig geflucht werden."[348] Was Hitler nicht erfährt, ist, dass sich London in Verbindung mit seiner Allianz mit Polen jedoch nicht auf militärische Vereinbarungen zu einer praktischen Zusammenarbeit im Fall eines Krieges festgelegt hat, was seine frischen Kopfzerbrechen eigentlich überflüssig macht – und die Hoffnung seiner Kritiker lächerlich, dass jetzt endlich der Zusammenbruch des Regimes eine Sache von Tagen und Stunden ist.[349]

Der Schoßhund gibt den Befehl weiter an den Dackel. Um 19.45 springt Oberstleutnant von Vormann in den nächsten großen Wagen vor Hitlers Reichskanzlei, um Generalstabschef Franz Halder den Anhaltebefehl zu überbringen. Der Fahrer kriegt die Order: „Nach Zossen, was der Wagen laufen kann. Es gilt kein rotes Licht, keine Verkehrsbestimmung." Es ist nicht leicht, im Hauptquartier in Zossen Halders Baracke zu finden, da sein Aufenthaltsort strenger Geheimhaltung unterliegt. Als er schließlich den Befehl weitergeben kann, glaubt Halder den Ohren nicht trauen zu können und fordert Vormann auf, bei der Befehlsausgabe dabei zu sein. Er wolle nur sicher sein, recht gehört zu haben. Dann gibt er durch: „Der Krieg ist abgeblasen!" und fordert von Vormann auf zu korrigieren, falls er ihn falsch verstanden habe. Der neue Chef des Wehrmachtführungsamts Alfred Jodl ruft die Operationsabteilung des Oberkommandos des Heeres an. Oberstleutnant Adolf Heusinger* nimmt ab und fragt nach: „Was gibt es noch, Herr General?" Jodl: „Der Führer lässt fragen, ob die Bewegungen noch angehalten und bis Tagesanbruch alle Truppen wieder in die Ausgangsräume zurückgeführt werden können." Es stellt sich heraus, dass Heusinger in dieser Situation nicht zu Späßen aufgelegt ist: „Ja, was ist denn nun los?“ Es geht hin und her, dann muss er mit Erich Fellgiebel sprechen: „Bitte nicht erschrecken, Herr General. Anfrage des Führers, ob die Bewegungen noch angehalten werden können.“ Aber ein Fellgiebel hat ebenfalls seine Grenzen: „Sind die da oben wahnsinnig geworden? Das nenne ich das Spiel zu weit getrieben. Man kann doch eine solche Riesenfront nicht wie ein Bataillon kommandieren. Garantieren kann ich für die äußersten Flügel in der Slowakei und Ostpreußen nicht mehr.“[350] Gebe Gott, dass nicht ausgerechnet in diesem Augenblick die Telefonanlagen vom amerikanischen Elektronikkonzern ITT, mit denen die Wehrmacht ausgestattet wurde, den Geist aufgeben.[351]

Um am Morgen des 26. August dort zu sein, wo es knallt, müssen wir in die Ferne schweifen. Im Osten, dort, wo die von der Wehrmacht besetzte Tschechei, die Slowakei und das nach dem Münchener Abkommen von Polen besetzte Teschener Industriegebiet in einem neuen Dreiländereck aufeinander treffen, gibt es einen Eisenbahntunnel in den Bergen. Diese Verbindung möchte die Wehrmacht nutzen, um an die südliche Flanke der polnischen Armee heranzukommen. Die Polen sind jedoch nicht auf den Kopf gefallen und haben dort Sprengladungen angebracht, um diese Verbindung rechtzeitig unbrauchbar zu machen. Die Zerstörung ist nur zu verhindern, wenn im Moment des Kriegsbeginnes der Sprengstoff abgebaut wird. Deshalb fahren vierundzwanzig Männer von Žilina aus zur polnischen Grenze. Einige von ihnen haben „Räuberzivil“ an und andere polnische Uniformen, obwohl das gegen die Haager Landkriegsordnung verstößt. Die Kampforganisation Jablunka unter dem Leutnant Albrecht Herzner führt diesen Auftrag mit deutscher Präzision aus und rettet den Tunnel. Die Einheit nimmt den wenige Meter entfernten Grenzbahnhof Mosty ein, zerschießt die Scheiben und sprengt die Telefonzentrale. Die polnischen Verteidiger des Bahnhofs werden überrumpelt. Als aber kein Trupp der Wehrmacht aufkreuzt und sich polnische Soldaten annähern, entschließt sich Herzner, mit seinen Männern zur slowakischen Grenze zurückzukehren. Ihre Nummer ist ein riesiger Erfolg und hat doch zwei Haken: Erstens haben die Männer nicht das Kommunikationssystem im Keller des Bahnhofs entdeckt, so dass dort unten eine Telefonistin ihre

Vorgesetzten informieren konnte, und zweitens hat weit weg von ihnen, in der Reichshauptstadt, die Wehrmacht um halb neun den Beginn der Operation verschoben. Darüber konnten die Männer jedoch nicht mehr informiert werden, weil ihre Funkgeräte versagt haben. So bleibt nichts weiter übrig, als dass sich eine Abordnung deutscher Offiziere auf ihren *Weg nach Canossa* macht, um sich dafür bei den polnischen Behörden zu entschuldigen. Ein Unzurechnungsfähiger habe diesen Zwischenfall verursacht, womit sie streng genommen nicht einmal Unrecht haben.[352]

Hitlers Bündnispartner steigen aus

Während der Unzurechnungsfähige im alten Berlin mit den Untertanen Pingpong spielen kann, lassen sich seine Bündnispartner im Ausland so leicht nicht umherschubsen. Wie die Italiener bereits in London und in Paris Bescheid gegeben haben, dass sie nicht auf Kriegshandlungen eingestellt sind, so informieren die Japaner am 26. August die Administration in Washington darüber, dass ihre Regierung die Verhandlungen in Bezug auf eine engere Gestaltung der Beziehungen zu Deutschland aufgegeben hat, und legen in Berlin Protest ein gegen den Vertrag mit dem Sowjetreich, der dem Anti-Komintern-Vertrag widerspreche. Außerdem wird das bereits paraphierte Wirtschafts- und Zahlungsabkommen mit Deutschland auf Eis gelegt.[353] Wenn Hitler jedoch sukzessive alle infrage kommenden Kombattanten weglaufen, muss er sich wie immer auf seine Vorsehung verlassen, oder aber London legt weiterhin, entgegen seinen ewigen Beteuerungen, keinen Wert auf die Beteiligung an einem Kriege. Das hat Außenminister Lord Halifax bei einer Kabinettssitzung noch am 2. August 1939 betont und gesagt, ein Anschluss Danzigs sollte nicht als *Casus belli* betrachtet werden. Heute sieht man sich erneut. Der Premier äußert vor den Herren die vage Hoffnung: „Wenn Großbritannien Herrn Hitler in seiner Sphäre in Ruhe lässt, dann wird er uns in Ruhe lassen." Zugegen ist als Berater auch der Botschafter seiner Majestät in Deutschland Henderson, der den Herren erläutert: „Der wahre Wert unserer Garantien für Polen besteht darin, Polen die Möglichkeit zu geben, zu einer Regelung mit Deutschland zu kommen."[354] Aus Großbritanniens Hauptstadt bekommt der sowjetische Staatschef daraufhin eine Depesche vom

Botschafter Iwan Maiski, in der es heißt, seit gestern herrsche in London „eindeutig wieder Münchener Stimmung". Die britische Regierung, der amerikanische Präsident Roosevelt, der Papst, der belgische König und andere suchten nach der Grundlage für einen Kompromiss in der Polenfrage. Der britische Botschafter in Berlin sei per Flugzeug angekommen und habe eine Botschaft Hitlers überbracht, deren Inhalt jedoch geheim bleibe. Gerade sei eine Sitzung der Regierung zu Ende gegangen, auf der sie erörtert worden sei. Das Kabinett habe aber noch keinen Entschluss darüber gefasst. Morgen früh trete die Regierung erneut zusammen.[355]

Der Führer verfolgt unbeirrt seine Linie weiter

Entscheidend für den Ausgang diese Pokerns mit höchstem Einsatz ist, dass der Führer mit den Briten darin einig ist, wo sich seine Sphäre nun zu befinden hat, wenn sie ihm noch einmal seinen Willen lassen. Dabei ist jeder der beteiligten Mitspieler gehalten, am kleinsten Zucken in den Augenwinkeln der anderen zu erraten, wer wie weit gehen könnte. Hitler seinerseits schließt weniger aus Worten als eher aus dem Zustand ihrer Streitkräfte, dass London und Paris gar nicht die Absicht haben können, einen Krieg zu führen. Mit Ausnahme der Marine trägt man dort einfach in den Erklärungen der beiden Regierungen zu dick auf. Die Kampfkraft der Roten Armee schätzt Hitler noch niedriger ein. Stalin hingegen versucht der Welt weiszumachen, dass seine Armee, von der er gerade fast die gesamte Elite auslöschen ließ, so kampffähig sei wie nie zuvor. Ohne Frage setzt er den desillusionierenden Geheimbericht über die Aktionen am Chassan-See nicht in *Seine* Zeitungen. Bei diesen Kämpfen gegen die Japaner, die im Osten der Sowjetunion versuchen, das *Reich des Guten* zu erobern, muss ein heilloses Durcheinander geherrscht haben und den blutjungen Offizieren sollen elementare militärische Fertigkeiten gefehlt haben. Viele Kader haben noch nicht einmal Mittelschulbildung.[356] Was Hitler noch mehr in seiner Einschätzung der Ausgangslage bestätigt, ist der Geheimbericht, nach dem der französische General Georges erklärt habe, er zweifle doch sehr an einem englischen Engagement für Polen.[357]

Der Monat geht langsam zu Ende, der Termin für den Kriegsbeginn war nicht einzuhalten, so beginnt ein weiterer Tag des Geschwätzes. Am 27. teilt Chamberlain seinen Kabinettskollegen mit, er habe Birger Dahlerus zu verstehen gegeben, dass Polen sich zu einer Abtretung Danzigs an die Deutschen bereit finden könnte, es hätten eben nur noch keine Konsultationen mit Polen zu dieser Frage stattgefunden.[358] Will *Er* es mit Polen machen wie mit der Tschechei? Ciano in Rom hält fest: „Die Engländer teilen uns den Text deutscher Vorschläge an London mit, von denen viel Aufhebens gemacht wird, über die wir aber vollkommen im Dunkeln gelassen werden." Was Mussolini jetzt braucht, ist Hitlers Einwilligung in die Neutralität Italiens. Diese wird ihm notgedrungen gewährt.[359] Einen Tag später, eigentlich gleich kurz nach Mitternacht, kommt Dahlerus in Berlin an mit einer Londoner Antwort auf des Führers neue Vorschläge. Prinzipiell ist London interessiert an Hitlers Vorstellungen. Es wird aber nicht vergessen, an die Garantie für Polen zu erinnern. Hitler ist diesmal ganz entspannt, die Überlegungen der Briten seien annehmbar, es bleibe nur zu klären, ob London einen politischen Vertrag wünsche oder lieber ein Bündnis. Es macht ihm nichts aus, dass er mit einem solchen Schritt den soeben unterzeichneten Vertrag mit Moskau verletzen würde.[360] Das könnte immerhin bedeuten, dass die Briten unter dem Eindruck des Abschlusses von Moskau nun doch wie früher immer zugesagt mit ihm auf einen Feldzug gegen das bolschewistische Reich losziehen könnten. Hat er mit der Unterschrift in Moskau seinen Vertrag mit London erpressen wollen? Wer wird Stalin noch verübeln, wenn er beschlossen hat, Hitlers Regime wegzubügeln, sobald die Rote Armee wieder in Schuss ist? Nur anderthalb Stunden, bevor der Tag vorbei ist, erscheint auch Botschafter Henderson mit der offiziellen Antwort auf die Vorschläge, die Hitler am 25. August dargelegt hatte. Da heißt es, Chamberlain betone, er teile voll und ganz den Wunsch des Reichskanzlers, Freundschaft zur Grundlage der Beziehungen zwischen Deutschland und dem britischen *Empire* zu machen. Er sei bereit, die Vorschläge mit Ergänzungen als Themen zur Diskussion anzunehmen. Dennoch könnten Verhandlungen schnell und mit dem aufrichtigen Wunsch nach einer Übereinkunft stattfinden, falls die Differenzen mit Warschau friedlich beigelegt würden.[361] Das Papier kann später den Historikern dabei helfen, die friedlichen Absichten der

Equipe an der Themse zu dokumentieren, aber Chamberlain weiß, dass die Lunte am Pulverfass Danzig schon angezündet ist.

Mit jedem verstrichenen Tag rückt der Herbst näher und die Gefahr des Unterganges der Wehrmacht im Schlamm. So teilt Hitler dem britischen Botschafter am 29. August mit, dass seine Regierung, als ob er so etwas wirklich bräuchte, obwohl skeptisch hinsichtlich des Ergebnisses, bereit sei, mit einem polnischen Unterhändler in direkte Verhandlungen einzutreten unter der Bedingung, dass jener bis Mitternacht des 30. August mit unbeschränkten Vollmachten in Berlin eintreffe. Davon wird die Regierung in Warschau unterrichtet. Es wäre nicht weit hergeholt, wenn es durch die Erinnerung an die Folgen der Besuche von Schuschniggs oder Háchas nicht zur Entsendung eines solchen Unterhändlers kommt.[362]

Adolf Hitler erfährt, dass die Westmächte Druck auf Warschau ausüben; sie wollen Zugeständnisse erzwingen. Halifax in London hindert die Information, Deutschland habe 46 Divisionen für einen Überfall auf Polen zusammengezogen, nicht daran, seine Ansicht vor der Regierung zu verteidigen, diese Truppenkonzentration wäre auch noch kein so besonders überzeugendes Argument gegen neue Verhandlungen mit der deutschen Regierung.[363] Nicht einmal die Börsen in der Welt schlagen an; niemand glaubt an einen großen Krieg.[364] Nur wer das Gras wachsen hört, macht ganz lange Ohren und lauscht, weil der alljährliche Parteitag unter dem Namen „Reichsparteitag des Friedens" laufen soll. Hat man nicht Jahre zuvor bereits orakelt: „Es riecht verdammt nach Krieg!" – „Aber warum denn?" – „Nun, Hitler hat schon wieder eine Friedensrede gehalten."[365] Warum soll es aber nach der nächsten Ansprache für den Frieden nicht auch wieder so weitergehen wie bisher, mögen andere denken. Doch der Knüller ist, dass im August auch noch dieses Großereignis von Nürnberg diesmal abgesagt wird.[366]

Kurz vor Mitternacht dieses 30. August, also unmittelbar vor dem Zeitpunkt, an dem Hitlers Ultimatum zur Entsendung eines zu Gesprächen bevollmächtigten polnischen Vertreters nach Berlin abläuft, ruft die englische Botschaft im Auswärtigen Amt an. Henderson will Ribbentrop die

Antwort aushändigen. Die Atmosphäre ist äußerst geladen. Wer unseren Außenminister charmant haben wollte, hätte ihn aber auch vor ein paar Tagen in Moskau erleben sollen. Henderson macht darauf aufmerksam, dass es unvernünftig gewesen sei, von seiner Regierung zu erwarten, sie könne innerhalb von 24 Stunden einen polnischen Vertreter nach Berlin entsenden lassen. Schon darüber ereifert sich Ribbentrop und bald fängt er an, den Botschafter anzuschreien. In dieser Form werden Argumente vorgetragen oder auch nicht, auf jeden Fall ist es nicht die geeignete Art, um Lösungen für Probleme zu finden. Henderson macht das Maß dann voll, als er der Verlesung der Antwort mündlich hinzufügt, die britische Regierung sei im Besitz von Nachrichten, wonach Sabotageakte in Polen von Deutschen verübt würden. Darauf von Ribbentrop: „Das ist eine unverschämte Lüge der polnischen Regierung. Ich kann Ihnen nur sagen, Herr Henderson, die Lage ist verdammt ernst!“[367] Jetzt verliert auch der Botschafter die Beherrschung. Mit einem tadelnd erhobenen Zeigefinger herrscht er Ribbentrop an: „Sie haben soeben *verdammt* gesagt! Das ist nicht die Sprache eines Staatsmannes in einer so ernsten Situation!“ Die Spannung könnte kaum größer sein. Von Ribbentrop bleibt buchstäblich sekundenlang der Atem stehen. Einer von den „feigen“ Diplomaten, wie er sie immer sieht, und noch dazu ein „hochmütiger“ Engländer hatte es gewagt, ihn wie einen Schuljungen zurechtzuweisen. Ribbentrop springt auf einmal von seinem Stuhl auf und brüllt los: „Was haben Sie da eben gesagt?“ Henderson steht jetzt auch auf und beide Männer messen sich mit funkelnden Augen.[368]

Nach den diplomatischen Gepflogenheiten müsste der Dolmetscher nun eigentlich auch aufstehen, doch es war nicht Teil von Dr. Schmidts Ausbildung, wie sich ein Dolmetscher verhalten müsste, wenn hohe Persönlichkeiten von Worten zu Taten übergehen würden. Solch eine Situation sieht die Etikette einfach nicht vor, wie man sich denken kann. So bleibt Dr. Schmidt in seiner Unsicherheit *ruhig* sitzen und tut so, als schriebe er in seinem Notizblock. Über sich hört er nur die beiden Herren schwer atmen. Was hier passiert, ist einfach nur noch peinlich. Er ist erleichtert, dass es zumindest nicht zu Handgreiflichkeiten kommt. Eine Weile lang geht das Gespräch in verhältnismäßig ruhigem Tone weiter. Dann zieht

Ribbentrop ein Papier aus der Tasche. Es enthält die Vorschläge Hitlers zur Regelung des polnischen Streitfalls, die auf Schmidt einen sonderbar unwirklichen, unnationalsozialistischen Eindruck machen, fast wie Vorschläge seinerzeit beim Völkerbund. Er liest sie Henderson langsam vor und gibt noch Erläuterungen zu einzelnen Punkten. Dann fragt Henderson, ob ihm diese Vorschläge überlassen werden könnten, eigentlich die reine Selbstverständlichkeit im diplomatischen Verkehr. Schmidt traut seinen Ohren nicht, als der Außenminister mit einem etwas verlegenen Lächeln sagt: „Nein, diese Vorschläge kann ich Ihnen nicht übergeben." Henderson weiß wieder nicht, wie er mit solch einem undiplomatischen Gebaren umgehen soll und bittet Ribbentrop erneut um das Papier. Da wirft unser Außenminister dieses Dokument auf den Tisch vor sich mit den Worten: „Es ist ja sowieso überholt, da der polnische Unterhändler nicht erschienen ist."[369] Hoffentlich kommt kein Historiker auf die Idee, die so vorgetragenen *Vorschläge* Hitlers für eine schöne Argumentation zu benutzen. Der müsste die Schilderung des Augenzeugen dieser Szene sonst weglassen.[370] In dieser heiklen Situation macht schon der Ton die Musik, und die Szene, die sich hier abgespielt hat, war nicht so wirklich darauf angelegt, eine Lösung zu finden. Dr. Schmidt hat selten in seiner Karriere als Dolmetscher so sehr bedauert, dass er nicht in die Verhandlungen eingreifen kann. Etwas Eigenes zu sagen, steht dem Dolmetscher nicht zu. Er weiß, dass das eine Todsünde wäre, weil das naturgemäß zu einer völligen Verwirrung der Gesprächspartner führen muss.[371]

Sollte doch irgendwann ein Historiker auf den Gedanken verfallen, diese Vorschläge um Mitternacht als Beleg für eine ernsthafte Verhandlungsbereitschaft des großen Führers Hitler zu verwenden, dann wird ihm zu erwidern sein, dass recht haben und Recht bekommen immer zweierlei Dinge sind. Wer groß und stark ist, kann zum Beispiel Krieg führen und kommt ungeschoren davon. Wer sollte den auch bestrafen? Wer jedoch klein und schmächtig ist, sucht vernünftigerweise andere Wege, um am Ziel seiner Wünsche anzukommen. Wer dann als schmächtiges Kerlchen einen auf großer Macker macht, den bestraft das Leben, und wie oft hat die Generalität Hitler gewarnt, das Heimatland nicht in sein Verderben zu führen? Von 1936 bis 1939 war die Produktion von Flugzeugen nicht angestiegen. Sie bewegte sich um 425 Flugzeuge aller Typen pro Monat, was auch die zivile Luftfahrt mit einschloss. Die Produktion von Panzern ist weiterhin gering und auch in diesem Jahr noch nicht so groß wie zum Beispiel die britische. Vielleicht erinnern Sie sich noch, dass Halder die vorhandenen Vehikel als fahrende Särge bezeichnet hat.[372] Ohne sich in den Details zu verlieren, kann man sagen, dass der Wehrmacht etliches an Kampftechnik gegenübersteht, wenn es wirklich knallt.[373] Wer unter diesen Umständen vom Verhandlungstisch aufsteht, um die Keule gegen Nachbarn zu erheben, muss sich sicher sein, dass er die besseren Karten für eine Auseinandersetzung in der Hand hat. Sonst ist Krieg nicht nach von Clausewitz die Fortsetzung der Politik mit anderen Mitteln, sondern unverantwortliches Abenteurertum. Es gibt daneben auch einen Zeugen, der weiß, wie ernst Hitlers Worte gemeint sind. Nach dem Gespräch hält Goebbels fest: „London ist bereit, Polen auf der Basis der Reichstagsrede des Führers zu Verhandlungen zu bewegen. Beck soll dann nach Berlin kommen. Der Führer will im Korridor eine Abstimmung unter internationaler Kontrolle. Er hofft dabei, London von Warschau vielleicht doch noch loszueisen und einen Anlass zum Schlagen zu finden.“[374]

99 % der Deutschen sind gegen einen neuen Krieg

Der Journalist William L. Shirer aus Chicago streift am 31. August quer durch die sonnigen Straßen der Reichshauptstadt und unterhält sich mit Leuten, um sich einen Eindruck von ihrer Stimmung zu verschaffen. Er geht zurück und konstatiert im Tagebuch: „Jedermann gegen den Krieg. Die Menschen sprechen ganz offen. Wie kann ein Land in einen großen Krieg eintreten, wenn die Bevölkerung so entschieden dagegen ist?“[375] In diesen Worten widerspiegelt sich, dass es schwer fällt, sich vorzustellen, wie eine Diktatur funktioniert, wenn der Beobachter in einer mehr oder weniger freien Gesellschaft groß geworden ist. Es gibt so gut wie keinen Zusammenhang zwischen der Ablehnung eines Krieges durch die Leute und dem Ausbruch eines solchen. Das wird dann schon per Propaganda irgendwie erklärt und dann steht es jedem frei, die dargebotenen Worte zu glauben oder nicht. Es steht frei, wenn man *nicht darüber spricht*. Im Tagebuch hält Goebbels dieser Tage fest: „Die Anti-Polenkampagne geht kräftig weiter. Es fällt zwar schwer, das fortzusetzen und ist denkbar unpopulär. Aber es ist aus außenpolitischen Gründen notwendig."[376] Dem Volk ist durchaus klar, dass die Hetze doch noch zu Krieg führen könnte.

Aber es ist schön, von einem Kronzeugen an der Spitze der Herrschaftspyramide zu hören, dass er weiß, dass seine Kampagne nicht populär ist. Ein Teil der Leute glaubt sowieso nicht an die Darstellung über Gräuel, die Polen gegen Deutsche verüben sollen, und ein Teil hofft, dass Hitler nicht doch noch auf den Gedanken verfällt, vorhandene oder angebliche Probleme mit einem Krieg zu lösen. Deshalb ist die Hetze unpopulär. Im Tagebuch schimpft Goebbels wie ein Rohrspatz auch auf den Duce. Der Sarkasmus in der Anspielung auf den letzten Blutstropfen verdeutlicht, worum es geht: „Italien hält sich sehr im Hintergrund. Seine Diplomatie verspricht mit uns zu kämpfen bis zum letzten Tropfen Tinte." Gänzlich absurd ist der bittere Vorwurf: „Italien reserviert sich immer mehr. Das ist kompletter Verrat." Das ist es eben nicht. Verrat wäre es, wenn Roms oberster Chef irgendwann einmal geäußert hätte, dass er zu Abenteuern auf dem europäischen Kontinent bereit gewesen wäre. Aber Italien hatte sich auserbeten, dass es trotz des *Stahlpaktes* neutral bleiben darf. Diese Bitte wurde Mussolini Ende August gewährt, genau wie schon beim Abschluss des Stahlpaktes am 22. Mai mindestens drei Jahre des Friedens auf dem europäischen Kontinent zugesichert wurden. Ein anderer Kopf in Berlin ist jetzt wieder auf dem Kriegspfade: „Göring äußert sich sehr scharf gegen Italien. Und er hat auch ganz recht damit. Der Faschismus hat die geschichtliche Stunde verpasst."[377] Und der Nationalsozialismus macht das viel besser als der Faschismus. Am Ende hilft das Hoffen und Beten im Volke trotzdem nicht. Unser Reichspropagandaleiter Goebbels notiert: „Mittags gibt der Führer Befehl zum Angriff in der Nacht um 5." Er wartet also weder die allgemeine Mobilmachung ab, die in Polen um 14.30 Uhr verkündet wird, noch die Ankunft eines diplomatischen Vermittlers aus der polnischen Hauptstadt oder einen absolut überraschenden Zwischenfall, der vielleicht einen Krieg als Antwort erheischt.[378]

Wandeln am Rande des Abgrunds

Am Spätnachmittag ist der römische Botschafter beim Berliner Außenminister, um auch in dieser Krise die Vermittlerdienste Mussolinis anzubieten. Wenn Adolf Hitler vermutet, dass die Idee von Halifax aus der Hauptstadt Englands stammt, hat er recht. Sein *Vermittlungsvorschlag* besagt, dass, „wenn die Lösung (zwischen Polen und Deutschland) auf Danzig und den Korridor beschränkt bliebe, es (England) nicht unmöglich erschiene, innerhalb eines angemessenen Zeitraumes, eine Lösung ohne Krieg zu finden". Quark. London hat Warschau versichert, dass die Stadt Danzig ein *Casus belli* wäre, und Hitler, dass Warschau Danzig an ihn vielleicht abgibt. Mussolini, dem es darauf ankommt, einen Krieg zu vermeiden, war einverstanden, die Botschaft weiterzuleiten. Gleichzeitig sorgte Halifax dafür, dass die Polen nichts von den Absichten Englands erfahren. Da Ribbentrop befindet, dass dafür sein Führer zuständig sei, begibt sich Attolico persönlich zu Hitler, der ihm mitteilt, die Initiative liege bei England und Frankreich, denen die Forderungen bereits mitgeteilt seien. Der Dolmetscher hält sich für weitere Besprechungen in der Reichskanzlei auf, so erfährt er, dass der Befehl für den Beginn des Einmarschs in Polen am Abend endgültig für den 1. September 5.45 Uhr erteilt wurde.[379] Danach ist Polens Botschafter Lipski bei Ribbentrop und übergibt eine kurze Mitteilung, wonach die polnische Regierung die Anregung der Briten für direkte Verhandlungen mit Berlin akzeptiere und kündigt eine baldmögliche Antwort von Warschauer Seite an. Da Lipski selbst noch keine Verhandlungsvollmacht hat, beendet Ribbentrop diese Ultra-Kurz-Besprechung mit den knappen Worten: „Dann hat es keinen Zweck, dass wir uns weiter unterhalten."[380]

Nach langem, geduldigem Warten kommt am 31. August für die Männer im schlesischen Gleiwitz ihr großer Auftritt. Gegen Mittag gibt Heydrich aus Berlin Leutnant Martin das verabredete Schlüsselwort. Sie sollen in der hiesigen Radiostation einen von mehreren Grenzzwischenfällen als Vorwand für das militärische Eingreifen der Wehrmacht inszenieren. In der Wahl des Ortes ist wohl kein Zufall zu vermuten. Wäre es um Danzig gegangen, hätte man dort etwas inszeniert. Aber so kleine Brötchen will Hitler ja gar nicht backen. Es passiert natürlich an der Grenze zwischen

Polen und Deutschland. Um 20.00 Uhr legen sie los. Zur Erinnerung – die Aktion soll vor der Weltöffentlichkeit den Einmarsch in die Republik Polen rechtfertigen, der mittags schon befohlen worden war. Auch diese Abfolge der Ereignisse wird spätere Historiker selbstverständlich nicht auf den Gedanken bringen, der Adi hätte in der Tiefe seiner Seele friedliche Ziele verfolgt. Der Befehl an die Männer vom SD, nach Gleiwitz zu fahren, wurde ja sogar bereits am 15. August erteilt. In polnischen Uniformen sind die Männer vor dem Sender, legen einen halbtoten Häftling aus einem Konzentrationslager vor dem Eingang ab, gehen dann hinein und halten eine knapp vier Minuten lange Rede mit deutschfeindlichen Propagandasprüchen, schießen ein paar Mal mit Pistolen in die Gegend und verlassen den Ort. Dann überfallen sie im Forst der Stadt Pitschen die Försterei und zerstören zwischen Gleiwitz und Ratibor das Zollhaus bei Hochlinden.[381] Im Echo eines deutschen Polizeireviers liest sich der Vorgang schließlich so: „Gegen 20 Uhr wurde der Sender Gleiwitz durch einen Trupp Aufständischer überfallen und vorübergehend besetzt. Die Aufständischen wurden durch deutsche Grenzpolizeibeamte vertrieben. Bei der Abwehr wurde ein Aufständischer tödlich verletzt."[382]

Der deutschen Öffentlichkeit hingegen werden um 21 Uhr die „Friedensvorschläge" für Warschau in einer Radioübertragung bekannt gegeben. Dabei wird freilich nicht erwähnt, dass diese Vorschläge Warschau nicht übermittelt worden sind, und dass sie auch die Engländer nicht offiziell erreichten, gar nicht zu sprechen davon, in welcher Form sie überhaupt gemacht wurden – vor etwa 21 Stunden. Dafür wird auseinandergesetzt, wie die Regierung, die gar nicht einbezogen wurde, jedes diplomatische Mittel ausgeschöpft habe, um den Frieden zu erhalten. In dieser Radioansprache heißt es unter anderem: „Es ist der Reichsregierung nicht zuzumuten, ihrerseits fortgesetzt die Bereitwilligkeit zur Inangriffnahme solcher Verhandlungen nicht nur zu betonen, sondern auch dafür bereit zu sitzen, von der polnischen Seite aber nur mit leeren Ausflüchten und nichtssagenden Erklärungen hingehalten zu werden."[383] Man darf nicht annehmen, dass diese Ansprache kurz und bündig gehalten ist. Sie ufert natürlich aus und klingt wie immer so, als hätte jemand alle Argumente auf seiner Seite. Die Zuhörer in ihren Stuben und Küchen haben nur die Wahl, zu glauben, was gesagt wurde, oder es eben zu lassen.

Die Würfel sind längst gefallen und jetzt steht auch das Datum fest. Am 1. September will es Hitler wissen. Es hatte keine Wirkung, dass noch in den letzten Augusttagen der Papst, Frankreichs Premier Daladier, Großbritanniens Premierminister Chamberlain und US-Präsident Roosevelt an Hitler appellierten, den Streit mit der Republik Polen nicht bis zum Kriege zu treiben.[384] Hans Bernd Gisevius stürmt zum Oberkommando der Wehrmacht, dann eine Treppe hinauf. Auf halbem Wege kommt ihm Wilhelm Canaris entgegen. Er schickt eine Gruppe von Militärs voraus, zieht Gisevius in einen Gang und starrt neben sich auf den Boden. Dann fragt er ihn: „Was sagen Sie nun?" Gisevius weiß keine Antwort. Canaris gibt sich mit tränenerstickter Stimme seine Antwort selbst: „Das ist das Ende Deutschlands."[385] Generalstabsoffizier Hans Speidel mag stellvertretend für Soldaten wie für Zivilisten eine Vorstellung davon geben, wie der Aufmarsch der Truppen zur Grenzbesetzung wahrgenommen wird. Die Öffentlichkeit bietet ein Bild tiefer Depression. Welch ein Gegensatz zu den Juli- und Augusttagen 1914. Keine Begeisterung oder Zurufe, es gibt keine Blumen; überall ernste Gesichter, hier und da Tränen. In der Masse der Bevölkerung dominiert ein sicheres Gefühl des Unrechts. Das Reich geht wohl dem unabwendbaren Untergang entgegen.[386]

Die Wehrmacht überschreitet Polens Grenzen

Geweckt wird Deutschland am 1. September von Lautsprechern auf den Plätzen in Dörfern und Städten. Die verwendete Tontechnik ist unüberhörbar noch nicht ausgereift, so dass den Versammelten eine Rede Hitlers entgegendröhnt: „Meine Friedensliebe und meine endlose Langmut soll man nicht mit Schwäche oder gar mit Feigheit verwechseln. Ich habe mich daher nun entschlossen, mit Polen in der gleichen Sprache zu reden, mit der Polen uns seit Jahren..." Der restliche Satz geht im Jubel der Abgeordneten des Reichstags in Berlin unter. Als sie sich schließlich beruhigt haben, hören die Menschen draußen unter freiem Himmel die Erklärung: „Seit 5 Uhr 45 wird jetzt zurückgeschossen, und von jetzt ab wird Bombe mit Bombe vergolten."[387] Was soll das heißen? Polen ist mit den Westmächten verbündet – werden jetzt die Franzosen mit Panzern und die Briten mit ihren Bombenflugzeugen den Westen des Reiches in Schutt und Asche legen? Den Leuten auf den Straßen stockt der Atem.

Für Hans Bernd Gisevius ist das jetzt keine Neuigkeit mehr. Er versteht nur zu gut, dass Hitler mit diesem Auftritt eine breite Öffentlichkeit auf das einstimmt, was nun kommen soll, und setzt sich in den Wagen, um die Leute zu beobachten. Wo er auch entlang fährt, die gesamte Strecke das gleiche Bild. Nirgendwo Enthusiasmus oder etwas in dieser Manier. Die meisten Leute hören sich nicht einmal die Rede bis zum Ende an. Er hat den Eindruck, als gäben sich die Versammelten Mühe, ihre Ohren zu verschließen. Hier und dort haben kleine, verzagte Häuflein schweigend die Gesichter in sich gekehrt in der schwülen Hitze dieses Spätsommertages. Die gesamte Atmosphäre ist unheimlich. Überall verstörte Blicke. Rasch verkrümeln sich geschockte Massen in alle Richtungen, ohne brav das Absingen der zwei Nationalhymnen abzuwarten, die hinter ihnen in die Leere schallen.[388]

Kriegsbegeisterung sieht dann doch noch einmal anders aus. Baldur von Schirach, der überzeugte Reichsjugendführer, sagt vor seinen Amtschefs in seiner jungen Behörde: „Dieser Krieg kann sieben Jahre dauern. Und wenn die Amerikaner in den Krieg gegen uns eintreten, dann Gnade uns Gott."[389] Er ist auch nicht der Einzige, der nichts Gutes ahnt, wenn sich der Führer frontal mit Polen anlegt. Doch wer wird es wagen, sich einem Vormarschbefehl zu widersetzen? Als Preis dafür wartet die Todesstrafe. Manchen hatte das Gefühl nie so recht verlassen wollen, dass Hitler an der Macht Krieg bedeuten wird. Andere hatten bis zuletzt die Hoffnung, dass Gott ihnen das erspart. Was jetzt übrig bleibt, ist Zynismus: Bei den Müllers läutet das Telefon – eine falsche Verbindung. Eine Stimme lässt sich vernehmen. „Entschuldigen Sie, ich habe falsch gewählt." Da meint Müller: „Das haben wir alle!"[390] Gut, tatsächlich sind es 33,1 Prozent der 80 Prozent, die sich überhaupt an der Wahl im März 1933 beteiligten. Es waren somit 26,48 Prozent oder etwa *ein Viertel der Wahlberechtigten*, die vor sechs Jahren von Hitler verführt wurden.

Jetzt muss vielen in den Ohren klingen, dass Hitler beinahe auf den Tag genau vor einem Jahr sagte: „Und nun steht vor uns das letzte Problem, das gelöst werden muss und gelöst werden wird! Es ist die letzte territoriale Forderung, die ich in Europa zu stellen habe, aber es ist die Forderung, von der ich nicht abgehe und die ich, so Gott will, erfüllen werde." Da war es nur um die Heimholung der Sudetendeutschen gegangen aber auch da orakelte er schon nebulös: „So haben wir eine Wehrmacht aufgebaut, auf die heute das deutsche Volk stolz sein kann und die die Welt respektieren wird, wenn sie jemals in Erscheinung tritt."[391] Soll man nun den Medien glauben, die schon seit Wochen von polnischen Übergriffen an der Grenze zum Reich berichten? Gestern Abend habe es wieder gekracht, im Rundfunksender von Gleiwitz in Schlesien. Andere wiederum können sich nicht vorstellen, weshalb es nicht stimmen sollte, wenn das in den Nachrichten so durchgegeben wird.[392]

Heute schon die Hinrichtung riskiert?

Von nun an wird also an der Grenze zu Polen scharf geschossen. Gleich am ersten Kriegstag wird eine Verordnung erlassen, die jedes Abhören ausländischer Sender verbietet und unter Strafe stellt. Na freilich, wird sich mancher denken, ab heute gibt es Radio Goebbelsschnauze bis zum Abwinken. Es ist hier nicht erwünscht, dass sich mehrere Millionen von Leuten ihre Informationen von mehreren Seiten holen. Ab heute wird ja *zurück*geschossen.[393] Da es aber nicht zielführend wäre, alle vor der Zeit zu erschießen, wird zum Beispiel Max Leube in Reichmannsdorf einfach zur Wehrmacht eingezogen. Einer der Mitbürger in dem Thüringer Dorf hatte bemerkt, dass er die Nachrichten der Londoner BBC gehört hatte, und ihn gemeldet. So kommt es, dass der 40-jährige Sozialdemokrat zu den Ersten zählt, die als Soldaten zur Wehrmacht eingezogen und nach Polen geschickt werden. Da kann man dem Denunzianten aus der Nachbarschaft ja bloß gratulieren. Natürlich gibt es in Berlin theoretisch eine Reichsregierung und noch theoretischer gibt es auch den Reichstag, den man einmal fragen könnte, bevor ein Gesetz herausgebracht wird. Doch als im Vorfeld Kritik geäußert wurde, ging sie ins Leere. Goebbels gelang es, sich zu behaupten. Seine Notiz im Tagebuch zeigt, dass er seine Propaganda nur für wirksam hält, wenn sein deutsches Publikum nicht die Möglichkeit erhält, Gegenargumente zu seinen eigenen Argumenten zu hören. Er hält fest, dass es Ärger mit der Verordnung über ausländische Sender gab und notiert sich: „Göring, Frick und Gürtner wollen nicht so weit gehen wie ich." Göring ist seit dem 30. August der Vorsitzende des Reichsverteidigungsrates. Außer ihm hatten der Generalbevollmächtigte für die Reichsverwaltung und der Justizminister Protest gegen diese Regelung eingelegt. „Ihr Vorschlag aber ist für meine Zwecke vollkommen unzureichend. Der Führer hat schon meinem Entwurf zugestimmt, aber Göring will nicht recht. Ich setze alles daran, meinen Entwurf durchzudrücken."[394] Demzufolge war er es, der – zusammen mit Hitler – nur die Todesstrafe für abschreckend genug hielt, damit sich die Leute wirklich kaum noch wagen, einmal zu hören, was andere zu einem Thema sagen. Aus den Berichten des SD weiß er, dass den Sendern in demokratischen Ländern selbstverständlich mehr geglaubt wird als seinen Sprechern.

Es bringt unter den gegebenen Umständen mancherlei Schwierigkeiten, anderen Leuten, die in großer Not sind, zu helfen, zumal wenn sie von staatlichen Behörden verfolgt werden, also was man seit Jahren eben so als staatliche Behörden anzusehen hat. Helene Jacobs zum Beispiel wird bald 34 und wohnt in Berlin. Eine gewisse Bereitschaft zum Helfen sieht sie sicherlich bei nicht wenigen. Doch das Hindernis besteht nach ihrer Erfahrung immer darin, sich gegenseitig zu verständigen, weil die Leute sich seit Jahren schon nicht mehr über den Weg trauen. Über einen Vorfall erzählt sie: „Einmal klingelte es bei mir. Draußen stand ein Ehepaar, das Unterkunft haben wollte und sich auf Pfarrer Kurz berief. Ich hatte aber nichts von ihm darüber gehört. Außerdem beherbergte ich schon zwei Leute in der Wohnung, aber das konnte ich ihnen nicht sagen. Es konnten ja auch Spitzel sein. So habe ich sie weggeschickt. Später hörte ich, dass sie bei Freunden von mir untergekommen waren." Sie ist sich sicher, dass keiner im Haus weiß, dass sie Leute versteckt, nicht einmal ihre Tante, die bei ihr ein- und ausgeht. Einer von denen, die eine Weile bei ihr wohnten, hieß Rogoff. Als diese Tante vorbeikam, erklärte sie ihr, sie hätte jetzt einen Koch. Er hat sich auch brav eine weiße Schürze umgebunden. Da liegen Harmlosigkeit und Angst nahe beeinander.[395]

Auch für Herta Zerna aus dem grünen Spreewald wird der Kriegsbeginn eine Zäsur in ihrem Leben. Vor Jahren war sie nach Berlin gezogen. Zu denen, die sie dort erfolgreich vor den Nazibehörden versteckt, gehören der jüdische Sozialdemokrat Otto Suhr* und dessen Frau. Zu ihren Bekannten gehört unter anderem Alois Florath, der frühere Redakteur des sozialdemokratischen *Vorwärts*, der vor dem Jahr des Umbruchs 1933 im Großen Schauspielhaus der Reichshauptstadt mit solchen Künstlern wie Alexander Moissi und Tilla Durieux kulturelle Veranstaltungen wie „Sprechchöre" organisiert hatte. Florath ist ein gut bekannter Mann und muss deshalb besonders vorsichtig sein.[396] Genau so, gewissermaßen an der vordersten Front und in ständiger Lebensgefahr ist Käthe Hauschild aus Meiningen in Thüringen, die mit einem Offizier verheiratet ist. Zum Kreis der Bekannten von Käthe zählt Helga Cohn. Neben Otto gehört die Helga zu den etwa 213.930 Juden, die '39 noch im Reich wohnen.[397] Die Bekannten nennen Käthe alle bloß Kitty. Sie nimmt wahr, dass es ihrer

Freundin Helga zunehmend dreckiger geht, und hilft, wo sie kann, ganz besonders nachdem der Krieg ausgebrochen ist. Als letzten Endes auch noch der Vater ihrer Freundin verhaftet werden soll, wird er von Käthe versteckt. Helgas Familie sucht schließlich die Lösung im Umzug in die Reichshauptstadt Berlin, wo es immerhin eine große jüdische Gemeinde gibt. Auch dorthin schickt ihr Käthe jeden Monat ein Paket mit Lebensmitteln, unter einem falschen Namen und zur Sicherheit an eine Deckadresse. Der Offizier, mit dem sie verheiratet ist, unterstützt seine Frau, so dass auch seltenere Produkte in die Pakete kommen.[398] Da kann man sagen: Das machen aber nicht alle! Richtig. Und man kann auch sagen, dass sich auch in wesentlich angenehmeren Lebenslagen nicht wirklich viele finden, die sich für andere aufopfern, sei es für Juden, für Deutsche oder für wen auch immer. Schauen Sie da ruhig in den nächsten Spiegel. Aber vielleicht sind Sie ja nicht so gut dran wie Käthe Hauschild, die ein paar Mark mehr übrig hat, weil ihr Mann besser verdient.

Zur Übung könnten Sie erst einmal einen Obdachlosen aufnehmen. Das Leben unter freiem Himmel ist hart und endet oft tödlich und Sie wissen selbst, dass man da völlig unverschuldet landen kann. Die Situation von Obdachlosen bietet die Chance, sich das hier praktisch vorzustellen, und dafür werden Sie noch nicht einmal selbst in so ein KZ eingesperrt. Die zweite Phase könnte dann schon so gestaltet werden, dass Sie jemanden verstecken, den man per Haftbefehl sucht. Dabei ist die Zahl der Leute, die Sie in der dritten Phase beherbergen, davon abhängig, mit wie vielen Sie die Wohnung teilen würden und Ihre Lebensmittelkarten. Nicht alle haben genug Geld übrig, um sich nicht rationiertes Essen zu kaufen und nicht alle sind kinderlos. Üppig essen kann man von den Rationen auch so schon nicht. Niemanden aufnehmen bedeutet nicht automatisch, dass man es gut findet, wie es im Reich zugeht. Es gibt eben mehr als schwarz und weiß. Es bleibt auch abzuwarten, wie sich die Deutschen verhalten, wenn das Regime womöglich noch übler mit den Juden umspringt.

Was soll nun werden?

Mit dem Beginn des Krieges ist die Mühe von Diplomaten wie Ernst von Weizsäcker, der Gebrüder Erich und Theo Kordt, Ulrich von Hassell und Adam von Trott zu Solz oder zum Beispiel auch eines Friedrich-Werner Graf von der Schulenburg letzten Endes umsonst gewesen. Gestern noch hatten Hassell und Weizsäcker den mächtigen Göring aufgesucht sowie die Botschafter Großbritanniens und Polens. Fabian von Schlabrendorff war noch einmal von Pontius zu Pilatus gelaufen. Irgendwie musste das doch möglich sein, einen neuen Krieg zu verhindern. Die Reparationen für den Weltkrieg waren 1932 lediglich ausgesetzt worden, damit unser Reich wieder Luft zum Atmen bekommt. Wer soll es bezahlen, wenn wir noch einen Krieg in den Sand setzen? Dann würden auch erst einmal die Reparationen für den Weltkrieg erneut aufgerollt und neue Forderungen kämen dazu! Um Gottes willen.[399] Es ist ja auch nicht so, als ob es für die Briten unbekannt wäre, dass es in Deutschland politische Meinungsverschiedenheiten gibt, denn nach dem 1. September 1939 bombardiert der britische Geheimdienst SIS Außenminister Lord Halifax mit einschlägigen Berichten über politischen Dissens im Reich, worüber Halifax allerdings erst am 23. Oktober das Kabinett informiert und noch später – am 27. Oktober sagt er dem Gremium noch einmal explizit, zwischen Hitler und der Wehrmacht herrschten massive Meinungsverschiedenheiten.[400]

Wenn sich später einmal Historiker anschicken, die Geschichte unserer Tage aufzuschreiben, dann gehören all die vielen Wahrheiten dazu. Will man da kürzen, um zu brauchbaren Aussagen zu kommen, muss immer von der Gesamtheit der Fakten ausgegangen werden. Es führt zu keinem guten Schluss, wenn jeder Autor nur die Krümel erwähnt, die die gerade gewünschte Wirkung und Aussage erzielen können. Hier zeigt sich zum Beispiel, dass weder England gegen Deutschland kämpft, noch London oder auch nur die englische Regierung. Wie wir es schon vor dem Krieg von 1914 gesehen haben, sind nur wenige *Insider* in die Strategie eingeweiht, nach der die Konkurrenten des *British Empire* aus dem Felde geschlagen werden sollen. Zu einem geeigneten Zeitpunkt informiert einer dieser *Insider* also die anderen Mitglieder der Regierung, hat es letztlich gesagt, aber dann, wenn die Dinge schon so laufen, wie sie sollen.

Adolf Hitler bekommt sein großes Armdrücken

Der Führer seinerseits versäumt nicht, die unterschiedlichen Baustellen zu verbinden. Während Großdeutschland in der Ecke kauert und darum betet, dass das nicht der nächste Weltkrieg wird, beschließt der Führer im Windschatten anderer Sorgen per Polizeiverordnung eine nächtliche Ausgangssperre für Juden, und dass alle, die Hitler für unheilbar krank hält, umgebracht werden müssten. Doch viele dieser Menschen wurden in Heimen der zwei großen Kirchen untergebracht, sodass sich auch hier wieder andere für ihn mit denjenigen Deutschen herumprügeln müssen, die Rückfragen haben. Besonders unschön ist es natürlich, wenn es laut wird, wie bei dem württembergischen Landesbischof Theophil H. Wurm oder dem Bischof von Münster Graf von Galen, die Hitlers Nebenkriegsschauplatz beim Namen nennen: Was er vorhat, ist Mord. Wie zuvor bei Kommunisten und, und, und, will er jetzt auch bei den Kranken darüber entscheiden, wessen Leben wohl lebenswert sei. Im Augenblick ist dem Bemühen der Kirchenmänner mit ihren schriftlichen Eingaben und den öffentlichen Protesten kein schneller Erfolg beschieden. Auf der anderen Seite hält das Regime dem Gegendruck nicht lange stand.[401]

Nach einer letzten mündlichen Drohung am Abend des 1. September erklären England und Frankreich am nächsten Tag ihre Mobilmachungen, London aber nur, weil das Unterhaus Chamberlain buchstäblich zwang. Italiens Botschafter überbringt die Nachricht, dass der Duce in London und Paris vorgeschlagen hat, Deutschland und Polen zum Abschluss des sofortigen Waffenstillstandes aufzufordern. Die Fronten sollten vorerst bleiben, wo sie im Moment sind. Am Abend wird bekannt, dass London den Vorschlag nur annimmt, wenn sich die Wehrmacht komplett hinter die eigene Grenze zurückziehe. Dem schließen sich die Franzosen nach einigem Nachdenken an.[402] Noch am 2. September sind Hintertürchen offen. Horace Wilson informiert die deutsche Botschaft, dass das Reich bekommt, was es will, wenn es die Kriegshandlungen einstellt. Dann sei alles vergessen und man werde sofort Verhandlungen beginnen.[403] Wird Hitler noch ein Staat in Münchener Manier überlassen? Will das Hitler? Aus Berlin kommen andere Signale. An Norwegen gerichtet, wird an die „freundschaftlichen Beziehungen“ zwischen Deutschland und Norwegen erinnert und die Unverletzlichkeit und Integrität Norwegens zugesagt – unter der Bedingung, dass Norwegen dem Reich gegenüber Neutralität wahrt „und alle Einbrüche, die etwa von dritter Seite in die norwegische Neutralität erfolgen sollten, nicht dulden wird." In nette Worte gehüllt, folgt die offene Androhung, dass die Reichsregierung sonst unter Druck gesetzt wäre, „die Interessen des Reiches so wahrzunehmen, wie die sich dann ergebende Lage es der Reichsregierung aufnötigen" werde. Hitler meint, London könnte auf die Idee verfallen, Norwegen zu besetzen, um sich den Zugang zum Eisenerz in Schweden zu bewahren und dem Reich den Zugriff auf das strategisch sehr bedeutsame Material zu erschweren. Zwischen England, Frankreich und Amerika laufen in diesen Tagen die Drähte heiß. Washington drängt die Partner in Europa, es wegen Danzig zum Krieg kommen zu lassen, und gibt die Informationen Bittenfelds zu den Plänen für eine vierte Teilung Polens nicht nach Warschau weiter.[404]

In London ist unterdessen das Ringen um die Einhaltung des Vertrages mit Polen und eine englische Kriegserklärung gegen Deutschland kaum weiter an Dramatik zu überbieten. Bereits am Morgen des 2. September meldete der britische Botschafter in Warschau Kennard, dass am Vortag insgesamt dreihundert deutsche Flugzeuge Polen überflogen haben. Die Deutschen hätten unter anderem Sprengbomben von 250 kg und Brandbomben abgeworfen. Der vereinbarte Bündnisfall ist längst eingetreten, doch die Regierenden zeigen keine Neigung zu adäquatem Handeln. Im Unterhaus erklären sie wider besseres Wissen, es würden angeblich nur polnische Militärziele angegriffen und nicht die Zivilbevölkerung. Wie in Paris ist die Rede von Verhandlungen, die jetzt geführt werden sollten, und von mehr oder minder großen Vorbedingungen dafür. Welcher der beteiligten Herren glaubt denn im Ernst, dass Hitler seine Truppen aus Polen wieder abzieht, wenn sie siegreich sind, weil die Unterstützung für Polen partout nicht kommt? Trotz des einstimmigen Drucks im Kabinett und der Erwartungshaltung der Abgeordneten des Unterhauses sträubt sich Premier Chamberlain ein Ultimatum für die Einstellung der Kampfhandlungen an Hitler zu senden. Stunde um Stunde schindet Chamberlain Zeit, um nicht vor den Abgeordneten sprechen zu müssen. Letztlich muss er es doch tun und nach dem Aufruhr, der auf seine Rede folgt, ist ein weiterer Aufschub nicht mehr möglich. Den besten Beitrag in diesem Drama liefert Winston Churchill. Nach der Rede treffen sich einige von den Parlamentariern in seiner Wohnung und Boothby erklärt, Chamberlain könne nicht länger Premierminister bleiben, wenn er es unterlasse, binnen weniger Stunden den Krieg zu erklären. Winston Churchill möge am folgenden Tage ins Unterhaus gehen und ihn „niederzwingen". Man ist sich darin einig, dass die Regierung stürzt, wenn sich Churchill gegen Chamberlain wendet. Aber dieser Satansbraten weigert sich, das zu tun. Angeblich will er keinen Aufstand gegen den verehrten Premierminister inszenieren. Doch genau der wäre nötig, um glaubhaft zu machen, dass Churchill dem *Appeasement* den Garaus machen will. Momente wie der jetzige sind geradezu dazu prädestiniert, an den empörten Aufschrei des regierungskritischen Winston Churchill zu erinnern, als es im Parlament darum ging, vielleicht noch zu vereiteln, dass die tschechoslowakischen Goldreserven an den erfolgreichsten Kanzler des Reiches nach Bismarck gehen: „Da bestürmen wir die Leute, in die Armee einzutreten, reden ihnen zu, neue Formen des militärischen Zwanges auf sich zu nehmen; da zahlen wir Steuern in einem Riesenumfang, um uns zu schützen. Wenn gleichzeitig unser Regierungsapparat so tollpatschig ist, dass diese sechs Millionen Pfund Gold der Naziregierung von Deutschland transferiert werden können, die es, wie alle Devisen, nur dazu benutzen will – und tatsächlich dazu benutzt –, um seine Rüstungen zu vermehren . . . dann macht man sich damit nur über die Bemühungen lustig, die wir alle, in jeder Klasse und in jeder Partei für die Landesverteidigung und den Zusammenschluss aller Kräfte des Volkes unternehmen." Wie viele Monate will er dem verehrten Mister Chamberlain denn noch gewähren und wie viele Länder – nach Österreich, den Sudeten, der Tschechoslowakei und nun vermutlich einschließlich Polens – sollen Hitler noch in den Rachen geworfen werden? Packt Churchill diese Gelegenheit nicht beim Kragen, wird es auch nichts nützen, wenn Chamberlain in den nächsten Stunden Deutschland pro forma den Krieg erklärt.[405] An dieser Stelle bleibt bloß festzuhalten, dass Hitler und sein Außenminister die Londoner Reaktion auf ihren Einfall in Polen richtig eingeschätzt haben. Sie werden wohl in die Ohnmacht fallen, wenn am Ende des zweitägigen Londoner Ringens mit dem Premierminister nun doch noch ein blauer Brief eingeht.

In der nächsten Nacht wird es heiß; aus der englischen Botschaft kommt nach Mitternacht ein Anruf, der besagt, Henderson sei aus London angewiesen worden, um 9 Uhr vormittags eine Mitteilung der englischen Regierung zu übergeben, und bäte, von Ribbentrop im Auswärtigen Amt zu dieser Zeit empfangen zu werden. Dass diese Mitteilung nichts Angenehmes enthalten würde, dass es sich vielleicht gar um ein richtiggehendes Ultimatum handeln kann, ist logisch, und deshalb zeigt Ribbentrop keine Lust, den Botschafter persönlich zu empfangen. Zufällig steht Dolmetscher Dr. Paul Schmidt gerade in seiner Nähe und der Reichsaußenminister Ribbentrop sagt: „Eigentlich könnten Sie an meiner Stelle den Besuch des Botschafters entgegen nehmen. Lassen Sie doch mal bei den Engländern nachfragen, ob ihnen das recht wäre, da der Außenminister um 9 Uhr verhindert sei."[406] Und hätte da ein Hausmeister gestanden?

Pünktlich früh um neun erscheint am 3. September der Botschafter von Großbritannien im Auswärtigen Amt in der Wilhelmstraße, reicht dem Dolmetscher die Hand, nimmt aber trotz der Bitte von Dr. Paul Schmidt nicht an dem kleinen Tisch in der Ecke des Zimmers Platz. Er bleibt einfach in der Mitte stehen und sagt zu ihm: „Ich muss Ihnen leider im Auftrage meiner Regierung ein Ultimatum an die deutsche Regierung überreichen." Dann verliest er das Dokument, das in die Erklärung mündet, Großbritannien und Deutschland befänden sich im Kriegszustand, wenn seine Regierung nicht vor 11 Uhr britischer Sommerzeit Zusicherungen über die Einstellung aller Angriffshandlungen gegen Polen und die Zurückziehung der deutschen Truppen aus diesem Lande erhalten habe. Er sagt noch zu Dr. Schmidt, es tue ihm aufrichtig leid, dass er gerade ihm ein solches Dokument übergeben muss, denn er sei stets sehr hilfsbereit gewesen. Der Dolmetscher drückt ebenso sein Bedauern aus und richtet herzliche Abschiedsworte an den Botschafter.[407]

Mit dem Ultimatum in der Aktentasche geht Dr. Schmidt hinüber in die Reichskanzlei. In dem Raum vor Hitlers Arbeitszimmer sind die meisten Kabinettsmitglieder und prominente Parteileute versammelt, sodass ein starkes Gedränge herrscht und der Dolmetscher Schwierigkeiten hat, zu Hitler vorzudringen. Drinnen sitzt der Führer am Arbeitstisch und sein

Außenminister steht an einem Fenster. Beide blicken gespannt hoch, als sie den Dolmetscher sehen. Er bleibt in gewisser Entfernung vorm Tisch stehen und übersetzt dann langsam und verständlich das Ultimatum der britischen Regierung. Es herrscht wieder fanatische Stille. Unser Führer sitzt völlig regungslos an seinem Platz. Nach einer Zeit, die Dr. Schmidt wie eine Ewigkeit vorkommt, wendet er sich Ribbentrop zu, der wie erstarrt am Fenster stehen bleibt. „Was nun?“ fragt Hitler seinen Experten in Fragen der Außenpolitik mit wütenden Augen. Mit leiser Stimme sagt von Ribbentrop: „Ich nehme an, dass die Franzosen uns in der nächsten Stunde ein gleichlautendes Ultimatum überreichen werden.“ Dies weiß der Führer auch ohne den Fachmann und das ist nicht die Antwort, die Hitler erwartet hat. Der Spezialist sollte ihm die Erklärung dafür geben, warum sich die Prognose für das Verhalten der Westmächte eben gerade als falsch herausgestellt hat. Der Dolmetscher verlässt den Saal und sagt zu den Umstehenden: „Die Engländer haben uns soeben ein Ultimatum überreicht. In zwei Stunden besteht zwischen England und Deutschland Kriegszustand.“ Es herrscht Totenstille. In diese Ruhe hinein entgegnet Göring dem Dolmetscher: „Wenn wir diesen Krieg verlieren, dann möge uns der Himmel gnädig sein!“[408]

In einer Ecke des Raums steht Joseph Goebbels wie der sprichwörtliche begossene Pudel; er muss sich etwas einfallen lassen, wie er das morgen in den Zeitungen anbieten soll. Am Abend verlässt Paul Schmidt Berlin, das wegen befürchteter Luftangriffe zu verdunkeln ist, in einem Sonderzug des Auswärtigen Amtes in östlicher Richtung. Auf ihn wirkt es schon wie eine böse Ironie des Schicksals, dass der Zug von derselben Verladerampe des Anhalter Güterbahnhofs abfährt, von der er selbst auch 1917 als Soldat im Güterzug seine Heimatstadt verlassen hatte.[409] Damals war Italien schon nicht mehr auf der deutschen Seite im Krieg. Der heutigen Führung in Italien kommt es im Vornherein darauf an, sich nicht wieder auf ein ungleiches Kräftemessen einzulassen. Seine Küste ist weiter, was sie immer war: ein einladendes Ziel für ankommende britische U-Boote und Schiffe auf dem Mittelmeer. Nachdem Hitler an diesem Tag die unglückliche Botschaft erhalten hat, dass der Westen sich in den Konflikt mit Polen einschalten wird, versucht er Mussolini in einem Brief mittels einer Mischung aus Erfolgsmeldungen und Beschwörung gemeinsamer Interessen doch noch mit ins Boot zu holen. Er will Mussolini gerne bei seinem Wort nehmen, dass er auf manchem Gebiet glaube, Hitler helfen zu können, und nimmt dieses „schon im Voraus mit aufrichtigem Dank entgegen". Ansonsten sei er sich durchaus bewusst, dass der Kampf, den er begonnen habe, ein Kampf auf Leben und Tod sei, wobei sein eigenes Schicksal überhaupt keine Rolle spielen könnte. Wie edelmütig von ihm. Er macht klar, dass „man einem solchen Kampf auf die Dauer nicht ausweichen kann, und dass man mit eisiger Überlegung den Augenblick des Widerstandes so wählen muss, dass die Wahrscheinlichkeit des Erfolges gewährleistet ist", und an den Erfolg glaube er „felsenfest". Es sei jedoch in keiner Weise möglich gewesen, auf Roms Vermittlungsangebote einzugehen, um sich die schnellen Erfolge Seiner Wehrmacht etwa „durch diplomatische Ränke wieder entwerten zu lassen".[410] Letzteres ist schon eine Offenbarung in Bezug auf die Ernsthaftigkeit seiner diplomatischen Spielchen Ende August. Er wollte keine diplomatischen Ränke, sondern den „teilweise außerordentlich schnellen Vormarsch" der Wehrmacht.

Er schweigt sich jedoch darüber aus, wie die Auslandsspionage vor dem Beginn der Kampfhandlungen für die Erfolge gesorgt hatte. Die Agenten waren in falschen polnischen Uniformen durch Polen gereist und beim Beginn der Kämpfe haben sie bedeutende Knotenpunkte des Eisenbahnnetzes und Brücken zerstört.[411] Wie konnten die Polen noch alles heranführen, was vorgesehen war? Solche Tricks und Fußangeln sind freilich laut Kriegsrecht nicht erlaubt. Am Ende des Briefes behält der Starrsinn die Oberhand. Hitler kündigt an, dass er sich im Westen zuerst defensiv verhalten will, es werde aber der Moment kommen, an dem „wir mit der ganzen Kraft der Nation uns auch dort dem Gegner stellen können".[412]

Was er der deutschen Öffentlichkeit nicht verraten muss, kündigt unser Möchte-gern-Feldherr mit diesen Worten Mussolini in Roma an. Er will nicht den Krieg gegen den Westen vermeiden, sondern den gefürchteten Zwei-Fronten-Krieg. Wer sich mit seinem Wirken beschäftigen will, holt später einmal hoffentlich möglichst viele Puzzleteile dessen zusammen, was Hitler den lieben langen Tag über zu dem und jenem sagt, um einen hochgradig verlogenen Mann zu rekonstruieren, der sich überaus schlau vorkommt und um jeden Preis im Geschichtsbuch landen will. Wer Teile des Nachlasses von ihm und über ihn einst ignoriert, kommt womöglich bei der Schlussfolgerung an, er sei nur das Opfer von Intrigen geworden.

Dr. Joseph Goebbels sucht sein Heil darin, dass er Stunde für Stunde im Radio die Erfolge der Wehrmacht verkünden lässt, um den Zweiflern im Volke den Wind aus den Segeln zu nehmen. Zugleich werden mit jedem weiteren Erfolg dieser Armee, die seit der Aufblähung vor Jahren längst nicht mehr nur den Widerstand persönlich verkörpert, die Chancen für einen Staatsstreich immer geringer. Viele wegen des Kriegs einberufene Reserveoffiziere sind begeistert von Hitler und die gesamte Truppe wird von ihnen ebenfalls stark beeinflusst. Gewiss, am 4. September kommt es zu einem Luftangriff auf Wilhelmshaven direkt an der Nordsee – das ist eine Art Schuss vor den Bug, aber es wird kaum Schaden angerichtet. Das wird auf die Dauer nicht reichen. Einerseits wird man vielleicht ein paar militärische Objekte unter Beschuss nehmen müssen, andererseits ist man damit zurück auf dem Boden des Völkerrechts. Warum soll man Zivilisten in der Diktatur beschießen? Als einen gewissen Erfolg nehmen es in die Verschwörung eingeweihte deutsche Diplomaten in Berlin, dass Londons Premierminister Chamberlain am 4. September in einer Rundfunk-Botschaft an die *Opposition* im Reich betont, dass sich die Kriegserklärung nicht gegen das deutsche Volk richtet, sondern ausschließlich gegen ein tyrannisches Regime. Den Generälen ist die Erklärung freilich zu wenig. Wer garantiert, dass England und Frankreich die Wirren einer Revolte nicht für Angriff und Besetzung auszunutzen wissen würden?[413]

Außerdem nimmt die Wehrmacht Ort für Ort in Polen, ohne dass gleich die Welt untergeht. Woran könnte man ersehen, dass Adolf wild pokert? Haben Sie schon einmal von einem Land gehört, in dem Widerstand geleistet wird, wenn die eigene Armee ein anderes Land im Sturm nimmt? Frankreichs zahlreiche Divisionen unternehmen nichts gegen die wenigen Divisionen, die die Wehrmacht an der westlichen Grenze bereithält. Aus einiger Entfernung könnte man denken, Hitler habe darauf gehofft, dass sie bleiben, wo sie sind, und nicht eingreifen. Aber das stimmt wohl nicht so recht. Es gab genug Signale, die darauf hingedeutet haben, dass England nichts unternehmen würde, und ohne englische Unterstützung war es absehbar, dass die Franzosen auch nichts tun würden. So können sich die deutschen Militärs auf Polen konzentrieren. Von Verteidigungsbereitschaft im Westen kann wirklich keine Rede sein. Die Armeegruppe des Generals Ritter von Leeb und die Reserveeinheiten haben insgesamt nicht die Hälfte der Kräfte, die Frankreich kurzfristig mobilisieren kann, ganz zu schweigen von den 91 Divisionen, die nach drei Wochen auf das Feld geführt werden könnten. Da sich weder die französischen noch die englischen Truppen bewegen, besteht keinerlei Gefahr für Deutschland, wenn die besten Teile der Wehrmacht in den Osten geworfen werden. Werfen wir noch einen Blick nach London, weil sich der Insider Winston Churchill dort am Tage der englischen Kriegserklärung folgendermaßen zu Wort meldet: „Dies ist ein englischer Krieg, und sein Ziel ist die Vernichtung Deutschlands."[414]

Zwei Tage dauert es und Hitler kontert die Erklärung vom 4. September mit einem spektakulären Friedensangebot an Großbritannien.[415] Nimmt man die offizielle Darstellung für bare Münze, so hat Hitler mit dem Angriff auf Polen bloß auf Grenzverletzungen reagiert und rechnet jetzt mit dem Einlenken der Briten. Es spricht schon Bände, dass vom Einlenken der Polen keine Rede ist. Was an der Stelle helfen würde, wäre ein freies Informationsnetz, das berichtet, was in den letzten Wochen tatsächlich an der Grenze passiert war. Doch davon ist hier längst keine Rede mehr. Der nächste Nackenschlag folgt am 5. Tag des Krieges, als US-Präsident Roosevelt eine Proklamation unterschreibt, die die Neutralität der USA bekräftigt. Jetzt hat Goebbels einen weiteren Trumpf in seinen Händen; nach den Briten und Franzosen halten die Amerikaner die Füße still. So kann der Führer auch Polen ohne einen Weltkrieg besiegen. Zweiflern in der Bevölkerung ist damit noch ein Argument genommen. Da Roosevelt in diesem Zusammenhang bekannt gibt, dass britische und französische Aufträge in den USA eingefroren werden, steigert das nur die Sicherheit, dass die beiden Mächte in Westeuropa gleich noch viel weniger Rückendeckung für Maßnahmen gegen das Reich haben.[416] Doch umgekehrt ist es prachtvoll, dass die materielle Unterstützung für Hitlers Wehrmacht kontinuierlich fortgeführt wird. Der Chemieriese IG Farben, der mit der finanziellen Unterstützung aus den Vereinigten Staaten überhaupt entstanden war und bis 1939 sogar auf die doppelte Größe erweitert werden konnte, stellt wesentliche Teile der kriegswichtigen Produkte für Hitlers Reich her. 28 der von der Firma IG Farben hergestellten 43 wichtigsten Produkte sind tatsächlich von „primärer Bedeutung" für die Blitzkriegsstreitkräfte des Führers. Ins Deutsche übersetzt bedeutet dies, es würde keinen Krieg geben ohne die Produktion dieser Betriebe, weil das Reich ohne diesen Krempel keinen modernen Krieg führen könnte. Die City of London ist im September 1939 mit 36 Millionen Pfund Sterling im Reich Adolf Hitlers engagiert.[417] Und das bitte zum Wert von 1939!

Weil die Wehrmacht Polen angreift, steigen folgerichtig in New York die Kurse. Wie hinreichend bekannt, ist Krieg nichts als die Fortsetzung der Politik mit anderen Mitteln. Leidtragende sind fernab der Londoner City und der New Yorker Wall Street die Menschen in Polen und Soldaten im Kriegsdienst. Es ist nicht besonders erstaunlich, dass die Aktien steigen; das Deutsche Reich ist der größte ausländische Kunde zum Beispiel von IBM, denn es benötigt unter anderem Erfassungssysteme für die KZs, so dass die Wachmannschaften den Überblick über die Gefangenen haben. Früher brauchte man im Deutschen Reich Zettel und Stift, um Angaben festzuhalten und auszuwerten. Mit den hochmodernen amerikanischen Maschinen läuft das alles wie an Henry Fords Fließbändern. Sogenannte Hollerith-Lochkarten speichern alle Daten, die für die Aufseher relevant sind. Wenn in den *Kärtchen* im Format 14 mal 8,2 Zentimeter beispielsweise das Loch 12 ausgestochen ist, bedeutet das „Zigeuner", das Loch 8 heißt „Jude", Loch 3 heißt „homosexuell". Den Karten ist zu entnehmen, welcher Nationalität eine Person ist, das Geburtsdatum, die Anzahl der Kinder, körperliche Merkmale oder berufliche Fähigkeiten. Darüber darf man überhaupt nicht nachdenken. Zu allem Überfluss wartet die Firma International Business Machines die komplizierten Anlagen regelmäßig, das heißt normalerweise einmal im Monat, und bildet das Nazi-Personal für die Bedienung der Geräte aus. In den Büros von IBM werden Kopien der Bedienungshandbücher aufbewahrt für den Fall, dass die Bücher vor Ort durch irgendeinen misslichen Umstand abhanden kommen sollten.

ITT stellt Telefonanlagen für die Wehrmacht her. Die Firmen Ford und General Motors fertigen 220.000 LKWs für Hitlers Blitzkriegstrategie. Singer – bekannt für Nähmaschinen – liefert beste Maschinengewehre. Die Firmen Texaco und Standard Oil stellen wie gehabt gutes Benzin zur Verfügung. Boeing sowie Pratt & Witney liefern weiter die Flugzeugteile. Alcoa steuert das Aluminium bei. Opel stellt Teile seiner Produktion um für den Bomber JU-88 und für U-Boot-Torpedos. General Motors liefert die ersten Motoren für Düsenjäger. Coca Cola, schon seit den zwanziger Jahren im Reich erfolgreich, erlebt als Wehrmachtlieferant einen sagenhaften Aufstieg und geht erfinderisch mit den Mangelerscheinungen der Planwirtschaft um. Als der Stoff für Cola nicht mehr verfügbar ist, bringt man mit anderem Rezept Fanta auf den Markt. Und sagen Sie nicht, das stellt alles auf den Kopf. Was meinen Sie, warum amerikanische Firmen die NSDAP seit Anfang der zwanziger Jahre mit Geld ausstaffiert haben? Hinter dem großen Teich wusste Henry Ford früher als Mussolini in der italienischen Hauptstadt, wer Adolf Hitler war und welche Pläne dieser Mann verfolgte. Die prominenten Deutschen, die Hitler *auch* unterstützt haben, konnte man an den Fingern einer Hand abzählen, und Mitglieder der NSDAP nagten wie die meisten Deutschen in den Inflationsjahren ja fast alle am Hungertuche. Wäre Hitler wirklich auf die Mitgliedsbeiträge angewiesen gewesen, wäre seine Kasse bei den ständigen Ausgaben zeitnah unter ihren Anfangsbetrag von 7.50 Reichsmark geschrumpft.[418]

Der stellvertretende Leiter des IG-„Teebüros“ Dr. Oskar Loehr gehört zu denjenigen, denen bekannt ist, dass die IG Farben und die Standard Oil aus New Jersey einem „vorgefertigten Plan“ folgen, um die Entwicklung der synthetischen Gummi-Industrie in den Vereinigten Staaten zu verzögern, – was zum Vorteil der Deutschen Wehrmacht und zum Nachteil der Vereinigten Staaten wäre, wenn es zum Kriege zwischen den beiden Ländern käme. Wie begünstigen die einschlägigen Amerikaner die Fertigung von synthetischem Gummi im Deutschen Reich und behindern sie in den USA? Die Chemiefirmen Chemnyco und Jasco unterrichten Vertreter des Kartells IG Farben über ihre Entwicklung von synthetischem Gummi in den Vereinigten Staaten und zögern das Offenlegen der Bunaverfahren für die Produktion synthetischen Gummis hinaus für andere amerikanische Gummihersteller. Im Jahre 1939 findet in Den Haag eine Konferenz statt, bei der sich Vertreter von Standard Oil mit den Herren Ringer und Dr. Brown aus Ludwigshafen treffen. Mr. Howard berichtet den Repräsentanten dieser Firma in Hitler-Deutschland, „dass die Entwicklungen in den USA die Phase erreicht hätten, in der es für ihn nicht mehr möglich sei, die Informationen bezüglich des Bunaverfahrens den amerikanischen Firmen vorzuenthalten." Parallel dazu werden auch die Interessen des Nazi-Reiches in den Vereinigten Staaten von Amerika geschützt. Um Diskussionen über die Belieferung des Reiches mit kriegswichtigen Stoffen wie Atrabin, Magnesium und synthetischem Gummi durch die amerikanische Tochterfirma der Farben zu vermeiden, wurde sie in weiser Voraussicht umbenannt in General Aniline & Film. Ist man erst im Krieg mit Deutschland, stellen unbelehrbare Kritiker in den USA sonst womöglich dumme Fragen.[419]

Im Reich wird die Schlinge für die Kritiker mit einer Verordnung gegen Volksschädlinge noch enger gezogen. Das Machwerk ist ein hinreichend übler Gummiparagraph, der die Todesstrafe für den Fall vorsieht, dass es „das gesunde Volksempfinden" wegen der „besonderen Verwerflichkeit der Tat" erfordert.[420] Nazis, Nicht-Nazis und Anti-Nazis sind sich in einer Hinsicht einmal *vollkommen einig*: Was man als gesundes Volksempfinden anzusehen hat, darüber befindet der zuständige Gauleiter.[421]

Wie nicht anders zu erwarten, setzt sich unter dem Eindruck der Erfolge der Wehrmacht die Warschauer Regierung am 6. September in den Südosten des Landes nach Lublin ab, am 9. weiter nach Krimienic, dann am 13. nach Zaleszczyki dicht an der rumänischen Grenze, bis sie schließlich in der Nacht zum 17. das Land verlässt.[422] Die Minister erfahren aus den Medien, welchen Scherbenhaufen sie mit ihrer Außenpolitik der letzten Jahre hinterlassen – und tun das, was die Eliten immer noch am besten können: Sie bringen ihre eigene Haut in Sicherheit. Ein Treppenwitz der Geschichte wäre es, wenn diese Politiker als polnische Exilregierung im Ausland akzeptiert würden. Mal sehen.

Hitler muss weg III

Einer von jenen, die endlich in Berlin den Staatsstreich haben wollen, ist Staatssekretär Ernst von Weizsäcker. Er sucht Dr. Erich Kordt vom Auswärtigen Amt auf und stellt ihm die Frage, ob er gar keine Möglichkeiten sehe, den Krieg noch abzuwenden.[423] Erneut müssen tausend Gespräche geführt werden, um alles wie voriges Jahr anzubahnen. Während mancher der vor einem Jahr Beteiligten resigniert hat, flieht von Witzleben zum Beispiel nicht in die Passivität. Es wird erneut eine handlungsfähige Struktur aufgebaut. Hans Oster, der inzwischen zum Obersten befördert worden ist, greift zunächst auf den Putschplan vom letzten Jahr zurück. Er sondiert im Vatikan, ruft die Soldaten um Friedrich Wilhelm Heinz* zusammen und sucht die Unterstützung der Generäle.[424] Bei dieser Lage ist es nun in erster Linie Sache der Wehrmacht, das Beste aus der Situation zu machen. War inzwischen schon Hans Herwarth von Bittenfeld* von der deutschen Botschaft in Moskau eingetreten, um den Finger bei einem Umsturz am Abzug zu haben, so kommen jetzt zum Beispiel auch die Juristen Dr. Hans Bernd Gisevius und Dr. Josef Müller* dazu, Peter Graf Yorck, Ulrich Graf Schwerin sowie der Jurist und Reichsgerichtsrat Dr. Hans v. Dohnanyi* als Sonderführer im Rang eines Majors, der dies nie wollte und keinen Zweifel daran gelassen hatte, dass er vom Soldatsein nicht begeistert sei.[425]

Die Vernetzung der verschiedenen Kreise wird verbessert. Seit Ende des vergangenen Jahres ist der Rechtsanwalt Dr. Josef Wirmer bestrebt, ununterbrochene Verbindungen aufzubauen zwischen dem Amt Ausland/Abwehr beim Oberkommando der Wehrmacht mit Gewerkschaftern wie Max Habermann oder Wilhelm Leuschner oder einem Jakob Kaiser*. In ihnen sieht man wichtige Verbindungspersonen in die Bevölkerung des Reiches. Die großen Sterne dürfen selbstverständlich nicht die Adressen der kleinen Lichter kennen und deren Kontaktleute werden einen Teufel tun und ihre Namen preisgeben. Wenn der Staatsstreich misslingt, gebe Gott, dass sie die mit ins Grab nehmen und sie nicht bei der Folter preisgeben. Einige Kontakte, besonders zu den zivilen *Oppositionellen*, stellt Oberst Hans Oster aus dem Geheimdienst her. Der Pfarrer Dr. Dietrich Bonhoeffer aus der Bekennenden Kirche hat den Auftrag, Verbindungen zwischen dem Widerstand im Oberkommando der Wehrmacht und den europäischen Kirchenleitungen herzustellen. Von besonderer Bedeutung ist Oberstleutnant Helmuth Groscurth als Verbindungsmann zwischen der Abteilung Abwehr und dem OKH, will heißen, dem Oberkommando des Heeres. Groscurth tauscht sich genauso mit Hasso von Etzdorf* aus, welcher für Weizsäcker* Verbindungen pflegt zum Oberkommando der Wehrmacht.[426] Eine recht effektvolle Idee, wie man das drohende Unheil noch abbiegen kann, haben Mitglieder des „Reichs- und Heimatbundes deutscher Katholiken“ sowie der „Reichs-Arbeitsgemeinschaft deutscher Föderalisten“. Sie streben die Autonomie für das Rheinland und andere Teile Deutschlands in einem neuorganisierten Bundesstaat an. Die zwei Organisationen werden von Dr. Benedikt Schmittmann geleitet, der sich als Professor aus der Leitung der Kölner Universität einiger Bekanntheit erfreut. Zu seinem Freundeskreis zählt unter anderem der frühere Oberbürgermeister der Stadt Köln Dr. Konrad Adenauer*. Natürlich hat der Professor recht: Wie will jemand auf den Sandböden von Berlin Kriege vorbereiten, wenn er plötzlich nicht mehr auf die Rüstungsindustrie des Rheinlandes zugreifen kann? Die Ablehnung der Idee eines Europas von Nationalstaaten teilen seine beiden Organisationen mit vielen Gruppen der *Opposition* in Deutschland. Die Nazi-„Behörden“ verstehen in dem Zusammenhang keinen Spaß. Am Tag des Kriegsausbruchs wurde Professor Dr. Benedikt Schmittmann inhaftiert, in das Konzentrationslager Sachsenhausen gebracht und an einem der nächsten Tage totgetreten.[427]

Nicht einmal ein Mann wie der Freund Konrad Adenauer, der immerhin einmal großen Einfluss hatte, kann in so einem Fall konkret helfen. Mit einem hinreichend großen Abstand wird man sich wohl denken, das ist doch ganz einfach: Da müssen eben alle auf einmal gegen dieses Regime aufbegehren! Doch das Regime wird auch von einem Drittel der Gesellschaft getragen. Zu bedenken ist auch die Atmosphäre des Misstrauens und der Angst im Reich und der fehlende Zugang zu freien Medien. Wie will man im richtigen Moment das entscheidende Signal geben: Treffen der Revolutionäre am Mittwoch um 16 Uhr auf dem Marktplatz? Es war nicht zufällig im letzten Herbst ein Ziel der Wehrmachtführung, Funkhäuser und weitere Kommunikationszentralen in und rund um Berlin zu besetzen. Sollten zum revolutionären Treffen zu wenige Leute kommen, ist die Gestapo für den weiteren Ablauf zuständig. Aus einem größeren Abstand kann sich vielleicht ohnehin keiner die Atmosphäre vorstellen, in der sich die Leute in Stadt und Land 1939 still und leise bewegen.

Natürlich kann man die Zeit aus der Perspektive eines „Jungmannes“ an einer der Nationalpolitischen Erziehungsanstalten betrachten. Dann hat es das Schicksal mit ihm gut gemeint und er kann sich nun voll und ganz für Führer, Volk und Vaterland einsetzen. Wozu sonst wurde er denn an der Eskaladierwand ausgebildet und hatte Schützengräben ausgehoben, in denen eine vormilitärische Ausbildung stattfand? Das ging ja bereits 1933 los, als sich Reinhard Heydrich noch als *Sachverständiger* in Genf beim Völkerbund mit Diplomaten aus ganz Europa um die Frage stritt, inwiefern SA, SS oder Stahlhelm militärische Vereine seien und ob man sie bei der Festlegung der Stärke der Landheere einrechnen müsste. Auf jeden Fall ist bemerkenswert, welche Art Unterricht an den Napolas, wie diese Erziehungsanstalten im Volksmund heißen, angeboten wird.[428]

Anders sieht die Welt für den Juristen Dr. Joseph Römer, 47, aus. Dem ehemaligen Freikorpskämpfer, der Ende der zwanziger Jahre mehr dem Kommunismus zuneigte, hatten die Nazis böse mitgespielt. Seit Hitlers Machtergreifung war er mit einer Unterbrechung immer in Haft und ist erst jetzt im Sommer aus dem KZ Dachau entlassen worden. Das dürfte er General Ritter von Greim verdanken, der im Kriege sein Regimentskamerad war und danach mit ihm gemeinsam im Freikorps „Oberland“ kämpfte. Auch bei ihm hat die Nazi-Technik der Einschüchterung mehr den Trotz gestärkt und so sucht und findet er doch relativ schnell Leute, mit denen man die Hitlerei beenden kann. Er bringt es in kürzester Frist auf die stattliche Anzahl von mindestens 150 Männern und Frauen, die in der Mehrzahl zu kommunistischen Gruppen gehören. Da profitiert er natürlich davon, dass die Kommunisten ein intaktes Netz illegaler Verbindungen über die Jahre am Leben erhalten konnten. Danach sucht er nach Mitteln und Wegen, wie man den Führer von den Lebenden zu den Toten befördert. Durch Gertrud von Heimerdinger bekommt Dr. Römer eine Verbindung zur Berliner Stadtkommandantur. So bezieht er Nachrichten von den Reisen und Ausfahrten Hitlers. Man muss zuerst einmal herausfinden, wo er ist, bevor man ihn entschärfen kann. Informationen bezieht er vom Adjutanten des Wehrmachtsstandortkommandanten Generalleutnant Ernst Seifert, nämlich Oberstleutnant Dr. Holm Erttel.[429]

Über Frau von Heimerdinger hat Dr. Römer auch eine Verbindung zum Auswärtigen Amt. Er baut Kontakte auf zu Männern wie Eugen Gerstenmaier*, Dr. Fritz von Twardowski*, Albrecht von Kessel*, Gottfried von Nostitz*, Hans Lukaschek* oder Ernst von Weizsäcker* und Botschaftsrat i. R. Albrecht Graf von Bernstorff, der selbst sowohl Juden als auch anderen deutschen Emigranten bei ihrer Flucht und der Rettung des Besitzes hilft. So bekommt Römer auch Kontakt zum Kreis um Hanna Solf, der Witwe des früheren deutschen Botschafters in Tokio.[430]

Die Nazis wüten in Polen wie die Schweine

Draußen im Felde bemerken die zur Wehrmacht eingezogenen Landser schnell, dass sie mit den Kameraden offener sprechen können, als es in der Heimat in den letzten Jahren möglich war. Aus irgendeinem Grund fehlen in ihren Reihen die übertriebenen 108-Prozentigen. So dauert es nicht lange und der Spruch des Tages ist: „Die alten Frontschweine von 1914 bis 1918 sind wieder da. – Wo bleibt die SS und die SA?“[431] Und die Frage steht nicht einmal zu Unrecht; wer war es denn, der Hitler in allen Stürmen beistehen wollte? Jetzt haben wir Sturm und die extrabraunen Schläger sind überraschenderweise nicht vorne an der vordersten Front. Doch die Straßenrowdys der frühen dreißiger Jahre sind durchaus auch im Krieg eingesetzt, nur eben in anderen Einheiten und führen sich jetzt in Polen auf wie seinerzeit bei uns im Reich, als Ludendorff Deutschland als ein besetztes Gebiet der SA bezeichnet hat. Es mag eine Zeit dauern, aber dann gehen die Gerüchte um, was sich hinter der Front zuträgt. Für Polen ist die Vernichtung der Schicht der Intelligenzler vorgesehen, und was für Leute sollen es denn vielleicht sein, die einen Arzt, einen Anwalt oder Professor an der nächstbesten Laterne aufhängen? Dafür setzt man wohl am besten die ein, die erst Jagd auf Kommunisten gemacht haben, und nachdem sie andere Gruppen durchforstet hatten, auch die eigenen braunen Kameraden tot schlugen. Nur wenige Wochen später berichtet der Verbrecher Reinhard Heydrich: „In den von uns besetzten Gebieten wurde die polnische Elite bis zu etwa drei Prozent ausgerottet.“[432]

Während dieses alles geschieht, gehen erste Klagen über „verfahrenslose Exekutionen von Polen und Juden, willkürliche Schikanen und wahllose Verhaftungen ein“. Schon am 9. September erscheint der Oberquartiermeister I Carl-Heinrich von Stülpnagel bei F. Halder, um ihn über Äußerungen Heydrichs zu informieren, wonach „alles viel zu langsam“ gehe; er würde das abstellen. Die Leute müssten sofort ohne Verfahren abgeschossen oder gehängt werden – „der Adel, die Popen und Juden.“ Drei Tage später teilt Canaris General Keitel mit, nach seiner Kenntnis seien in Polen „umfangreiche Füsilierungen geplant“ und dass „insbesondere der Adel und die Geistlichkeit ausgerottet“ würden. Doch Keitel braucht man nichts zu sagen. Wer ihm Informationen anvertraut, kann auch mit einer Wand sprechen. Werner von Blomberg hatte wohl recht, als er auf die Frage nach seinem Nachfolger antwortete, Keitel käme da überhaupt nicht in Betracht, der sei nur der Vorsteher seines Büros gewesen. Dem Chef des Geheimdienstes Canaris ist umso klarer, dass die Welt schließlich doch auch die Wehrmacht für begangene Verbrechen verantwortlich machen werde. Keitel geht nicht auf den Inhalt ein, sondern meint, dass diese Sache bereits vom Führer entschieden sei. Hitler habe dem Oberkommando des Heeres klargemacht, dass wenn die Wehrmacht hiermit nichts zu tun haben wolle, sie dann auch hinnehmen müsse, dass SS und Gestapo neben ihr in Erscheinung treten, um zusammen mit den Zivilbefehlshabern „die volkstümliche Ausrottung“ zu übernehmen.[433]

Im Polen-Feldzug tanzt die Wehrmacht zum ersten Mal spürbar aus der Reihe. Gegen die unfassbaren Verbrechen in Polen protestieren General von Reichenau und Generaloberst Blaskowitz. Man hört von Regimentskommandeuren, die mit Waffengewalt die entsetzlichen Verbrechen der SS verhindern wollen. General Walter Petzel fordert ein Ende dieser unglaublichen Massaker. General Georg von Küchler zum Beispiel bezeichnet eine SS-Einheit, von deren Tun er Kenntnis erlangt, als Schandfleck der Armee. Was würden Soldaten erst sagen, wenn sie wüssten, dass die

SS Himmlers auch weiterhin finanzielle Zuwendungen in harten Dollars von Firmen aus den Vereinigten Staaten erhält?[434] Sollten Verbrechen in Polen, die in diesen Tagen begangen werden, irgendwann vor einem Gericht verhandelt werden, dann sitzen auf der Anklagebank neben einem Hitler, Goebbels und Himmler hoffentlich Vertreter dieser Firmen sowie Präsident Roosevelt, oder wer hat die Warnung an Polen nicht weitergegeben nach Warschau? Deutsche, die Courage haben, wehren sich nach ihren Möglichkeiten gegen die grausigen Entgleisungen, von denen man etwas erfährt. General Joachim Lemelsen lässt einen für das Erschießen von fünfzig Juden verantwortlichen Obermusikmeister der sogenannten Leibstandarte Adolf Hitler kurzerhand verhaften und zur Aburteilung an die Heeresgruppe überstellen. General Wilhelm Ulex verlangt die Beendigung der „Volkstumspolitik", die, wie er schreibt, die Ehre des ganzen deutschen Volkes beflecke. Nach einer Beschwerde durch Albert Forster, Gauleiter von Danzig, über das *mangelnde Verständnis* der Wehrmacht gegenüber den *bevölkerungspolitischen* Maßnahmen löst der Führer zunächst Danzig und Westpreußen aus der Militärverwaltung. Zwölf Tage später beendigt er diese Zuständigkeit auch für die übrigen Gebiete. Der Abbruch der Militärverwaltung steigert die Willkür der sich damit selbst überlassenen Partei-, Zivil- und Polizeibehörden, der Standgerichte, der kommissarischen Landräte, Hilfspolizisten und so weiter, die sich nicht selten auf völlig unüberprüfbare Sonderaufträge berufen. Das verstärkt die Konflikte mit den Armeeeinheiten im Land.[435] Dass die Bemühungen von Angehörigen der Wehrmacht scheitern, diesen Verbrechen ein Ende zu bereiten, liegt in erster Linie an der Haltung der führenden Männer. Vergessen wir Keitel, doch weder Halder noch Brauchitsch sind zu einer offenen Auseinandersetzung mit Hitler bereit. Nach der Einrichtung der deutschen Zivilverwaltung ziehen sie sich aus der Verantwortung zurück und überlassen die Menschen in Polen endgültig den wilden Horden.[436]

Der Offizier Helmuth Stieff schreibt an die Ehefrau in der Heimat: „Ich schäme mich, ein Deutscher zu sein." Er vermittelt ihr eine Ahnung vom Geschehen: „Die blühendste Phantasie einer Gräuelpropaganda ist arm gegen die Dinge, die eine organisierte Mörder-, Räuber- und Plündererbande unter angeblich höchster Duldung dort verbricht." Sein Urteil zu den Vorgängen ist klar: „Die Ausrottung ganzer Geschlechter mit Frauen und Kindern ist nur einem Untermenschentum möglich, das den Namen Deutsch nicht mehr verdient.“ Aber mal nur unter uns: Wie seelisch verwahrlost, wie verroht muss ein Mensch auch sein, der jemanden sinnlos umbringt? „Diese Minderheit, die durch Morden, Plündern und Sengen den deutschen Namen besudelt, wird das Unglück des ganzen deutschen Volkes werden, wenn wir ihr nicht bald das Handwerk legen.“[437] Nun ist nur noch zu klären, wie man eben mal rasch die Diktatur stürzt. Auf die tragischste Weise wird damit Wirklichkeit, was Sir Robert Vansittart bereits am Rande der Olympischen Spiele 1936 in Berlin Dr. Paul Schmidt als Zukunftsvision mitgegeben hatte: „Der nächste Krieg wird sich nicht an die nationalen Grenzen halten. Die Fronten werden mitten durch die einzelnen Völker hindurchlaufen, denn es wird kein Krieg der Nationen, sondern ein Krieg der Weltanschauungen sein!“[438] Der Chefbrite verriet dem deutschen Dolmetscher natürlich noch am wenigsten, dass man in London den Russen und den Deutschen ihre Weltanschauungssüppchen vor zwanzig Jahren eingebrockt hatte. Wie hässlich muss man sein, das Produkt langfristiger Planung dann noch als Hellseherei aufzutischen?

Wie man jetzt sieht, war es auf jeden Fall zielführend, den Schlägertypen die Zukunft Europas zu überlassen, erkannte doch der geistige Vater des ersten Gemetzels von 1914 bis 1918 schon, dass das mächtige Wachstum der Bevölkerung im Deutschen und im Russischen Reich einschließlich Polens zu den Faktoren zählt, die das Britische Reich innerhalb weniger Jahrzehnte zu einer Fußnote der Geschichte machen könnten. Schon im Weltkrieg von 1914 war es darum gegangen, das Schlachten so lange wie möglich hinzuziehen, um die Zahlen der Opfer in die Millionen hochzutreiben, nach dem Krieg noch ergänzt durch die Hungerblockade gegen Deutschland, die Intervention im revolutionären Russland und diese sogenannte Spanische Grippe aus den Rekrutenlagern der Amerikaner, die weitere Millionen in die ewigen Jagdgründe verschickten.

Der Bromberger Blutsonntag

Was Goebbels in dem Moment hilft, ist der Punkt, dass nicht alle Polen abwarteten, bis sie ermordet wurden. Als die dritte deutsche Infanterie-Division in Westpreußen die polnische Pomerellen-Armee schon in den ersten zwei Tagen des Kriegs südlich von Danzig geschlagen hatte, zogen sich polnische Soldaten unter anderem auch durch die Stadt Bydgoszcz zurück. Bis zur Gründung der Republik Polen hieß diese Stadt Bromberg und viele ihrer Einwohner sind Deutsche, die diese Stadt auch nach dem Krieg nicht verlassen haben. Die Einnahme der Stadt wurde unmittelbar erwartet. Am Morgen des 3. September, einem Sonntag, so ungefähr um 10 Uhr fielen in der Danziger Straße Schüsse. Es ist sehr umstritten, wer sie abgab. Auf jeden Fall muss so Panik ausgelöst worden sein. Soldaten schossen um sich und gingen in kleinen Gruppen gegen die am Straßenrand liegenden Häuser und ihre Bewohner vor. Den Soldaten haben sich Zivilisten angeschlossen. Jedes Haus, in dem Deutsche wohnten, wurde durchsucht. Wo überhaupt Gefangene gemacht wurden, erschossen die Soldaten sie vielfach an Ort und Stelle.[439] Johanna Giese hielt sich unten im Keller unter ihrer Wohnung auf und erinnert sich so an das, was geschah: „Polnische Soldaten und Zivilpersonen kamen auf unser Grundstück. Sie verlangten, dass wir aus dem Keller hervorkämen. Als wir aus dem Keller hervorkamen, behauptete ein Soldat, aus unserem Hause sei geschossen worden. Wir hatten überhaupt keine Waffen im Hause. Mein Schwiegersohn verließ zuerst den Keller. In diesem Augenblick rief eine Zivilperson, die Schwaben müssten alle erschossen werden!“ Und weiter berichtet Johanna Giese anschließend: „Mein Schwiegersohn bekam von einem Soldaten gleich einen Schuss. Sie durchschossen ihm die Schlagader; außerdem hatte er noch drei andere Schüsse in der Brust und am Hals.“[440] In Bromberg spielten sich furchtbare Szenen ab. Zum Teil sind ganze Familien ausgerottet worden. Bei den Haussuchungen wurden zunächst von den Soldaten und den beteiligten Zivilpersonen, die man in der Tat als randalierenden Mob bezeichnen muss, sämtliches Geld und Wertsachen gestohlen. Die Wohnungen wurden ausgeplündert und verwüstet. Männer in den Familien wurden in fast allen Fällen in viehischer Weise umgebracht, vom 13-jährigen oder gar 10-jährigen Jungen bis zu 70- oder 80-jährigen Greisen. Meist wurden die Ermordeten mit Brechstangen, Seitengewehren, Gewehrkolben, Knüppeln derartig zusammengeschlagen, dass ihre Gesichter bis zur vollkommenen Unkenntlichkeit verstümmelt wurden. Die Lage in Bromberg beruhigte sich dann erst am Nachmittag dieses Tages ein wenig. In der Stadt lagen angekohlte, zum Teil auch verbrannte Leichen ermordeter deutscher Einwohner. Ehe die letzten Soldaten in der Nacht abzogen, rief der Stadtkommandant Major Albrycht noch eine Bürgerwehr zur Aufrechterhaltung der Ordnung ins Leben und bewaffnete sie. Nun sollten wohl die Zivilisten das erreichen, was reguläre Truppen nicht geschafft hatten. So fielen in der Nacht und am folgenden Tag immer wieder Schüsse. Es war nicht klar, wer sie abgegeben hatte. Doch nun ging die Bürgerwehr zusammen mit neu angekommenen Soldaten gegen vermutete Saboteure vor. Nunmehr wurden überhaupt keine Gefangenen mehr gemacht. Wer verdächtig schien, ist auf der Stelle erschossen worden. Dann wurden Häuser geplündert und eine Kirche in Brand gesetzt. Was im Einzelnen wirklich passierte, lässt sich kaum mehr nachvollziehen. Zumindest für den deutschen Teil der Bevölkerung war der Schrecken am 5. September zu Ende, als deutsche Soldaten einmarschierten. Goebbels' Propaganda greift diese Ereignisse in Bydgoszcz dankbar auf und bringt die Kunde davon in den folgenden Tagen als „Bromberger Blutsonntag" in Umlauf. Binnen weniger Monate macht sie aus den angegebenen 5.437 Toten 58.000 Opfer.[441]

Wahr ist aber auch, dass diese Tumulte mit vielen Toten und Verletzten Goebbels nur bei einem Teil der Bevölkerung helfen. Es ist keine Frage, dass sie in und um Bromberg ein Dauerthema sind. Doch man muss nur wenige Dutzend Kilometer aus der Stadt heraus sein, um zu hören, dass Zweifel an der Darstellung der Ereignisse laut werden. Fragen wir Herrn Dr. Hans Boetticher, wie dies zu erklären ist. Er wird als Generalrichter von der Wehrmacht-Untersuchungsstelle eingesetzt, um die Angelegenheit vor Ort in Bromberg zu untersuchen. Nach Abschluss seiner Untersuchung stellt er die Ergebnisse Journalisten aus neutralen Staaten vor. Er erklärt ihnen, dass die Vernehmungen, die vorgenommen wurden, in der Tat Gewaltanwendung von polnischer Seite erwiesen haben. Danach sagt Dr. Boetticher: „Aber ich persönlich hatte nicht den Eindruck, dass die Leute mir geglaubt haben. Die Polen-Gräuel, die Goebbels erdichtet hatte, hatten ihre Wirkung getan, denn keiner glaubte mehr daran, was in dieser Richtung vorgebracht wurde. Jedes Mal, wenn Adolf Hitler einmarschieren wollte, kamen irgendwelche Gräuel zustande.“ Übertreiben ist ungut: „So war es in der Tschechei gewesen, so war es auch in Polen. Gründe für den Einmarsch oder für irgendwelche kriegerischen Handlungen wurden darin gesucht, dass Gräuel von Nicht-Deutschen gegen die Deutschen begangen worden waren. Die Journalisten hielten diese Anschuldigungen ebenfalls für Propaganda. Sie haben natürlich nichts gesagt, aber in ihren Mienen konnte man auch lesen.“[442]

Die Wehrmacht-Untersuchungsstelle war am 4. September 1939 wegen der Berichte über die Ermordung von Deutschen überhaupt eingerichtet worden, doch deren Mitarbeiter sind aufgrund ihres Auftrages auch die ersten Mitarbeiter einer Behörde, die erfahren, dass sich auch Deutsche nicht an das Kriegsrecht halten. Als Kriegsgerichtsrat Alfons Waltzog die Vernehmungsprotokolle von deutschen Gewaltopfern an Dr. Maximilian Wagner, den Leiter der Abteilung für Völkerrecht, schickte, schrieb er in einem Begleitschreiben, dass das Völkerrecht in der Praxis etwas anders aussah als in der Theorie. Im OKW sei verhandelt worden, wer über die Erschießung von Geiseln zu befinden habe. Der SS-Sicherheitsdienst hat Geiseln ohne Anordnung erschossen und Freischärler ohne Verfahren – und es habe einiger Anstrengungen der Richter beim Kommandeur des rückwärtigen Armeegebietes bedurft, um diesem Treiben Einhalt zu gebieten. Weiter erklärte der Kriegsgerichtsrat Waltzog: „Heute erfuhr ich von dem jetzigen Leiter der Gestapo, dass noch in der letzten Nacht 20 Polen, sogenannte Verbrecher, ohne Urteil erschossen wurden. Ein Rest von 50 Polen befindet sich im hiesigen Internierungslager seit 8 Tagen in einem Keller, den ich selbst aufgesucht habe. Sie sollten auch noch erschossen werden.“ Er fügt dem noch hinzu, dass ein SS-Sturmmann und ein Polizeiwachtmeister ungefähr 50 polnische Juden im Bereich der 3. Armee ermordet haben. Es wurde die Todesstrafe wegen Mordes beantragt beim Feldkriegsgericht der Panzerdivision Kempf, aber das Gericht erkennt dann doch bloß auf Totschlag und verurteilt den SS-Sturmmann zu drei Jahren Gefängnis und den Polizeiwachtmeister zu neun Jahren Zuchthaus. Das Ende vom Lied ist, dass diese Verbrechen wenig später unter die Hitler-Amnestie fallen und der Oberbefehlshaber der 3. Armee letztlich nur jeweils drei Jahre Gefängnis für beide bestätigt – wegen des Mordes an fünfzig Menschen.[443] Wenn man sich dazu berufen fühlt, die Verbrechen der einen und der anderen Seite zu vergleichen, wird man in Rechnung stellen müssen, dass polnischerseits Soldaten und Privatpersonen beteiligt sind, die vor ein ordentliches Gericht gehören, und dass deutscherseits staatliche Stellen Verletzungen des Kriegsrechts geduldet haben oder gar selbst in Auftrag gaben – und dabei die Bemühungen um Einhaltung gültiger Normen durch zuständige Behörden aushebeln. Im Geschichtsbuch darf freilich auch dieser Sonntag nicht fehlen. Es bringt nicht vorwärts, wenn jeder weglässt, was er nicht hören will.

Hitler muss weg IV

Wenn die Goebbels-Propaganda von der inneren Front spricht, ist dann wirklich auch Pfarrer Schmitt aus Pirmasens gemeint, der während der Grabrede für einen gefallenen Soldaten erklärt, das deutsche Volk habe schon vieles erlebt, es werde aber viel schlimmer kommen, da Millionen von Menschen gottlos, entchristlicht und entsittlicht seien? Der Sicherheitsdienst (SD) vermerkt, dass die Staatspolizei verständigt worden sei. In Stettin gedenken evangelische Geistliche der „armen verfolgten und verhafteten Pastoren“ und der Pfarrer, gegen die Redeverbote verhängt wurden. In Frankfurt/Main sagt ein evangelischer Pfarrer, dass wir den Krieg verlieren müssten, weil die Engländer die besseren Nerven hätten und die Kirchen besuchten. Und wieder erfährt die Staatspolizei von der Predigt und weiß, wie sie den Pfarrer mundtot machen kann.[444] Wer das Herz so auf der Zunge trägt, kommt dann auch nicht mehr zum Attentat.

Im Westen Deutschlands versucht sich derweil Generaloberst Kurt von Hammerstein-Equort aus Mecklenburg an einer Aktion zur Beendigung des Krieges. Im Rahmen der Mobilmachung war er wieder in den Dienst geholt worden, erst nach Schlesien und jetzt Anfang September wird der 1934 auf eigenen Wunsch aus der Reichswehr Ausgeschiedene Befehlshaber der Armee-Abteilung A an der nördlichen Rheinfront. Mit ihm ist genau der Richtige reaktiviert worden; angesprochen auf einen nötigen

Staatsstreich hatte er ja bereits vor Monaten gesagt: „Gebt mir nur eine Truppe, dann wird's an mir nicht fehlen."[445] Er lädt den Führer zu einem Besuch in sein Hauptquartier in Köln ein und bei dieser Gelegenheit soll er verhaftet werden. Es wäre freilich zu schön, wenn das gelingen würde. Der Führer scheint zu ahnen, was der alte Haudegen von Hammerstein-Equort im Schilde führt und sagt den Besuch ab. Den Rabauken versetzt er zurück in den Ruhestand.[446] Er hat eine Nase für drohende Gefahren.

Ein anderer, der den Nazibehörden nach der Befreiung der Deutschen in Polen unangenehm auffällt, ist Herbert Czaja*. Der Katholik ist tätig als wissenschaftlicher Assistent an der Universität Kraków. Das Abitur legte der in Teschen gebürtige Deutsche am Deutschen Staatsgymnasium von Bielitz ab und studierte dann Geschichte, Germanistik und Philosophie in Krakau und Wien. Wie er sich eine Lösung der vielen Nationalitätenprobleme vorstellt, lässt sich aus der Mitgliedschaft im „Deutschen Verband zur nationalen Befriedung Europas" ablesen. Als die Wehrmacht in Kraków einrückt, weigert er sich, der NSDAP beizutreten. Damit stößt er nicht auf Gegenliebe. Er ist der nächste Gegner der Nazis mit Courage.[447] Alles hat ein Ende, nur die Wurst hat zwei. So Gott will, geht hoffentlich auch die Herrschaft der Nazis irgendwann zu Ende. Wenn sich dann ein Mann vom Schlage eines Herbert Czaja hinstellt und so aufführt wie ein unbelehrbarer Ewiggestriger, dann sollte man sehr genau nachschauen, welche Rolle er mit Leben erfüllt und sich fragen, warum.

Die Russen kommen nicht

Nervosität machte sich in Ribbentrops Auswärtigem Amt breit, als keine Nachrichten über sowjetische Truppenbewegungen aus Polen eintrafen. Deshalb erinnerte das Auswärtige Amt schon am 3. September Moskau daran, dass die Rote Armee in jene Bereiche des Kriegsschauplatzes einrücken könne, die ihm im Geheimprotokoll vom 23. August 1939 zugesprochen worden waren. Das ist Ribbentrop auch nicht zu blöd, obwohl dann jeder Vollidiot daraus auch ableiten kann, dass es so ein geheimes Protokoll gegeben hatte. Nach zwei Tagen kam aus Moskau die Antwort, zu einem geeigneten Zeitpunkt würden konkrete Aktionen nötig werden, doch der sei noch nicht gekommen. Am 8. September tastet sich Außenminister von Ribbentrop wieder an dieses Thema heran, und erklärt, der Krieg sei in seine Schlussphase eingetreten. Molotov übermittelt am 10. September durch Schulenburg, falls die sowjetischen Truppen handeln, werde dies aus politischen, nicht aus militärischen Gründen geschehen. Botschafter Schulenburg notiert, dass Moskau das Vordringen deutscher Truppen nutzen wolle, um zu sagen, dass Polen auseinanderfalle und die Sowjetunion den bedrohten Ukrainern und Weißrussen helfen müsse.[448]

Etwas zu früh kommt ein persönliches Glückwunschtelegramm von dem Staats- und Parteichef Stalin an den Führer in Berlin zum Einzug seiner Truppen in Warschau. Der Sowjetregierung wird danach mitgeteilt, dass Deutschland die polnischen Armeen weiter verfolgen werde, Hitler halte den Zeitpunkt für gekommen, dass nunmehr von sowjetischer Seite der ihr im Moskauer Geheimabkommen zuerkannte Teil besetzt werde. Hat er Angst, dass die geheime Abmachung nicht offenbar wird, oder um die gemeinsame Grenze mit den Sowjets für seinen nächsten Blitzkrieg? Der neue Sowjetbotschafter Schkwarzew sowie sein Militärattaché erhalten jedoch aus Moskau die Weisung, zunächst genaue Unterlagen über den Zustand der noch vorhandenen polnischen Truppenteile zu erlangen.[449]

Der Übergang von der Theorie zur Praxis

Während Moskau noch den geschicktesten Zeitpunkt zum Eingreifen in Polen wählt, organisiert Hitler bereits die Umsetzung seiner Vision von der Entvölkerung Polens. Dabei handelt es sich keineswegs um eine böswillige Unterstellung; das hat er in *Mein Kampf* ab Seite 428 dargestellt. Da steht: „Da das Volkstum, besser die Rasse, eben nicht in der Sprache liegt, sondern im Blute, würde man von einer Germanisation erst dann sprechen dürfen, wenn es gelänge, durch einen solchen Prozess das Blut der Unterlegenen umzuwandeln. Das aber ist unmöglich.“ Dass jemand Deutsch spricht, genügt ihm nicht, weil das Blut der Sprecher trotzdem minderwertig sei. Mit solchen Sprüchen kam er bei den Dumpfbacken in der SA und anderswo immer schon gut an. Das wollen Dumme hören. In diesen Truppenteilen ist es dann auch halb so schlimm, dass sie Schrott denken und Schrott reden, denn sie sind ja *per se* besser als andere. Wer könnte es mir verdenken, wenn ich an dieser Stelle daran erinnere, dass *Mein Kampf* verfasst wurde auf Papier *sponsored by* Winifred Williams, der Tochter eines englischen Journalisten, die wie halb Engelland in die Familie des längst toten Antisemiten Richard Wagner eingeheiratet hat. Es gibt, wie Sie sich sicher aus dem ersten Teil der Geschichte erinnern, in dieser Hinsicht noch andere hässliche Einflüsse aus der Richtung. Es reicht ja beinahe schon, wenn man sich einmal mit den Ursprüngen der Thule-Gesellschaft befasst. Die liegen auch nicht auf Borneo.

Mag sein, dass mancher *Mein Kampf* als Katholik nicht lesen soll, oder das Buch war Leuten zu langatmig geschrieben – flüssig zu lesen ist das Werk sicher nicht. Wer Hitlers neumodische oder besser gesagt vorsintflutliche Vorstellungen von Kriegführung rechtzeitig kennen wollte, hat dort die Möglichkeit dazu gehabt. Der frisch eingesetzte Kanzler äußerte sich freilich auch schon aus Anlass des Antrittsbesuches bei der Reichswehrführung Anfang Februar 1933 so, dass eine Germanisierung der Bevölkerung irgendwann in der Zukunft zu erobernder Länder nicht möglich sei. Man könne nur Boden germanisieren.[450] Die Generäle haben da gewiss nicht alles im Gedächtnis behalten, was er in seinem ausufernden Psalm alles palavert hat, und sie hatten damals noch umgekehrt Sorgen, dass ihre 100.000-Mann-Truppe beiseite geschubst würde, wenn einer ausländischen Armee in den Sinn kommt, wieder Krieg gegen das Reich zu führen. Nichtsdestotrotz hat sich der eingebürgerte Österreicher dort schon einschlägig geäußert. Jetzt spricht er mit dem militärischen Oberkommando am 12. September in Berlin Modelle einer „Endlösung“ der Polenfrage durch. Das klingt tödlich und ist genau so gemeint. Während einer Besprechung dazu bei General Keitel erörtert man unter anderem die Idee, nach der vorgesehen ist, Litauen das Gebiet von Vilnius anzubieten und Galizien ebenso wie auch die polnische Ukraine unabhängig zu machen, falls die Rote Armee dort nicht einrückt. Dann solle Canaris einen Aufstand in den Gebieten anstiften, in denen vorwiegend Ukrainer wohnen, und sie veranlassen, die Polen und die Juden zu vernichten. Bei der Gelegenheit bringt Hitler gleich einen Überfall auf Frankreich in das Gespräch ein, wie bereits in seinem jüngsten Brief an den Duce. Genau das hält die Öffentlichkeit im Reich für ausgeschlossen, zumal Deutschland keine Ansprüche an die Nachbarn stellt und es Gefühle von Feindschaft oder gar Hass, vor allem in Grenznähe, nicht gibt.[451]

Die Rote Armee überschreitet Polens Grenzen

Moskaus Außenminister informiert am 14. September den Berliner Amtskollegen, dass die Führung aus politischen Gründen noch den Fall der Stadt Warschau abwarten will, ehe sie etwas unternimmt. Das dürfte heißen, dass die Deutschen den Testlauf liefern sollen, damit man an der Moskwa sieht, wie man in der Welt auf das Verschwinden von Polen bis hinter seine Hauptstadt Warschau reagiert. Weil die Rote Armee am 17. September dann doch noch in die Westukraine einrückt, lässt Berlin den Plan mit einem Aufstand in diesem Gebiet sausen. Zugleich werden dort die Truppen Melnyks, die mit Hitlers Unterstützung die Diktatur Stalins beseitigen wollen, ihrem Schicksal überlassen; aber Melnyk liegt jemand wie Mussolini ohnehin näher als einer wie Hitler. Zwei Tage danach gibt London eine Erklärung ab, in der das sowjetische Vorgehen rechtswidrig genannt wird, und die Franzosen fordern von Moskau „zusätzliche Aufklärung",[452] gerade so, als sei man eben fürchterlich überrascht worden. Es wurde doch keiner über das Geheimprotokoll von Moskau informiert. Eines aber kann man an dieser Stelle bereits festhalten: London erklärt der Sowjetunion nach ihrem Überfall auf Polen *nicht* den Krieg. Daraus lässt sich ohne alle Restzweifel ableiten, dass es 1939 so wenig um Polen geht wie es 1914 um Belgien ging. Damals war man auch über Belgien in den Nahen Osten eingeritten und hatte das Gebiet nie wieder verlassen. Seinerzeit räumten sie das Osmanische Reich ab, welches den britischen Plänen zum Besetzen von Halford John Mackinders *Herzland der Welt* im Wege stand, und jetzt geht es um die zweite Runde beim Ausschalten des Deutschen Reiches. Den Krieg gegen Russland wollen die Engländer um Gottes willen nicht doch noch selbst führen. Dafür ist und bleibt das Reich unter der Fuchtel Adolf Hitlers vorgesehen.

Noch schärfer ist die Reaktion in Washington. Präsident Roosevelt und Außenminister Cordell Hull beschließen, das Überschreiten von Polens

Ostgrenze durch die Rote Armee *nicht* als einen Kriegsakt zu betrachten, und dehnen jene Embargobestimmungen, die das Neutralitätsgesetz für jeglichen Verkauf von Waffen und Kriegsmaterial vorschreibt, nicht auf die Sowjetunion aus.[453] Damit bleibt Washington der Linie treu, die man Europa gegenüber eingeschlagen hat: Balgt euch, macht euch platt. Das Entscheidende an den westlichen *reactions* aber bleibt, dass keiner der Sowjetunion den Krieg erklärt. War die Zerstörung Polens nicht die rote Linie, die nicht überschritten werden durfte, oder gilt das nur, wenn die deutschen Streitkräfte in Polen einmarschieren? Andererseits folgen der Kriegserklärung gegen Deutschland *auch* keine Kriegshandlungen. Wie reimt sich das alles zusammen? Dass niemand Polen gewarnt hatte und niemand der Sowjetunion den Krieg erklärt, beweist, wenn es noch nötig war, dass das *Appeasement* den nächsten Crash der geografischen Einheiten Russland und Deutschland vorbereiten soll. Polen liegt schlecht.

Wird Hitler noch ein Land geschenkt?

Seit dem Einrücken der Wehrmacht in die tschechische Hauptstadt Prag war die Mehrheit der Briten bereits der Meinung, wenn es einen Kampf geben müsse mit den Germanen, solle er besser gleich stattfinden. Jetzt ist man fassungslos wegen der Passivität der Regierung. In *der* Hinsicht sind sich viele Leute in Polen und Deutschland, Frankreich und England einig – es ist unglaublich, dass die Westmächte durch ihren Verzicht auf militärische Operationen Hitler einen weiteren Blitzsieg ermöglichen. In Frankreich sprechen die Leute ohnehin vom *drôle de guerre*, einem seltsamen Krieg, in England nennen sie diese Farce den *Phoney War*, einen Scheinkrieg, Deutsche lästern über den *Sitzkrieg*. Man wirft Flugblätter ab statt Bomben. Clever, wie London ist, hatte es seine Allianz mit Polen ja vorsichtshalber nicht mit konkreten Zusagen verbunden. Paris jedoch hatte sich vertraglich verpflichtet, bis zum sechzehnten Tag nach einem Ausbruch von Feinseligkeiten mit 35 bis 38 Divisionen anzugreifen. Die französische Luftwaffe sollte aufsteigen; kleine Operationen mit lokalen Zielen sollten von den Landstreitkräften sogar bereits vom dritten Tage an unternommen werden.[454] Die Situation ist grotesk, denn an der Westgrenze Deutschlands stehen nur 350.000 Soldaten zur Abwehr bereit, in

Frankreich hingegen warten 1,5 Millionen Engländer und Franzosen ab. Der größte Lacher wäre immer noch, wenn die *soldiers* von der Insel im Atlantik nicht nur nichts tun würden, sondern sich dann schließlich und endlich auch noch aus dem Staub machen und die Westeuropäer ihrem Schicksal endgültig überlassen würden.

La drôle de guerre

Was Paris hier aktuell aufführt, ist absurdes Theater: Um die Menschen in Polen zu trösten, die auf die zugesicherte Hilfe aus Frankreich warten, veröffentlicht der französische Generalstab fortwährend Kommuniqués, in denen von Kämpfen gesprochen wird, die nur nicht stattfinden.[455] Der falschen Berichterstattung wird in Polen auch aus dem Grunde geglaubt, weil in den Medien im Reich nicht widersprochen wird. Propagandachef Dr. Joseph Goebbels hält in seinem Tagebuch fest, wie er reagiert: „Kein Wort gegen die bramarbasierende Kriegsberichterstattung des französischen Generalstabes. Er soll ruhig seine Papiersiege machen. Im Westen ist noch kein Schuss gefallen."[456] Es wirkt unfreiwillig komisch, dass der Autor dieser Formulierung hier ein Fremdwort einstreut, das man doch nun wirklich nicht kennen muss. Bramarbasierend heißt prahlerisch. Es ist eben nur putzig, dass das ein Mann verwendet, der Namen führender Leute des Staates falsch schreibt und grammatisch in der Muttersprache nicht sattelfest ist. Das wäre jedoch wichtig, wenn man sein Deutschtum stets vor sich herträgt wie eine Standarte. Die Attribute laden zum Spott geradezu ein: Weder blond noch blauäugig oder arisch im Gesicht, nicht körperlich intakt und eben auch nicht in der Sprache.

Fast drei Wochen nach dem Beginn der Kämpfe in Polen verkündet der Österreicher bei einer Rede *in Danzig* am 19. September den Erfolg des Feldzuges. Da braucht man keine große Phantasie, um sich die Festrede vorzustellen, die er bei solcher Gelegenheit wieder einmal lautstark von sich gibt. Für „Kritikaster" und Angsthasen bleibt bloß Hohn und Spott. Kam der Weltkrieg? Wie bei allen vorherigen Handstreichen kam wieder kein Weltkrieg. An Engländer und Franzosen gerichtet erläutert er, dass er keine gegen den Westen gerichteten Kriegsziele habe. Trotz der steten

Hetze gegen die Kirchen, ruft er ernstlich den Allmächtigen an, „der nun unsere Waffen gesegnet hat, um anderen Völkern begreiflich zu machen, wie sinnlos dieser Krieg sein wird ..., und sie zum Nachdenken über die Segnungen des Friedens zu bringen".[457] Da ist es wieder, das Motiv einer höheren Vernunft, die er stets predigt. Wem wird man nach solch einer Rede noch abkaufen, dass in Polen selbst Zivilisten erschossen, erhängt oder anderweitig umgebracht werden – weil sie Polen oder Juden sind, und Hitler des Land freimachen will als Lebensraum für „seine Kinder"? Aber es ist oft genug ein Thema, dass er selbst überhaupt kein Kind hat. Der Amerikaner Shirer schreibt sich am 20. auf: „Heute Abend ist in der Presse offen von Frieden die Rede. Alle Deutschen, mit denen ich heute sprach, sind fest überzeugt, dass in einem Monat Frieden ist. Sie sind in gehobener Stimmung."[458] Um einzuschätzen, ob es offen ist und ehrlich, wovon in der Presse gerade die Rede ist, muss man wissen, was jemand in der Tiefe seiner Seele vorhat. Mit diesem Gedanken war Shirer genau so voreilig wie Jossif W. Stalin, der Hitler vor elf Tagen zum Einmarsch in Warschau gratuliert hat. Der Führer ist jetzt noch wütend: Noch nicht einmal seine Rede zum Sieg über Polen konnte er dort in der Hauptstadt zelebrieren, weil sich die Warschauer Garnison und die Bürgerschaft bis zum 27. September noch heldenhaft wehren, als deren Regierung schon längst geflüchtet war. Werden sie im Londoner Exil bekennen, dass ihre Politik falsch war? Es gibt Phänomene, die hängen nicht an politischen Systemen, so werden sich zeitweilige Machteliten immer absetzen, wenn es unangenehm wird, und die einfachen Leute haben stets die Trümmer der alten Herrschaft wegzuschaufeln. Vielleicht werden es Historiker in Zukunft gerecht beurteilen, wie sich die Führung in Warschau verhalten hat. Ein Rowdy bleibt ein Rowdy, auch wenn er letzten Endes von einem größeren Rowdy aus dem Feld geschlagen wird.

Der 51-jährige Historiker Ludwik Niemirowski befindet, dass der Grund für die unglaublich schnelle Ausschaltung des polnischen Militärs nicht allein in dem vertragswidrigen Verhalten der Westmächte zu sehen ist; er sieht auch hausgemachte Ursachen für das große militärische Fiasko. Er meint, dass Polen vor diesem Feldzug Streitkräfte hatte, die ein Staat mit 10 Millionen Leuten locker aufbringen kann; die Republik Polen hat allerdings 35 Millionen Einwohner. Und damit nicht genug. Das Militär war für Kriege im neunzehnten Jahrhundert richtig gut ausgerüstet, wir sind jedoch bereits im zwanzigsten. Um so erstaunlicher wirkt es hinterher, wie Warschau herabgeschaut hatte auf die sowjetischen Streitkräfte mit ihren hochmodernen Flugzeugen und auch sonst den Eindruck verbreitete, wer sich mit ihm anlege, werde schon sehen. Womit wollte man denn eigentlich gegen diese Sowjetunion antreten? Drei Monate sollte es dauern, bis die Rote Armee *in wilde Flucht* geschlagen ist. Größenwahn. Niemirowski fasst so zusammen, dass man sicherlich allerlei Flugzeuge, Tanks und Panzerwagen hatte, doch dass man da nicht wirklich über das Stadium des Versuchs hinaus war. Gewiss gab es ausgezeichnete Flug- und Tankabwehrgeschütze, aber nicht in größerer Anzahl. Die Republik Polen trat mit 272 Flugzeugen und *einer* mechanisierten Brigade in den Krieg, die nur aus *zwei* motorisierten Kavallerieregimentern und *einem* Tankbataillon bestand. Eine zweite derartige Brigade war fast aufgestellt und wurde *nach* dem 1. September vervollständigt. Von den verfügbaren Männern hatte nur die Hälfte eine militärische Ausbildung. Es sei lediglich dem Heldenmut der Offiziere und der Mannschaften sowie starken Leistungen einiger weniger erstklassiger Heerführer zu verdanken, dass Polen diese kurze Zeit von einem halben Monat überhaupt durchhielt.[459] Aber wer weiß, wie lange sich andere halten können.

Wunderwaffen sollen es richten

Die Zerstörung Polens war aber noch nicht das Endziel für das Jungchen vom Dorf. Er sieht, dass Frechheit siegt, und da will er es wissen. Sicher hat Hitler kein Patent auf Größenwahn. Denken Sie da nur an Napoléon Bonaparte aus Ajaccio auf der freundlichen Insel Korsika. Dass der aber extraklein gewesen sein soll, ist witzigerweise auf englische Propaganda aus der Zeit des Seekrieges um ihre Insel zurückzuführen. So wollte man den Angreifer lächerlich machen und den Engländern Mut einflößen. Ja, ja, der holde Knabe hat sogar gedacht, er könne die russische Armee besiegen und ging in einer falschen polnischen Uniform am 22. Juni 1812 über die russische Grenze. Aber auch Hitler schaffte es, Leute zu finden, die ihm zu einer Arbeitsstelle verhalfen, an der seine Megalomanie böse ausarten und richtig Schaden anrichten kann. Während viele Leute hier glauben oder eher hoffen, dass er jener ewigen polnischen Stänkerei mit den Deutschen ein Ende bereiten wollte, denkt das Jungchen in anderen Größenordnungen. Damit in Zukunft jeder erschauert, wenn er nur den Namen *Deutsche Wehrmacht* hört, lässt er bereits seit Monaten an den Universitäten in Leipzig, Göttingen, Heidelberg und Hamburg Wunderwaffen austüfteln, die auf Professor Otto Hahns Kernspaltung beruhen. Die frischen Atomphysiker werden in das Kaiser-Wilhelm-Institut nach Berlin zitiert. Kurt Diebner hat zusammen mit dem Kernphysiker Erich Bagge das große Programm „Vorbereitender Arbeitsplan zur Aufnahme von Versuchen für die Nutzbarmachung der Kernspaltung" geschrieben, das die Forschungsarbeiten koordinieren soll. Neben den Universitäten sind auch das Kaiser-Wilhelm-Institut für Physik und das für Chemie in Berlin-Dahlem, das Heereswaffenamt in Kummersdorf-Gut in der Nähe von Berlin, und *last but not least* das feine Forschungslaboratorium für Elektronenphysik eines Manfred von Ardenne* in Berlin-Lichterfelde im erlauchten Kreis der Mitwirkenden.[460]

Sieg ohne Jubel

Die Deutschen wollten Hitlers Krieg nicht, sie brauchen keinen Sieg und wollen einfach nur ihre Ruhe. Wäre es anders, hätte man nicht die ganze Zeit vom Frieden reden müssen. Schauen wir uns in den Tagen nach der Rede in Großdeutschland um. Obwohl auf jedes kritische Wort der Tod ausgelobt wurde, findet man Wege, um seine Haltung kundzutun. Wenn man schon nicht kritisieren darf, kann man doch schweigen. Betretenes Schweigen nach dem großen Sieg wird unangenehm dröhnen. In einigen Orten des Großdeutschen Reiches weigern sich zum Beispiel Geistliche, anlässlich von Hitlers Sieg die Glocken läuten zu lassen.[461] Da ist einfach Ruhe im Karton. Bei einer Tagung der Konvente der evangelischen Landeskirche in Hamburg, in der „Kriegspredigt heute" zum Thema gestellt wird, äußert ein Referent, der als Vertreter der Bekenntnisfront spricht, man könne seiner negativen Einstellung zu den politischen Ereignissen im Moment dadurch Ausdruck verleihen, dass man sie in den Predigten nicht erwähne. Der Sicherheitsdienst hält auch fest, dass die Hamburger

Pfarrer der Bekennenden Kirche entsprechend auftreten.[462] In Berlin begibt sich der Diplomat George Kennan auf den berühmten Pariser Platz, um die inszenierte Militärschau unter den herbeigerufenen Berlinern zu erleben. Auch sie zeigen keinerlei Begeisterung für den Krieg und lassen die Siegesparade zur Beendigung des Feldzuges mürrisch schweigend an sich vorüberziehen. Das ist aber nicht wirklich überraschend, hatten die Einwohner der Hauptstadt doch bereits in der Spannung des 31. August die Ablehnung von Krieg und Gewalt bekundet. Kennan sieht *live* und in Farbe, dass es den berufsmäßigen Nazi-Agitatoren auf dem Platz vor der Botschaft trotz heftigen Bemühens nicht gelingt, den Berlinern Zeichen von Zustimmung nach dem Sieg zu entlocken. Alles, was Kennan erlebt, ist undurchdringliches Schweigen, wie er im Tagebuch festhält.[463]

Er fährt ins Land, um sich ein Bild von der Stimmung der Leute zu verschaffen. An einem Sonnabend kommt er ungefähr um Mitternacht aus einer Bar in der Gegend der Hamburger Binnenalster und beginnt, sich in den verdunkelten Straßen heimwärts zu tasten. Die Verdunkelung ist schon Routine. Das Wetter ist klar an diesem Abend. Ein blasser Mond gibt gerade genug Licht, dass die Bordsteinkanten, Laternenpfähle und andere Hindernisse zu erkennen sind. Die Leute sprechen, wenn überhaupt, dann nur in halbem Flüsterton. An einer Straßenecke taucht eine Frau auf, die ihn fragt, ob sie etwas zusammen unternehmen wollten. Er möchte sie auf ein Getränk einladen, aber sie entgegnet, sie könne ihre Zeit doch nicht so verschwenden und fragt, ob er nicht noch anderweitig interessiert sei. Nun hat er zu Hause in Berlin eine *family*, so einigen sie sich, dass sie ihm in einer Bar Gesellschaft leistet und er ihr dafür „die übliche Gebühr“ entrichten werde. Als sie dann sitzen, erzählt die Frau aus ihrem Leben. Tagsüber arbeite sie als Packerin in einer Fabrik und abends gehe sie ein, zwei Stunden auf den Strich. Was sie am Tag macht, sei zwar der Ruin für ihre Fingernägel, aber es sei besser als das Arbeitslager, und hätte sie nicht rechtzeitig eine Arbeit angenommen, säße sie jetzt dort. Sie reden über Gott und die Welt, den Freund und warum sie auf den Strich gehe. Erst als George die Bar verlassen hat, merkt er, dass weder sie noch er mit einem einzigen Wort den Krieg erwähnt hatten.[464]

Doch nicht allen Deutschen verschlägt der Sieg die Sprache. Der Bischof Joannes Baptista Sproll tritt anlässlich einer Männerwallfahrt für Juden und ihre Religion ein und äußert sich bei der Gelegenheit erneut kritisch über die Pogrome vom November 1938.[465] In Königsberg in Ostpreußen spricht der Prediger Riedesel und verkündet seine Botschaft unter Bezug auf das altehrwürdige Gleichnis vom Barmherzigen Samariter: „Ein Verwundeter liegt im Straßengraben, ein eleganter Wagen mit einem Mann in schöner Uniform kommt vorbei, der Mann bekleidet viele Ämter des Staates oder der Partei. Dem Verwundeten leistet er keine Hilfe, weil er dadurch kostbare Zeit verlieren würde. Ein weiterer Wagen kommt vorbei, der ebenfalls keine Hilfe leistet. Erst der dritte, ein Jude mit einem Klappwagen, erbarmt sich des Verwundeten und nimmt ihn mit." Beim Sicherheitsdienst wird notiert, dass die Staatspolizei verständigt wurde. Dass sich die Österreicher mit dem Anschluss an Deutschland mächtig angeschmiert haben, zeigen legitimistische Flugblätter in Wien mit Angriffen auf das *Hungerregime unter Hitler*. Die Legitimisten sind nicht neu in Österreich; sie haben die Abschaffung der Monarchie vor zwanzig Jahren nie akzeptiert. Für die revolutionäre Staatsführung in Berlin sind sie auf eine ganz besondere Art gefährlich, denn den Proleten als Staatslenker können sie noch weniger hinnehmen als bürgerliche Minister in Wien. Beispielsweise werden im 3. Wiener Bezirk Streuzettel gefunden, die unter anderem den Ruf enthalten: „Hoch Kaiser Otto!" Weiter steht dort: „Wahr ist, dass in Polen 300.000 Tote, Vermisste und Verwundete zu beklagen sind." In feinster Respektlosigkeit wird dem noch hinzugefügt: „13.000 Flugzeuge verlor der Hermann."[466] Ja, ohne jede Frage ist Hermann Göring gemeint, der umfangreichste Mann der Luftwaffe.

Ein Kollege von *Horch-und-Guck* fasst so zusammen: „Aus der Ostmark wird über verstärkte Tätigkeit reaktionär-legitimistischer Kreise berichtet. Ein Prinz, die Gräfin Christine Ressigoier und drei ehemalige höhere Offiziere des österreichischen Heeres mussten wegen geheimer Zusammenkünfte festgenommen werden." Er könnte Anna-Carmen Elisabeth Christiane Gräfin Resseguier von Miremont oder vielleicht Marie Margarethe Christiane Karoline Katharine Gräfin Resseguier von Miremont meinen, Ressigoier schreibt sich diese aufmüpfige Dame jedoch vermutlich nicht. Auch bei der Auflösungsversammlung des Deutschen Clubs in Wien seien Äußerungen gefallen, die auf eine verstärkte Tätigkeit legitimistischer Kreise schließen ließen. Weiter wird notiert, die gegnerische Tätigkeit des politischen Katholizismus werde fortgesetzt. Besonders der Jugend und den Soldaten werde Interesse entgegengebracht. Anlässlich der Einführung der Kirchenbeitragssteuer wurden Dekanatskonferenzen durchgeführt, bei denen die anwesenden Geistlichen äußerten, das enge Verhältnis zu Russland bereite ihnen große Sorge, da die Auswirkungen noch gar nicht zu übersehen seien.[467]

Viele Deutsche hoffen, dass Hitler Friedensgespräche führt, freuen sich aber über Erfolge der Wehrmacht gegen England, weil London die Polen benutzt habe für eine Einkreisung, um das Deutsche Reich zu zerstören. Der staatliche Sicherheitsdienst ist beunruhigt, weil Verehrerinnen und Verehrer des Führers nicht zwangsläufig immer den rechten Sinn für die Form zum Ausdruck ihres Dauerdurchhaltewillens zeigen. Die Kollegen vom Sicherheitsdienst behalten auch solches mit im Auge: „So wird z. B. berichtet, dass in Kiel in einem Schaufenster einer Spirituosenhandlung sich ein Führerbild inmitten von zahlreichen Spirituosenflaschen befindet mit dem Spruch: Wir kapitulieren nie!“[468] Hicks.

Erstens kommt es anders und zweitens als man denkt

Während sich der Führer in Berlin freut, dass aus Polen Gefangene mitgenommen wurden, die den Personalengpass beheben sollen, der durch die Delegation von Männern an die Front entstanden ist, zeigen unsere schweigenden Mitbürger auf andere Art, was sie von alledem halten. Mit Sorge wird festgestellt, dass sich ein Teil der Bevölkerung gegenüber den polnischen Kriegsgefangenen „allzu freundlich verhalte". Beispielsweise wird in Feuerbach (Württemberg) vermerkt, dass bei der Ankunft eines Kriegsgefangenentransportes den Gefangenen Zigaretten, Obst und Brot zugeworfen werden. Wenn man auf die Deutschen aber auch nicht stets und ständig aufpasst.[469] Wenn das nur in Feuerbach so wäre, würde das gar keine Rolle spielen. Aus Stettin wird berichtet, dass schon polnische Gefangene in Begleitung deutscher Mädchen gesehen wurden. Beim SD sind sie empört. In Stargard müssen 30 Briefe aufgehalten werden, die von Deutschen an polnische Gefangene gerichtet waren. In Holstein ist es nicht besser; verschiedentlich behandeln Bauern „ihnen zugewiesene polnische Gefangene übermäßig gut". Den Kollegen vom SD scheint das gute Verhältnis zwischen der Zivilbevölkerung und polnischen Kriegsgefangenen in einigen katholischen Gegenden besonders auffällig. So wird in Niederbayern festgestellt, dass katholische Bauern die Gefangenen als „gute Katholiken" besser behandeln als deutsche Arbeiter. Hast du noch Töne? Gefangene wurden schon zu Kirchweihfesten und zum Tanz mitgenommen. Das ist nicht im Sinne der Erfinder. Einem Brief eines in der Nähe von Paderborn untergebrachten Kriegsgefangenen nach Hause ist ein Zettel beigelegt, in dem die Bäuerin, bei der der Gefangene arbeitet, angibt, dass dieser gut untergebracht sei, weil sie ja auch katholisch sei. Der Betriebsleiter des Braunkohlewerkes Ponholz in der Oberpfalz gibt in seinem Betrieb beschäftigten polnischen Arbeitern Bier, Zigarren und Zigaretten aus, „während er gegenüber den deutschen Arbeitern niemals in dieser Weise entgegengekommen ist".[470] Da stehen dem SD-Mann die Haare zu Berge. Von der katholischen Geistlichkeit wird absichtsvoll das Gerücht verbreitet, nach der Beendigung des Krieges werde man hier in Deutschland gegen die Kirchen vorgehen wie in der Sowjetunion.[471]

Hitler will nicht weg

Bekommt Göring jetzt ein schlechtes Gewissen oder will er die Kritik im In- und Ausland an der Einverleibung des nächsten Nachbarstaates für die Ausdehnung seiner eigenen Macht nutzen? Richtig ist nur, dass der voluminöse Chef (fast) aller Ressorts im Reich über Birger Dahlerus und Maximilian zu Hohenlohe-Langenburg, Joachim Hertslet und William R. Davis sowie Markus Wallenberg Gespräche mit dem Westen wünscht. Er erklärt sich bereit, die Reichsregierung selbst zu leiten und Hitler auf einen Repräsentationsposten zu verschieben, auf dem ihm seine Macht entzogen wäre. Göring verspricht, die Verfolgung der Juden einzustellen und sich für eine komplette Feuereinstellung einzusetzen. Die Republik Polen möchte er – mit Ausnahme des Korridors und Danzigs – wiederherstellen, womöglich gar die Tschechoslowakei. Luftangriffe auf Großbritannien will er unbedingt abwenden. Die Voraussetzung dafür wäre, dass die Briten nicht von sich aus den Schlagabtausch in der Luft in die Wege leiten. Das Signal zum Handeln solle eine Verständigung mit den Westmächten über die Hauptelemente eines Friedensschlusses und die Zustimmung der USA und Großbritanniens sein, Göring als Partner anzuerkennen.[472] Damit trägt er dem Wunsch der Mehrheit der Deutschen Rechnung, die sich den Fortgang der friedlichen Entwicklung der letzten Jahre wünschen. Wie wäre man denn auch auf die Idee gekommen, dass eine Regierung, die eine beträchtliche Anzahl an Repräsentationsbauten errichten ließ und den öffentlichen Wohnungsbau wie auch den Bau von privaten Häusern gefördert hat, ernsthaft anschickt, alles in einem Krieg ruinieren zu lassen? Zugleich will Göring wohl den Nationalsozialismus und auch seine eigene Haut retten, anstatt abzuwarten, wann Franzosen und Briten den Kriegserklärungen Taten folgen lassen und dem ganzen Zauber ein jähes Ende bereiten. Unter dem Druck der allgemeinen Antikriegsstimmung lenkt schließlich sogar der Führer ein und unternimmt ein taktisches Manöver unter dem Motto: „Mir nach! Ich folge Euch." So kommt es, dass die Zeitungen im Reich noch vor dem Ende der Kämpfe um Polens Hauptstadt Warschau am 26. September eine wunderschöne Friedensoffensive eröffneten. Sie argumentierten in die Richtung: Wieso sollten Frankreich und England jetzt noch kämpfen? Da ist nichts, wofür sie kämpfen könnten. Im Westen will unser Führer nichts und basta.[473]

Der Diktator lässt die nächste Katze aus dem Sack

Dass die Deutschen kein Kriegervolk sind wie die Hunnen, ist Hitler vor einiger Zeit schon aufgefallen – 1933, als er vor Generälen die Idee vom *Lebensraum* ausgebreitet hatte; 1937, als er bei führenden Männern aus dem Militär und bei dem damaligen Außenminister von Neurath seinen Plan für die Tschechoslowakei vorgestellt hat; im September 1938, als er die 2. motorisierte Division in feldgrauer Uniform durch das alte Berlin gelotst hat, um die Stimmung auszutesten; die Berliner zeigten ihm, wo der Hammer hängt; und bei der Polen-Feldzugs-Parade sah man erneut, dass die Deutschen im letzten Jahr nicht rauflustiger geworden sind. Es wurde auch sofort die Gestapo mit Ermittlungen über die Wehrmachtsführung beauftragt, als sich die Beschwerden über den Umgang mit den Zivilisten in Polen häuften.[474] Selbst überzeugte Nazis hatten Hitler doch letztlich wegen seiner Reden über den angestrebten Frieden mit unseren Nachbarländern ins Herz geschlossen. Was dachten Sie, weshalb in der Partei andere Leute sind als in der SA? So bleibt ihm nichts weiter übrig, als die Friedensschalmeien auszupacken, wo er gerade mal so richtig mit dem Jagdhorn *Das Große Halali* blasen wollte. So viel zu den öffentlich geäußerten Willensbekundungen des Chefs, doch hinter verschlossenen Türen ist von einem Richtungswechsel in der Reichskanzlei keine Rede. Während die Deutschen überzeugt sind, Hitler führe Gespräche mit den Westmächten, damit sie ihre Kriegserklärungen zurückziehen, greift der Führer den hingeworfenen Fehdehandschuh auf und sucht nach Wegen, um als Nächstes Frankreich von der Landkarte zu nehmen. Der normale Mensch würde denken, das sei reiner Irrsinn, David gegen Goliath. Aber Hitler meint es ernst. Zum 27. September lässt er die Oberbefehlshaber der drei Wehrmachtteile rufen, setzt sie von seinem jüngsten Entschluss in Kenntnis und befiehlt die Ausarbeitung von Angriffsplänen. Politisch wie militärisch arbeite die Zeit gegen Deutschland, so dass die Offensive gar nicht frühzeitig genug beginnen könne. In drei bis vier Wochen solle der Angriff im Westen losgehen. Hoffentlich erzählen Historiker später nicht, unser Charmeur aus Österreich habe im Grunde seines Herzchens Frieden mit Frankreich gewollt. Im Brief an Mussolini hat er bereits am 3. September angesagt, dass er sich im Westen zuerst defensiv verhalten will, es werde jedoch der Moment kommen, an dem „wir mit der ganzen

Kraft der Nation uns auch dort dem Gegner stellen können". Wenn er es nun zu den Oberbefehlshabern an dem Tag sagt, an dem er erfährt, dass auch Warschau aufgeben musste, dann hat er folglich wieder einmal nur auf den rechten Zeitpunkt gewartet. Ja, es gibt die *Maginotlinie*, daran müsse es aber nicht scheitern, denn er will wie auch 1914 die Neutralität Belgiens und der Niederlande ignorieren. Wieder würde internationales Recht gebrochen. Als das 1906 einkalkuliert wurde, ging es um mögliche Kämpfe im Osten *und* im Westen und ergo um Maßnahmen zur Landesverteidigung, aber diesmal geht es um einen unprovozierten Überfall auf Frankreich. Wieder führen die Militärs ihre fachlichen Argumente an.[475]

Sie führen die Erschöpfung der Truppe ins Feld, zu geringe Munitions- und Rohstoffvorräte, die Gefahren eines Winterfeldzuges und die Stärke des Gegners. Von Brauchitsch interveniert diesmal offen bei Hitler und fordert die Generäle Reichenau und Rundstedt auf, das ebenfalls zu tun. Als Hitler wieder nicht einlenkt, verfällt von Brauchitsch, der mit seinen Nerven am Ende ist, auf den Gedanken, einen lückenhaften Plan für den Feldzug auszuarbeiten. Der Führer braucht natürlich nicht so besonders lange, um das zu bemerken und verlangt wenige Tage später von ihm die erforderlichen Ergänzungen. Über Walther von Brauchitsch rasselt nach dem Treffen eine Welle des Protestes von Seiten der führenden Militärs nieder. Ursprünglich hatte der Führer die Männer so orientiert, dass es nach dem Abschluss des Polenfeldzuges zu einer Verständigung mit den Westmächten kommen werde, deswegen hatte das Oberkommando der Wehrmacht schon Mitte September damit angefangen, seine Streitkräfte entsprechend umzustellen. Durch hinhaltende Abwehrstrategie wollten die Generäle den von der Gegenseite auffallend lustlos geführten Krieg allmählich zum Einschlafen bringen und den Weg für die diplomatische Lösung frei machen. Hitler ist fassungslos über die konservativen Feldherren. Es war ihm offensichtlich nicht wirklich gelungen, ihr Mitreden 1938 per Dekret abzuwürgen.[476] Interessant für Außenstehende wird es sicher sein, dass selbst Hitlers Propagandachef Goebbels seinem Führer seine Reden vom Frieden im Westen abgekauft hatte. Am 9. September noch hieß es in den ganz persönlichen Aufzeichnungen: „Die Westmächte bleiben inaktiv. Der Führer will zuerst Polen niederschmettern. Dann sucht er im Westen den Frieden. Das wird ihm vielleicht auch gelingen. Vor allem das polnische *Debacle* schreckt jeden Angreifer ab."[477] Da gibt es auch nicht den Anflug des Verdachtes, dass hier eine Falle aufgebaut wird. Was für eine kindliche Freude unser Klumpfüßchen doch zeigt.

Hitler muss weg V

Dieser Auftritt Hitlers räumt manche Zweifel beiseite, dass hier nur ein Staatsstreich hilft. Endlich zahlen sich die seit Monaten geknüpften Verbindungen zwischen Diplomaten und Militärs aus. Ludwig Beck tut, was er am besten kann: Er schreibt zwei neue Denkschriften, um das Unterfangen zu unterstützen.[478] Sie sind nicht mehr für Hitler bestimmt, weil er das ja nicht mehr wollte. Eine Gruppe junger Offiziere im Generalstab greift Verbindungen zu Regimegegnern im Auswärtigen Amt und bei der Spionageabwehr wieder auf. Dort ist Hans Oster nicht untätig geblieben, diesmal sogar angetrieben von Wilhelm Canaris. Hans von Dohnanyi ist nun Referatsleiter in der Abwehr und zieht seinerseits Freunde nach wie Justus Delbrück, Karl-Ludwig Freiherrn von und zu Guttenberg sowie den Theologen Dietrich Bonhoeffer als Verbindungsmann zu den christlichen Widerstandskreisen. Helmuth Groscurth nimmt den alten Draht zu Ludwig Beck auf, der wiederum Carl Goerdeler einbezieht.[479] Dem gelingt es seinerseits, den früheren Finanzminister von Preußen Johannes Popitz für die gemeinsame Sache zu gewinnen. Selbst Werner Haag* ist mit von der Partie. Früher war er Funktionär der Auslandsorganisation der NSDAP in den USA.[480] Leuten wie ihm geht es um Deutschland und nicht darum, dass Hitler ein Reich zusammenzimmert, das größer ist als jenes von Dschingis Khan. Hat Hitler denn immer nur gelogen, wenn er über „den Frieden" sprach? Wichtige Köpfe der Verschwörung sind auch Erwin Lahousen und Franz Halder. Wilhelm Canaris liefert Dokumente, die Gräueltaten belegen, in den Gefängnissen, in den Zuchthäusern und Konzentrationslagern – und sein Dienst deckt nötige Vorbereitungen.[481] Die Chancen für den Umsturz in Deutschland stehen gut, sind doch hier immerhin eine ganze Reihe von führenden Funktionsträgern involviert. Sie können auf jeden Fall mehr bewegen als irgendwelche Leute auf der Straße oder ganz und gar Gefangene es könnten.

Um erneutes Leiden auf den alten Schlachtfeldern zu verhindern, fahren Fabian von Schlabrendorff, Helmuth James Graf von Moltke, Ulrich von Hassell, Hjalmar Schacht, Carl Goerdeler und Adam von Trott zu Solz in den Westen. Auch Gerhard Graf Schwerin von Schwanenfeld, Ernst von Weizsäcker, Rudolf Pechel und die Kordts nutzen die Westkontakte. Für vielversprechend wird die Verbindung gehalten, die der Münchener Anwalt Josef Müller zu Papst Pius XII. aufbaut; er wurde gerade als Oberleutnant der Reserve in das Amt Ausland/Abwehr des OKW einberufen und soll einen Draht nach London unterhalten. Daneben bemühen sich auch echte Militärs wie Ludwig Beck, Wilhelm Canaris und Hans Oster um Kontakte nach *America* und nach *England*. Gebraucht werden feste Zusagen der Westmächte, um die Generalität in Deutschland für diesen Umsturz zu gewinnen. Ganz besonders „hilfreich“ ist auf der englischen Seite die Reaktion von Sir Robert Vansittart, der im Auftrag von Premier und Außenminister ausrichten lässt, die britische Regierung könnte mit Hitler oder Gesinnungsgenossen keine Verhandlungen führen. Es wäre aktuell die Aufgabe der deutschen *Opposition*, eine verhandlungsfähige Regierung zu schaffen, zu deren Wort sie Vertrauen haben könne.[482]

Das sagt gerade der Mann, der äußerte, dass es wirkliche oder wirksame Opposition in Deutschland niemals gab oder geben wird. Wobei freilich auch der Brite mit dem Begriff *Opposition* operiert, obwohl er natürlich im Bilde ist, dass es in Diktaturen wie in Deutschland, der Sowjetunion, Italien oder Spanien keine *Opposition* im Wortsinne gibt, wie er sie von seiner lütten Insel im Atlantik her kennt. Ob es in Deutschland aber nun Widerstand gibt und in welchen Formen Menschen in einer Diktatur zu agieren entscheiden, kann dieser Mann von einem der fremden Planeten rund um das Reich wohl kaum einschätzen. Aber es geht ihm ja auch gar nicht um eine richtige Einschätzung der Lage in der *black box Germany*, sondern um eine griffige Antwort, mit deren Hilfe London um die nötig gewordenen festen Zusagen herumkommt. In *America* glauben unsere Regimekritiker einen Erfolg zu haben, als der US-Präsident Kontakt zu Kronprinz Wilhelm aufnimmt, der ihm als Regent für Deutschland nach Hitler empfohlen wurde.[483] Warum musste die Monarchie eigentlich nur in Deutschland und in Österreich-Ungarn abgeschafft werden? England, Schweden oder beispielsweise die Niederlande fahren damit sehr gut.

Letztendlich bleibt es beim Dilemma, dass die Verschwörer die Generäle ohne Garantien der Westmächte nicht zur Aktion bringen können, und dass London seine Hoffnung auf einen neuen Zusammenstoß Russlands und Deutschlands nicht aufgeben möchte. Fraglos ist nicht jeder Offizier für Umsturzpläne zu begeistern. Einer von jenen, die man anspricht, die sich aber nicht beteiligen mögen, ist Claus Schenk von Stauffenberg. Als er davon hört, sagt er in einem Gespräch mit seiner Frau, das sei ja wohl „gleichbedeutend mit Verrat".[484] Doch das Gehörte bringt er auf der anderen Seite auch nicht zur Anzeige. Dieses wie jenes widerspräche dem ungeschriebenen preußischen Ehrenkodex. Man darf nicht denken, dass hohe Soldaten nicht darunter litten, dass sie gegen traditionelle Normen unter so widerlichen Umständen verstoßen müssen.

Besonders wichtig ist es für die Verschwörer nun, Hitlers Propaganda zu entkräften, dass das Ausland *(außer der verbündeten Sowjetunion)* den Vernichtungskrieg gegen Deutschland zum Ziel hat.[485] Im Westen wird immer wieder darauf gedrungen, dass sich führende Politiker so äußern, dass sie solche Pläne nicht haben. In London fällt jener Wunsch letztlich scheinbar auf fruchtbaren Boden. Um so eine Zusage auch aus den USA zu erlangen, schickt die Fraktion der Regimegegner im Auswärtigen Amt Adam von Trott zu Solz trotz der See-Blockade zu den Amerikanern. In Washington gelingt es ihm zumindest, mit einem höheren Beamten des *Department of State* und mit anderen politisch einflussreichen Persönlichkeiten zu sprechen. Adam von Trott zu Solz gehört zu dem Freundeskreis um Helmuth James Graf von Moltke. Da auch diese Männer keine Hellseher sind, können sie nicht wissen, dass man auf die Idee kommen kann, sie den *Kreisauer Kreis* zu nennen. Aber Namen sind ohnehin nur Schall und Rauch. Wenn er nicht vorsichtig agiert, ist er bald selbst bloß noch Rauch. Die offizielle Begründung des Auswärtigen Amtes für Solz' Reise in den Westen ist die Teilnahme an einer Konferenz des *American Institute of Foreign Relations*. Irgendetwas Unverfängliches muss man sich da schon ausdenken. In einem Gespräch mit dem Herausgeber der

Washington Post Felix Morley sagt er, dass Hitler den Krieg „durch die Hintertür“ einschmuggeln musste und dass das deutsche Volk so wenig Kriegsenthusiasmus zeigt wie irgendeine andere Nation. Der Journalist macht sich Notizen. Trott meint, es gelte, in Amerika eine empfängliche Haltung gegenüber dem großen Umschwung vorzubereiten, der bei ihm zu Hause in Deutschland bevorsteht. Der *alien* aus der alten Welt äußert noch zu Morley: „Die Hauptaufgabe ist, dafür zu sorgen, dass nicht das Programm eines Vernichtungskrieges alle diejenigen Elemente zum Anschluss an die Nationalsozialisten zwingt, die begonnen haben sich zum Sturz Hitlers zusammenzufinden.“ So sieht er es als sein Ziel an, der zunehmenden Gleichsetzung zwischen Deutschland und dem Nazi-Regime entgegenzuwirken und den Weg für einen rechtzeitigen Frieden der Vernunft zu eröffnen. Präsident Franklin Roosevelt zeigt sich anfangs daran interessiert, die deutsche *Opposition* zu unterstützen und dann ist er es auf einmal nicht mehr. Unserem Dreißigjährigen aus Deutschland bleibt es überlassen, über die Gründe dafür zu spekulieren.[486] Dem Volk in den USA ist es nur zu wünschen, dass nicht irgendwann die Moralapostel auf die Idee kommen, eine Kollektivschuld der Amerikaner zu konstruieren, weil *die USA* den Deutschen die Schlinge zuziehen, die ihnen Anfang des Jahrhunderts von *den Engländern* um den Hals gelegt worden ist. Es ist auch in Amerika eine konkrete Anzahl von Leuten, die dafür verantwortlich zeichnet, was im großen Rahmen anderen Menschen angetan wird.

Hintergründe sind nichts für die Geschichtsbücher

Ganz bitter für die Deutschen, die diesen Krieg nicht wollen, und für die Polen, die nicht wissen können, was für einen politischen Bockmist ihre Staatsführung in Warschau angerichtet hat, bevor sie sich feige aus dem Staub gemacht hat und über Rumänien ins Exil nach London geflüchtet war, ist es, dass einflussreiche Engländer die Republik Polen nur als Teil der Aufmarschfläche für einen erhofften späteren kriegerischen Konflikt zwischen den Reichen Hitlers und Stalins betrachten. Anstatt die Polen im Kampf gegen die Eroberer aus Deutschland zu unterstützen, werden lieber jene weiter gestärkt. Als die polnische Exilregierung in London die Bank für Internationalen Zahlungsausgleich bittet, ihr die Staatsreserve des Goldes ihres Landes zu überlassen, damit sie von London aus einen Kampfverband zur Befreiung Polens ausrüsten kann, weigert sich BIZ-Präsident Thomas McKittrick, ihr die Kontrolle über die Aktien Polens zu übertragen. Das ist der nächste kriminelle Höhepunkt im Werdegang dieser Institution unter einem amerikanischen Bankpräsidenten.[487]

Hitler spricht vom Frieden im Westen

In den meisten Berliner Amtsstuben wissen sie von solchen Aktivitäten nichts. Was die Öffentlichkeit dafür vorgesetzt kriegt, ist 4 Wochen nach jenem ersten Friedensangebot an die Westmächte ein zweiter Anlauf mit derselben Zielrichtung. William L. Shirer hört Hitlers neuestes Meisterstück, übrigens eine der längsten Reden, die er bis zu diesem Tage in der Öffentlichkeit gehalten hat, als Gast in der Berliner Krolloper, die ersatzweise als Reichstag herhalten muss. Und gibt sich Hitler hier nicht wirklich alle Mühe der Welt? „Ich habe es vor allem unternommen, das Verhältnis zu Frankreich zu entgiften und für beide Nationen tragbar zu gestalten." Es ist gut und die Leute hoffen dies: „Deutschland erhebt keine Forderungen mehr gegen Frankreich." Was war denn so lange der Zankapfel? „Ich habe es abgelehnt, das Problem Elsaß-Lothringen überhaupt auch nur zur Sprache zu bringen!" Recht hat er und nur darüber spricht er auch. Hat er nicht „an Frankreich immer nur einen Wunsch gerichtet, die alte Feindschaft für immer zu begraben und die beiden Nationen mit ihrer großen geschichtlichen Vergangenheit den Weg zueinander finden zu lassen"? Das ist ja auch kein bisschen doppelt gemoppelt. Aber auch dieser Aspekt scheint ihm an der Stelle erwähnenswert: „Nicht geringer waren meine Bemühungen für eine deutsch-englische Verständigung, ja darüber hinaus für eine deutsch-englische Freundschaft." Das war ja, so peinlich es sein mag, angeblich auch der Wunsch der Elite-Briten. Unser Friedenskanzler führt dazu aus: „Ich glaube aber auch heute noch, dass es eine wirkliche Befriedung in Europa und in der Welt nur geben kann, wenn sich Deutschland und England verständigen." Wem Frieden so am Herzen liegt, muss fragen: „Weshalb soll nun der Krieg im Westen stattfinden? Für die Wiederherstellung Polens? Das Polen des Versailler Vertrags wird niemals wieder erstehen." Er wünscht keine Einmischung in die inneren Angelegenheiten des Reiches und kann sich nur vorstellen, dass es bei einer Fortsetzung des Krieges durch Frankreich und England darum gehe, „Deutschland ein neues Regime zu geben“, doch wenn das versucht wird, „dann werden Millionen Menschen zwecklos geopfert“.[488]

Nein, Krieg kann doch nicht die Lösung sein. Probleme gäbe es einige zu lösen, wie beispielsweise die Herstellung eines polnischen Staates, über dessen Nicht-Wiederherstellung er sich gerade mit Väterchen Frost im Kreml geeinigt hat, die Ordnung und Regelung des von ihm entdeckten jüdischen Problems, dem Reich gebührende Kolonien, die er bekommen sollte, hätte er die Tschechen in Frieden gelassen, wovon man im Reich nie etwas erfahren hat, dann geht es um eine Wiederbelebung des Welthandels, Rüstungsbeschränkung, um Bestimmungen über eine mögliche Luft-, Gas- und U-Bootkriegsführung, für die ausgerechnet bei uns mit aller Energie geforscht wird, sowie um die Regelung der Minderheitenprobleme in Europa, kurz und bündig gesagt um die Aufrichtung eines unbedingt garantierten Friedens in Europa.[489]

Es gibt Leute, bei denen Tontechniker den Strom abstellen müssten. In der uferlos langen Rede sagt er dann auf einmal, Polen solle jetzt seine Beute bleiben.[490] Den Niederlanden, Belgien sowie Luxemburg sichert er persönlich die Wahrung ihrer Neutralität zu. Da er Mussolini nicht zum Angriff auf Jugoslawien bewegen kann, versichert er diesem Staat, dass er in *dem* Bereich der Landkarte Europas gerade keine Pläne hätte und ergänzt, dass Deutschland nie ein Problem mit den nordischen Staaten gehabt habe, jetzt hat oder irgendwann einmal haben wird.[491] Zu diesem Zeitpunkt hat Norwegen die Drohung schon auf dem Tisch. Verlogener Mensch, werden die einen denken. Andere werden beten, dass der Chef nun endlich Vernunft annimmt. Doch der Oberbefehlshaber der Kriegsmarine Erich Raeder hat sich bereits für die Gewinnung von Stützpunkten in Norwegen eingesetzt, eine Empfehlung, der sich der Befehlshaber der U-Boote Marineoffizier Karl Dönitz und Marineoffizier Rolf Carls in den folgenden Tagen anschließen.[492] Einen Tag danach beauftragt Hitler die Heeresgruppe B, sie soll einen sofortigen Angriff auf Belgien und die Niederlande vorbereiten – falls die politische Lage es nötig mache. Zwei weitere Tage später erteilt er den Befehl an Brauchitsch und Halder zur Korrektur der Planungen für einen Überfall auf Frankreich. Als Stichtag legt er den 10. November fest.[493] Gut, damit beginnt der *countdown*. Die große Frage lautet, wie die breite Masse auf einen Umsturz reagiert. Das kann man leider weiterhin nicht erfragen – und was der SD weiß, ist den Generälen nicht im selben Maße zugänglich. Solange Hitler einen Erfolg nach dem anderen hat, kann man sich des Rückhalts in der Bevölkerung nicht sicher sein. Es muss militärische Rückschläge geben, die deutlich machen, wohin der große Meister die Deutschen führt. Wenn sich diese Misserfolge nicht freiwillig einstellen, muss man eben nachhelfen.

Die nächste rechtzeitige Warnung an das Ausland

Andere warnen kann bloß der, der von einer Gefahr weiß und eine reale Möglichkeit hat, einen Hinweis an die geeigneten Stellen weiterzugeben. So kommt Oberst Hans Oster auf die Idee, er müsse die entsprechenden Länder, die angegriffen werden sollen, zeitnah alarmieren. Oster ist sich darüber im Klaren, dass er Hochverrat begeht und dass er das Leben unschuldiger deutscher Soldaten und Zivilisten aufs Spiel setzt. Doch er ist davon überzeugt, dass sein Handeln eine große Katastrophe verhindern kann. So lässt er sich nach Dienstende am 8. Oktober von Franz Liedig* nach Hause fahren. Unterwegs bittet er den Fahrer, kurz anzuhalten, er müsse etwas erledigen. Wenig später spricht er mit dem Militärattaché der Niederlande Gijsbertus Jacobus Sas und gibt ihm detaillierte Informationen über die geplanten Feldzüge gegen Dänemark und Norwegen. Mit dem Angriff auf Belgien und die Niederlande sei bereits in der Frühe des 10. November zu rechnen. Als er zurück im Auto ist, eröffnet er dem Fahrer, dass er soeben nichts anderes als Landesverrat beging und wenn das vor Gericht komme, werde er am Galgen sterben. Er sagt noch, dass es einfacher sei, die Pistole zu nehmen und jemanden niederzuschießen oder selber in ein MG-Feuer zu rennen, als zu tun, was er gerade tat. Sas informiert unverzüglich auch die belgische Vertretung in Berlin.[494] Jetzt ist es entscheidend, welche Vorkehrungen sie vor Ort treffen.

εὐθανασία

In der Kanzlei Adolf Hitlers in der Hauptstadt sehen sich am 9. Oktober Vertreter jener Behörden, die den Kampf gegen Behinderte im Reich in die Tat umsetzen wollen. Auf dieser Baustelle sollen nunmehr Nägel mit Köpfen gemacht werden. Die Zahl der zu ermordenden Menschen wird mit 65.000 bis 70.000 angegeben. Ein Experte bringt die Idee ein, dafür auf den griechischen Begriff εὐθανασία zurückzugreifen. Die Silbe *eu* ist ein Wort für schön und *thánatos* ist das Wort für den Tod. Fertig ist der Fachbegriff: *Euthanasie*. Während absolut gesunde Menschen fürchterlich misshandelt werden, bis sie an ihren Verletzungen sterben, müssen Menschen, die nach Hitlers medizinischem Verständnis unheilbar krank sind, einen schönen Tod sterben, ob sie das nun wollen oder nicht. Aber wer wird denn in Hitlers Reich überhaupt gefragt, was er oder sie gerne möchte und was nicht? Am selben Tag wird auch der *endgültige* Befehl für den Überfall auf Frankreich erteilt – *εὐθανασία pour la France.*[495]

Die Deutschen feiern den Frieden

Ach ja, das Großdeutsche Reich. Alles ist knapp bemessen, die Kleidung, das Essen, die Nachrichten. In einem Land, in dem auf die Medien kein Verlass ist, gewinnen Gerüchte eine enorme Bedeutung. Oftmals erfährt man so ohnehin eher, was gehauen und gestochen ist, als wenn man die Zeitung liest oder am braunen Volksempfänger hockt. Es gibt bestimmte Redewendungen, die sich nicht abnutzen, wenn sich die Zustände nicht bessern: Hase ist tot. Er hat die Zeitung gelesen und ist von der Straßenbahn überfahren worden. Nutzanwendung: Lies keine Zeitung![496] Da ist schon der Einstieg der Kracher. In Goebbels' Propaganda wurde immer plakatiert: *Mein Name ist Hase, ich weiß von nichts.* Also war der Hase der Volksgenosse, der keine Zeitung las und darum nicht informiert war. 1937 machte ihn der Volksmund zum Dussel, gerade weil er es tat. Wenn jetzt im Krieg die Gefechtsverluste deutscherseits nicht bekanntgegeben werden, dann hört man in Gesprächen unter den Leuten, dass sie sicher beträchtlich waren, und dass man sie nur deshalb verschweige.[497] Wenn sie doch mal an Blätter aus dem Ausland herankommen, dann sind die

Deutschen wie die Geier. In der letzten Zeit fällt den Angestellten des SD häufig auf, dass Reisende aus der Schweiz Lektüre wie die Neue Baseler Zeitung im Reisegepäck mitbringen, was „reißenden Absatz und starke Verbreitung“ findet und anschließend völlig zerlesen von Hand zu Hand wandert.[498] Die Stellungnahme des Reichskanzlers zur aktuellen Lage ist jetzt ein paar Tage alt und man hört, dass der Premierminister Daladier nunmehr am 10. Oktober mit einer Rede in Paris antworten werde. Auf Radio Goebbelsschnauze aber herrscht Ruhe im Walde. Binnen weniger Stunden läuft das Gerücht um, es wäre ein Waffenstillstand vereinbart worden. Aus einem unerfindlichen Grund ist das am 10. Oktober überall in Deutschland zugleich zu hören. In mancherlei Betrieben bringt dieses Phantom die Arbeit zum Erliegen, da die Belegschaften sich über die angeblich neue Lage unterhalten. In Berlin kommt es stellenweise auf den Straßen und Plätzen zu freudigen Kundgebungen von Leuten, die diese Nachricht für wahr halten. Auf einem Wochenmarkt im Berliner Bezirk Prenzlauer Berg verweigern die Käufer weitere Eintragungen in die ob des allgegenwärtigen Mangels eingeführten Kundenlisten, wobei sie erklären, dies sei jetzt nach dem Kriegsende überflüssig. In der Universität wird das Gerücht nach einer großen Nachmittagsvorlesung als Tatsache bekannt gegeben. Prompt veranstalten Studenten Begeisterungskundgebungen und verbreiten die Neuigkeit weiter. Auf Berlins Vorortbahnhof Heinersdorf schreien die Leute durchfahrenden Truppentransporten zu: „Ihr könnt nach Hause fahren, der Krieg ist aus!“ Auch die Börse schlägt an; dort führen die Gerüchte zu einer starken Nachfrage bei den Reichsanleihen. Die Verbreitung über das Reichsgebiet wird beschleunigt, weil Postdienststellen die Botschaft in Telegrammen und mit Anrufen untereinander weitergeben. So erreicht sie unter anderem Kreisleitungen der Partei und Behörden. Auf diese Art verbreiten auch Bahnbedienstete die Nachricht auf ihren Kommunikationskanälen. Der Sicherheitsdienst ist über diese Lücken im Überwachungsnetz geschockt und wünscht, dass die Benutzung amtlicher Nachrichtenmittel zur privaten Verständigung der Beamten verschiedener Dienstorte weit detaillierter geregelt wird.[499]

Erst als im Radio ein Dementi durchgegeben wird, kommt diese Freude auf den Straßen zum Erliegen und weicht tiefster Niedergeschlagenheit.

Gewiss doch. Da haben die Deutschen wieder einmal das gehört, was sie hören wollten. Édouard Daladier hat an diesem Tag sehr wohl eine Rede gehalten, doch darin hat er zu der Rede des Friedenskanzlers nicht sehr viel gesagt. Die Leute hätten sich nicht umsonst gefreut und wären jetzt nicht enttäuscht, wenn Goebbels' Sprachrohre stets wahrheitsgemäß berichten würden. Es ist schön, dass die Einheitspresse kritisiert hat, dass Hitlers Rede im Westen nicht veröffentlicht worden sei. Das schlägt jetzt zurück, denn in der Bevölkerung wird diskutiert, warum umgekehrt hier im Reich nicht die Antwort von Daladier veröffentlicht wird. Ähnlich ist die Reaktion *in puncto* Sowjetunion. Dort geht es ebenfalls darum, dass die Leute auf die Rückkehr zum Frieden setzen. Beim Sicherheitsdienst registrieren sie Unverständnis darüber, dass trotz des Vertrages mit den Sowjets weiterhin antisowjetische Hetzfilme gezeigt werden. Das sind ja offenbar rationale Überlegungen, die frei sind von jeglicher Ideologie.[500] Wenn der Vertrag mit Moskau den Frieden erhalten soll, müssen Filme aus Goebbels' Hexenküche natürlich aus dem Verkehr gezogen werden, so viel versteht man in der Bevölkerung.

Hitler muss weg VI

Während man sich auf den Straßen in der trügerischen Hoffnung wiegt, der Schrecken wäre vorüber, treffen sich zwei der Verschwörer in Berlin, um das Bombenattentat vorzubereiten, mit dem der ursprüngliche Anstifter zum Bombenwerfen diesmal selbst in die Luft gejagt werden soll. Im Laufe dieses Gespräches sagt Carl Friedrich Goerdeler zu Ulrich von Hassell, der ja voriges Jahr noch Botschafter in Rom war, dass er dessen Einschätzung der Lage in jeder Hinsicht teilt. Auch nach seiner Ansicht ist die Kriegspolitik ein verbrecherischer Leichtsinn, und die Politik mit Russland in dieser Form eine ungeheure Gefahr. Der Kommunismus ist ja sogar für Kommunisten in der Sowjetunion selbst eine schmerzhafte und in manchen Fällen weiterhin tödliche Gefahr. In der Lage ohne Ausweg, in die Hitler und Ribbentrop Deutschland hineinmanövriert haben, sähen sie als einzigen Ausweg die Kooperation mit den Sowjets, worüber Goerdeler und Hassell einer Meinung sind. Die beiden Ganoven an der Spitze des Staates hätten in der Not des Augenblicks verbrannt, was sie immer angebetet hatten, und damit ihr eigenes weltanschauliches, allerdings von jeher hohles Gebäude erschüttert. Die geistige Verwirrung ist denn auch in ihrer Partei bereits zu bemerken. Außenpolitisch aber habe man in selbst verschuldeter, bitterer Not, wichtige Positionen geopfert: die Ostsee und die Ostgrenze, ganz zu schweigen von der Preisgabe der baltischen Länder. Nun sei das *Dominium maris baltici* gefährdet; sollte es trotz allem zum Konflikt mit Russland kommen, ist es die Erzzufuhr aus Schweden ebenfalls. Alles trete jedoch in den Schatten gegen die unbekümmerte Auslieferung eines großen und wichtigen Teiles des Abendlandes, zum Teil deutsch-lutherischer Kultur, zum Teil auch alten Österreichs, an den Bolschewismus, den das Reich doch angeblich in Spanien auf Leben und Tod bekämpft hatte. Eine Bolschewisierung habe auch in den bisher polnischen Teilen auf breiter Front bereits eingesetzt.[501]

Kein Krieg und kein Frieden

Zwei Tage nach Daladier äußert sich auch Großbritanniens Regierungschef Neville Chamberlain vor dem *House of Commons*. Er betont, dass sich die europäischen Völker inklusive des deutschen nach dem Frieden sehnen. Die Verteidigung der Freiheit sei das Ziel der britischen Politik und nicht die Rache. Er fügt hinzu, dass der Frieden nur dann gesichert werden könne, wenn die gerechten Ansprüche der Völker anerkannt und geregelt würden und schließt das deutsche Volk wieder explizit ein. Bei seiner Rede im Unterhaus äußert er, dass London ein Deutschland, das mit anderen Nationen in Freundschaft und Vertrauen leben wolle, nicht von seinem berechtigten Platz in Europa auszuschließen wünsche.[502]

An einem Punkt aber wird auf gar keinen Fall gerüttelt. Solange ein Herr Hitler im Reich das Sagen hat, solle es auch keinen Frieden geben. Solch einen Psalm wagt jener Mann auszusprechen, der sich seit Jahr und Tag weigert, die äußeren Voraussetzungen für den Sturz des Herrn Diktators zu schaffen. Weiß man das, so weiß man auch, dass seine schönen Worte keinen einzigen Heller wert sind. Die allermeisten Deutschen wissen das nicht und könnten seine Worte deshalb für bare Münze nehmen. Es ist somit kein Wunder, dass auch die Rede Neville Chamberlains nicht veröffentlicht wird. So kommen Gerüchte auf, z. B. die britische Regierung und der König hätten abgedankt. Zurück bleibt Enttäuschung über diese Ablehnung des Friedensangebotes. Die Auswertung der Reaktionen auf Chamberlains Ansprache durch den Sicherheitsdienst ergibt, dass diese Unnachgiebigkeit in der deutschen Bevölkerung mit größtem Bedauern aufgenommen wird. Es wird zwar der Wunsch nach Frieden festgestellt, die Stimmung England gegenüber werde jedoch langsam feindselig und das liegt wohl eben gerade an der Ablehnung des Friedensschlusses. Die Nachricht, dass nun englische Kriegsschiffe bombardiert würden, werde „überall mit Freude aufgenommen", stellen die Kollegen beim SD fest.[503] Wie wird das umgekehrt auf die Militärs und Diplomaten wirken, denen bekannt ist, dass Hitler und dessen Mannschaft den Krieg wollten – und ihn in westliche Richtung weiterzuführen gedenken? Erwähnenswert ist noch, wie sich Chamberlains vermeintlich ärgster Kontrahent Churchill positioniert. Er verteidigt die Hinhaltetaktik, der jeden Tag soundsoviele Polen zum Opfer fallen, mit der blumigen Empfehlung, Adolf Hitler „im Winter in seinem eigenen Saft schmoren zu lassen, während wir unsere Aufrüstung beschleunigen und unsere Bündnisse fester knüpfen".[504] Ja, und während Adolf Hitler weitere Abenteuer ausbrütet.

Hitler muss weg VII

Mit dem Plan für Frankreich hat Hitler die Richtigen angesprochen. Der Generalstabschef Franz Halder geht die Argumente für und wider einen Staatsstreich in einer Zwiesprache am 14. Oktober mit dem Oberbefehlshaber des Heeres Walther von Brauchitsch durch. Halder ist mehr noch als von Brauchitsch davon überzeugt, dass es nicht ohne „grundlegende Veränderungen"[505] im Reich gehen wird. Hitler muss – so oder so – aus seinem Amt vertrieben werden. Nachdem es ihnen auch nicht gelungen war, die Vernichtung Polens zu verhindern, muss jetzt zumindest ausgeschlossen werden, dass der Krieg in Richtung Westen ausgedehnt wird, womöglich gar durch die neutralen Staaten. Wenn das geschieht, ist die Aussicht auf einen gnädigen Friedensschluss durch die Westmächte bei null angekommen. Wenn der Gefreite das nicht sieht, muss man ihm die Pistole auf die Brust setzen. Das Zögern hat seine Hauptursache weiterhin in der Angst vor einem Aufleben der Dolchstoßlegende. Wenn schon der seltsame Ausgang des Weltkrieges 1918 das politische Leben auf so dramatische Art vergiften konnte, wie würde es auf die Bevölkerung des Reiches wirken, wenn ruchbar würde, dass nun ausgerechnet das Militär Hitler daran gehindert hat, einen weiteren Sieg einzustreichen? Daraus würden die wildesten Verschwörungstheorien, die das Klima wohl noch mehr vergällten. Erwin von Witzleben bringt die berechtigten Ängste auf den Nenner: „Die Geschichte würde über uns nur noch wissen, dass wir uns geweigert haben, dem Größten aller Deutschen zu dienen, als er am größten war."[506] Und wenn ganz und gar bekannt würde, Christen hätten ihn ermordet? Dies würde Hitlers Kampf gegen die Kirchen sogar noch recht geben. Leider gibt es hier nicht die Möglichkeit, Volksbefragungen durchzuführen. Die würden Hitler höllisch auf die Füße fallen, insbesondere dann, wenn man die Möglichkeit hätte, die Öffentlichkeit davon in Kenntnis zu setzen, was der Führer nur unter vier Augen oder in einem ganz überschaubaren Kreis äußert, der überdies der strengsten Geheimhaltungspflicht unterworfen ist. Es ist zum Beispiel Wilhelm Keitel, dem er am 17. Oktober 1939 den Befehl erteilt, das polnische Territorium für einen Überfall auf die Sowjetunion vorzubereiten.[507] Schon beinahe zwei Jahre nennen die hohen Generäle unter der Hand diesen unterwürfigen und willenlosen *Lakaien* des Führers Lakaitel und er macht auch bei der aktuellen Gelegenheit seinem Spitznamen alle Ehre, denn trotz aller Bedenken hat er wieder nicht den Mut zum Widersprechen. Hitlers jüngste Verrücktheit ist übrigens nicht damit zu entschuldigen, dass in Moskau ein Angriff gegen den Westen geplant wird, denn es gibt keinen Hinweis darauf, dass Adolf Hitler davon etwas erfahren hätte.

Seit diesem Sommer ist Helmuth Groscurth eingesetzt als Verbindungsoffizier der Verschwörer in der Abwehr zum Oberkommando der Wehrmacht. Obendrein ist er die wichtigste Kontaktperson zum Auswärtigen Amt in Berlin. Dort arbeitet er vor allem mit dem Diplomaten Hasso von Etzdorf* zusammen. In seinem dienstlichen Tagebuch notiert er am 20. Oktober über die Versuche, mit schwedischer Vermittlung oder über die Kommunikation mit dem Vatikan rasch eine Friedensregelung herbeizuführen: „Bei allen Friedensvermittlungen stößt man auf die kategorische

Forderung der Beseitigung Hitlers und eine gewisse Wiederherstellung der Tschechei." Darauf also gilt es hinzuarbeiten. Zur Enttäuschung von vielen Beteiligten sieht der Chef des Generalstabes Halder während der letzten Oktobertage den Zeitpunkt für einen Umsturz immer noch nicht gekommen. Sogar der Irrsinn mit Polen führte nicht zum großen Kriege, wunderbar! Selbst der weit entschlussfreudigere Oberquartiermeister I, also sein dienstlicher Vertreter Carl-Heinrich von Stülpnagel, hält Hans Oster und Wilhelm Canaris Übereilung vor. Noch zögerlicher als Halder und Stülpnagel ist Walther von Brauchitsch, und er ist der Oberbefehlshaber des Heeres. Was ist womöglich zu früh und was ist zu spät, das ist die große Frage. Beschwörungen kommen von allen Seiten, es müsse gehandelt werden, bevor es zu spät ist. Um die Entscheidungsträger in der allgemeinen Ablehnung gegen einen weiteren Krieg zu bestärken, sitzen Oberstleutnant Groscurth und der Diplomat Ernst von Weizsäcker*, die Herren Erich Kordt* und Hasso von Etzdorf* an den Schreibtischen, um Texte zu verfassen, die natürlich nur streng vertraulich an die wichtigen Männer weitergeleitet werden.[508] Wenn der hochverräterische *Coup* auffliegt, sind sie schneller oben im Himmel als gedacht. Davor werden sie aber durch die Hölle auf Erden gehen, so viel ist gewiss. Keiner will sich vorstellen, wie das ist, gefoltert zu werden, bis man ins Gras beißt.

Dringlich warnen sie vor dem Ende Deutschlands, wenn Hitler Schritte nach Westen wagt. Wenn die neutralen Staaten überrannt werden, sind die USA wie auch zahlreiche kleinere neutrale Staaten auf dem Plan, auf der anderen Seite, nämlich gegen das Reich. Das ist auch der Zeitpunkt, an dem ein Umdenken beim Rücktritt von Ämtern nötig ist. Wie oft wird Ludwig Beck schon bereut haben, dass er diesen Schritt getan hat? Dies hatte Hitler bisher noch nie zu bremsen vermocht. Ihm müssen endlich, wie einem Kind, die Grenzen gezeigt werden. Wenn man will, kann man den Tyrannen aber gern auch heranzüchten. Außer den hier Genannten gehören Major Werner Schrader und Hauptmann Fiedler, Generalmajor Fellgiebel, Oberst Wagner, General Georg Thomas sowie Oberstleutnant Henning von Tresckow, der Ia von der Operationsabteilung des Generalstabs des Heeres, zu den Verschwörern dieser Gruppe. Doch jetzt ist es wichtig, dass möglichst alle Eingeweihten die gleiche Motivation haben.

Generalstabschef Franz Halder will bloß etwas unternehmen, wenn sein Vaterland in Gefahr ist. Als er Ludwig Beck anfaucht, die psychologische Situation sei ungünstig, entgegnet der, er wisse von Wilhelm Leuschner und von Jakob Kaiser, die Stimmung unter den Arbeitern sei gegen den Krieg und für den Staatsstreich gut und ein Generalstreik zur Unterstützung des Umsturzes werde vorbereitet. Da erdreistet sich Halder, ihm zu entgegnen, dann möchten die Arbeiter bitte schön erst einmal von unten aus ihren Staatsstreich einleiten.[509] Dümmer geht's ja wahrlich nimmer. Sozusagen stellvertretend für andere mag die Einschätzung des Generalstabschefs durch Ex-Botschafter Ulrich von Hassell stehen, der deutlich äußert: „Halder genügt dafür weder als Kaliber noch in seiner Position." Trotzdem bearbeiten die Verschwörer, vor allem General Thomas sowie Oberst Oster, weiterhin ihn. Warum? Weil der Oberbefehlshaber ja noch länger warten will, damit die Leute *selbst* sehen, was Hitler vorhat. Beck sagt zu Halder: „Wenn Brauchitsch nicht genug Charakterstärke hat, um eine Entscheidung zu treffen, dann müssen Sie entscheiden und ihn vor ein *fait accompli* stellen." Der Ausdruck aus der Diplomatensprache ist dem Französischen entlehnt und bedeutet, dass er ihn ganz einfach vor vollendete Tatsachen stellen soll. Halder hält ihm jedoch entgegen, dass Brauchitsch Oberbefehlshaber ist. Irgendwann willigt Halder tatsächlich ein – für den Moment, in dem Hitler die Westoffensive befiehlt.[510] Also zeigt der geballte Druck auf Franz Halder nach dem unendlichen Reden seine Wirkung. Er hält auch bloß noch die gewaltsame Lösung für möglich und kommt auf seinen Plan mit einem fingierten Unglück zurück.[511]

Es soll auf gar keinen Fall so aussehen, als habe ihn das Militär gelyncht. Am letzten Oktobertag spricht der Generalstabschef Halder mit seinem Kollegen Groscurth. Anschließend hält Franz Halders Gesprächspartner im Tagebuch fest, der gestandene Mann habe unter Tränen gesagt, dass „er seit Wochen mit der Pistole in der Tasche zu *Emil* gegangen" sei, um ihn „über den Haufen zu schießen". Aber er wollte auch nicht direkt ins Tagebuch schreiben, dass gemeint war, er wolle Hitler umbringen. Man muss immerhin bedenken, dass das Buch doch einmal in falsche Hände kommen kann. Die Wahl der Bezeichnung *Emil* für den Führer lässt jedoch auch schon tief blicken. Halder erklärt, das Feldheer könne für den

Putsch nicht genutzt werden, da es einem vollbewaffneten Feind gegenübersteht. Deshalb wendet er sich an das Ersatzheer. Doch Befehlshaber General Fritz Fromm macht deutlich, als Soldat werde er zwar jeden Befehl ausführen, aber nur, wenn er von Brauchitsch kommt. Dankeschön. Genau das hatte Halder befürchtet. Am Ende kommen Halder und sein Stellvertreter Stülpnagel überein, Groscurth den Auftrag zu erteilen, den Plan für den Staatsstreich zu entwerfen und Brauchitsch erst dann anzusprechen, wenn es schon alles vorbereitet ist. In groben Zügen kann auf dem Konzept vor dem unseligen Abschluss des Münchener Abkommens aufgebaut werden. General Carl-Heinrich von Stülpnagel bestätigt einen Tag später den Befehl und gibt Anregungen und Hinweise, vor allem zur Stationierung zuverlässiger Verbände und benennt Namen vertrauenswürdiger Kommandeure. Er bittet darum, Beck und Goerdeler davon zu verständigen. Beck erörtert in der Zwischenzeit mit Wilhelm Leuschner die Möglichkeiten für den Generalstreik der Arbeiter im Reich weiter.[512] Die benötigten Truppen sollen größtenteils aus Sachsen und Thüringen herangeführt werden. Diesmal ist auch General Heinz Guderian mit von der Partie. Zur Einnahme der Machtzentralen in Berlin hält Halder zwei Panzerdivisionen östlich der Elbe bereit, um sie für die Aktion einsetzen zu können. Im Panzerschrank beim OKH in Zossen südlich der Hauptstadt liegt ein Aktionsplan für den Aufstand. Er enthält Listen von Funktionären und führenden Persönlichkeiten des Regimes, die zu beseitigen sind, sowie Namen für die neu zu bildende Regierung. Halder läuft mit seiner Pistole durch die Gegend und beklagt sich bei Hans Oster bitter, dass die Aufgabe, den Staatschef umzubringen, einem hohen Militär zugemutet wird. In anderen Ländern gebe man solche Aufträge höchstens einer Privatperson oder einem Desperado. Wir sind aber leider nicht in anderen Ländern, wo man sich in Ruhe mit einer Privatperson darüber unterhalten kann, ob sie nicht Lust hat, ein Attentat auf den Staats- und Parteichef auszuführen. Das ist hier wie bei Russisch Roulette; wie leicht kann der Angesprochene ein Nazi-Spitzel sein.[513]

Unabhängig von den genannten Männern hat sich schon Mitte Oktober im Oberkommando der Wehrmacht unter jüngeren Offizieren ebenfalls eine Gruppe gefunden, die sich „Aktionsgruppe Zossen“ nennt. Wie gar nicht anders zu erwarten, ist sie radikaler in ihren Absichten und konkreter in ihren Plänen als konspirative Zirkel der Älteren. Gefragt ist der Weg zur Beseitigung Hitlers, zur Ausschaltung von SS und Gestapo, zur Abriegelung der wichtigsten Machtzentren und man macht sich ebenso Gedanken über die Einsetzung einer provisorischen Regierung. Es wird niemanden überraschen, dass unter den herrschenden Umständen die verschiedenen Kreise nicht unbedingt voneinander wissen. Diese Kreise dürfen sich mit der Geheimniskrämerei nur nicht in die Quere kommen; viele Köche verderben den Brei. Allein Joseph Römer hat ja mindestens 150 Helden *in spe* um sich geschart, die Gewehr bei Fuß für ihre Aktion bereitstehen.[514]

Noch eine Warnung für den Westen

Es ist zu viel des Zufalls, wenn wirklich einmal zwei Menschen im selben Moment genau denselben Plan haben, und ihn dann noch zeitgleich ausführen. So dauert es auch drei Wochen, bis Ernst von Weizsäcker sicher ist, dass es nur noch helfen kann, wenn man Holland vor einem Überfall warnt. Der Staatssekretär schickt Carl F. Goerdeler noch Ende Oktober nach Brüssel, um den deutschen Botschafter Vicco von Bülow-Schwante zu veranlassen, den König privat auf die „äußerst ernste Lage" hinzuweisen. Der Botschafter führt diesen Auftrag aus und König Leopold begibt sich sofort in das niederländische Den Haag, um sich mit der Königin zu beraten und eine gemeinsame Erklärung aufzusetzen.[515] Zugleich hören Zuträger der Staatsmacht zum Beispiel in Herne und Essen, Dortmund, Bochum und Recklinghausen das Gerücht, die Räumung verschiedener Ortschaften stehe bevor. Beim Sicherheitsdienst wird vermutet, dass das Gerücht „von interessierten Kreisen" in Umlauf gebracht werde.[516] Aus Hamburg wird gemeldet, dass der Überflug englischer Aufklärungsflugzeuge in der Nacht vom 31. Oktober zum 1. November ebenfalls Anlass zu Gerüchten über die Stärke ihrer Luftwaffe und zeitnahe Luftangriffe gab. Es werde im Volk „bedauert", dass der deutsche Nachrichtendienst von den englischen Flugzeugen über Deutschland gar nichts berichtet.[517]

Hitler muss weg VIII

Der SD registriert, dass sich Teile der Bevölkerung jetzt noch stärker mit Adolf Hitler verbunden fühlen, doch mancher in der Bevölkerung würde den genannten Einwanderer gern nach Hamburg holen, um die Früchte seiner Außenpolitik am eigenen Leib zu spüren. Im unangepassten Teil der Bevölkerung des Reiches wird der Ton langsam rauher: Adolf Hitler, Hermann Göring sowie Joseph Goebbels fahren mit einem Auto durch Deutschland. In einem Dorf fährt das Auto den Hund des Gastwirtes tot. Hitler schickt Goebbels in die Gastwirtschaft, er solle sich bei dem Wirt entschuldigen und Schadenersatz anbieten. Goebbels tut, was befohlen ist, doch er kommt und kommt nicht wieder heraus. Nach einer Stunde wird er total betrunken nach draußen gebracht. Er berichtet, dass er nur gesagt habe: „Heil Hitler! Der Hund ist tot!" Da seien sich die Leute vor Freude um den Hals gefallen und hätten ihn so lange mit Schnaps abgefüllt, bis er „blau" war.[518] Das macht es eher nachvollziehbar, warum seit dem Beginn des Krieges die Anzahl der Leute, die in die Konzentrationslager eingesperrt werden, so in die Höhe schnellt. Hitler will unbedingt sein großes Armdrücken und es wird ihm wohl zunehmend gleichgültig, ob die Leute merken, wer alles eingesperrt wird. Vielleicht will er es jetzt sogar, um andere abzuschrecken. Umso schneller muss er aus dem Weg. Wie kommt man jedoch an den blendend bewachten Führer heran? Dies ist im Prinzip nur wenigen seiner Gesinnungsgenossen möglich. Aber es gibt einzelne Ausnahmen. Sicherlich könnte man mit diesem Wunsch an den Chefdolmetscher Dr. Schmidt herantreten. Wenn Hitler Besuch aus dem Ausland bekommt, ist er für ein, zwei Stunden in seiner Nähe. Aber der Führer hat nicht umsonst eine Leibwache. Den Raum, in dem er ein Attentat versucht, wird dieser Herr nicht ohne Probleme verlassen. Was ihm dann blüht, mag man nicht wirklich bei lebendigem Leibe erfahren. Noch schlechter kann man dann eine Bombe zünden. Dann steht in der Weltpresse, der Staatsgast habe dabei leider Körperteile verloren, denn der Dolmetscher ist eher der Schatten des ausländischen Gastes als der Schatten des deutschen Gastgebers. Ausschlaggebend für den Erfolg der Aktion ist es natürlich, dass die Verschwörer als Erste erfahren, dass sie geglückt ist. Sonst nehmen die Sicherheitskräfte den Attentäter einfach fest, fahnden nach seinen Mitwissern und räuchern den Rest aus. Das ist leicht gesagt: Man muss Hitler nur umbringen. Es gibt bei uns mehr als zehn Nazis. Hitlers Tod ist noch nicht der Weisheit letzter Schluss. Einer aber will nicht nur, er kann auch, denn er hat Zugang zur Reichskanzlei. Der Mann der Stunde ist der Diplomat Erich Kordt. Am 1. November ist er im Büro von Hans Oster und weiß nicht, ob er lachen oder weinen soll wegen des Anliegens, das der ihm vorträgt: „Wir haben niemanden, der die Bombe wirft, um unsere Generäle von ihren Skrupeln zu befreien."[519]

Da sagt Kordt zu Oster: „Ich bin gekommen, Sie darum zu bitten." Kordt wurde schon im September von Weizsäcker darauf angesprochen und er kann von sich sagen, dass er von ihnen allen die besten Chancen auf den Erfolg dieser Aktion hat. Er wird noch nicht einmal kontrolliert, wenn er in Hitlers Arbeitszimmer will. Oster sagt zu, den geeigneten Sprengstoff zu besorgen. Indessen geht Kordt jetzt häufiger in die Reichskanzlei, um sie auszuspähen, und damit sich die Wachen an seine Anwesenheit gewöhnen. Diese Absicht teilt Kordt den Westmächten in einer Erklärung mit, von der je ein Exemplar für US-Geschäftsträger Alexander C. Kirk und für den Schweizer Legationsrat Kappeler bestimmt ist. Es gibt auch einen Gedankenaustausch mit den Diplomaten Hasso von Etzdorf und Albrecht von Kessel.[520] Die Generäle Brauchitsch und Halder fahren zur Westfront, um sich dort erneut die Auffassung zur anvisierten Offensive einzuholen. Ludwig Beck schließen sich im Verfassen von Denkschriften alle drei Oberbefehlshaber im Westen an: die Generalobersten Gerd von Rundstedt in der Heeresgruppe A, Fedor von Bock der Heeresgruppe B und Wilhelm Ritter von Leeb bei der Heeresgruppe C. Ihre schriftlichen Begründungen für die Absage an eine West-Offensive adressieren sie an den General von Brauchitsch. Und – hat man Worte? – sogar der hitlertreue Generaloberst von Reichenau, der die 6. Armee der Heeresgruppe B befehligt, bezeichnet die Angriffspläne als geradezu verbrecherisch.[521] Wilhelm Ritter von Leebs Schreiben endet mit den Worten, dass er bereit sei, mit seiner Person voll hinter Walther von Brauchitsch zu stehen und „jede gewünschte und notwendig werdende Folgerung zu ziehen".[522]

Gisevius ist wie elektrisiert: „Es ist soweit... Hochbetrieb. Es jagen sich die Unterredungen. Plötzlich sind wir wieder mittendrin in der Atmosphäre kurz vor München 1938. Abwechselnd pendle ich zwischen dem OKW, Polizeipräsidium, Innenministerium, Beck, Goerdeler, Schacht, Helldorff, Nebe und vielen anderen hin und her."[523] Im Zossener Hauptquartier des Oberkommandos des Heeres sowie auch des Generalstabes werden Maßnahmen zu deren Sicherung verabredet, weil von dort diese Verschwörung organisiert wird. Da Hitler den Beginn des Angriffes auf den 10. November festgesetzt hatte, muss er spätestens am 5. November die Befehle ausgeben. Und tatsächlich wird Brauchitsch für diesen Tag in die Reichskanzlei bestellt.[524] Halder lässt General Beck und Goerdeler mitteilen, sie mögen sich an diesem 5. November bereithalten. An dem Tag sollen die Truppen ihre Ausgangsstellungen gegen Holland, Belgien und Luxemburg beziehen. Von Brauchitsch hat sich fest vorgenommen, Hitler seinen Plan auf Biegen und Brechen auszureden. Einen Tag zuvor erörtert Halder den Stand der Dinge mit dem Chef des Wehrwirtschafts- und Rüstungsamtes General Georg Thomas, der ihm seine Denkschrift unterbreitet, an der auch Oster, Dohnanyi und Gisevius mitwirkten. Da wird auch erwähnt, dass Josef Müller* vom Vatikan die Zusage erhalten hat, der Papst sei bereit, Friedensgespräche zu vermitteln.[525]

Seit dem Beginn der Kampfhandlungen im September suchen deutsche Militärs und Diplomaten verstärkt nach einem Gedankenaustausch mit der Führung in London, um Deckung für die Absetzung Hitlers und die schnellstmögliche Beendigung des Krieges zu erhalten. Am 1. November 1939 wird das Kriegskabinett, das vor einer Woche von dem Dissens im alten Berlin erfahren hatte, durch den SIS von geheimen Kontakten mit der deutschen Seite in Kenntnis gesetzt. Jener erlauchte Kreis ist freilich „über die Neuigkeit nicht glücklich" und spricht sich für einen sofortigen Abbruch aller Kontakte zu den Deutschen aus – wie sich unter anderem der großsprecherische Kritiker Chamberlains Winston Churchill äußert; Adolf Hitler soll am Ruder bleiben. *God Save the Fuehrer*. Offenkundig kann das Schlitzohr diese Meinung noch nicht durchsetzen. Sie erinnern sich doch sicher: Winston Churchill war der Erste Lord der Admiralität, der am 4. August 1914 die Londoner Minister informierte, dass ein Telegramm in alle Ecken des *Empires* geschickt worden war, in welchem die königliche Flotte aufgefordert wurde, mit den Kampfhandlungen gegen

Wilhelms Reich zu beginnen. Churchill zählt wie Lloyd George und dem aktuellen Premierminister Chamberlain zweifelsohne zum Urgestein der britischen Kreise, die mit einem weiteren Krieg den Kontinent vor ihrer Haustür in seiner Entwicklung zurückkatapultieren wollen. Offensichtlich werden die bereits angelaufenen geheimdienstlichen Kontakte über Captain Sigismund Payne Best und Major Richard Henry Stevens trotz allem nicht zu diesem Zeitpunkt abgebrochen, denn es kommt in diesen Tagen zu weiteren Begegnungen.[526]

Ein Agent der deutschen Abwehr gibt am 3. November ein Paket in der britischen Botschaft im norwegischen Oslo ab. Der Leiter des dortigen Büros des Geheimdienstes SIS Commander J. B. Newill liest sich dieses Dokument gleich durch. Es enthält Einzelheiten über neuartige Zünder für Bomben und Granaten, Lenktorpedos, Entfernungsmesser für Flugzeuggeschütze, Radar, Granaten mit Fernzündung sowie das Programm für einen neuen Langstreckenbomber Junkers 88. Besonders wichtig in den Unterlagen ist der enthaltene Bericht über den aktuellen Stand der Dinge auf dem Testgelände Peenemünde im Norden der Insel Usedom. Es wird darauf hingewiesen, dass dort relativ kleine ferngelenkte Flugkörper entwickelt werden, die eine große Sprengstoffladung zu tragen in der Lage sind. Es ist der erste Hinweis auf die Arbeit an der Rakete V 1. Dieser Bericht landet in London auf dem Schreibtisch des altbekannten Lord Winterbotham und wie nicht anders zu erwarten, wird er heruntergespielt und zum *Fake* erklärt. Hier muss gewiss nicht gesondert darauf hingewiesen werden, dass der Kontakt zu dem Agenten der Wehrmacht selbstredend *nicht* aufrecht erhalten wird. Und wieder schlägt eine Analogie ins Gesicht: Als ein mutiger Deutscher dem Agenten Nicholson im lettischen Riga seine Beobachtung zuspielte, dass in einer alten Fahrradfabrik in Ostpreußen seit 1938 Waffen hergestellt wurden, hat man ihn ebenso von der Mitarbeiterliste gestrichen. Der sogenannte Oslo-Bericht ist jedoch bis in die Einzelheiten hinein authentisch. Weil ein einzelner Deutscher unmöglich detaillierte Kenntnis von so vielen verschiedenen Waffensystemen haben kann, hat hier ein Bote offenbar nur überbracht, was eine ganze Anzahl an deutschen Wissenschaftlern über Canaris Geheimdienst zusammengetragen haben.[527] Wer kann es ermessen, wie viel

Ablehnung eines Krieges, wie viel aufgestauter Hass auf das braune Pack in der Staats- und Parteiführung und welcher persönliche Mut jedes einzelnen Beteiligten nötig waren, um dieses Bündel zu schnüren? Weshalb sie dann an Waffensystemen forschen, fragen Sie sich? Weil sie von den Arbeitsplätzen dort nicht eingezogen werden können zum Kriegsdienst? Oder ist Ihnen das zu menschlich?

In höchster Anspannung geht von Brauchitsch am 5. November mittags um 12 Uhr in das Gespräch mit dem Führer. Halder wartet draußen im Vorzimmer. Hitler kennt seine Pappenheimer – wenn sie im Rudel auftreten, fangen sie nur an herumzudiskutieren. Das waren damals Zeiten, als er seine Reden über Recht und Ordnung und den Frieden in der Welt gehalten hat. Da haben überall Abertausende andächtig zugehört. Jetzt hat er schon Probleme, einen Einzigen zur Ruhe zu kriegen, geschweige denn zwei. Die Zeit der dauernden Volksabstimmungen über die Erfolge ist ohnehin längst Geschichte. Brauchitsch beginnt im großen Kongresssaal der Reichskanzlei seinen Vortrag. Er will dem Führer klar darlegen, welche Folgen so eine Offensive hätte. Er formuliert sogar noch schärfer als ursprünglich vorgesehen. Wider Erwarten hört Hitler absolut ruhig zu. Mit eleganter *Nonchalance* kontert er jedes sachliche Argument. Als zum Beispiel von Brauchitsch die schlechten Wetterverhältnisse an der Westfront hervorhebt, gibt der Boss zurück, das Wetter sei für den Feind ebenso schlecht wie für unsere Wehrmacht. Außerdem wisse man nicht, ob es im Frühjahr besser sein würde. Brauchitsch holt seine Argumente wie Pfeile aus dem Köcher, doch mit keinem davon sieht der Fachmann in der Auseinandersetzung mit dem Maulhelden einen Stich.[528]

Der Disput wogt hin und her und bringt von Brauchitsch inhaltlich nicht weiter. Als ihm langsam die Luft ausgeht, sagt er, dass eine Offensive im Westen auch deshalb ausgeschlossen sei, weil die Truppe im September in Polen gerade im Angriffsverhalten Schwächen offenbart habe. Er fügt dem noch hinzu, dass sich Disziplinschwierigkeiten gezeigt hätten, und dass die Haltung und Stimmung der deutschen Truppen keineswegs mit jener der Soldaten vom Sommer des Jahres 1914 zu vergleichen sei. Dies ist mehr, als Hitler verträgt, und er fängt an, wie immer bei solchen Anlässen, höllisch zu toben. Er überschüttet Brauchitsch mit einem ganzen Schwall von Vorwürfen und brüllt ihn mörderisch zusammen. Er will die Beweise für derartige Vorkommnisse sehen und wissen, ob und wie viele Todesurteile verhängt worden seien. Wieder einmal ruft er nach seinem persönlichen Keitel und beginnt, gegen den „Geist von Zossen" zu toben, wo das Hauptquartier des OKW ist, den er kenne und den er eines Tages erbarmungslos ausrotten werde. Was will er denn noch alles ausrotten? Doch in Zossen, oder genauer gesagt in Wünsdorf, läuft unterdessen der *Countdown* der Verschwörer gegen einen unberechenbaren Kanzler und bloß die Überredungskunst von Brauchitschs könnte ihn eventuell noch vor einer Mörderbombe retten. Der Todeskandidat will noch an diesem Abend persönlich an die Front fliegen und sich überzeugen, lässt Herrn General einfach stehen und verlässt türenknallend den Raum. Am Nachmittag bestätigt er trotz allem seinen Angriffsbefehl.[529]

Brauchitsch kommt kreidebleich und mit verzerrtem Gesicht zu Halder ins Vorzimmer; er ist am Ende seiner Kraft. Gemeinsam fahren sie nach Zossen. Als sie dort ankommen, ist von Brauchitsch noch immer nicht in der Lage, zusammenhängend zu berichten, was sich zugetragen hat. Als er das Wort vom „Geist von Zossen" fallen lässt, wird Halder mit einem Mal hellhörig und auch ihn erfasst die Panik. Hatte nicht General Erich Fellgiebel schon vor Tagen gewarnt, Hitler ahne irgendetwas; der Teufel äußere sich neuerdings sehr misstrauisch gegen das Heereskommando. All das nährt den Verdacht, dass die Staatsstreichpläne verraten worden sind.[530] Nein, Halder ist kein Hellseher, aber was er aus dieser winzigen Andeutung heraushört, dürfen die Männer nicht auf die leichte Schulter nehmen: Die Gestapo hat den Auftrag, der Widerspenstigen habhaft zu werden. Helmuth Groscurth drängt Halder dennoch loszuschlagen und verweist auf die Entschlossenheit von Geheimdienstchef Canaris. Auch die anderen seien nicht mehr davon abzubringen. Da bricht es wütend aus Franz Halder heraus, wenn man denn bei der Abwehr durchaus ein Attentat haben wolle, so möge der Admiral doch selber dafür sorgen![531]

Anstatt sich zur Ruhe zu zwingen und die paar Tage noch die Nerven zu behalten, befiehlt Halder, alle Unterlagen sofort zu vernichten, und eine ganze Anzahl an Papieren wird tatsächlich verbrannt. Brauchitsch sieht die Angelegenheit genauso wie Halder; auch er will nur noch unter der Voraussetzung handeln, dass Canaris dafür sorge, dass Hitler durch ein Attentat beseitigt wird. Auch er tut an diesem Nachmittag kund, dass er sich nicht wehrt, wenn ein anderer es tut. Da er sich aus diesem Unternehmen verabschiedet habe, seien „Kräfte, die auf uns rechneten, nicht mehr gebunden. Sie verstehen, was ich meine." Brauchitschs Elan ist gebrochen. Kurz danach trifft der Befehl zur West-Offensive ein.[532] In der nun entstandenen neuen Lage müssen sich die Verschwörer etwas Gutes einfallen lassen. Stülpnagel, Thomas, Hans Oster, Hans Bernd Gisevius und Henning von Tresckow bemühen sich selbst, die Oberbefehlshaber im Westen für eine Aktion zu gewinnen.[533] Übrigens entscheidet sich der General Walter von Reichenau am 6. November ebenfalls, den Plan und die dazugehörigen Termine für einen Überfall ausgerechnet dem großen Prominenten der deutschen Kritiker an Hitlers Reich Carl Goerdeler zu verraten, und Reichenau kann man nun wirklich nicht vorwerfen, seine Hinneigung zu Adolf Hitler und der Partei wäre nicht ausgeprägt genug. Sie begann sogar schon vor der Ernennung Hitlers zum Reichskanzler in Berlin. Als ob er der Meinung sei, doppelt hält besser, informiert er auch Fritz Elsas, der vor 1933 Zweiter Bürgermeister von Groß-Berlin war. So werden obendrein auch noch andere Länder wie Dänemark, Schweden, die Schweiz und England eingeweiht.[534] Wer Walter von Reichenau verstanden hat und warum ein Mann wie er diese Information weiterreicht, der begreift auch den Unterschied zwischen dem Militär und Hitler.

Im Hauptquartier der Verschwörer um General Stülpnagel in Wünsdorf bei Zossen läuft der *Countdown* – für den 10. November ist der Überfall auf die Niederlande festgesetzt. Doch am 7. November überrascht Hitler die Männer in der gewohnten Manier, indem er seinen unabänderlichen Befehl wieder aufhebt. Als ob er nicht vor zwei Tagen Brauchitsch gesagt hätte, das Wetter wäre für Freund und Feind gleich, begründet er seine Verschiebung ausgerechnet mit den Wetterverhältnissen. Außerdem sei die Eisenbahntransport-Lage im Moment nicht günstig; der Mangel ist ein dauernder Begleiter der Planwirtschaft. Bis zum 9. November 18.00 Uhr will er sich entscheiden. Das verschiebt auch den *Countdown*, denn die Frage aller Fragen ist noch immer Gegenstand der Debatte: Welcher Zeitpunkt ist zu früh für die Aktion zur Beseitigung des größten Helden seit dem Ende des Weltkrieges und wann ist es zu spät? Die meisten der Männer wollen lieber abwarten, bis die Kampfhandlungen einsetzen, so dass „das Volk" sieht, dass Hitler nicht die Grenzkonflikte mit Polen beenden wollte, sondern Händel und Streit sucht mit anderen Ländern.[535]

Die Königin der Niederlande und Belgiens König bieten am 7. November an, einen Friedensschluss zwischen Deutschland und den Westmächten auszuhandeln.[536] Jenes Ansinnen soll gewiss den Besuch der Wehrmacht bei ihnen verhindern. Doch England soll keinen Frieden schließen; einer muss Hitler zeigen, wo das Ende der Fahnenstange erreicht ist. Hundert französische Divisionen und englische Flugzeuge sollen endlich mit dem Krieg beginnen, den sie großartig ausgerufen haben, und die Deutschen so schnell es überhaupt machbar ist, von der brutalen Gewaltherrschaft der Gestapo befreien. Allerdings gibt es ja Leute, die die Niederlande für andere Zwecke benötigen. Sie haben Wind davon bekommen, dass sich in der Wehrmacht neuer Widerstand gegen den Führer breit macht und wollen dort nicht die Vermittlung für den Frieden mit England suchen, sondern Krieg gegen Deutsche führen, die nicht dasselbe wollen wie der Führer der Braunhemden. Die Abwehrabteilung *der Gestapo* ist vor vier Wochen schon beauftragt worden, die Namen der aufmüpfigen Gesellen herauszufinden. Dabei gehen sie gar nicht einmal dumm vor. Sie hegen den Verdacht, dass die Kritiker Kontakte nach London unterhalten, und knüpfen nun selbst Fäden zum englischen Geheimdienst. Deshalb trifft sich Walter Schellenberg mit Captain Sigismund Payne Best und Major Richard Henry Stevens. Das Spielchen läuft also schon eine ganze Weile und am 7. treffen sie sich noch einmal. Schellenberg hat den Tarnnamen *Hauptmann Schemmel*, denn diesen Namen gibt es im Oberkommando der Wehrmacht (OKW) wirklich.[537] Auf den Kopf gefallen sind sie nicht. Was wissen denn die Briten, wie der tatsächlich aussieht? Schellenberg knüpft an dem an, was die Briten schon wissen: Die deutschen Generäle wollen Hitler stürzen. Die Gestapo scheint durchaus mehr zu wissen, da Schellenberg sagt, die Generäle wünschen Zusicherungen der britischen Regierung, dass die Engländer das Reich nach dem Umsturz fair behandeln werden. Vielleicht haben sie sich das aber auch nur logisch zusammengereimt. Beim aktuellen Treffen können die Briten einen ersten Erfolg vorweisen: Sie übergeben ihrem Hauptmann Schemmel eine recht vage gehaltene Mitteilung aus London für die Führer des Widerstandes im Reich, worin in sehr allgemeinen Worten die Grundlage für einen gerechten Frieden mit einem neuen Regime umrissen ist. „Schemmel" soll am 8. einen General zwecks Einleitung von Verhandlungen nach Venlo in den Niederlanden mitbringen. Letzten Endes wird diese Zusammenkunft dann auf den 9. November verlegt.[538]

Der jährliche große Festakt in München

Feste soll man feiern, wie sie fallen, und revolutionäre Feste allemal. Wo sollte der Lebensmut der Leute herkommen, wenn man christliche Feste am liebsten auch ausrotten will? Am 9. November jährt sich der Marsch auf die Münchener Feldherrnhalle zum sechzehnten Mal. Am Vorabend findet wie jedes Jahr im Festsaal des Bürgerbräukellers eine Zeremonie zu Ehren der Opfer statt und hier sind die Braunen unter sich – so lässt es sich leben. Adolf Hitler kommt am Nachmittag des 8. November mit dem Flugzeug aus Berlin in München an, begleitet von Joseph Goebbels und einer Sekretärin. Eine Kapelle sorgt für die richtige Stimmung. Die etwa 3000 Gäste sitzen an den langen Tischen des Brauhauses vor ihren schweren Maßkrügen. Viele Männer tragen Uniformen, die meisten das Grau der Wehrmacht – das Reich ist im Krieg. Sie plaudern und lachen, schwelgen in ihren Erinnerungen an vergangene Schlachten und reden vielleicht über den erfolgreichen Feldzug gegen Polen – oder auch nicht. Als ihr Führer den Saal betritt, wird es schlagartig leise. In den Galerien klettern einige Männer der besseren Sicht wegen auf die Tische.[539]

Vor dem Führer trägt ein SS-Mann die heiligste Reliquie der Bewegung, die Blutfahne des fehlgeschlagenen Putsches von 1923. Adolf Hitler folgt ihm, Stellvertreter Rudolf Heß, Joseph Goebbels, Reinhard Heydrich und noch ein paar andere Mitglieder der Partei- und Staatsführung. Alle sind beisammen. Der Münchener Stadtrat Christian Weber, selbst ebenso ein Veteran des Putsches, meldet die Festgemeinschaft als zum Appell angetreten. Das wirkt unfreiwillig komisch, da die Männer nun mal vor ihren Bierkrügen sitzen. Weber hält eine kurze Ansprache, die mit einem dreifachen „Sieg Heil“ beendet wird. Dann besteigt der Führer das Podium, das vor einem großen Pfeiler errichtet wurde. Es ist rundum geschmückt mit Hakenkreuzfahnen. Adolf Hitler hält einen Moment inne, lässt den Blick durch den Raum schweifen, schaut noch einmal auf seine Vorlage und atmet tief ein. Er beginnt seine Rede wie gewohnt mit einer Ehrung und Würdigung der Veteranen aus den frühen zwanziger Jahren. Seine Stimme ist zunächst gedämpft, seine Vortragsweise verhalten, geradezu schleppend. Doch je mehr er sich thematisch der Tagesaktualität nähert, desto mehr kommt er in Schwung und richtet seine Rhetorik gegen den Engländer als solchen, der dem Reich den Krieg erklärt hat, wenn man davon auch wenig mitbekommt. Die Worte quellen leidenschaftlich und voller Energie aus ihm heraus: „Es tritt heute ein englischer Minister auf und sagt mit Tränen in den Augen: »Oh, wie gerne würden wir doch mit Deutschland zu einer Verständigung kommen, wenn wir nur Vertrauen haben könnten in das Wort deutscher Regierungen!« Genau das Gleiche liegt mir auf der Zunge! Oh, wie gern möchten wir doch mit einem Engländer eine Verständigung herbeiführen, wenn wir nur Vertrauen haben könnten zum Wort seiner Führung!“ Treten dem Führer auch Tränen in seine traurigen Augen? „Denn wann ist jemals ein Volk niederträchtiger belogen und beschwindelt worden und betrogen worden als in den zurückliegenden zwei Jahrzehnten das deutsche Volk durch die englischen Staatsmänner? Wo ist die versprochene Freiheit der Völker geblieben? Wo blieb damals die Gerechtigkeit? Wo blieb der Friede ohne Sieger und Besiegte? Wo blieb das Selbstbestimmungsrecht der Völker?“ Je länger er redet, um so lebendiger wird die Redeweise und um so mehr steigert sich die Lautstärke. Er vergleicht den Deutschen und den Engländer auf dem Gebiet der Kultur und kommt zu dem Schluss, dass ein Einziger der Deutschen allein mehr geleistet habe „als sämtliche Engländer der Vergangenheit und Gegenwart zusammen“.[540] Einen Haken hat diese Sache natürlich und das weiß *Er* am besten. Weil er sich selbst nicht so gut als Beispiel nennen kann, verweist er auf Ludwig van Beethoven. Adolf war seinerzeit von der Wiener Kunstakademie abgelehnt worden. Der Mann redet und redet wie ein Wasserfall. Ruhig betrachtet ist es wieder dieser

Zusammenschnitt der immer gleichen Sprüche, die man ohnehin überall und ständig hört. Da kommt man ja gar nicht drum herum. Im weiteren Verlauf seiner Laudatio auf den großen Stolz seiner Bewegung schneidet er noch dieses und jenes Thema an, doch das müssen wir uns jetzt nicht unbedingt auch noch antun.

Präzise um 21.20 Uhr zerreißt die Detonation einer Bombe die Luft des Festsaales. Eine Druckwelle rast durch den Saal. Ihre Wucht verwüstet das Mobiliar, Fenster zerspringen und die Türen fliegen aus den Angeln. Von den Tischen und Stühlen um den Pfeiler bleibt Kleinholz übrig. Der Pfeiler trägt die Galerie nicht mehr und die Decke stürzt in den Saal, der sich von einem Augenblick zum anderen mit Rauch und Staub füllt. Das Podium samt dem Rednerpult wird zermalmt von dem herabstürzenden Mauerwerk. Hektische Rettungskräfte eilen zu diesem schwer zerstörten Gebäude. Aus dem Saal werden 8 Tote geborgen, 63 Verletzte, 16 davon sind schwer verletzt. Zu den Überlebenden der furchtbaren Katastrophe gehört der SA-Mann Emil Wipfel. Er war einer der Tontechniker.[541] Als er gefragt wird, was sich denn hier zugetragen habe, versucht das Opfer, sich zu erinnern: „Plötzlich war um uns ein kurzer, heller Feuerschein. Im gleichen Augenblick hörten wir einen entsetzlichen Knall. Ich wurde etwa zwei Meter nach rückwärts geschleudert, fiel auf die Trümmer, und dann brach es prasselnd und krachend über mich herein. Als Ruhe eingetreten war, lag ich auf dem Bauch; den rechten Arm hatte ich um den Fuß meines Kameraden Schachta geschlungen. Ich wusste in diesem Augenblick noch nicht, dass er bereits tot war. Mein linker Arm war unbeweglich, meine Füße waren regungslos eingeklemmt."[542] Das wünscht er keinem. „Wie ich nachher erfuhr, lag ein Teil der Saaldecke, die an der Stelle, wo das Führerpodium stand, niedergebrochen war, auf mir; ich vermute, dass sie von einem zertrümmerten Tisch, der neben mir stand, und vielleicht auch vom Körper meines toten Kameraden noch so weit gehalten wurde, dass ich nicht erdrückt wurde."[543] Doch unter welchem der großen und kleinen Trümmerteile in dem Saal liegen die sterblichen Überreste des Führers?

Der Mann und seine *Entourage*, denen dieses Attentat wirklich gegolten hat, haben den Festsaal des Bürgerbräukellers vorzeitig verlassen, denn der Führer will Krieg führen im Westen und morgen bis 18.00 Uhr seine Befehle dafür ausgeben. Er selbst ist schon um 21.07 Uhr aus dem Saale gegangen zusammen mit weiteren Parteioberen.[544] Der Führersonderzug setzt sich elf Minuten nach der Detonation am Hauptbahnhof der Stadt München in Bewegung.[545] Hitler wird wie immer seine geheimnisvollen Gründe haben, warum sein Angriff nicht am 14. oder am 20. November beginnen kann. Irgendwie muss es auf einmal der 12. November sein. Es wäre die Rettung für Deutschland gewesen, hätte das Wetter getan, was es sollte. Da wäre der Führer wie immer mit dem Flugzeug nach Berlin zurück geflogen. Aber Hitlers Chefpilot hatte gewarnt, dichter Nebel sei angesagt. Also blieb nur die Rückreise per Sonderzug am selben Abend. Der Führer hat nur eine Stunde gesprochen, dann war wesentlich früher als in den vorangegangen Jahren sein Palaver beendet, so dass auch die Zahl der Opfer gering bleibt. Als die Mordmaschine explodierte, war nur noch die arbeitende Bevölkerung in dem Festsaal – die Musiker, Kellner und Kellnerinnen. So war das nicht gedacht. Als die Öffentlichkeit über den Rundfunk und die Zeitungen erfährt, dass bei dem Braunen-Treffen ein Anschlag auf Hitler misslungen ist, macht bei den Befürwortern und bei den Gegnern des Regimes in Deutschland die bitterste Enttäuschung die Runde. Die einen können es nicht glauben, dass jemand den Führer töten wollte, dessen Erfolge längst jene des Reichskanzlers Bismarck in den Schatten stellen, ja, und die anderen tuscheln: „Was hat es bei dem Münchener Attentat gegeben?" Die Antwort auf die Frage lautet: „Zwölf Tote, vierundzwanzig Verletzte und achtzig Millionen Verkohlte."[546] Auf jeden Fall ist es peinlich, dass große Zeitungen bereits die Propagandatexte für den folgenden Tag fertig haben und ungeändert abdrucken. So heißt es dann in der Deutschen Allgemeinen Zeitung, die alten Kämpfer hätten noch lange beisammen gesessen, um die Zielsetzung der Führerrede weiter zu besprechen, und in den Leipziger Neuesten Nachrichten steht am 9. November sogar, dass die alten Kämpfer noch lange mit dem Führer höchstpersönlich im Bürgerbräukeller zusammensaßen.[547] Häme über Leipzig ist jedoch fehl am Platz. Die Stadt zählt zu den Hochburgen des Widerstands im Deutschen Reich. Hausaufgabe: Schauen Sie einmal in die Blätter Ihrer Gegend. Mal sehen, was sie dort darüber finden. Das Ende vom Lied ist, dass die groß aufgemachte Trauerfeier herzlich wenig Interesse erweckt: „Die Beteiligung der Münchener Bevölkerung an dem Staatsbegräbnis der Opfer des Attentates war verhältnismäßig schwach, nur am Odeonplatz stauten sich die Zuschauer, ohne jedoch eine besonders tiefe Anteilnahme an dem feierlichen Akt zu zeigen."[548] Wie man sie gerufen hat, so sind sie gekommen und auch wieder gegangen. Weshalb soll sich die Einstellung der Münchener geändert haben im Vergleich zu 1938, als sie den Staatsgästen aus London und Paris zugejubelt hatten?

Das mit den achtzig Millionen Verkohlten ist in zweifacher Hinsicht ein wahres Wort. Wie viele Wochen geht der neue Krieg jetzt schon und wie lange brüten Diplomaten und Militärs über den Fragen, *wie* man Hitler umbringen soll, *wo* und *wann* das geschehen müsste? Das Warum steht schon gar nicht mehr zur Diskussion, seit der Krieg wirklich angefangen hat. Ihre scheinbare Untätigkeit hat doch überhaupt erst zum Eindruck geführt, dass jemand aus dem Volke etwas unternehmen muss, um dem Regime ein Ende zu bereiten. So ist es zwar ein Elend, dass das Attentat scheitert, doch auf der anderen Seite ist es tatsächlich tragisch, dass der mutige Einzelkämpfer damit der organisierten Aktion der Zögerer in der Staatsführung neue Hindernisse in den Weg legt. Unmittelbar nach dem Attentat aus dem Volke werden alle Munitionsdepots schärfer bewacht. Die Laboratorien müssen per sofort über jedes Gramm Sprengstoff und dessen Verwendung genauestens Buch führen. Schlimm genug, dass sie vermerken müssen, wann wer etwas geholt hat. Darüber hinaus wird die Bewachung des Führers weiter perfektioniert.[549] Der Freundeskreis rund um Adolf Hitler sucht nach dem Anschlag in erster Linie einen Schuldigen, den man in den Medien propagandistisch effektvoll anbieten kann. Am besten wäre es, wenn man sagen könnte, er sei vom Ausland aus beeinflusst worden. Höchstens zwei Stunden nach jener Explosion ruft der Reichsführer-SS Heinrich Himmler und Chef der deutschen Polizei den SS-Obergruppenführer Walter Schellenberg in Düsseldorf an und ändert auf Befehl des Führers den Auftrag für das Treffen, das am 9. November mit den englischen Geheimdienstagenten vorgesehen ist. Er solle sie mit einer Gruppe seiner Männer entführen.[550] Jene Engländer sollen in aller

Pracht der Öffentlichkeit als die Drahtzieher präsentiert werden. Walter Schellenberg, alias Hauptmann Schemmel, der den Briten die ganze Zeit erzählt, er gehöre zu einer Widerstandsgruppe der Wehrmacht, kommt also am nächsten Tag wie vereinbart zu dem Café Backus in den niederländischen Ort Venlo. Mit ihm warten dort die Männer vom Sicherheitsdienst unter dem Kommando von Alfred Naujocks auf die Emissäre und nach einem Handgemenge transportieren sie die Männer über die bloß wenige hundert Meter entfernte deutsche Grenze. Alfred Naujocks, der an der Nummer beteiligt ist, ist genau der, der am Vorabend des Krieges schon den Überfall auf den Sender Gleiwitz geleitet hatte.[551]

Bleibt nur noch die Frage zu klären, wer der Heißsporn war, dem die zugegebenermaßen aufwändigen und handwerklich durchaus geschickten Vorbereitungen zuzuschreiben sind. Es handelt sich um Georg Elser und somit um jenen Mittdreißiger, der vor einem Jahr in der Stadt war, um Möglichkeiten für einen Anschlag auf möglichst viele Bonzen der Staats- und Parteiführung bei dem Festakt zu sondieren sowie um den richtigen Zeitpunkt für die Explosion festzustellen. Doch dieses Jahr ist Krieg und alles ist anders. Erstens geriet der Auftritt kürzer als sonst und zweitens ist auch die Grenze zur Schweiz geschlossen, was Elser seine Flucht unmöglich macht. Vor einem Jahr hatte er begonnen, die nötigen Zutaten, Schießpulver und einen Zünder, an seiner Arbeitsstelle zu stehlen. Dann hatte er eine Tätigkeit in einem Steinbruch begonnen, wo er ohne große Probleme Sprengkapseln und mehrere Patronen mit Sprenggelatine bekam. Erst einmal bastelte er Probebomben, um herauszufinden, welche Menge Sprengstoff er für dieses Vorhaben brauchen würde. Im Frühling kam er wieder nach München, nahm in dem großen Gebäude Maß und fertigte Zeichnungen der Örtlichkeit an. Den geeignetsten Platz für seine Bombe fand er im Steinpfeiler hinter dem Podium, auf dem das Rednerpult sein würde. Der Pfeiler stützte da noch mit mehreren anderen eine Galerie, die über die ganze Längsseite des Saales lief. So sollte die Wucht der Explosion zugleich noch die schweren Balkone herabreißen und die Sicherheit erhöhen, dass er möglichst viele der Anwesenden tötet. Was jetzt noch an Freizeit blieb, nutzte er, um den Zeitschaltmechanismus zu konstruieren. Fragte ihn jemand, was er da tat, sagte er den Neugierigen nur schlicht: „Eine Erfindung“, was jedenfalls keine Lüge gewesen ist.[552] Ab August bohrte er einen Hohlraum in den Pfeiler; eine Bombe an sich und der durchaus komplizierte Zeitzünder waren schon fast angefertigt. Am Abend ging er immer gegen neun Uhr in den Bürgerbräukeller und aß eine Kleinigkeit. So eine Stunde später schlich er auf die Galerie des Festsaals und versteckte sich in einem Lagerraum, bis das Lokal endlich geschlossen wurde. War alles still, konnte er beim Schein der Taschenlampe ein paar Stunden arbeiten. Sobald die Kellner morgens zur Arbeit kamen, verließ Georg Elser offenbar gänzlich unbemerkt das Wirtshaus durch einen Hinterausgang. Tagsüber gab er seiner Bombe einen letzten Schliff. Das Wichtigste war der Zeitzündmechanismus. Wenn die Bombe explodierte, wollte er schon sicher in der Schweiz sein. Dafür bedurfte es einer Zeitschaltuhr, die sich auf einige Tage im Voraus einstellen ließ. Er fand eine geniale Lösung. Er modifizierte das Uhrwerk durch Zahnräder und Hebel zur Zeitschaltuhr, die 144 Stunden lief, und wenn es Zeit war, einen Schlagbolzen aktivierte, der auf das Zündhütchen einer Gewehrpatrone ohne Bleikugel schlug, die in der Sprengstoffmasse steckte. Und er verließ sich nicht einmal bloß auf *einen* Mechanismus, sondern hatte noch einen zweiten gebastelt. In der Nacht zum 2. November deponierte er die Bombe im Pfeiler, zunächst ohne die Uhrwerke. Drei Nächte nach dieser Aktion fügte er den Zeitschaltmechanismus hinzu und stellte ihn auf den Abend des Festaktes um 21.20 Uhr ein. Wer konnte denn sagen, ob Hitler nicht verspätet in München eintraf und seine ellenlange Rede nicht pünktlich beginnen würde? Und wie konnte er ahnen, dass Hitler wie geplant vor Ort ist und nach sechzehn Jahren seines revolutionären Kampfes um die totale Redefreiheit *für sich selbst* ausgerechnet an dem Abend einmal seinen Psalm abkürzt?[553]

Als der Festakt am 8. November stattfindet, ist Georg Elser schon längst über alle Berge. Noch vor Mitternacht ist er an der Schweizer Grenze. Er kennt den Grenzabschnitt, an dem er flüchtet, ganz genau, denn er hatte ihn vor einem Jahr ausgekundschaftet. Weder Polizei noch Zollbeamten war er begegnet. Doch nun werden die Grenzen des Reichs bewacht und er ist mit einer Drahtzange ausgerüstet, um die Grenzanlagen zu durchschneiden. Wie erschrocken muss er wohl sein, als ihn tatsächlich zwei reichsdeutsche Beamte stellen? Er stammelt eine Ausrede, ja, er sei mit jemandem verabredet gewesen, habe den Betreffenden aber verfehlt und suche ihn jetzt. Die zwei Beamten bieten ihm Hilfe bei der Suche an und bringen ihn dafür zu ihrem Wachlokal; seitdem die Polizei Hitler dienen muss, gibt es ja den Propagandaspruch: „Die Polizei – Dein Freund und Helfer!“ In Wirklichkeit vermuten sie, dass sie einen Schmuggler ertappt haben und beginnen, ihn zu verhören.[554] Georg bleibt bei der Geschichte mit der Suche nach einem alten Freund. Dann soll er die Taschen leeren. Was zum Vorschein kommt, muss ja Verdacht wecken: eine Drahtzange, ein Abzeichen des Rotfrontkämpferbundes – 1939 im Deutschen Reich, was Leute nicht alles aufheben, eine Zündkapsel, eine detaillierte Skizze seiner Bombe und eine Postkarte vom Bürgerbräukeller! In der Schweiz wollte er gewiss mit diesen Utensilien beweisen, dass nicht ein anderer, sondern er den Führer zur Strecke gebracht hatte. Doch die Beweise für seine Täterschaft kommen bei der falschen Behörde zum Vorschein. Der Zoll überantwortet diesen armen Sünder der Geheimen Staatspolizei in Konstanz, die ihn weiter verhört. In dieser Nacht erfahren die Ermittler der Gestapo von dem Bombenattentat und damit ist ihnen alles klar.[555]

Am nächsten Morgen wird er nach München zurückgebracht, wo er von der Kriminalpolizei und der Geheimen Staatspolizei verhört wird. Elser bestreitet weiterhin, dass er der Attentäter war, bis einer der Vernehmer auf den Gedanken kommt, sich die Knie dieses Verdächtigen anzusehen. Wenn jemand vermutlich wochenlang vor einem Pfeiler kniet, um einen Hohlraum hinzubekommen, dann sollte er Spuren an den Knien haben. Der Kriminalrat liegt richtig. Trotz der verwendeten Schutzpolster verraten Elser die tiefblauen Druckstellen, die teilweise sogar vereitert sind. Der Mann ist zu überrascht, um sich eine Erklärung aus den Fingern zu saugen. Fünf Tage nach der Verhaftung gesteht er umfassend.[556]

Schön und gut, dass der Freundeskreis rund um den Führer damit weiß, wer das Attentat ausgeführt hat, doch Georg Elsers Geständnis lässt sich bei aller Liebe nicht so ausdeuten, dass er der Handlanger ausländischer Gesellen gewesen war. Jetzt schaltet sich der Freund und Kupferstecher Heinrich Himmler in den Vorgang ein. Dieser Name ist Programm. Nun beginnen Verhöre, wie sich ein Himmler die Angelegenheit vorstellt. Er tritt den gefesselten Georg Elser mit den Stiefeln in den Leib. Dann lässt er ihn von einem Gestapo-Beamten in den Waschraum zerren und auspeitschen, dass er vor Schmerzen aufschreit. Danach wird er wieder vor Himmler gezerrt, der erneut zutritt und schreit. Elser ist kaum noch bei sich, rückt aber von seinen Aussagen nicht ab.[557] Da wird sich die Staatsführung noch etwas einfallen lassen müssen, wenn er weiter nicht bereit ist, geeignete Aussagen vor Gericht zu machen.

So oder so – Hitler muss weg

Ein Unglück kommt allerdings selten alleine. Der Diplomat Erich Kordt, der seit dem 1. November zu allem bereit ist, macht sich am Nachmittag des 11. November auf den Weg zu Hans Oster beim deutschen Geheimdienst in die Bayrische Straße, Berlin-Wilmersdorf, wo dieser ihm beizubringen versucht, dass die Beschaffung des dringend benötigten Stoffes nicht möglich gewesen sei. Die Laboratorien müssten über jedes Gramm Sprengstoff und dessen Verwendung genauestens berichten. Kordt wird leicht ungehalten; wenn ihm Oster schon keinen Stoff besorgen könnte, dann wolle er eben einen *Revolver* verwenden. Eine Pistole hat lediglich ein Magazin, und man müsste schlimmstenfalls nachladen. Ein Revolver aber hat eine Trommel – damit kann man schießen, bis der Totenträger eintrifft. Hans Oster bleibt hart und lehnt das mit der Begründung ab, er werde Hitler nicht allein sehen und in Anwesenheit der Adjutanten usw. habe er nicht ein Prozent Chance.[558] Wie gesagt, die Verschwörer sollten auf jeden Fall zuerst erfahren, wann ihre Befehlskette ausgelöst werden muss. Letzten Endes ist es nicht die Überredungskunst von Brauchitsch und es ist nicht die Geheimnistuerei in Berlin, sondern ausgerechnet ein Attentat aus dem Volke, das dem Führer des Großdeutschen Reiches das Leben und die Macht rettet. Natürlich ist längst nicht aller Tage Abend; da werden sie es eben so bald wie möglich gleich noch einmal probieren.

Da der Mann an der Spitze des Staates den Angriff inzwischen *endgültig* auf den 19. November verschoben hat, ist ihnen somit eine Gnadenfrist geblieben, um Hitler doch noch vom Führen abzubringen. So gewinnen sie selbst einer Katastrophe noch etwas Gutes ab und wieder planen die Männer den Staatsstreich, auch wenn das Ganze mit der Zeit durch das dauernde Misslingen und Verschieben kafkaeske Züge annimmt. Es gibt jedoch keine andere Wahl. Sie müssen neu Anlauf nehmen.

Am fremden Beispiel wird den Verschwörern eindrucksvoll gezeigt, dass die Sorgen von einigen unter ihnen nicht gegenstandslos waren, wie ein Attentat auf den Führer in der Öffentlichkeit wirken kann. Offenbar war es tatsächlich berechtigt, dass einige Militärs abwarten wollten, bis es im Radio heißt, der Krieg würde auf Frankreich ausgedehnt. Von Witzleben hatte eben nicht unrecht, als er sagte, später werde es nur noch heißen, dass sie sich geweigert hätten, dem Größten aller Deutschen zu dienen, als er am größten war.[559] Die Männer vom SD stellen fest: „Das Attentat von München hat im deutschen Volk das Gefühl der Zusammengehörigkeit stark gefestigt." Dem Volke bindet ja auch keiner auf die Nase, dass der Überfall auf den Sender Gleiwitz eine Finte war, wie im Hintergrund agiert wurde, und dass Hitler im Westen nicht den Frieden will, sondern den nächsten Krieg. Weiter heißt es, die Anteilnahme der Allgemeinheit an den Ergebnissen der Untersuchung sei sehr groß und gegen England, das hinter dem Attentat stehen soll, bestehe eine ausgesprochene Hassstimmung. Dafür liefern britische Flieger sogar noch Argumente, wenn es bekannt wird, dass sie bei Lambsheim in der bayerischen Pfalz Eierhandgranaten auf erntende Bauern geworfen haben, wenn sie auch nicht mehr als Schrecken herbeiführten.[560]

Was soll das denn jetzt wieder sein? Ist es denn so schwer zu begreifen? Wir leben in einer Diktatur. Diejenigen, die jetzt die Handgranaten auf die Felder kriegen, haben hier nichts zu bestimmen, und für den Mann, der den Krieg beenden kann, ist nur interessant, ob die übrig bleibenden Untertanen noch Krieg führen können. Der einzige Effekt ist, dass Hass gegen die Engländer gefördert wird. Doch da keiner getroffen wurde, ist die Ausgangslage weiterhin die Gleiche. Hätte man etwas Sinnvolles tun wollen, dann hätte man es ja einmal mit einer Kaserne ganz in der Nähe der belgischen Grenze versuchen können. Weshalb wird nicht gleich die Reichskanzlei in Berlin bombardiert, aber dann doch vielleicht nicht mit

Eierhandgranaten? Es ist doch Krieg! Aber Hitler wird noch gebraucht, der ist wichtig. *God Save the Fuehrer!* Dass die Chefs in London andere Ziele verfolgen als die, die man vermutet, wird daran deutlich, dass man direkt angeordnet hat, um Gottes willen die deutschen Landstreitkräfte *nicht* zu bombardieren! Das verstehen ahnungslose Engländer natürlich nicht, so dass MPs wie Dalton meinen, sie müssten mehr Druck auf ihre Regierung ausüben, damit zum Beispiel deutsche Munitionsfabriken im Schwarzwald bombardiert werden oder damit der Schwarzwald an sich mit Brandbomben abgefackelt wird. Sir Kingsley Wood weist jene bösen Vorschläge in scharfer Form zurück und fragt: „Sind Sie sich dessen bewusst, dass es sich dabei um Privateigentum handelt?“[561] Das spielt auch eine große Rolle im Krieg. Gerade so, als läge es außerhalb des Vorstellbaren, äußert Wood weiter: „Sie werden nächstens noch verlangen, dass wir das Ruhrgebiet bombardieren.“ Ein Bombardement der Munitionsfabriken von Essen oder der deutschen Verbindungslinien kommt nicht in Frage. Da es sich hier um Privateigentum handelt, stieße man so die amerikanische Öffentlichkeit vor den Kopf. Wood sagt ihm, das verstößt gegen die *Haager Konvention*: „Sie müssen sich auf wirkliche militärische Ziele konzentrieren.“ Und warum darf die *Air Force* die Landstreitkräfte dann nicht bombardieren? Man soll nie um eine Antwort verlegen sein, sonst hat man verloren. *Der* Strategie entspricht auch der Umgang mit dem Oslo-Bericht. Auch das Versuchsgelände für die Rakete V 1 in Peenemünde wird *nicht* bombardiert und da steht eine Heeresversuchsanstalt und kein Privateigentum. Dort wird den Deutschen Gelegenheit gegeben, ihre Waffen zu verbessern.[562] Das Angebot einer holländischen Vermittlung für einen Friedensschluss weist man am 12. November zurück. Am 14. November lehnt auch Hitler ab.[563] Friedenspfeifen bringen weder die Gauner in London noch ihren Fuehrer in Berlin vom Krieg ab. Eines aber kann man sicherlich ableiten; Hitler hat in den vergangenen Wochen verstanden, dass er sich momentan vielleicht besser doch nicht an Holland und Frankreich vergreift. Mal sehen, was 1940 bringt.

Da sich die totale Redefreiheit lediglich auf den Boss bezieht, und Leute, die mit Kritik auffallen, mit der Todesstrafe rechnen müssen, wird keine Verwunderung aufkommen, wenn im Volke niemand laut darüber redet, dass es bedauerlich ist, dass die Bombe den Falschen verschont hat, und auch nicht darüber, dass es zu den Privilegien der Geistlichen zählt, sich deutlicher zu äußern. Der Sicherheitsdienst analysiert, dass die Priesterschaft beider christlicher Kirchen „etwa in 3 Gruppen" zerfalle. Die erste Gruppe, die in der katholischen Kirche und den Sekten klein sei, bei den evangelischen Pfarrern aber größer, bemühe sich „um eine positive Einstellung zu den gegenwärtigen Ereignissen". Sie trachte danach, „einen betonten Nationalismus mit ihren kirchlichen Aufgaben in Einklang zu bringen". Der zweite Teil zeige sich an dem politischen Geschehen nach außen uninteressiert und beschränke sich auf eine unpolitische religiöse Betreuung des Volkes. Ein dritter Anteil betätige sich mehr oder weniger zersetzend und gegnerisch und bedient sich dabei folgender Methoden: In Predigten, bei Hausbesuchen und im Rahmen von „Schulungskursen" malen sie „die Schrecken des Krieges in schwärzesten Farben". So werde versucht, „den Zuhörern Bedrückung und Angst vor kommenden Ereignissen" einzuflößen. Es werde von ihnen dargelegt, dass für Deutschland gegenwärtig jede menschliche Hilfe hinfällig wäre und allein Gott helfen könne. Zugegebenermaßen wirkt es auf einen ersten Blick wirklich nicht anders. Bei verschiedensten Gelegenheiten wird der gegenwärtige Krieg als ein Strafgericht Gottes für Gottlosigkeit und Sittenlosigkeit der vergangenen Jahre dargestellt. Wieder wird versucht, dieses Problems mit staatspolizeilichen Maßnahmen Herr zu werden.[564]

Wenn Sie durch einen Zufall einmal in die Verlegenheit kommen, einer Diktatur ausgeliefert zu sein, kann nur empfohlen werden, sich dümmer zu stellen, als man ist, wenn man den Staat provozieren will, ohne gleich mit dem Knüppel eins über den Kopf zu bekommen. In Ernstkirchen im Landkreis Alzenau wird zum Beispiel ein katholischer Geistlicher angezeigt, weil er am 9. und am 11. November statt auf der Kirche flaggen zu lassen, seine Kirchenfenster mit schwarz-weiss-roten sowie weiß-blauen Fahnentüchern verhängen ließ. Das bedeutet im Klartext, dass Pfarrer X zu diesem sensiblen Anlass die konservative Fahne des Kaiserreichs und die Fahne des Freistaates Bayern gezeigt hat. Wenn es sonst nur *Eintopf* gibt, macht so etwas die Runde. Beim Sicherheitsdienst kommt an, dass die Fahnentücher an den Fenstern so angebracht gewesen seien, dass sie an der Außenseite der Kirche gut sichtbar waren. Der Pfarrer gab an, die Fahnen hätte er zum Zwecke der Verdunkelung dort hingehängt. Sehen Sie, so wird das gemacht. Verdunkelung ist wichtig und vorgeschrieben. Der Pfarrer Timmermann in Ellen im Kreis Düren wird ernstlich heftig. In einer Frühmesse äußert er sich über Verfolgungen der Geistlichkeit in Deutschland, Spanien und Italien. Es bleibt ein Rätsel, warum er solche Verfahrensweisen in der Sowjetunion nicht anspricht. Hat er womöglich zu viele Kommunisten unter seinen Schäfchen oder ist das sein Tribut an den Nichtangriffspakt mit der Sowjetunion? Obendrein warnt er die Frauen und Mädchen vor den Ortsfremden, und meint damit die im Ort einquartierten Wehrmachtsoldaten.[565] Die katholische Geistlichkeit insgesamt enthält sich mit Rücksicht auf die Stimmung in breiten Kreisen der Bevölkerung jeglicher Stellungnahme in Bezug auf jenes Attentat auf den Führer, übergeht es, als habe es sich überhaupt nicht ereignet.[566]

Da ist es hinreichend verwegen, dass Erzbischof Dr. Gröber abfällig über den Krieg spricht, den sich mancher gerne als einen Verteidigungskrieg verkaufen lässt. So äußert sich Gröber zur Elisabeth-Feier im Freiburger Münster am 19. November vor etwa 5000 Zuschauern über den Krieg in einer Art und Weise, „die die immer wieder festgestellte Gesamthaltung des katholischen Klerus außerordentlich typisch umschreibt“. Er sagt, es verbiete sich den Katholiken, zum Kriege zu hetzen oder bei den Kriegstreibereien hilfreich zu sein. Kriege würden bloß geführt, wenn jemand glaube, dadurch das Reich vergrößern zu können.[567] Wundert es wirklich ernsthaft, dass es in manchen Orten zu einer starken Austrittsbewegung aus der katholischen Kirche kommt, nachdem der Klerus dieses Attentat auf den Führer nicht verurteilt hatte? Um die Austrittswelle zu stoppen, veröffentlicht man im Passauer Bistumsblatt am 19. November letztlich doch noch eine „Dankadresse“ für die Errettung des Führers.[568] Auch da wird deutlich, dass die Zögernden unter den Militärs absolut berechtigte Sorgen hatten. Für sehr viele Menschen ist Hitler nach dem gemeldeten Überfall auf den deutschen Radiosender Gleiwitz der Staatschef, der den neuesten Übergriff auf Deutschland mit einer kraftvollen Aktion unterbunden und diesmal auch bestraft hat. In der Wahrnehmung der Leute ist er um Gottes willen nicht der Böse, der den Krieg will; er ist der Gute, der Erlöser, der Retter, der Beschützer. Sicherlich kann man im Jahr '39 nicht mehr sagen, was man will, aber was hatte man denn in den 1920er Jahren davon, dass jeder sagen konnte, was er gerne wollte? Es ist nicht so lange her, dass Bewaffnete aus Polen, Belgien und Frankreich bei uns hereinspazieren konnten und mit uns machen, was sie wollten. Das geht jetzt nicht mehr, seitdem Adolf der Gute das Zepter im Deutschen Reich übernommen hat. Verstehen Sie, dass man manchmal etwas verstehen muss, wenn man etwas verstehen will?

Ihre persönliche Sicht können die katholischen Bischöfe aber weiterhin äußern – wenn sie einmal gänzlich unter sich sind. Bei einem Treffen in Fulda kommt es zu einer Debatte über die Hintergründe des Anschlags. Unter dem Eindruck, dass relativ viele Leute mit Unverständnis und Ablehnung auf das Attentat reagieren, halten die Teilnehmer die Tat eines „kleinen Mannes" für unwahrscheinlich. Das schließen sie auch aus dem Umstand, dass die Staatsführung im entscheidenden Moment den Saal schon verlassen hatte. Sie vermuten stattdessen, dass Parteikreise hinter der Aktion stehen, mit der „die deutsche Bevölkerung spontan für einen Angriff gegen England gewonnen werden sollte". Einige der Geistlichen äußern in Fulda die Meinung, „dass der Tod des Führers jetzt noch verfrüht sei, da er sonst ein Märtyrer des Volkes geworden wäre."[569] Und da haben wir es wieder, das Motiv „zu früh", aber es ist wirklich schwer, in einer Diktatur festzustellen, wie groß die Zustimmung zum Regime ist.

Generell, so stellen die wachsamen Kollegen vom Sicherheitsdienst der SS fest, lasse sich für das Reichsgebiet feststellen, dass die Haltung der evangelischen Kirche mit Ausnahme der Pfarrer der Bekenntnisfront in Bezug auf das Zeitgeschehen in Deutschland *positiver* sei als jene, die in der katholischen Kirche zu beobachten sei. In den evangelischen Gottesdiensten begegnete man „verschiedentlich echten und ehrlich gemeinten Bittgebeten für den Führer und das deutsche Volk, die aus einer inneren Bejahung des Zeitgeschehens" erwachse.[570] Während die Führungskräfte der katholischen Kirche dem öffentlichen Bewusstsein entgegensteuern, verurteilen Autoritäten in den evangelischen Kirchen dieses Münchener Attentat scharf und nehmen dagegen Stellung.[571]

Das Deutsche Reich 1939 live und in Farbe

Das Bild, das man sich außerhalb Deutschlands von Nationalsozialismus und so macht, ist stark durch Klischees geprägt. So glaubt man ernsthaft an die Mär, dass es in der *black box Germany* keine Ausländer gibt. Wie man sich auf große Entfernung doch täuschen kann. Nehmen Sie alleine die jungen Leute, die hier studieren. In München liegt ihre Zahl bei 400 und in Berlin sind es genauso viele; 94 sind Bulgaren, 52 sind Chinesen, 50 kommen aus Rumänien, 20 aus Norwegen, 12 aus der Schweiz und 11 Studenten kommen aus den USA. Dass die türkischen Studenten gerade nicht hier sind, liegt daran, dass sie nach Kriegsausbruch in die Heimat zurückgerufen worden sind. Und hier sind ja längst nicht nur Leute, die im Deutschen Reich studieren. So gibt es alleine schon 443 ausländische Forscher. Dann dürfen wir ohne Frage auch Gastarbeiter im Reich nicht vergessen, die traditionell in der Industrie wie auch der Landwirtschaft eingesetzt sind. Sicherlich erinnern Sie sich noch an die Notizen aus den vergangenen Jahren, als sich zum Beispiel ein Hermann Göring für eine ordentliche Sozialversicherung für die Gastarbeiter eingesetzt hat.[572]

Das sieht ja bis dahin alles noch überschaubar aus, doch seitdem Hitlers Diktatur auf Reisen gegangen ist, wird es für die Hüter der Rasse immer unübersichtlicher. Durch den Nationalsozialismus lernen auch Deutsche in den entlegensten Dörfchen, die niemals aus ihrem Dorf herauskamen, Ausländer kennen. So kommen die jungen Leute überhaupt erst auf den Geschmack. Alleine schon die Eingemeindung von Böhmen und Mähren führte eine große Anzahl an Fremden in die Dörfer und Städte Deutschlands und die Männer und Frauen kommen noch nicht einmal freiwillig zu uns. Die Tendenz verstärkte sich seit der Mitnahme vieler Gefangener aus Polen und macht den Fetischisten der Reinheit des deutschen Blutes schwer zu schaffen. Der Sicherheitsdienst kann über die wilden Exzesse auch nur Klage führen: „Aus den verschiedensten Teilen des Reiches gehen Meldungen darüber ein, dass sich deutsche Volksgenossen, vielfach sogar Soldaten, in auffallendem Maße mit in Deutschland beschäftigten Tschechinnen einlassen." Die Kollegen vermerken, dass ein großer Teil der Briefe, die in einem Wohnlager für Tschechinnen, die in einer Konservenfabrik in Stendal beschäftigt sind, von deutschen Soldaten sowie

Männern beim Arbeitsdienst kommen. Den Zuständigen vor Ort können sie bloß die „Anregung" geben, „die jungen Soldaten über die Gefahren und die Unwürdigkeit eines solchen Verkehrs eingehend zu belehren".[573]

Aber was will man denn da auch machen? Wo die Liebe eben so hinfällt. Der Führer hätte sich wohl oder übel entscheiden müssen, was Priorität hat unter seinen verschiedenen Zielvorstellungen, und dies bevor er den Staatsgast Emil Hácha aus Prag so lange traktiert hat, bis der gute Mann einen Schwächeanfall bekam und ihm letzten Endes sein Land überließ. Geht es Adolf Hitler vorrangig darum, als „größter Feldherr aller Zeiten" zu gelten oder will er vor allem die Vermischung der Völker verhindern? Wer sollte ihm diese Wahl denn abnehmen? In einer Diktatur muss der Chef schon selbst wissen, welches Ziel Vorrang haben soll.

Ach wenn es lediglich die deutschen Männer wären! Aber was bleibt der deutschen Frau übrig, wenn man ihr den Spaßvogel ins Ausland schickt? Sie weiß sich zu helfen – Deutsche sind von jeher erfinderisch gewesen. Vor allem in den Tanzlokalen fallen Tschechen auf, die „häufig in Gesellschaft deutscher Mädchen zu sehen" sind. Verhältnisse von Tschechen zu deutschen Mädchen sind besonders seit der Einberufung der jungen Männer und dem Abtransport der hiesigen Garnisonen häufig geworden und wer sollte da besser den Überblick haben, als der Sicherheitsdienst? Selbst verheiratete Frauen, deren Männer unterdessen den Gestellungsbefehl zur Deutschen Wehrmacht erhielten, machen in dieser Hinsicht keine Ausnahme. Allein in Lobstädt wurden vier Fälle bekannt, in denen deutsche Frauen, nachdem deren Männer einberufen worden sind, sich Tschechen als *Untermieter* nahmen.[574] Es ist ausgezeichnet verständlich, dass homosexuelle Bekanntschaften in den Aufzeichnungen des SD kein Echo finden. Das ist ja schon seit der Großrazzia gegen die SA unter dem Chef Ernst Röhm vom Sommer 1934 verboten. Wer dabei erwischt wird, ist mit atemberaubender Geschwindigkeit im KZ verschwunden.

Allgemein zeige sich, dass es von den oberen Verwaltungsstellen her an „scharfen Anweisungen an die Bevölkerung" durchaus nicht fehle, zum Beispiel den polnischen Gefangenen gegenüber Abstand zu halten und sie als Angehörige eines Feindstaates zu behandeln. Übereinstimmende Meldungen „aus allen Reichsteilen, in denen polnische Kriegsgefangene oder polnische Landarbeiter eingesetzt sind," zeigten aber, dass die einfache Bevölkerung bisher „noch nicht jene Haltung gefunden hat, die für die künftige Einstellung des deutschen Volkes zum polnischen notwendig ist." Als konkretes Beispiel wird Nittritz in Schlesien genannt, wo ca. 40 polnische Landarbeiter untergebracht sind, die am Sonnabend, dem 11. November, wie die übrigen Ortsbewohner zum Tanz erschienen. Es herrscht blankes Entsetzen darüber, dass die Bauern mit den Landarbeitern gar Verbrüderung gefeiert haben, und dass ihnen selbst das Tanzen mit deutschen Mädchen im Einverständnis mit den deutschen Bauernvätern gewährt wurde.[575] Und das am Tag 3 nach dem Attentatsversuch. Wie erklärt man sich das Ganze? „Allgemein wird mitgeteilt, dass diese Polenfreundlichkeit vor allem auf dem flachen Lande ihre entscheidende Unterstützung durch die katholische Geistlichkeit findet." Hier wird als Beispiel Luckenwalde herangezogen, wo Erzpriester Josef Hillebrandt in seinen Sonntags-Gottesdiensten über die Not der Gefangenen redet und dabei ausführt, dass man ihnen „das Liebste – die Heimat – genommen" habe. In Erlangen fordert der Klerus zu Spenden von Büchern, Lebensmitteln, Geld und Kleidern für Polen auf. Das Sammlungsergebnis wird den katholischen Gemeinden in Polen zugeleitet. In dem Aufruf heißt es: „Wir bitten um christliches Mitgefühl mit den Brüdern und Schwestern in Polen sowie um Ihre Unterstützung!"[576] Genau so sehe es auch in der Ostmark aus. Aus Bayern wird berichtet, dass das freundliche Verhalten der katholischen Geistlichkeit zu den Gefangenen aus Polen „auffallend" sei. In Murnau, wo sich ein großes Gefangenenlager befindet, sei bereits so weit Stimmung gemacht, dass die Leute die religiöse Gesinnung und die Haltung der polnischen Lagerinsassen über alles lobe.[577] Es ist völlig klar, dass andere polnische Kriegsgefangene gegenteilige Erfahrungen in Deutschland machen. Hoffentlich wird das alles in späteren Geschichtsbüchern erwähnt werden. Vielleicht stehen gar die „Meldungen aus dem Reich" irgendwann einmal frei verfügbar in den Bibliotheken, wer weiß.

Weil sich das Verhalten der Deutschen zu den Kriegsgefangenen durchaus nicht ändern will, werden jetzt die Daumenschrauben angezogen: In manchen Orten werden „drastische Maßnahmen gegen deutsche Frauen und Mädchen“ erlassen, die sich eigenmächtig doch mit den polnischen Kriegsgefangenen eingelassen haben. Zum Beispiel werden in dem Dorf Labiau bei Markhausen in Ostpreußen eine Anzahl der Mädchen mit abgeschnittenen Haaren durch diese Ortschaft geführt. Im ostpreußischen Allenstein und in Senfelden bei Müllheim in Baden werden die Mädchen inhaftiert, die mit Kriegsgefangenen getanzt hatten.[578] Die Gauleitung in Halle an der Saale verteilt 5000 Broschüren, in denen die Hallenser die Richtlinien zur Behandlung der Gefangenen finden können. Festnahmestatistiken der Gestapo zeigen aber, dass manche ausländische Arbeitskraft, obwohl das nicht erwünscht ist und mit drakonischen Strafen belegt wird, nicht nur bei den Deutschen mit am Tische saß, sondern auch im Bett der Tochter oder gegebenenfalls des Sohnes lag, und gerade deshalb aus dem Verkehr gezogen wurde.[579] Falls Sie Bange haben, dass in diesem Überblick unsere Nazis vielleicht zu kurz kommen, so haben Sie nicht alles gelesen. Was glauben Sie denn, wer den deutschen Mädchen die schönen Haare abschneidet und sie durch das Dorf führt, nachdem sie mit jemandem gesehen wurden, der den Nazis nicht gefiel? Natürlich sind es auch Nazis, die alle Vergehen der Deutschen protokollieren, die ihnen nicht in den Kram passen wollen. Dass da nicht die Hände bluten! Es sind ebenfalls Nazis, die eine Verordnung in Kraft setzen, in der festgelegt wird, dass auf den privaten Umgang von Deutschen mit Kriegsgefangenen Zuchthausstrafe steht. Was vermuten Sie, wer veranlasst, dass die Frauen öffentlich angeprangert werden und die Ausländer ins KZ geschickt oder gleich hingerichtet werden?[580] Würden hier nicht die Nazis regieren, so würde auch nicht bei den Behörden das Sexualverhalten der Deutschen penibel dokumentiert und dann womöglich gar geahndet. Es erfordert wirklich kein übertrieben großes mathematisches Verständnis, um einzusehen, dass nur mehr Deutsche mit Ausländern Freude hätten, wenn dafür nicht so harte Strafen ausgelobt worden wären. Es ist kaum realistisch, dass es ohne den offiziellen Druck weniger Freude gäbe.

Beim SD wird am 20. November beklagt, dass „noch immer täglich zahlreiche Meldungen über ein allzu freundliches Verhalten eines Teiles der Bevölkerung gegenüber polnischen Kriegsgefangenen“ einliefen, obwohl bereits verschiedene Partei- und Staatsstellen eigene Richtlinien zur Behandlung polnischer Kriegsgefangener herausgegeben haben. Diesmal wird das Dorf Mallnow bei Lebus als konkretes Beispiel für Meldungen herangezogen, die täglich eingingen. Dort bewilligte der Bürgermeister für die Gefangenen aus Polen die Lebensmittelzulage, wie sie auch dem deutschen „Schwerarbeiter" zusteht.[581] Vielleicht hatte der den Eindruck gewonnen, dass die Polen schwer arbeiten und dann auch entsprechend essen sollten? Unbeeindruckt davon, dass es ausdrücklich unerwünscht ist, ist es „vielfach beobachtet worden, dass polnische Gefangene bei den Bauern, bei denen sie beschäftigt sind, mit in die Familie aufgenommen werden, die Bauern ihre Mägde und in einzelnen Fällen auch ihre Töchter mit polnischen Gefangenen zum Tanze gehen ließen." Wie gehabt ist in katholischen Gegenden zu beobachten, dass polnische Gefangene als Gruppe zur Kirche gehen dürfen, oder dass sie mit Bauern, denen sie zugeteilt wurden, am Gottesdienst teilnehmen. In Adelshausen im Landkreis Rottenburg gibt der Kaplan nach dem Gottesdienst jedem von den Gefangenen vor seiner Kirche einzeln die Hand. Übereinstimmend wird aus verschiedenen Teilen des Reiches berichtet, dass katholische Geistliche die Möglichkeit, die Gefangenen seelsorgerisch betreuen zu können, zu propolnischer Propaganda benutzen. Als ein unschönes Beispiel wird aufgeführt, dass Geistliche aus Murnau Lichtbilder herumgezeigt haben, die während des Gottesdienstes im polnischen Offiziersgefangenenlager gemacht wurden und polnische Offiziere während des Gottesdienstes im Schmutz des Hofes knieend darstellen. Die Bevölkerung bezweifele jetzt endgültig, dass Berichte der Goebbels-Propaganda überhaupt stimmten, wonach in Polen „Gräueltaten gegen die Volksdeutschen" passiert seien, „da doch diese Menschen eine so tiefe Frömmigkeit an den Tag legen".[582] Es ist gar nicht so grundverkehrt, wenn man die Deutschen differenziert betrachtet und nicht alle über einen Kamm schert.

Man möchte es kaum glauben, aber auch die Polen sind nicht alle gleich, waren es auch damals nicht, als sie wütend wegen des Überfalles waren. Der Letzte, der öffentlich zugeben würde, dass er Qualitäten eines anderen Volkes wertschätzt, ist unser Reichspropagandaleiter Goebbels persönlich. Doch nach der Begutachtung der beim Polenfeldzug erbeuteten

Technik, die ja vielfach aus den Škoda-Werken in der Tschechoslowakei stammte, vertraut gerade er seinem Tagebuch an: „Die Tschechen haben eine natürliche technische Begabung. Fleiß und Genauigkeit – Voraussetzungen des technischen Erfolges.“[583]

Herzlichen Glückwunsch. In Markranstedt bei Leipzig hat Pfarrer Remy eine Sammlung von *Liebesgaben für die Gefangenen* durchgeführt und im Rahmen seines Aufrufes an die Bevölkerung erklärt, dass diese Polen ebenso Menschen sind wie andere auch und dass *anständige Menschen wie auch Schweinehunde* auf der polnischen wie auf der deutschen Seite zu finden seien.[584] Im Rahmen einer Priesterkonferenz liest der Bischof Michael Keller einzelne Abschnitte aus der neuesten Papstenzyklika vor, wobei „sein Hinweis auf die furchtbaren Leiden des polnischen Volkes“ und sein zum Ausdruck gebrachtes Mitgefühl Aufsehen erregten. Er hat schließlich an die Pfarrämter der Diözese die Anweisung herausgegeben, wonach Gottesdienste für kriegsgefangene Polen gestattet sind und dass beim Gefangenengottesdienst gerne auf Polnisch gepredigt werden darf. Weiterhin besagt seine Anweisung, dass der Gefangenengottesdienst gemeinsam mit der Zivilbevölkerung gehalten werden darf, solange die Bevölkerung keinen Widerspruch erhebe. Der Kollege beim SD ist freilich auch nicht auf den Kopf gefallen und vermerkt dazu in Klammern, dass es Kirchgänger einer katholischen Gegend schwerlich wagen werden, gegen eine kirchliche Anordnung des Bischofs Widerspruch zu erheben.[585]

Warnende Worte gibt es freilich auch am braunen Ende der Gesellschaft in Deutschland, wie in diesem Feldpostbrief: „Es ist betrüblich, sagen zu müssen, dass die Partei und unsere Weltanschauung schwer ins Hintertreffen geraten! Wenn das so weitergeht, verlieren wir täglich an Boden und die Vertreter der Kirchen, die als beamtete Divisionsgeistliche den Rang von Stabsoffizieren einnehmen, können allein den Acker bestellen. Die Vertreter der Kirchen überschwemmen die Truppenteile mit Flugschriften, die sehr geschickt auf die Psyche des Frontsoldaten eingehen.“ Der Mann von der braunen Fraktion, der leidenschaftlich für die Ideale seiner Bewegung kämpft, weist seine Gesinnungsgenossen zu Hause auf den verdammt bedenklichen Umstand hin, dass „schon die ganzen Umstände der Front“ den katholischen und evangelischen Divisionspfarrern in die Hände spielen. Weiter unten heißt es: „Die Predigten in den Feldgottesdiensten, die außerordentlich gut besucht werden, tun die Hauptsache. Den Feldpfarrern stehen Autos zur Verfügung, mit denen sie tagtäglich zu den Truppenteilen hinaus eilen und jeden einzelnen Mann bearbeiten können.“ Er fügt hinzu: „Man unterschätze diese Dinge nicht in ihrer Auswirkung! Der Gegenstoß gegen unsere Weltanschauung ist mit aller Macht und mit zweifellosem Erfolg eingeleitet worden. Was tut die Partei dagegen?“[586] Er dürfte zu dem Personenkreis gehören, in dem es Anklang findet, dass seit Wochen nach manchen Nachrichtensendungen das Löns-Lied „Denn wir fahren gegen Engelland“ gespielt wird.[587] Seid froh, wenn die Tommys nicht gleich von sich aus Ernst machen, werden andere Leute auf der Zunge haben – und sich auf dieselbe beißen. Es ist doch zu verrückt: Auf einmal bringen sie nirgends mehr ein böses Wort gegen die Russen und dafür wird jener alte Schinken aus dem Jahr 1914 aus der Mottenkiste ausgekramt.

Ausländern wird das Attentat in die Schuhe geschoben

Polizeichef Heinrich Himmler gibt am 21. November bekannt, dass der Mordanschlag gegen den Führer aufgeklärt sei. Er sei auf Anstiftung des britischen *Intelligence Service* erfolgt, und zwei seiner Agenten, Stevens und Best, seien am Tag unmittelbar nach dem Anschlag an der deutsch-holländischen Grenze festgenommen worden. Die Tat selbst habe ein in München lebender Tischler, der deutsche Kommunist Georg Elser ausgeführt. Da dieser trotz aller Schmerzen darauf beharrt, er sei ein Alleintäter, findet die Staatsführung die Lösung darin, dass es im Unterschied zum Reichstagsbrandprozess keine Verhandlung geben wird. Mögen die Medien einfach berichten, dass Elser gesteuert war. Die zu dieser *Story* gehörenden britischen Agenten *Tommy I und II* sitzen ja bereits hinter schwedischen Gardinen.[588] Ab jetzt steht es jedem frei, sich sein Teil zu denken, warum es da keine Gerichtsverhandlung geben soll, wenn doch schon alles so sonnenklar geworden ist.

Das Amtsgericht Leipzig setzt sich für die Juden ein

Der staatlich gelenkte Kampf um eine Hinnahme des Rassismus gegenüber Juden geht allmählich in ein weiteres Jahr im Reich. Das Ganze ist längst zu einem Stellungskrieg erstarrt, alleine schon, weil der Staat die kontrovers geführte Diskussion gar nicht zulässt. Man darf zustimmen – oder schweigen. Dieses darf man. Reizt man aber auch illegale Bereiche aus, hat man schnell ganz großen Ärger am Hals, den man sich im Land der Dichter und der Denker nicht vorstellen kann. Aber wer keine Angst hat, der hat bloß keine Phantasie. Nun haben sich Juden schon seit dem Sommer gegen eine Verordnung vom Sommer 1938 beholfen, die ihnen vorschrieb, in Formularen als Zweitnamen Sara beziehungsweise für die Männer Israel zu verwenden, indem sie die Vornamen mit I. und S. abkürzen. Außerdem lassen sie kurzerhand ihre Kennkartennummer und den Hinweis weg, dass sie Juden sind. Wurden derartige Vorkommnisse bekannt, wurde regelmäßig der Staatsanwaltschaft zur Strafverfolgung Mitteilung gemacht. Doch dann begann der Krieg und Hitler will ihn der Bevölkerung mit einem Bonbon versüßen: Es gibt einen „Gnadenerlass". Vielleicht will er damit nur die Zahl der verfügbaren Soldaten für seinen Krieg vergrößern, egal. Das Amtsgericht Leipzig greift diese Gelegenheit beim Schopfe, um auch Verfahren gegen Juden einzustellen, die wegen des Verstoßes gegen die obige Verordnung verurteilt worden waren. Die Nazis sind gar nicht amüsiert: „In nationalsozialistischen Rechtswahrerkreisen wird diese Entscheidung des Gerichtes als sehr bedenklich angesehen und zur Vermeidung der Wiederholung ähnlicher Fälle angeregt, auf dem Verordnungswege festzulegen, dass der Gnadenerlass für Juden keine Anwendung findet."[589]

Die Konterrevolution frisst ihre Kinder

Hitler, der die Unsicherheit der Militärführung bearbeiten will, ruft die erweiterten Führungsspitzen aller drei Wehrmachtsteile, die Kommandeure und Generalstabsoffiziere für den 23. November im Marmorsaal der Reichskanzlei zusammen, und fährt wütende Attacken gegen jeden, der eine „Revolution" anzetteln wolle, alle „Zweifler" und „Deserteure". Der Kampf, setzt er hinzu, werde auch nach innen geführt, rücksichtslos gegen jeden, der sich seinem Siegeswillen nicht beuge. Die Drohung sitzt und die hohen Militärs haben sie sehr wohl verstanden. Er selber werde, wenn nötig, fallen, aber als Letzter. Damit ist der Umsturz endgültig abgewendet. Obwohl – *never say never*. So geht das trotzdem nicht weiter. Aber vorerst werfen die Verschwörer keine Bombe mehr auf den Führer, nein, nachdem klar wurde, wer die Hosen anhat, zerfleischen sie sich gegenseitig. Berlins Polizeichef Graf Helldorff bezeichnet Halder als einen heroischen Spießer, Oberstleutnant Groscurth äußert, er fühle Ekel vor den Generälen und der abgesägte Diplomat Ulrich von Hassell zeigt sich befremdet von den tollsten Gesprächen, die die „Josephs" geführt haben und doch nicht zur Tat kommen.[590] Hassell bringt das Dilemma auf den klaren Nenner: „Der Zustand, in dem sich mitten in einem großen Kriege Deutschlands die Mehrzahl der politisch klar denkenden, einigermaßen unterrichteten Leute befinden, die ihr Vaterland lieben und sowohl national wie sozial denken, ist geradezu tragisch. Sie können einen Sieg nicht wünschen und noch weniger eine schwere Niederlage, sie müssen einen langen Krieg fürchten, und sie sehen keinen wirklich realen Ausweg. Letzteres deshalb, weil man nicht das Vertrauen haben kann, dass die Führung der Wehrmacht Einsicht und Willen genug besitzt, um sich im entscheidenden Augenblick einzusetzen."[591] Ulrich von Hassell kann von sich sagen, dass er schon seit zwei Jahren Kopf und Kragen für den Sturz Hitlers riskiert hat. Damit hat er jedes Recht der Welt, den ersten Stein zu werfen – und er ist nur einer von vielen, die maßlos enttäuscht sind und jedes Recht dazu haben. Werden die Dichter und Denker auch so kritisch in Bezug auf die Londoner Politik des *Appeasement* sein oder werden sie darüber schweigen, dass entscheidende Teile der deutschen Staatsführung schon 1938 und 1939 wiederum daran gehindert wurden, die Verbrecher an der Spitze des Staates so oder so zu entmachten?

Die deutsche Gesellschaft und ihre Nazis

In den Einheiten der Wehrmacht, die in Polen eingesetzt sind, bleibt es ein Thema, wie mit der Zivilbevölkerung dort umgegangen wird. Unter den Soldaten löst das Vorgehen der SS und der Einsatzgruppen weit verbreitete Empörung aus.[592] Wie sollten Männer beim Militär auch anders empfinden, wenn sich nach den Beobachtungen des Sicherheitsdienstes ihre Angehörigen zu Hause zu den polnischen Kriegsgefangenen „allzu freundlich“[593] verhalten, wobei diese Kritik einschließt, dass andere das auch anders handhaben. Obendrein werden dem Oberbefehlshaber des deutschen Besatzungsheeres Johannes Blaskowitz Briefe aus Łódź und Warszawa geschickt, in denen Grausamkeiten der deutschen Besatzung gegen Polen und Juden berichtet werden. Zweimal schreibt er Berichte über Misshandlungen und Ermordungen von Zivilpersonen und verfasst eine Denkschrift, die für den Führer bestimmt ist. Als hohe Soldaten wie Blaskowitz ihr Handwerk gelernt haben, sprachen ihre Vorgesetzten und Lehrer von *Kriegskunst*. Im Jahr '39 sprechen Kameraden wie Henning von Tresckow von *Mörderbanden in einem Blutrausch* und die Soldaten wenden sich voller „Abscheu und Hass“[594] angeekelt ab. Weil die Morde und Misshandlungen, die sich in Polen offenbar häufen, nicht durch das Kriegsrecht gedeckt sind, bekennt Blaskowitz in dem Papier „größte Besorgnis“ über diese Vorkommnisse. Er verweist darauf, welche Gefahren für Moral und Disziplin daraus resultieren. Als er sieht, dass sich nichts ändert, wendet er sich an Brauchitsch und spricht von einem Blutrausch in jenen Einsatzkommandos, der für die Wehrmachtsoldaten eine unerträgliche Belastung darstellt und drängt auf baldige Veränderungen. Der Führer verwahrt sich seinerseits gegen die „kindlichen Einstellungen“ in der Heeresführung. Er legt den hohen Militärs dar, dass man Krieg nicht mit *Heilsarmeemethoden* führe. Unterdessen hatte allerdings Helmuth Groscurth den Oberbefehlshabern im Westen und ihren Stäben die erste Denkschrift aus der Feder von Blaskowitz zur Kenntnis gebracht und so Fassungslosigkeit und große Erregung ausgelöst. General von Bock fordert Aufklärung, ob die haarsträubenden Schilderungen zutreffend und ob die Verantwortlichen dafür zur Rechenschaft gezogen worden seien. Als Brauchitsch sieht, dass er keine Handhabe gegen Hitler hat, reagiert er hilflos; er will die allgemeine Empörung abschwächen und sie einfach verheimlichen. Die Krönung des Fehlverhaltens ist wohl an dem Punkte erreicht, als er beginnt, die Lösung der Konflikte auf die unteren Ebenen verlagern zu wollen, was zu hoffnungslosen Kämpfen führt.[595]

Bei uns läuft das Umerziehungsprogramm auf vollen Touren. Dabei liegt der Schwerpunkt auf den Multiplikatoren der öffentlichen Meinung wie den Lehrern und den Pfarrern. Sie bilden auf der lokalen Ebene doch so etwas wie eigenständige „Medien", die natürlich nicht samt und sonders alle gemaßregelt werden können, damit die Stimmung vor Ort nicht umkippt und sich offen gegen den Staat wendet. Immerhin sind viele schon durch die kriegsbedingten Engpässe gereizt. So bemerkt der Sicherheitsdienst der SS am Ende des Jahres vermehrt, dass sich gerade Geistliche um die Gefangenen aus Polen kümmern. Das führt dann immer wieder zu Einträgen wie diesem ein Vierteljahr nach dem Feldzug: „Katholische Kreise kommen den Polen besonders freundlich entgegen." Diese Worte legen schon nahe, dass Durchschnitts-Deutsche auch freundlich zu den Polen sind. Im schlesischen Glatz sei es schon so weit gediehen, dass ein katholischer Kaplan beabsichtige, in seiner Gemeinde seine Sammlung für polnische Kriegsgefangene durchzuführen, um „diesen armen Polen ein menschenwürdiges Dasein zu schaffen". Das klingt so, als hätte der Kaplan diesen Eindruck über die aktuelle Behandlung der Gefangenen eher nicht. Manchem Deutschen ist auf jeden Fall gut bewusst, welche Widersprüche sich auftun zwischen Adolf Hitlers Worten zu Ausländern und dem Manne selbst: „Wer wie ein Barbar regiert und Napoléon markiert, in Österreich geboren, den Bart englisch geschoren, wer italienisch grüßt, deutsche Mädchen Kinder kriegen lässt, aber selber keine Kinder machen kann, *das* ist ein deutscher Mann!"[596]

Wenn die Deutschen in so nennenswerter Anzahl gut zu den Polen sind, wie muss man es sich denn dann eigentlich erklären, dass andere Polen davon Abweichendes erleben? Das kommt von daher, dass hier nur das Verhalten eines Teiles der Bevölkerung beschrieben wird. Es gibt jedoch auch den Anteil, der sich den Gefangenen gegenüber so verhält, wie man sich bisher bereits beispielsweise als Aufseher zu inhaftierten Deutschen verhalten hat. Dieser Teil der Bevölkerung des Reiches hört mit Genugtuung, dass der *Deutschlandsender* am 30. November in einem Beitrag aus der Reichshauptstadt über die eigentlich vorgeschriebene Behandlung Gefangener aufklärt. Über *die* Klientel vermerken die Herren beim SD, dass der Wunsch nach Wiederholung solcher Sendungen mehrfach geäußert worden sei.[597] In der Nachbarschaft gibt es somit nach wie vor eine ganze Anzahl von Nazis. Wie groß ist ihr Anteil an der Bevölkerung des Reiches? Bei den letzten freien Wahlen lag er bei Berücksichtigung der Nicht-Wähler unter 27 Prozent. Wenn *die* frei und offen ihre innere Überzeugung darbieten, wird das von den staatlichen Stellen – wie nicht anders zu erwarten – herzlich begrüßt. So gehen weiterhin Beschwerden darüber ein, dass am Ende des siebten Jahres der Herrschaft der Nazis Operetten von Franz Lehár aufgeführt werden, unbeeindruckt von dem bis zum Abwinken bekannt gemachten Umstand, dass die meisten Autoren der Texte zu seinen Kompositionen „Volljuden sind und Lehár selbst mit einer Jüdin verheiratet" ist.[598] Man stelle sich vor, das ist ein Thema, mit dem sich ein Amt beschäftigt. Für die Musik ist es jedoch nützlicher, Volljuden zu haben, die Texte zu Opern schreiben, als Vollidioten, die in der Praxis zu nichts taugen. Sicherlich kann man über das aktuelle Tun und Lassen, die Vorlieben und die Aversionen der Nazis im Lande ebenfalls ein ganzes Buch füllen, doch hier liegt der Schwerpunkt einmal auf ihrer Auseinandersetzung mit der deutschen Durchschnittsbevölkerung, die namentlich mit dem tatsächlichen Ausbruch eines Krieges einerseits offenbar wird und andererseits mit dem Anziehen juristischer Daumenschrauben brachial gedeckelt wird. Der Bonus des Friedenskanzlers geht den Bach hinunter und übrig bleibt der Kaiser ohne Kleider, denn Planwirtschaft geht stets einher mit Mangel an allen Ecken und Enden. Kein normaler Mensch ist mit ideologischen Sprüchen abzufüttern, wenn ihm und besonders ihr nicht nur das Notwendigste zum Leben fehlt. Wenn man Kritiker jener planwirtschaftlichen Murkserei und der angestrebten Unabhängigkeit vom Weltmarkt sucht, wird man witzigerweise an einer ganz prominenten Stelle fündig. Der hochrangigste Zweifler ist nun ausgerechnet Göring, der alte Hermann. Max Fürst von Hohenlohe empfahl ihn noch zu Friedenszeiten dem Diplomaten Frank Ashton-Gwatkin, da Göring „von den Schwierigkeiten der Autarkie beeindruckt sei und sich nach einer freieren Politik umsehe".[599]

So werden Hamsterkäufe überall im Reich registriert, die von befragten Personen mit der allgemeinen Angst vor der Geldentwertung begründet werden. Das betrifft besonders die Bereiche des Handels, in denen man bislang ohne Bezugsscheine einkaufen konnte. In einigen Städten haben in den letzten Wochen Läden gar nicht erst aufgemacht, weil sie einfach nichts mehr zu verkaufen hatten. Findig, wie Händler nun einmal sind, haben sie Schilder an den Schaufenstern angebracht, die aussagen, dass man mit einem Umbau oder Ähnlichem beschäftigt sei.[600] Das ist jedoch nicht besonders glaubhaft, da es auch an Baumaterial massiv mangelt.

Der Sicherheitsdienst verabsäumt, in einem aktuellen Bericht den Ort zu benennen, an dem eine Frau vor einem Lebensmittelgeschäft anfängt zu randalieren, nachdem sie ein SA-Mann von der Seite angesprochen hat, warum sie wohl anstehe. Weil es so schwierig nicht sein kann zu erraten, was sie täte, schreit sie dem Uniformierten ins Gesicht: „Weil wir nichts zu fressen haben!" Im ersten Schreck fordert der SA-Mann eine Frau in der Schlange auf, abzuwarten, bis er die Polizei geholt habe. Als sich der braune Halbstarke entfernt hat, stürzt sich die aufgebrachte Frau auf die potentielle Zeugin der Anklage und schlägt ihr mit ihrer Handtasche ins Gesicht. Als die Polizei eingetroffen ist, wird das Vorkommnis ordentlich aufgenommen und an die Staatsanwaltschaft weitergeleitet. Wie sie bei der Justiz damit umgehen, bringt die Kollegen vom SD zum Rasen: Die Staatsanwaltschaft stellt das Verfahren ein, da ein öffentliches Interesse an der Strafverfolgung nicht vorliege. Die beklagenswerte Frau aber, die in der Hitze des Gefechts die Handtasche abbekommen hat, wird ihrerseits auf den Weg einer Privatklage verwiesen.[601] Viel Vergnügen. Es ist noch mancher Jurist durch einen Stalljungen zu ersetzen, bis die Nazis Deutschland durchgängig runderneuert haben. Mal sehen, wie viel Zeit ihnen dafür noch bleibt. Wenn der Westen den erklärten Krieg nunmehr endlich führt, wird es verdammt knapp, zumal das Reich die Wirtschaft bislang noch nicht einmal auf Kriegswirtschaft umgestellt hat.

Der Krieg wirkt sich überhaupt nicht gut auf die Deutschen aus. Es sind längst nicht nur Erwachsene, deren Sitten immer stärker verrohen. Seit dem Beginn des Krieges verwahrlosen immer mehr Jugendliche in allen

Altersstufen und Bevölkerungskreisen. In Großstädten und in Industriegebieten wird darüber geklagt, dass sich jugendliches Volk bei Anbruch der Dunkelheit herumtreibt, um mit der Clique Passanten, vorzugsweise weibliche, zu belästigen. Kein Wunder, dass der Sohnemann macht, was er will und der Mutter auf dem Kopf herumtanzt, wo der Vater schon so lange aus dem Haus ist. Beim SD wird konstatiert, dass sie ganz speziell auf dem Land und in den kleinen Städten „durch übermäßigen Alkoholgenuss, Zigarettenrauchen und Kartenspiel jedes Gefühl für die Gegenwartslage vermissen" lassen. Aus Frankfurt/Main wird kundgetan, dass sich Schlägereien und Dienstverweigerungen innerhalb der Hitlerjugend häufen. Aus Köln wird mitgeteilt, dass sich in den Abendstunden mehr und mehr jüngere weibliche Personen im Großraum des Hauptbahnhofs herumtreiben, um dort mit Soldaten Bekanntschaften anzuknüpfen, und „zwar in der Form, die über den Endzweck keinen Zweifel lasse."[602] Auch im laufenden Jahr der nationalsozialistischen Revolution nehmen es die 108-Prozentigen weiter übel, dass sie noch nicht für die Herren im Haus gehalten werden. So stößt es auf ihre Kritik, dass Studenten, besonders Studienanfänger, ihnen den Respekt verweigern. Die Beschwerden sind nicht neu; aktuell kommen sie aus den Hochschulstädten wie München, Halle und Göttingen. Sie vermerken, dass Studenten sowohl Angehörige der Bewegung in Uniform als auch Angehörige der Wehrmacht, ja selbst Träger des Eisernen Kreuzes belästigen. Angehörigen der Bewegung in Uniform werden zum Beispiel Bemerkungen angebracht wie „Mach mal Platz, da kommt einer von der inneren Front!" Auch Kreisleiter werden „mit dummen Bemerkungen im Vorbeigehen bedacht". Fliegeroffiziere und Träger des Eisernen Kreuzes wurden in einem Lokal von mehreren jungen Burschen belästigt.[603] Obwohl wir noch nie eine Staatsführung in Deutschland hatten, die so oft von Recht und Ordnung, Moral und Sitte spricht, klagt ein katholischer Geistlicher in Oppeln im Laufe einer Vortragsreihe, nach der neuesten Statistik gebe es hier im Reich eine halbe Million Geschlechtskranke. Jedes zehnte Kind sei unehelich geboren, in der Stadt München sogar jedes vierte Kind.[604] Es ist kaum zu fassen und die Wächter über das Wohlverhalten sind empört: „In den letzten Tagen wurden in Altona wiederholt gegnerische Handlungen gegen die Hitlerjugend und die HJ.-Dienststellen festgestellt. In drei Fällen wurden HJ.-

Dienststellen bzw. -Heime beschädigt, und in einem Fall wurde ein Angehöriger der HJ. überfallen.“ In einer ganzen Anzahl deutscher Städte wurden Flugzettel erspäht mit Worten der Art: „Nieder mit der braunen Hungerregierung!“[605] Die Berichte über die zunehmende Verwahrlosung der Jugend häufen sich mit der Zeit. Im Schutze der Dunkelheit werden Passanten belästigt, Feuerwerks- und Knallkörper abgebrannt, Gartentüren ausgehängt, Bohlen quer über den Gehsteig gelegt, gemeinsamen Einsätzen folgen ausgedehnte Besuche im Gasthaus mit anschließendem Besäufnis. Unschön auch, dass Mädchen im Alter von 13 oder 14 Jahren Sex mit Jungs haben. Derselbe Sicherheitsdienst, der solche Berichte für die Staats- und Parteiführung in Berlin zusammengetragen hat, befindet andererseits: „Die allgemeine Stimmung ist gut.“[606]

Wenn später einmal Historiker diese Zeit Revue passieren lassen, dann werden sie hoffentlich sorgfältig auswählen, welche Sätze sie zitieren für ihre Zusammenfassungen. Es wird doch wohl keiner auf den Gedanken verfallen, diesen Satz mit der guten Stimmung exemplarisch zu nutzen? Der SD hat auch schon viele andere Einschätzungen zu Papier gebracht. Die werden von dem einen Satz wohl nicht auf einmal alle zu Makulatur. Es wird analysiert, dass es sich auch in dieser Hinsicht sehr günstig auswirkte, dass einem großen Teil der Truppen über Weihnachten oder für die Tage nach Weihnachten entweder Urlaub gewährt oder zumindest in Aussicht gestellt wurde. Das Interesse an außenpolitischen Ereignissen, zu denen der Krieg zählt, solange er nicht an die eigene Tür klopft, sei in der jüngsten Zeit etwas zurückgetreten. Mag sein, dass Auslandseinsätze Tote fordern, aber wen juckt denn das? Gut, die Verwandten der Toten, aber sonst? Wen sehen Sie im Spiegel? Die Nachrichten über die letzten Erfolge der deutschen Luftwaffe vor den ostfriesischen Inseln und über das Seegefecht des Panzerschiffes „Graf Spee“ wurden dagegen trotz des nahenden Festes noch registriert und von der Öffentlichkeit „allgemein freudig aufgenommen“. Beim SD freuen sich die Kollegen darüber, dass die Informationen dazu beitragen, dass die Vorbereitungen zum Weihnachtsfest im Gefühl der Sicherheit vonstatten gehen können.[607]

Die Vergangenheit wird an die Gegenwart angepasst

Szenenwechsel. Moskau ist tief verschneit. Wer erinnert sich heute noch an den heißen Sommer dieses Jahres, als die sowjetische Staatsführung Polen, Rumänien, den baltischen Republiken und Finnland den Schutz ihrer Territorien gegen einen Überfall durch Hitlers Wehrmacht anbot? Niemand. Das ist über dem Strategiewechsel vom August absolut in Vergessenheit geraten. Nachdem man an der Moskwa zur Überzeugung gekommen war, dass die Westmächte kein Bündnis anstreben, das ihrem Sowjetstaat den gleichen Schutz garantiert wie jedem anderen Staat auf dem europäischen Kontinent, war ihnen ihre Hose näher als das Hemd. Langsam galt auch Deutschland nicht mehr als faschistischer Aggressor. Solche Brüche in der Kontinuität der Außenpolitik müssen den Leuten natürlich auch erst einmal verkauft werden, was sicher in einer Diktatur immer noch schneller zu bewerkstelligen ist als in einer Demokratie.

Aktuell ist es Berlin, wo man seit einem Vierteljahr sitzt und über einem umgearbeiteten Geschichtsbild brütet, denn das Auswärtige Amt möchte eine Dokumentensammlung herausbringen, um der Öffentlichkeit auseinanderzuklamüsern, wie es *in Wirklichkeit* zum Ausbruch des Krieges gekommen sei. Dieses *Weißbuch* ist es wert, studiert zu werden, um den Enkeln die Fälschungen zeigen zu können. Während vor dem Abschluss des Ribbentrop-Molotov-Paktes im August die entscheidende Konstante der Berliner Außenpolitik der Antibolschewismus war, enthält das neue *Weißbuch* darauf keinen Hinweis mehr. Wie man das hinbekommt? Da braucht man Mut zur Lücke. Die mit der Zusammenstellung geeigneter Dokumente beauftragten Diplomaten lassen jegliche antirussische und längst nicht nur jedwede antibolschewistische Äußerung weg, die unser Führer jemals getätigt hat. Nach der Lektüre dieses Machwerkes würde selbst der Lügenbaron Münchhausen blass vor Neid.[608] Die Veränderung der Propaganda über Nacht bringt geradezu zwangsläufig Probleme mit sich und die sind auch finanzieller Natur. Immerhin wurden in den vergangenen Jahren viele Aufklärungsfilme über die negativen Aspekte des Sowjetstaates produziert. Reichspropagandaleiter Goebbels notiert sich diesbezüglich im Tagebuch: „Unsere Filmverluste infolge der politischen Umstellung sind enorm. An die 10 Millionen. Vor allem wegen Ausfalls der antibolschewistischen Filme. Hier muss das Finanzministerium eingreifen, da höhere Gewalt vorliegt."[609] Hitlers Unberechenbarkeiten auf einer Stufe mit Sturzfluten und Vulkanausbrüchen. Aber abgesehen von solchen technischen Aspekten einer absoluten Kehrtwende beim Inhalt der Propaganda, die in den westlichen Demokratien nur gestreckt über einen gewissen Zeitraum zu verkaufen wäre, glauben Sie, dass die Leute in einer Diktatur solche Auffälligkeiten nicht mitbekommen? Zumal die älteren von ihnen noch vor 1933 geistig geprägt worden sind.

Moskau streckt die Finger nach Westen aus

Polen, dessen politische Elite selbst Ambitionen hatte, mit Hilfe unserer Wehrmacht ein weiteres Stück aus dem sowjetischen Kuchen herauszubrechen, und wegen seiner alten Eroberungen dort auf den Schutz durch die Rote Armee keinen Wert legte, ist seit einem Vierteljahr unter Berlin und Moskau brüderlich aufgeteilt worden. Ungerecht, wie die Welt eben gelagert ist, hat das nachfolgende menschliche Drama natürlich wieder einmal die einfachen Leute heimgesucht. Moskau seinerseits hat mit der Beseitigung Polens einen potentiellen Gegner einfach geschluckt. Stalin hat gerade den ersten Erfolg seiner neuen Vorwärtsstrategie verbuchen können und ist kaum noch zu bremsen. Gedeckt durch sein Abkommen mit Berlin fällt die Rote Armee am 30. November auch in Finnland ein.

Um eine Vorstellung davon zu bekommen, was die Führung zu Moskau dort oben im Norden vorhat, werfen wir einen Blick in die Direktive Nr. 0305/op, die der Volkskommissar für Verteidigung dem Militärrat des Leningrader Militärbezirks am 17. November 1939 übergab. Unter dem ersten Punkt heißt es, dass man Landstreitkräfte und Seekriegsflotte der Finnen vernichten müsse. Unter dem zweiten Punkt steht, dass die vorgesehene Operation darauf abzielt, weite Teile Finnlands einschließlich seiner Hauptstadt Helsinki zu erobern. Das Ganze wird detailliert ausgeführt. Unter dem dritten und vierten Punkt werden ebenso die Aufgaben der Luftstreitkräfte und der Roten Seekriegsflotte spezifiziert. Offizielle Begründung ist allerdings, dass die Stadt Leningrad durch die Nähe der finnischen Grenze nördlich der zweitgrößten Stadt der Sowjetunion bedroht sei. Durch den frisch abgeschlossenen Nichtangriffspakt zwischen der Sowjetunion und dem Deutschen Reich sind Gegenmaßnahmen dort nicht zu befürchten. Das bedeutet für Deutschland, dass sich der Kriegsschauplatz damit nicht ausweitet. Wer in Finnland wen bedrohte, macht das Kräfteverhältnis klar. In diesen Monaten entwickelt die Rote Armee eine Übermacht gegen Finnlands Armee auf der Karelischen Landenge von 6,5 zu 1 an Personal, 14 zu 1 an Artillerie, 20 zu 1 an Flugzeugen und 56 zu 1 an Panzern.[610]

Derart tiefenentspannt betrachten viele Deutsche den eigenwilligen Pakt des Teufels in Berlin und des Beelzebubs in Moskau auf gar keinen Fall. Konservative im Deutschen Reich, die bereits vor Jahren vor dem linksradikalen Gesellschaftsmodell des Nationalsozialismus, wenn auch nur zum Nutzen der *arisch-deutschen* Herrenmenschlein, warnten, müssen sich nach dem Abkommen zwischen Berlin und Moskau bestätigt sehen. Die Gefahr, die Europa aus einer Allianz zwischen Hitlers Reich und der Sowjetunion erwächst, sehen gewiss viele Leute. Auch einen Mann vom Kaliber eines Carl F. Goerdeler bringt das Vorrücken des Bolschewismus auf der ganzen Front und an die deutsche Grenze heran auf. Männer wie er sehen darin eine Bedrohung der ganzen europäischen Kultur und eine „Entwurzelung des baltischen Deutschtums", kurz gesagt, eine nationale Schmach.[611] Anders können das auch Deutsche nicht empfinden, die ein Kuhhandel des Führers mit dem Duce aus dem zauberhaften Südtirol in den neu eroberten Lebensraum Hitlers nach Galizien verfrachtet. In den Tiefen Osteuropas soll der Ausgleich für die Heimat zwischen Alpenrand und der himmelblauen Adria hergerichtet werden. Wissen Sie ungefähr, wo Galizien ist? Wie viel guten Willen braucht man, um auch den neuen nationalen Verrat noch als *Heim-ins-Reich-Politik* schönzureden? Solch ein Angebot kam von der „deutschesten" aller bisherigen Regierungen in Berlin, der Regierung von Adolf Hitler. Galizien ist eine Gegend im Südosten Polens und im Nordwesten der Ukraine. Danke, lieber Führer. Es ist die Krönung, dass die Regierung Mussolini dem Vorschlag bloß unter der Bedingung zustimmt, dass die Entscheidungsfreiheit des Einzelnen gewahrt bleiben müsse.[612] Die Italiener wissen, weshalb sie Tirol wollen.

Mag schon sein, dass die Meinungsfreiheit im Reich arg beschnitten ist, doch das heißt noch nicht, dass bei uns niemand mehr denkt. So schickt beispielsweise Kapitänleutnant Franz Maria Liedig* im Dezember eine Denkschrift an das Oberkommando der Wehrmacht, in der er in einem anderen Zusammenhang ebenfalls von Verrat spricht. Immer habe sich Hitler mit England verständigen und Europa vor seinem Feind Nummer eins, nämlich Räterussland, retten wollen, und neuerdings geschehe von beidem gerade das Gegenteil. Russland sei dabei, sich ungeheuer auszudehnen. Liedig vertritt die Auffassung, auch nach dem Polenfeldzug sei es möglich, von England einen „gerechten und großzügigen Frieden" zu bekommen und „die Bestätigung seiner jetzigen Grenzen, soweit sie mit deutschem Siedlungsgebiet übereinstimmen". Das gelte auch für die Anerkennung des Reiches als kontinentale Vormacht. Bedingung sei aber, dass Deutschland seine bewaffnete Macht dem bedrohten Finnland und damit dem bedrohten Europa zur Verfügung stelle und sich zusammen mit England gegen die bolschewistische Gefahr wende.[613]

Der Abschluss des Paktes von Moskau verstörte auch für Hitler ganz unverzichtbare Bündnispartner wie Japan und Italien. Das Verhältnis zum Land der aufgehenden Sonne ist seit Monaten unterkühlt, denn da sieht man die zugesagte Eroberung sibirischer Rohstoffvorräte auf den Sankt-Nimmerleins-Tag hinausgeschoben. Italien, will sagen Mussolini, zittert vor einem neuen Krieg, der ihm und dem Faschismus Kopf und Kragen kosten kann. Wenn der Duce aber Kritik übt, kann ihn der Führer nördlich der verschneiten Alpen nicht so einfach ins nächste Konzentrationslager einsperren lassen. Sicher, der Propagandaexperte Joseph Goebbels kann es von den Medien im Reich fernhalten, dass der Außenminister – Mussolinis Schwiegersohn Graf Ciano – seine Quittung ausstellt für die traurige Behandlung, die er Anfang Oktober bei seinen *Bundesgenossen* in Berlin erleben musste. In einer öffentlichen Rede in der italienischen Kammer führt er aus, dass im *Stahlpakt* festgelegt worden sei, dass ihre beiden Länder ständig in enger Fühlung miteinander bleiben sollen, um den Frieden in Europa während eines gewissen Zeitraumes von drei bis fünf Jahren zu sichern. Um diesen Friedenszustand zu erreichen, sollten keine diplomatischen Fragen aufgeworfen werden, die zu neuen Krisen führen könnten. Der *Stahlpakt* sei im Geiste des *Antikomintern-Paktes* abgeschlossen worden und er habe nicht ahnen lassen, dass es zwischen Deutschland und der Sowjetunion zu einem Abkommen wie jenem vom August kommen könnte, über das Italien erst informiert worden sei, als Ribbentrop das Flugzeug nach Moskau bestiegen habe. Und anders ging es auch den *Freunden* in Japan vor vier Monaten nicht. Sicher waren sie es in Rom, die das frostige Verhältnis zwischen Berlin und Moskau aufwärmen wollten, bis das Eis geschmolzen war. Weil sie Angst hatten, es könnte zum Krieg zwischen beiden Imperien kommen. Aber wer konnte denn voraussehen, dass die Erwärmung sich fortsetzen würde, nachdem der Nullpunkt erreicht war? Anfang August war es wie im Nordatlantik und Ende des Monats war es schon wie im Mittelmeer. In seinem Tagebuch notiert sich Ciano, dass ihm der englische Botschafter zu der Rede gratuliert habe.[614]

Diese Notlösung von Moskau wirbelt auch die geschlossenen Reihen der Kommunisten gehörig durcheinander. Beim SD wird analysiert, wie die illegalen deutschen Kommunisten mit dem Pakt umzugehen versuchen, und ihr Schluss lautet, dass es unter ihnen zwei Flügel gebe: Ein Teil „ist der Meinung, Stalin habe die Arbeiter verraten, und der Kommunismus müsse jetzt unabhängig von Russland weitergetrieben werden. In diesen Kreisen machen die Anhänger Trotzkis Propaganda. Sie versuchen nun, die von Stalin enttäuschten Kommunisten für sich zu gewinnen. Ein anderer Teil hofft, der Kommunismus werde durch das Abkommen Berlin-Moskau wieder an Boden gewinnen können."[615] Wie heißt es in unserer Muttersprache so wunderbar und treffend? Die Hoffnung stirbt zuletzt. Auf kommunistischen Flugblättern wird zum Sturz der Regierung Hitler aufgerufen. Großartige Gegenmaßnahmen seien nicht zu befürchten, da es sich die Regierung nicht mit Moskau verderben wolle.[616] Da kalkuliert man nicht so recht ein, dass auch der aktuellen Regierung in Berlin ihre Fortexistenz vielleicht wichtig ist. Was interessiert sie Moskau, wenn sie durch ausbleibende Gegenwehr hinweg gefegt werden könnte? Es ist ein Traum: Da haben wir wieder eines der unendlich vielen Beispiele für das Wunschdenken, wie man es bei ideologisch aufgeladenen Menschen oft vorfindet. Kommunisten marschieren hier natürlich ganz vorn mit.

Washington verhängt am 2. Dezember 1939 wenige Stunden nach dem Ausbruch des *Winterkriegs* gegen Finnland, ein „moralisches Embargo" gegen Moskau, – ein Schritt, den man vermied, als Polen von der Landkarte verschwand. Das war vor einem Vierteljahr noch erwünscht, denn durch die neuerdings gemeinsame Grenzlinie konnte ein Crash zwischen Berlin und Moskau erleichtert werden. Washington erzwingt mit seinem Embargo durch ausfallende Importe die Zusammenarbeit Deutschlands und der Sowjetunion, die bisher eben noch nicht in die Gänge kam, weil beide Seiten keinen großen Wert darauf gelegt haben. Es geht beispielsweise um Erdöllieferungen, doch in Moskau wird entschieden, dass das schwarze Gold nur fließen soll, wenn das Reich die ausfallenden Importe aus den USA ersetzen kann. Hitler ist nicht weniger um den Nutzen aus der surrealen Kooperation mit den Bolschewisten bemüht und sorgt hier dafür, dass strategisch wichtige Güter wie Schiffslieferungen, so lange es möglich ist, verzögert werden. Er wünscht, dass die Pläne der *Bismarck-Klasse* und der Schiffskörper *Lützow* so spät wie nur irgend möglich den Sowjets gegeben werden, weil er sich davon erhofft, gegebenenfalls ganz um die Lieferung herumzukommen, wie sich Admiral Raeder notiert.[617]

Es bleibt dabei: Hitler muss weg

Wem nicht bekannt ist, worauf US-Präsident Franklin Delano Roosevelt zusammen mit seinen Vertrauten in der Administration hinarbeitet, der muss zu dem Schluss gelangen, dass auch er kein gutes Händchen in Bezug auf den Umgang mit den Regimekritikern in Deutschland habe. Im Dezember versucht Ex-Reichskanzler Dr. Heinrich Brüning, die Mühen von Diplomaten des Auswärtigen Amtes zu unterstützen und den großen Politikern seiner neuen Heimat nahezulegen, dem Regime im Reich die Unterstützung zu verweigern. Dr. Brüning brauchte 1933 nicht so lange, um zu ahnen, dass Hitler vermutlich länger bleiben wird, und emigrierte in die Vereinigten Staaten. Ihm gelingt es seinem ersten Eindruck nach, Präsident Roosevelt die Idee einer Unterstützung der deutschen Untergrundbewegung einzugeben. Bald darauf aber erklärt der Präsident auf einmal die Fühlungnahme für untunlich.[618] Das gleiche Schauspiel hatte *Mister President* bereits für Adam von Trott zu Solz aufgeführt. Aber es hätte sicher auch einen fragwürdigen Eindruck hinterlassen, wenn ausgerechnet *Er* den Versuch unternommen hätte, den Hitler-Kritikern die großartigen Vorzüge des Sozialismus auf deutschem Boden zu erläutern. So belässt es der Präsident der Vereinigten Staaten von Amerika bei der Verweigerung weiterer Kontakte mit dem deutschen Widerstand.

Anders als der US-Präsident, der seit seinem Amtsantritt 1933 Lobbyist von Unternehmern wie Owen Young, Gerard Swope, Bernard Baruch sowie von Bankern wie J. P. Morgan ist, versucht Papst Pius XII. in Rom, den Deutschen zu helfen, das Minderheitsregime der Nazis wieder abzuschütteln. Aber Pius XII. war zuvor auch Nuntius in Deutschland und er kennt die Verhältnisse bei uns nur zu gut. Er erklärt sich bereit, als Verbindungsmann zwischen dem katholischen Widerstand in Deutschland und dem britischen Auswärtigen Amt tätig zu werden. Das ist durchaus eine äußerst delikate Angelegenheit, weil es darum geht, den Staatschef des Deutschen Reiches zu ermorden. Wie wird es auf gläubige Christen wirken, wenn ruchbar wird, dass ausgerechnet der Papst in ein Attentat verwickelt war? Man kann nicht übertreiben, wie heikel die Beteiligung des Papstes ist, der Kurie und aller, die mit dem Vatikan in Verbindung stehen. Am 5. Dezember 1939 lässt der Papst den britischen Botschafter in den Vatikan rufen und überreicht ihm eine Warnung, aus der hervorgeht, dass Hitler für das kommende Frühjahr einen größeren Feldzug in Richtung Westen plant und dass es dazu nicht kommen muss, wenn es einer Kerngruppe von Generälen der Wehrmacht gelänge, die führenden Personen zu stürzen. Als Absicherung solle England ihnen einen ehrenvollen Frieden garantieren. Das ist zwanzig Jahre nach dem Vertrag von Versailles nachvollziehbar. Botschafter Osborne gibt diese Botschaft an Außenminister Halifax weiter und dieser berichtet Premier Chamberlain darüber. Solche Komplotte zur Ermordung Hitlers sind der Führung in London nicht neu und sie bleiben ein Ärgernis und eine Quelle der Verlegenheit. Schließlich hat Hitler sein Opferland noch nicht weit genug in die Katastrophe geführt. Demzufolge sabotieren die Köpfe des *Empires* auch diesen Versuch der Befreiung Deutschlands vom Nationalsozialismus. Osborne beklagt sich beim Papst, dass der *Coup* so „hoffnungslos vage" sei, und Außenminister Halifax argumentiert, London werde nicht mit den deutschen Verschwörern zusammenarbeiten, ehe sie nicht ihr Gesicht gezeigt hätten und ein endgültiges Programm, das ihre Absichten deutlich mache, vorgelegt hätten. Was für eine Verlogenheit. Welche Ausarbeitungen wollen sie *noch* sehen? Soll es eine Liste der Beteiligten sein mit hübschen Portraitfotos? Die ersten Begutachter der Fotos sind dann Gestapo-Beamte an der Grenze. Der Papst beharrt zwar, aber der britische Botschafter bricht, wie es ihm seine Vorgesetzten vorgegeben haben, die Geheimverhandlung ab: „Wenn Sie einen Regierungswechsel vorantreiben wollen, dann fahren Sie damit fort. Ich kann nicht sehen, wie wir Frieden machen können, solange die deutsche Militärmaschine intakt bleibt."[619] Es ist sehr schön, dass die Geschäfte britischer und US-amerikanischer Firmen mit Adolf Hitlers Militärmaschine vollkommen ungestört und ohne eine Unterbrechung weiterlaufen, nur um an dieser Stelle beiläufig daran zu erinnern.

Kritik ohne Ende und mit Nachdruck

Dieser Tage kommen übrigens nicht bloß viele Soldaten in ihre Heimat zurück, sondern auch die Züge, mit denen sie in fremdes Land gefahren wurden, und auf denen nun die Aufschriften prangen, die in dem ersten Erstaunen der Männer an der Front entstanden sind. In den Bahnhöfen lachen sich die Leute in ihre Fäustchen: „Die alten Knochen sind wieder da. Wo bleibt die SS? Wo bleibt die SA?"[620] War es schluderig oder ist es Absicht, wenn das nicht übermalt wird? Eine ähnliche Kritik, die jedoch schon seit Monaten in der Bevölkerung grassiert, richtet sich gegen die offenkundige Verschonung der politischen Leiter der NSDAP in Sachen Kriegsdienst. Mit der Zeit haben sich die Stimmen der Angesprochenen gemehrt, die geradezu „von sich aus" um die Einziehung zur Wehrmacht bitten, mit der Begründung, dass ihnen nach dem Kriege eine Mitarbeit in der Partei nicht mehr möglich sein werde, wenn sie nicht an der Front gewesen wären. Andere Leute würden sie als Drückeberger ansehen.[621]

Mutige hinterlassen in ganz Deutschland Zettel in der Machart: „An die Front mit allen Nazi-Bonzen!"[622] Recht machen kann man es den Leuten aber auch nicht. Als in Karlsruhe endlich auch zwei politische Leiter eingezogen werden, geht dieser Schuss ebenfalls nach hinten los. Beispielsweise bringt die Zeitung Der Führer unter großer Überschrift und in den fetten Lettern im Dezember die Meldung: „Zwei Kreisleiter Badens zum Heeresdienst einberufen". Daraufhin heißt es, dass „durch diese Schlagzeilensucht gerade der positive Inhalt der Meldungen nicht zur Geltung komme und die Wirkung ins Gegenteil verkehrt" wird. Eine „reißerische, auf Sensationsmache abgestellte" Form der Propaganda können unsere Freunde vom SD somit für die Zukunft nicht empfehlen.[623] Subsumieren wir die Kritik in beide Richtungen, bleibt am Ende lediglich der Schluss übrig, dass viele Leute in Deutschland den angefangenen Krieg oder das Regime an sich oder beides von ganzem Herzen ablehnen. Übel stößt es den Überzeugten auf, wenn die Parteigenossen vom Frontaufenthalt berichten, dass Kameraden aus ihrer Kompanie Briefe oder Päckchen vom Pfarrer zu Hause erhalten und sich damit rühmen. Dann kommt es gern zu Wortgefechten, die mit Fragen anfangen wie: „Denkt die Kreisleitung auch an Euch?" oder „Habt Ihr schon Post von dieser erhalten?"[624] Hier ist natürlich die Kreisleitung der NSDAP gemeint, die sich selbstredend nicht um jeden einzelnen Soldaten aus ihrem Einzugsgebiet kümmert. Doch auch das zivile Leben wird vom Krieg in Mitleidenschaft gezogen, wenn die Personaldecke durch die Einberufungen ausgedünnt wird.

Die schwierige Lage des Schulwesens auf dem Lande einerseits und die nicht minder beeinträchtigte Lage der *Hitlerjugend* andererseits nutzen die Kirchen in steigendem Maße dahingehend, dass sie die Jugendarbeit wieder in die Hände zu bekommen versuchen. So wurde zum Beispiel in einer katholischen Dekanatsbesprechung erklärt, dass die HJ-Arbeit ja Gott sei Dank allenthalben so zurück gehe, dass sie in den Landgebieten keine Gefahr mehr für die kirchliche Jugendarbeit darstelle. Die Diözese Trier gerät ins Blickfeld der Ermittler, weil dort die Geistlichen z. B. den Ausfall des Schulunterrichts benutzen, um schulpflichtige Kinder täglich zum Religionsunterricht oder zu ähnlich gelagerten Veranstaltungen zu bitten. Das ist nicht gut, weil sie dort wieder hören: Du sollst nicht töten und du sollst den Nächsten lieben wie dich selbst. Aus Linz kommen beunruhigende Berichte, dass die „Junge Kirche" auch dort eine intensive Tätigkeit entfaltet. Im Rahmen der Zusammenkünfte stellen die leitenden Geistlichen den anwesenden Jugendlichen Fragen zur allgemeinen Diskussion. Es behindert natürlich den Endsieg, wenn die Leute herumdiskutieren über Gott und die Welt. Als Zweck dieser Zusammenkünfte wird gar die Ausbildung von Laienaposteln ausgemacht.[625] Wenn man es freilich anders herum betrachtet, fiel den Kirchen in den letzten Jahren auf die Füße, dass sie sich nicht früher darum bemüht haben, von ihren sturen Dogmen wegzukommen und den Leuten nicht mehr Freiraum für eine persönliche Lebensgestaltung gelassen haben. Erst in der Diktatur eines selbstsicheren Staates erscheinen die Kirchen geradezu als Hüter der Freiheit und der Menschenrechte schlechthin. Alles ist relativ.

Der Sicherheitsdienst bemängelt, in der katholischen Kirche werde „das deutsche Schicksal dieser Tage entweder völlig ignoriert oder es wird die Lage Deutschlands als eine besondere Notzeit" dargestellt, also als eine „Zeit schwerster Prüfung und Züchtigung, die Gott gesandt habe, um die dem Christentum entfremdeten Deutschen endlich den Weg zu Gott und zur wahren Kirche zurückfinden zu lassen", wie der SD die Führung des Staates und der Partei informiert. In ganz besonderem Maße werde hier der Kampf um die Wiedergewinnung der Jugend für die Kirche geführt. In diesem Zeichen stehe auch ein aktueller Hirtenbrief des Erzbischofs Bertram in Breslau, der nach seiner Weisung am 1. Adventssonntag dort zu verlesen ist, wo die katholische Bekenntnisschule aufgehoben ist. In dem Hirtenbrief heißt es: „So wird mein Adventsbrief zu einem Hirtenworte an die katholischen Eltern der Stadt und Diözese Breslau über die religiöse Kindererziehung, die gerade im Beginn dieser herben Kriegszeit ernstere Aufgaben als seither an uns stellt wegen der Umgestaltung des Schulwesens." Er nennt Zusammenhänge: „Was uns am tiefsten bekümmert ist, dass die Aufhebung der katholischen Schulen gerade in einer Zeit erfolgt, in der überall in Deutschland ein entscheidender Kampf entbrannt ist gegen unseren Gottesglauben, gegen die Gottheit Christi, gegen die Göttlichkeit des Christentums, und ganz besonders gegen die katholische Kirche. Die Grundlagen und Grundlehren unserer heiligen Religion werden überall in schärfster Weise angegriffen." Doch den von den Kirchen bislang vermittelten Werten steht als „Alternative" jetzt nur der nackte Rassismus gegenüber. Er schreibt, es obliege den Eltern, ihre

Kinder in den Lehren des katholischen Glaubens selbst zu unterrichten, und zur Religionsübung zu erziehen. Würde diese Pflicht vernachlässigt, so gelte das Wort Jesu auf dem Wege nach Golgatha: „Weinet über euch und eure Kinder!“[626] Aus einer ganzen Reihe von Städten wird berichtet, dass sich die Kirchen jetzt verstärkt um die Frontsoldaten bemühen und Wege ausfindig machen, um Feldpostanschriften sammeln zu können.[627] Nur so kann man auch weiterhin Einfluss nehmen auf die Soldaten und sie in ihrem Glauben bestärken, dass der Krieg, wenn überhaupt, gegen Truppen zu führen ist und nicht gegen die Bevölkerung eines Landes.

Soll man gehen oder bleiben? Ex-Kanzler Heinrich Brüning hat sich bereits 1933 entschieden gehabt und diese Frage stellt sich in dramatischer Zeit auch Albrecht Haushofer. Seine Ablehnung des Regimes geht bis in die Anfangsjahre zurück. Im Dezember schreibt er einen Brief an seine Mutter, in dem er formuliert, er will von dem „havarierten, an einzelnen Stellen schon brennenden und von Narren und Verbrechern weithin beherrschten und geführten Schiff“ nicht ins Wasser springen, wo er rasch versinken würde, sondern lauern und versuchen „vielleicht einmal einen wichtigen Steuerhebel zu greifen“. So unterhält er enge Kontakte sowohl zum Stellvertreter des Führers Rudolf Heß als auch zu einflussreichem regimekritischem Personal in Berlin. Keine Frage, er kann versuchen zu fliehen – aber soll er seine Mutter, die als „Halbjüdin“ eingestuft wurde, alleine in Deutschland zurücklassen?[628] In dem Alter nimmt sie nirgendwo mehr ein Land auf. Haushofer spricht nicht nur aus Jux und Tollerei mit dem Führerstellvertreter Heß.

Üble Folgen kann es auch haben, wenn sich in eingemeindeten Ländern Hass auf die Deutschen an sich einstellt. In Hitlers „Protektorat Böhmen und Mähren“ kursieren Gerüchte darüber, dass tschechische Mädchen, die zur Arbeit ins Reich geschickt werden, in Wirklichkeit nur zur Unterhaltung für deutsche Soldaten an die Westfront verschleppt werden. Das heizt dort die Stimmung gegen die deutschen Besatzungstruppen weiter an. Anfang Dezember wird erstmals in Prag ein Flugzettel gefunden, auf dem steht: „Nazideutsche! Wir danken eurem Führer dafür, dass er uns durch die Entwicklung der Ereignisse nach dem 15. März, besonders am

28.10. und 15.11. die Höhe der deutschen Kultur sowie auch die Art und Weise des deutschen Einschreitens gegen die Nationalminderheit zu erkennen ermöglichte.“ Wehe, wenn es einmal anders kommt! Dieser Text endet mit den folgenden Worten: „Wir wurden vollkommen belehrt und werden nichts vergessen.“ Es dürfte schwer werden, diesen Leuten noch einmal mit Begriffen wie Menschlichkeit und Gerechtigkeit zu kommen. In Groß-Ostrau im Protektorat Böhmen und Mähren fällt dem SD eines der Flugblätter in die Hände, in dem denjenigen tschechischen „Polizeibeamten, die heute aus Existenzgründen den Versklavern des tschechischen Volkes dienen, spätere Rache angedroht wird.“[629]

Die Atombombe soll den Endsieg bringen

Es spricht Bände über die Psyche des Jungen vom Dorf, dass er sich um die Rache der einkassierten Völker nicht sorgt, da sein Blickfeld verengt ist auf einen Endsieg. Sollte sich letzten Endes herausstellen, dass sein Traumvolk nicht zum Siegen geboren ist, dann mag es untergehen. Kein anderes Schicksal hat es dann verdient. Sowas muss man nicht erfinden; das sagt er immer einmal wieder selbst. Es wird immer aussichtsreicher, diesen wirren Kopf einem Spezialisten vorzustellen, wie man es 1938 in Berlin schon vorhatte. Unbedingt zielführend ist, dass seine Untertanen seit Preußens Glanz und Gloria darauf geeicht sind, in Sparten und Zuständigkeiten zu denken. Die besten Fotografen schießen die Bilder, die besten Militärs gewinnen für ihn die Schlachten und die besten Forscher arbeiten an Atombomben. Damit ist der Endsieg für „die Deutschen“ so gewiss wie das Amen in der Kirche. Der Nobelpreisträger Prof. Werner Heisenberg von der Universität Leipzig beschreibt in einem Bericht für das Heereswaffenamt am 6. Dezember die Möglichkeit der technischen Energiegewinnung mit Hilfe der Uranspaltung genauer. Er kann zeigen, dass man dabei Natururan benutzen kann, wenn man es mit einer Substanz kombiniert, die als Moderator fungiert. Sie muss bei der Spaltung der Atome freigesetzte Neutronen verlangsamen, darf jedoch nicht viele absorbieren. Zu dem Zweck könne entweder schweres Wasser oder besonders reiner Kohlenstoff genutzt werden. An mehreren Forschungsinstituten werden verschiedene Stoffe als Bremssubstanz für einen Uran-

Reaktor untersucht. In Heidelberg prüft derweil Professor Walter Bothe Graphit, während Heisenberg die Werte für schweres Wasser berechnet. Bothe kommt zu dem Resultat, Graphit sei wegen zu hoher Neutronenabsorption nicht sehr geeignet, sondern könne nur zur Not gerade eben noch verwendet werden. Heisenberg meint, dass sogenanntes schweres Wasser eine noch bessere Wirkung habe als angenommen. Also fällt die Entscheidung zugunsten von schwerem Wasser.[630]

Beobachtungen im Buchhandel

Das Jahr neigt sich seinem Ende entgegen, da findet mancher vielleicht ein paar ruhige Stunden zum Lesen. Schauen wir uns also ein wenig auf dem Büchermarkt um. Es ist sicher plausibel, dass im Monat September durch den Beginn des Krieges nur ca. 73 Prozent an Neuerscheinungen im Vergleich zum gleichen Monat 1938 auf den Büchermarkt kamen. Erstaunlich ist eher, dass die Zahl schnell wieder ansteigt und in der ersten Dezemberwoche schon bei 105 Prozent liegt. Der Sicherheitsdienst führt das vor allem darauf zurück, dass die Entwicklung bei Publikationen der Kirchen stark von der Entwicklung in anderen Sparten abweicht. Schon seit September veröffentlichen die Kirchen mehr Bücher und Schriften als im gleichen Monat des Vorjahres. Der Analysenexperte bei der Firma *Horch-und-Guck* stellt hier fest: „Es ist kennzeichnend für die Literatur beider Konfessionen, dass sie bis auf wenige Ausnahmen keinerlei Bezug auf das Zeitgeschehen nimmt."[631] Das entspricht freilich der Linie, Krieg und Sieg in den Predigten mit keinem einzigen Wort zu erwähnen – was aber nicht daran hindert, die Lage der Kriegsgefangenen anzuprangern, obgleich die neuen Machthaber davon nun ausgerechnet wirklich nichts hören wollen.

Vor Jahren schon vermerkte man bei der Firma, dass sich die Deutschen nicht um die Schwemme an nationalsozialistischen Publikationen rissen und auf ausländische Bücher ausgewichen waren. Ende 1939 gibt es für die Sittenwächter beim SD endlich einen Erfolg: „Die Kriegslage hat sich außerdem positiv auf die Herabminderung der fremdsprachlichen Übersetzungsliteratur ausgewirkt, die das deutsche Unterhaltungsschrifttum vor Kriegsausbruch zweifellos überschwemmt hatte.“[632] Das müssen Sie sich einmal in Ruhe auf der Zunge zergehen lassen: Noch im Jahre 1939 können die Deutschen auf eine große Auswahl an Büchern aus anderen Ländern zurückgreifen und machen es auch, weil sie sonst bloß eine relativ bescheidene Auswahl haben. Was die staatlich verordnete Literatur betrifft, wird festgehalten, dass es darin neuerdings wieder vermehrt um außenpolitische Belange geht, anfangs natürlich vor allem um Polen und nach dem Ende des Ostfeldzuges geht es vornehmlich um „England und seine imperialistische Politik“. Wörtlich heißt es in dem Bericht weiter: „Dieses England-Schrifttum ist zum größten Teil sehr volkstümlich gehalten und lässt eine positive Wirkung auf breite Volkskreise erwarten.“ Die SD-Kollegen vermissen jedoch „in der Literatur über Frankreich die für die breite Masse der Leserschaft bestimmten Aufklärungsschriften“. Die geringe Anzahl neuer Bücher über die Sowjetunion kann überhaupt niemanden erstaunen; so schnell kann man ja nach dem plötzlichen Abschluss eines Nichtangriffsvertrages mit Moskau gar nicht von *anti* auf *pro* umschalten. So treiben Diktaturen mit ihren plötzlichen Richtungsänderungen auch Blüten wie die Herausgabe der Schrift „Das Rätsel der russischen Seele“. Darin greift Autor Erich Czech wörtliche Auszüge aus seinem Buch „So lebt Russland“ auf, das er nach seiner Absage an Adolfs Regime vor mehreren Jahren geschrieben hat und das seinerzeit wegen seines sowjet-freundlichen Inhalts verboten worden war. Der SD-Mann weist darauf hin, dass Erich Czech nun mit dem Pseudonym Ernst Clam arbeitet.[633] Vermerkt wird, dass eine Anordnung Erfolge zeitigt, nach der seit dem 15. Oktober 1939 keine Publikationen mehr erscheinen dürfen, „die englische Einrichtungen und englisches Wesen propagieren“. Noch im siebenten Jahr der nationalsozialistischen Revolution gibt es bei uns solche Bücher zu kaufen, die Institutionen eines demokratischen Staates positiv dargestellt haben. Nur von Anfang September bis Mitte Oktober dieses Jahres waren es noch einmal 42 Bücher derartigen Inhalts.[634] Das zeugt auch von einer lebhaften Nachfrage nach solcher Literatur.

Krieg nach innen und außen

Lang, lang ist es her, dass aus England Freundlichkeiten kamen. Seit ein paar Monaten lassen die Tommys nur noch Eierhandgranaten und Flugblätter über dem Dritten Reich fallen, gerade so, als wollten sie Insassen einer Diktatur von der üblen Natur der Staatsführung überzeugen. Es ist nicht so gesund, eine Granate abzubekommen, es erfordert jedoch jeden erdenklichen Mut, einen Zettel aufzuheben und zu lesen, auf dem unter Umständen lästerliche Worte gegen die Zustände im Reich stehen. Eine Frau, der man wahrlichen Gottes nicht nachsagen kann, dass sie dieses Regime nicht gründlich genug hasse, heißt Hildegard Hamm-Brücher*, und sie schildert eindrucksvoll, wie man sich verhält, wenn man so eine dunkle Lektüre sichtet. Sie hat vor einem Vierteljahr begonnen, Chemie zu studieren, und findet eines schönen Tages in einer Schublade etwas in dieser Art. Sie hat selbstredend keine Ahnung, wie das da hinein kam, liest es nicht einmal richtig durch, reißt es in kleine Schnipsel und spült es in der Toilette hinunter.[635] Weil sie Angst hat. Solche Vorsichtsmaßnahmen erschweren wiederum die Verbreitung kritischer Gedanken. In Berlin hat sich der Oberbonze Hermann Göring vor die Belegschaft der Borsig-Werke gestellt und gab sich noch großspurig über die britischen Jagdflieger: „Bravo! Danke! Wenn sie jetzt in riesigen Höhen ab und zu im deutschen Raum spazierenfliegen, um ihre lächerlichen Propagandazettel abzuwerfen, so habe ich eigentlich nichts dagegen.“ Daraufhin ist hier und dort ein Zettel zu finden mit dem Text: „Bravo! Immer lachen! Aber warum bestraft man die Leute, die die Zettel aufheben?“ Das ist ja eine ausgezeichnete Frage an die Verbrecherclique, die in Berlin regiert, und darüber hinaus stellt sich eine weitere Frage an andere Verbrecher. Da das englische Militär im Prinzip nichts gegen Hitlers Überfall auf die ehemalige Polnische Republik unternimmt, nennt man auf den Straßen Englands dieses Schattenboxen einen *Phoney War*. Doch lustige Worte hin oder her – es darf zu denken geben, wenn deutsche U-Boote im Jahr 1939 alles in allem 222 britische Handelsschiffe versenken und England trotzdem und trotz der erfolgten Kriegserklärung Hitlers Reich nicht angreift und dem wilden Treiben ein Ende bereitet.[636]

Für die Einwohner der von Bombenangriffen bedrohten Orte in Europa ist es die traurigste Adventszeit seit einer halben Ewigkeit. Selbst als in Deutschland die Inflation zuschlug und als später diese Wirtschaftskrise auf ihrem absoluten Höhepunkt war, gab es immer noch hier und da die Weihnachtsbäume auf den Plätzen und Kerzen leuchteten überall in den Fenstern. Jetzt muss alles abgedunkelt sein und – korrekt, wie Deutsche nun einmal sind –, wird das in Berlin fraglos ernsthafter durchgezogen, als zum Beispiel in London. Wen Kälte, Schnee und Dunkelheit in dieser Zeit sowieso in Depressionen treiben, der hat die absolute Härte mit der Nacht vom 10. zum 11. Dezember 1939 durchzustehen, da ist Neumond, und man sieht gleich überhaupt kein bisschen mehr von der Hauptstadt. Auch für die Mitarbeiter der US-Botschaft in Berlin ist der Kriegswinter eine mittlere Katastrophe. Die Kanäle sind zugefroren, das Heizmaterial ist knapp. Riesige Wohnblöcke können überhaupt nicht beheizt werden und man muss die Leute evakuieren, als die Temperatur unter den Nullpunkt sinkt. Die Rationierung des Lebensnotwendigen wird rigoros gehandhabt wie die Verdunklung. Private Autofahrten sind ganz verboten. Schwierig wird es, wenn zum Beispiel ein Kurier vom Bahnhof abgeholt werden muss, da Fernzüge nur noch bis zu den Vorortbahnhöfen fahren dürfen. Symbolisch für George Kennans Alltag ist ja wohl sein allabendlicher Heimweg. Von der Botschaft sind es nur ein paar Schritte bis zum Brandenburger Tor. Hat er das Tor einmal erreicht, tastet er sich weiter von einer Säule zu der nächsten in der pechschwarzen Finsternis, bis er sich Hand über Hand bis zur Bushaltestelle vorgefühlt hat. Dann wartet er, bis die bläulichen Lichter des Busses aus dem Nichts auftauchen. Sie fahren ein paar Kilometer entlang der entstehenden „Ost-West-Achse", dämmerige Stille im Inneren des Busses, in der die Taschenlampe eines Schaffners helle Bögen beschreibt. Kennan staunt, dass sich der Berliner Busfahrer auf der riesigen, unmarkierten und häufig auch verschneiten Asphaltfläche der breiten und endlosen Straße überhaupt zurechtfindet. Zuletzt liegt der gruselige Heimweg am anderen Ende vor ihm – wieder läuft er mit vorgestreckten Händen und tastet mit den Füßen nach den Bordsteinkanten, hört die gedämpften Stimmen anderer Fußgänger, die man zwar hört, aber eben nicht sieht, um am Ende eines langen Arbeitstages letztlich doch das Haus zu erreichen, dessen Fenster wie alle anderen auch verdunkelt sind, wo er die Frau und die Kinder wiedersieht.[637]

Die Berliner selbst sind nach Kennans Überzeugung vom Nazismus hier am wenigsten angesteckt. Aber wo ist er auch einmal längere Zeit außer in der Hauptstadt? Die Einwohner sind nach seinen Beobachtungen am Ende des Jahrzehntes einfach nicht dazu zu bewegen, den Nazi-Gruß zu benutzen und begegnen sich nach wie vor mit dem traditionellen „Guten Morgen“ oder je nach der Tageszeit eben anders. Dieses Phänomen lässt sich überall im Deutschen Reich so beobachten.[638] Neben und sogar vor Berlin in der Ablehnung des braunen Zaubers findet man beispielsweise Hochburgen der Katholiken wie Münster. Na ja, dieser Amerikaner hat, das muss man dabei berücksichtigen, die Zeit von 1933 bis zum Sommer 1934, als die Nazis auf der Straße wüteten, nicht in Berlin verbracht. Da arbeitete er noch in Moskau und kam erst nach Stationen in Washington und Prag 1939 hierher. Inzwischen *nehmen* sich in Berlin viele mitten in der Diktatur diese Freiheit. Vielleicht hatte Jean-Jacques Rousseau auch das gemeint, als er schrieb: „Die Freiheit des Menschen liegt nicht darin, dass er tun kann, was er will, sondern darin, dass er nicht tun muss, was er nicht tun will.“ Nur wenn man sich ansieht, was die Leute auch ohne unmittelbaren äußeren Zwang tun, lässt es sich ermitteln, wie es um die herbeigesehnte nationalsozialistische Volksgemeinschaft in der Realität bestellt ist. Aber anders als bei der gewählten Grußformel wird die Verweigerung des Kriegsdienstes mit dem Tod bestraft. In den Krieg ziehen müssen die Männer wirklich, wenn sie nicht auch schon ohne den Krieg gern ins Jenseits geschickt werden möchten. Das ist aber Lichtjahre von Kriegsbegeisterung entfernt, die George Kennan in Deutschland ja auch nicht erlebt. Ansonsten sagt er dazu, es sei die ebenso undemonstrative wie unverkennbare innere Distanziertheit der Bevölkerung von den anmaßenden Parolen des Regimes, die ihm in Berlin während des Krieges am meisten auffällt. Außerdem beeindruckt den amerikanischen Diplomaten in der Reichshauptstadt die ganze Art, wie das Alltagsleben so gut als möglich, trotz der zunehmenden Fühlbarkeit der Kriegsmaßnahmen weitergeht. Alle Veröffentlichungen sind vom Krieg beherrscht; aber es ist, was die Berliner und meist auch gewöhnliche Bürger anderer Großstädte betrifft, ein Krieg des Regimes, und nicht der ihre.[639] Übrigens ist die Außenpolitik in Washington umgekehrt auch nicht die seine, wie es überdeutlich aus einer Vielzahl von kritischen Anmerkungen über seine Jahre in Moskau, Prag und in Berlin hervorgeht.

Seit einem Vierteljahr ist Winston Churchill wieder in seinem Element. Wie vor dem Beginn des Weltkrieges vor über zwei Jahrzehnten wurde er erneut Erster Lord der Admiralität – also Marineminister. In diesem Amt schlägt er der Regierung am 16. Dezember in einer Denkschrift vor, kurzerhand Norwegen und Schweden zu besetzen, um „den deutschen Eroberern auf skandinavischem Boden zu begegnen". Auch diese Worte sagt er, damit man einst etwas im Archiv findet. Aber er hat verstanden, von der Sowjetunion lernen, heißt siegen lernen. Stalin hatte sich auch gedacht, man muss Hitler *entgegen kommen*, damit man ihm schon im Vorfeld des eigenen Landes den Wind aus den Segeln nehmen kann. In der Denkschrift erläutert Churchill: „Welche formalen Verletzungen des Völkerrechts dabei auch vorkommen mögen, wenn es dabei nicht zu unmenschlichen Akten kommt, werden uns die Sympathien der neutralen Staaten erhalten bleiben. Ein solches Vorgehen wird auch die Vereinigten Staaten, die größte neutrale Macht, nicht wesentlich negativ beeinflussen. Wir haben Grund zu glauben, dass sich die USA in dieser Frage von dem sehnlichen Wunsch leiten lassen, uns zu helfen. Und sie sind sehr erfinderisch."[640] Er selbst auch; das trifft sich gut. Wie war das 1915 nochmal mit der Lusitania? Der Herr Minister begründet das Vorhaben mit folgender Überlegung: „Der höchste Richter ist unser Gewissen. Wir kämpfen dafür, dem Recht wieder zum Durchbruch zu verhelfen und die Freiheit der kleinen Länder zu schützen." Verlogener Mensch. Er war es, der Polen vor die Hunde gehen ließ, als er den bösen Chamberlain am 3. September nicht stürzte. Warten wir ab, welche kleinen Länder er Hitler in der nächsten Zeit noch so ausliefert. „Wir handeln auf der Grundlage des Statuts des Völkerbundes." Churchill glaubt, als faktische Mandatsträger, die sich für die Ideale einsetzen, auf denen der Völkerbund überhaupt beruht, „haben wir das Recht, mehr noch, befiehlt uns die Pflicht, abstrakte Festlegungen der Gesetze zeitweilig außer Acht zu lassen, die wir stärken und erneut durchsetzen wollen. Die kleinen Länder dürfen uns nicht die Hände binden, wenn wir für ihre Rechte und ihre Freiheit kämpfen. Es darf nicht zugelassen werden, dass in einer Stunde drohender Gefahr der Buchstabe des Gesetzes denen den Weg versperrt, welche dazu berufen sind, es zu verteidigen und zu realisieren."[641] Man muss gar nicht raten, welches Ziel Churchill mit seiner Politik verfolgt. Man muss nur wissen, dass er bei einem Essen mit dem amerikanischen Geschäftsmann General Robert Elkington Wood im November 1936 erklärt hatte: „Deutschland wird zu stark und wir müssen es zerstören."[642] Und da war keine Rede vom Verhindern der Inhaftierung von Juden, von politischen Führern oder Gewerkschaftern. Seit Anfang dieses Jahrhunderts soll der stärkste Konkurrent des *Empires* in Europa zurückgestutzt werden. Und mit dem sehr einfach gestrickten Adolf Hitler mit der angelesenen Halbbildung und dem esoterischen Einschlag und seinen braunen Schlägertrupps haben sie seit dem Abschluss von Versailles genau den richtigen Zeitzündern in Deutschland an die Macht verholfen. Als Hitler auf dem richtigen Stuhl angekommen war, drehten sich die Gespräche zwischen London und Berlin immer wieder um den gemeinsamen Krieg gegen die bolschewistische Sowjetunion und bis August '39 ließen sie den *Master of the Universe* im Glauben, London würde ihm wieder nicht den Krieg erklären, wenn er auch noch Polen einsackt. Das Beste ist, dass es Hitler immer noch vollkommen falsch interpretiert, wenn die lieben Engländer ihm trotz der *erzwungenen* Kriegserklärung nicht das Handwerk legen.

Quellen und Anmerkungen

1 Dulles (1947), S. 22
Der Autor Allen Welsh Dulles darf als ein Insider der Politszene ernst genommen werden. Er wurde während des Zweiten Weltkrieges Chef des US-amerikanischen Geheimdienstes OSS und nach dem Krieg der CIA. Er bestätigt als Ausländer, dass wichtige Vertreter des Widerstandes in Deutschland mit ihm gesprochen haben und dass sie die Zusammenarbeit mit fremden Regierungen anstrebten, um Hitler zu beseitigen und den Krieg zu beenden. Er wusste: „Die moderne Technologie – Radio, Telephotographie, das versteckte Diktiergerät – und effizienteste Methoden der Aufdeckung und Folter waren der Unterdrückung der Freiheit sowie der Aufspürung all derer gewidmet, die es wagten, sich der Nazidiktatur zu widersetzen. In einem Polizeistaat, der mit Maschinengewehren und Tränengas, Panzern und Flugzeugen ausgestattet ist, sind Revolutionen nicht von erregten Massen mit bloßen Händen zu schaffen." Dulles (1947), S. 20f. Aus diesem Grund hat ja die CIA bei der Durchsetzung US-amerikanischer Wirtschaftsinteressen immer auf Folter, Mord und Totschlag gesetzt. Das funktioniert in jedem Land dieser Welt.

2 Bruch & Hofmeister (2000), S. 156.
Andere nennen noch geringere Zahlen.
Rothfels (1960), S. 31f. und 35f.

3 Hirche (1964), S. 135

4 Ebd., S. 61f.

5 Ebd., S. 102 und 165

6 Fest (1994), S. 107

7 Hirche (1964), S. 62

8 Hoffmann, Peter (1970), S. 31f.
Der Gestapo-Bericht stammt nach Hoffmann aus dem April 1939.
Vgl. Bruppacher (2013), S. 109
Den erwähnten Witz gab es laut Kurt Hirche (1964), S. 195 nach dem Spuk dann im Jahre 1945 wirklich.

9 Strauß (1989), S. 39
Gisevius (1947), Band 1, S. 61

10 Kleist (1952), S. 374

11 Hirche (1964), S. 173

12 Boberach (Hg., 1984), Band 2, S. 229
SD war die Abkürzung für den Sicherheitsdienst der SS.

13 Boberach (Hg., 1984), Band 2, S. 229

14 Ebd., S. 229f.

15 Ebd., S. 239

16 Ebd.

17 Ebd.

18 Ebd., S. 245

19 Ebd.

20 Ebd.

21 Ebd.

22 Namier (1949), S. 73f.

23 Ebd., S. 74f.

24 Falin (1995), S. 72

25 Quigley (2010), S. 88

26 Falin (1995), S. 68f.
Hofer (1982), S. 207
IMG (1948), Band XXII, S. 496

27 Hoffmann, Joachim (1998), S. 146f. zit. nach Wellems & Oltmann (2003), S. 48

28 Schultze-Rhonhof (2007), S. 419

29 Falin (1995), S. 62
30 Schultze-Rhonhof (2007), S. 420
31 IMG (1948), Band XXII, S. 499
32 Dokumente (1946), Band 2, S. 166f.
33 Ebd., S. 167f.
34 Gisevius (1947), Band 2, S. 19
35 Boberach (Hg., 1984), Band 2, S. 239
36 Ebd., S. 261f.
37 Ebd., S. 262
Kordt (1948), S. 185
38 Ebd., S. 184
39 Ebd., S. 185
Bei Gilbert & Gott (1964) wird auf Seite 212 der britische Botschafter des Jahres 1939 in Deutschland Nevile Henderson zum Beispiel so zitiert: „Die schlechte Behandlung der deutschen Minderheit in Polen muss aufhören ... Warschau mit seiner zivilisierten und intelligenten, um nicht zu sagen gerissenen Clique, mit der man dort verkehrt, ist eine Sache: Draußen auf dem flachen Land sind die Polen eine total unzivilisierte Bagage." Im Original Gilbert & Gott (1963), S. 265
40 Namier (1949), S. 83
41 Quigley (2010), S 95
42 LeBor (2014), Tower of Basel. BIZ. Die Bank der Banken und ihre dunkle Geschichte. S. 49, 89 bis 94, 109, 115, 120, 133 bis 137 und 143
Trepp (1996), Bankgeschäfte mit dem Feind. Die Bank für Internationalen Zahlungsausgleich im Zweiten Weltkrieg. Von Hitlers Europabank zum Instrument des Marschallplans. S. 130
Starikow (2008), S. 121
Preparata (2011), Wer Hitler mächtig machte. Wie britisch-amerikanische Finanzeliten dem Dritten Reich den Weg ebneten. S. 234
Sutton (2008), Wall Street und der Aufstieg Hitlers. S. 24f., 37ff., 49, 64 bis 67
43 Suworow (2000), S. 156f.
Gilbert & Gott (1964), S. 152f., 156, 158f. und 161.
44 Boberach (Hg., 1984), Band 2, S. 36f. und 228
Wenn Sie sich fragen sollten, warum sich bei mir alles anders anhört als woanders, dann möchte ich nicht versäumen, Ihnen ein neckisches Stück „Information" zum Thema Drittes Reich und der Papst anzubieten. Es stammt aus: Bruppacher, Paul (2013), Adolf Hitler und die Geschichte der NSDAP. Eine Chronik. Teil 2: 1938 bis 1945. Dort wird dem Publikum folgender Vers um die Ohren gehauen: „Eugenio Pacelli, der frühere Nuntius in München und Berlin, wird zum neuen Papst gewählt. Er nimmt den Namen Pius XII. an. Wegen seiner deutschfreundlichen Einstellung wird seine Wahl auch von der Reichsführung begrüßt." Das ist natürlich nicht schlecht. Der Autor Paul Bruppacher gibt auch keine Quelle an, auf die sich der von ihm postulierte Spruch stützen würde. Er schreibt das einfach nur so in dieses umfangreiche und deshalb auch ziemlich schwere Buch hinein. Und das ist nur der zweite Teil seines Werkes. Ich gehe davon aus, dass es eine offizielle Erklärung zum Amtsantritt des Papstes gab, aber der Staats- und Parteiführung blieb auch nicht viel mehr übrig, als brav zu gratulieren, um nicht viele Katholiken und somit einen großen Teil der Bevölkerung gegen sich aufzubringen. Pius XII. hat jedenfalls seinerseits die Reichsführung genug kritisiert. Der gewünschte Eindruck, dass das Dritte Reich nur aus ADOLF HITLER bestand, wird Seite für Seite dadurch untermauert, dass dieser zauberhafte Name jedes Mal IN BLOCKSCHRIFT eingehämmert wird. Ich würde die DDR jedenfalls nicht wiedererkennen, wenn mir auf jeder Seite sieben Mal ERICH HONECKER begegnen würde und der hat

auch jeden Tag irgendetwas gemacht. Erfahren würde ich auch gerne, warum die Texte über Pacelli, die ich gefunden habe, keinen Niederschlag im Eintrag über den guten Mann bei Wikipedia gefunden haben. Die dortige Bewertung kann nur Bestand haben, wenn man eine Reihe von Informationen gezielt weglässt.

45 Boberach (Hg., 1984), Band 2, S. 231f.

46 Ebd., S. 234

47 Ebd., S. 234f.

48 Ebd., S. 235f.

49 Dokumente (1946), Band 2, S. 171
Wer einwenden möchte, dass die Bevölkerung der Bundesrepublik doch aber 1969 Willy Brandt an die Macht gebracht habe wegen seiner Ostpolitik, dem muss ich entgegnen, dass die frühen 1970er Jahre der Hauptgrund für meine These sind, dass die Wünsche in der Bevölkerung die außenpolitische Linie nicht beeinflussen können. Brandt wollte die Teilung überwinden und Deutschland vereinigen. Den Kanzler hat die Führung in Bonn kaltgestellt und abtreten lassen und aus seinen Absichten die Voraussetzungen für die Anerkennung der DDR gemacht und somit ausgenutzt, um das ganze Gegenteil von Brandts Ziel zu erreichen. Unter Kanzler Helmut Kohl kam es nicht nur zu einem offiziellen Staatsbesuch unseres lieben Erich Honecker in der Hauptstadt der BRD Bonn am Rhein, sondern auch zum Bau eines Botschaftsgebäudes in Berlin-Rosenthal am Rande der bewohnten Welt anstelle der Ständigen Vertretung der BRD in der DDR im Herzen Berlins. Wäre der Kandidat Oskar Lafontaine seinerzeit rechtzeitig Kanzler geworden, wäre die Zweistaatlichkeit Deutschlands juristisch fixiert worden und es hätte 1990 keine Vereinigung mehr gegeben.

50 Falin (1995), S. 69
Starikow (2008), S. 153f

51 Namier (1949), S. 107

52 Schmidt (1949), S. 429

53 Ebd., S. 431

54 Ebd., S. 431f.

55 Namier (1949), S. 108f.
Nein, die Diplomaten haben in Wirklichkeit nicht im Adlon übernachtet. Hier geht es darum, den Unterschied zu verdeutlichen, zwischen dem, wie es wirklich war, und dem, wie es der Öffentlichkeit angeboten wurde. Die Auflösung im Buch folgt. Aus der gezeigten Diskrepanz ergeben sich natürlich auch immer wieder witzige Situationen, nach denen dann *Insider* oder einfach nur Augenzeugen Tatsachen schildern, die ihnen bekannt geworden sind, die ihnen aber häufig nicht geglaubt werden, weil es aber doch in den Zeitungen anders stand. Achten Sie ruhig einmal auf solche Geschichten. Das kann Ihnen durchaus gelegentlich selbst passieren.

56 Bruppacher (2013), S. 100f.
Dokumente (1946), Band 2, S. 171

57 Schmidt (1949), S. 427f.

58 Ebd., S. 428f.

59 Ebd., S. 430f.

60 Ebd., S. 431f.

61 Boberach (Hg., 1984), Band 2, S. 246

62 Ebd., S. 246

63 Hirche (1964), S. 87

64 Ebd., S. 132

65 Boberach (Hg., 1984), Band 2, S. 244
AV ist die Abkürzung für Alldeutscher Verband.

66 Namier (1949), S. 105f.

67 Gisevius (1963), S. 414
68 Boberach (Hg., 1984), Band 2, S. 239
69 Ebd., S. 239 und 246
70 Ebd., S. 246
71 Ebd., S. 251
72 Ebd., S. 250
73 Ebd., S. 250
74 Vgl. Scheel (1989), S. 1009
75 Boberach (Hg., 1984), Band 2, S. 250
76 Ebd., S. 251
77 Dokumente (1946), Band 2, S. 171f.
78 Ebd., S. 172
79 Ebd., S. 172f.
80 Ebd., S. 173
81 Ebd., S. 173
82 Dokumente (1946), Band 2, S. 174ff.
83 Schultze-Rhonhof (2007), S. 558
84 Falin (1995), S. 53
85 LeBor (2014), Tower of Basel. BIZ. Die Bank der Banken und ihre dunkle Geschichte. S. 49, 89 bis 94, 109 bis 120
Trepp (1996), Bankgeschäfte mit dem Feind. Die Bank für Internationalen Zahlungsausgleich im Zweiten Weltkrieg. Von Hitlers Europabank zum Instrument des Marschallplans. S. 130 und 134ff.
Dokumente (1946), Band 2, S. 167f.
Quigley (2010), S. 94
Preparata (2011), S. 324
86 Namier (1949), S. 90 und 95
Gilbert & Gott (1964), S. 164f.
87 Quigley (2010), S. 97
Vgl. Namier (1949), S. 102f.
88 Namier (1949), S. 102f.
Quigley (2010), S. 97
Dokumente (1946), Band 2, S. 176
89 Namier (1949), S. 97f.
90 Ebd., S. 97 und 239f.
91 Knightley (1990), S. 88 und 141
Gilbert & Gott (1964), S. 164
92 Namier (1949), S. 98
93 Schmidt (1949), S. 432
94 Dokumente (1946), Band 2, S. 175
Namier (1949), S. 100
95 Hirche (1964), S. 143
96 Boberach (Hg., 1984), Band 2, S. 243
Wikipedia (2019), Otto Karlowa [online]. Verfügbar unter https://en.wikipedia.org/wiki/Otto_Karlowa [13.11.2019]
97 Hirche (1964), S. 104
98 Ebd., S. 156
99 Speidel (1977), S. 83
100 Boberach (Hg., 1984), Band 2, S. 239
101 Namier (1949), S. 100f.
102 Ebd.
103 Ebd., S. 102

104 Dokumente (1946), Band 2, S. 175
Namier (1949), S. 102
105 Dokumente (1946), Band 2, S. 175f.
106 Namier (1949), S. 102
Schmidt (1949), S. 433
107 Ebd., S. 433
108 Namier (1949), S. 102
109 Kordt (1948), S. 157
110 Namier (1949), S. 107
111 Ebd., S. 107f.
112 Ebd., S. 108
113 Ebd., S. 109ff.
114 Ebd., S. 104 und 112
115 Ebd., S. 108f.
116 Ebd., S. 109
117 Schultze-Rhonhof (2007), S. 420f. und 437
118 Falin (1995), S. 56
119 Ebd., S. 64
120 Namier (1949), S 137
121 Gilbert & Gott (1964), S. 185f. und 190
122 Namier (1949), S 112f.
123 Gilbert & Gott (1964), S. 189f.
124 Namier (1949), S. 116
125 Ebd., S. 116f.
126 Ebd., S. 117f.
127 Falin (1995), S. 511, Fußnote 191 und S. 510, Fußnote 170
128 Namier (1949), S. 115
129 Ebd., S. 112
130 Ebd., S. 118f.
131 Schmidt (1949), S. 433
Namier (1949), S. 119f.
132 Schmidt (1949), S. 433
133 Namier (1949), S. 127f.
134 Knightley (1990), S. 88 und 141
135 Namier (1949), S. 124f.
136 Quigley (2010), S. 105
137 Falin (1995), S. 66
138 Namier (1949), S. 128 und 137
Gilbert & Gott (1964), S. 188
139 Schmidt (1949), S. 433
140 Falin (1995), S. 71
Die moraltriefenden Worte äußerte Sir Alexander Cadogan natürlich nicht damals, als sie am Lauf der Geschichte etwas hätten ändern können. Er sagte das 30 Jahre später, als alle Messen dieser grauenvollen Jahre gesungen waren, und begründet damit auch nur, warum London dem Deutschen Reich im September 1939 durchaus den Krieg erklären musste: „Natürlich konnte unsere Garantie Polen im Falle einer deutschen Aggression keinen Schutz bieten. Aber er [Chamberlain] hat sich damit selbst ein Signal gesetzt. Er hat sich durch eine Verpflichtung gebunden, damit es im Falle eines deutschen Überfalls auf Polen nicht wieder zu quälenden Zweifeln und Schwankungen komme." Verlogen sind diese Worte doppelt und dreifach. Erstens, weil sie der Kritik vorbeugen, mit dieser Garantie sei Polen in eine Falle gelockt worden. Zweitens, weil Chamberlain den Krieg gegen Deutsch-

land dann im September 1939 eben doch nicht führte, und drittens, weil letztlich auch *Superman* Churchill, der den Premier wegen seiner *Appeasement*-Politik so wortgewaltig kritisiert hatte und Chamberlains Nachfolger wurde, genauso wenig Krieg gegen Deutschland führte, sondern umgekehrt Hitler das Wunder von Dünkirchen bescherte und den Ländern westlich von Deutschland die Herrschaft der Wehrmacht bis zu Francos spanischer Grenze. Falin (1995), S. 71

141 Namier (1949), S. 138
Peters, Hartmut (vermutlich 2018), Die Rede Hitlers vom 1. April 1939 in Wilhelmshaven und der Überfall auf Polen [online]. Verfügbar unter www.groeschlerhaus.eu/forschung/wilhelmshaven-2/die-rede-hitlers-vom-1-april -1939-in-wilhelmshaven und-der-ueberfall-auf-polen/ [13.07.2019]

142 Quigley (2010), S. 95f.
Preparata (2011), S. 325

143 Falin (1995), S. 507, Fußnote 107

144 Namier (1949), S. 130f.
Gilbert & Gott (1964), S. 189

145 Falin (1995), S. 72
IMG (1948), Band XXII, S. 499
Schultze-Rhonhof (2007), S. 424f.
OKW war das Oberkommando der Wehrmacht.

146 Schultze-Rhonhof (2007), S. 438ff.

147 Ebd., S. 440

148 Ebd., S. 425

149 Ebd., S. 439

150 Namier (1949), S. 126
Falin (1995), S. 66

151 Ebd., S. 71

152 Florin (2009), S. 75
Gilbert & Gott (1964), S. 187 und 192

153 Starikow (2008), S. 192

154 Hirche (1964), S. 11 und S. 137
Bei den Betriebswahlen 1935 wurden zum Beispiel die Listen mit den Nazi-Wunschkandidaten von sechzig bis siebzig Prozent der Arbeiter abgelehnt.
Fest (1991), S. 598
Zahlen bietet auch Rothfels (1960), S. 182f. Er schreibt, der Anteil von Nazi-Gegnern unter den Unternehmern und in den freien Berufen lag bei 44 bis 50 Prozent. Der Anteil an Mitläufern lag zwischen 36 und 39 Prozent. Für die gelernte und ungelernte Arbeiterschaft waren die entsprechenden Zahlen etwa 67 Prozent Gegner und etwa 28 Prozent Mitläufer.
Hoffmann spricht von weit verbreitetem Widerstand. Hoffmann (1970), S. 33
Es ist nicht erstaunlich, dass Sie sich über die Zahlen wundern. Was Sie über die Jahre unter Adolf Hitler wissen, haben Sie vermutlich in erster Linie aus zweiter Hand – aus den Medien. Über die Inhalte, die dort vermittelt werden, äußert sich in klaren Worten Günter Gaus, der mehrere Jahre an der Spitze des Hamburger Magazins *Der Spiegel* stand, in aller Offenheit so, dass der in der Bundesrepublik von den Medien anerkannte Widerstand schon bald nach der Staatsgründung im Jahre 1949 „auf die Opposition in Stabsquartieren, auf Rittergütern und in großbürgerlichen Herrenzimmern eingegrenzt worden" sei. „Des Widerstands aus der Wohnküche, in Arbeitervierteln der Großstädte, der sich in aller Ohnmacht früher regte als der auf den Landsitzen und in Generalkommandos, wurde nach dem Kriege fast immer nur in betroffenen Zirkeln gedacht, wenig oder gar nicht von Staats wegen." Auch hier gebe ich Ihnen gern die Quelle, denn das Buch muss man

gelesen haben, um zu verstehen, wie Westdeutsche über einige Generationen im Kopf bearbeitet wurden: Gaus (1986), S. 110

155 Chroniknet (2015), Was war am 01. April 1939? [online]. Verfügbar unter http://chroniknet.de/extra/was-war-am/?ereignisdatum=1.4.1939 [10.11.2015]

156 Namier (1949), S. 139
Dulles (1947), S. 22

157 Falin (1995), S. 72

158 Ebd., S. 86

159 Knightley (1990), S. 88 und 141
Schultze-Rhonhof (2007), S. 558

160 Falin (1995), S. 94 und 510, Fußnote 172

161 Quigley (2010), S. 109ff.

162 Churchill (1954), S. 141

163 Falin (1995), S. 74

164 Kordt (1948), S. 156

165 Wikipedia (2015), Uranprojekt [online]. Verfügbar unter http://de.wikipedia.org/wiki/Uranprojekt [10.11.2015]
Wikipedia (2015), Carl Friedrich von Weizsäcker [online]. Verfügbar unter http://de.wikipedia.org/wiki/Carl_Friedrich_von_Weizs%C3%A4cker#Familie [10.11.2015]
Wikipedia (2015), Lise Meitner [online]. Verfügbar unter http://de.wikipedia.org/wiki/Lise_Meitner [10.11.2015]

166 Siehe vorherige Endnote 165.

167 IMG (1948), Band XXII, S. 500

168 Schmidt (1949), S. 434f.
Quigley (2010), S. 99

169 Schmidt (1949), S. 436

170 Dokumente (1946), Band 2, S. 176

171 Namier (1949), S. 156

172 Siehe Endnote 165

173 Preparata (2011), S. 320 und 324
Quigley (2010), S. 49 und 94
Dokumente (1946), Band 2, S. 167f.

174 Churchill (1954), S. 139

175 Drabkin (2014), S. 174-178
Trotzki (1937), S. 75
Heitkam (1990), 116 und 152ff.

176 Preparata (2011), S. 331
Drabkin (2014), S. 178-182
Höhne (1976), S. 240f.
Reile (1990), S. 253ff.
Gisevius (1963), S. 370f.
Falin (1995), S. 512, Endnote 5
Scheck (1975), S. 388
Musial, Bogdan (2019), Stalins Angriffspläne für den Westen [online]. Verfügbar unter https://www.welt.de/politik/article1799869/Stalins-Angriffsplaene-fuer-den-Westen.html (08.02.2019)

177 Schultze-Rhonhof (2007), S. 426f.

178 Dokumente (1946), Band 2, S. 177

179 Preparata (2011), S. 279-355, speziell S. 303f.
Vgl. Sutton (2008) von A bis Z, auch Knightley (1990)

180 Dokumente (1946), Band 2, S. 177

181 Dokumente (1946), Band 2, S. 177
182 Hirche (1964), S. 48
183 Namier (1949), S. 157
184 Ebd., S. 157
185 Ebd., S. 157
186 Ebd., S. 158
187 Falin (1995), S. 92
188 Ebd., S. 74
189 Quigley (2010), S. 100
190 Falin (1995), S. 75
Wie so viele Details hier durch eine ganze Anzahl von Forschern näher betrachtet werden müssten, wäre es wissenswert, ob Helphand mit dem Mann verwandt war, der seinerzeit die Idee der Revolution aus London nach Russland trug.
191 Boberach (Hg., 1984), Band 2, S. 116
192 IMG (1948), Band XXII, S. 500f.
193 Ebd., S. 402
194 Ebd., S. 501
195 Ebd.
196 Falin (1995), S. 103
197 IMG (1948), Band XXII, S. 501
198 Ebd., S. 511
199 Rothfels (1960), S. 138
200 Ebd., S. 70
201 Gilbert & Gott (1964), S. 167f.
202 Namier (1949), S. 158f.
203 Dokumente (1946), Band 2, S. 180f.
204 Ebd., S. 184
205 Falin (1995), S. 75
206 Namier (1949), S. 199f.
207 Ebd., S. 200
208 Ebd., S. 201
209 IMG (1948), Band XXII, S. 513f.
210 Namier (1949), S. 201
211 Rothfels (1960), S. 142
212 Steinbach & Tuchel (Hrsg., 1994), S. 305
213 Rothfels (1960), S. 191
214 Falin (1995), S. 78 und 508, Fußnote 132
215 Kordt (1948), S. 169-173
216 Boberach (Hg., 1984), Band 2, S. 223
217 Strube, Katja (2017), Mensch mit dem größten Herzen [online]. Verfügbar unter http://www.taz.de/!5198064/ [04.12.2017]
Das Glück hat also nicht gehalten. Das steht viele Jahre nach dem Tod Axel Springers in einem Artikel von Katja Strube – in der TAZ. Durch welchen Zufall könnten Leser der Zeitungen Springers denn zumindest nachträglich auf diese Information stoßen? Soweit sie nicht schon lange das Zeitliche gesegnet haben. Bis zu seinem Tode 1985, heißt es bei Katja Straube, habe er sich nie öffentlich zu den Umständen seiner ersten Scheidung geäußert. Auch in den bislang erschienenen Springer-Biografien sei davon nichts zu lesen. Demzufolge hat also sogar der journalismusferne, unkritische Fanatismus im Umgang mit Taten und Untaten von Bürgerinnen und Bürgern des Staates Israel seine irdischen Ursachen und liegt im ureigenen schlechten Gewissen von Axel Springer begründet. Martha blieb aus mir unbekanntem Grund von der Deportation verschont. Nach dem Krieg hat

sie laut Katja Strube den Kaufmann Fred Funke geheiratet, den sie im Jahr 1939 kennengelernt hatte, und änderte ihren Namen in Dicky Funke. Zu Axel Springer behielt sie nach ihrem Bekunden ein freundschaftliches Verhältnis. Hat er sich um eine andere Identität und neue Papiere für Martha Meyer gekümmert?

218 Gisevius (1947), Band 1, S. 166
Mackinder (1919), S. 101 und 122

219 Kordt (1948), S. 160

220 Falin (1995), S. 76

221 Ebd., S. 76

222 Ebd., S. 77

223 Churchill (1954), S. 141

224 Gilbert & Gott (1964), S. 195ff.

225 Falin (1995), S. 92f.

226 Dokumente (1946), Band 2, S. 179 und 185ff.

227 Preparata (2011), S. 322
Quigley (2010), S. 73ff.

228 Sutton (2008), S. 36, 57, 66 und 164

229 Straeten (1997), S. 43f. – Geprüft von der Gedenkstätte in Yad Vashem.

230 Hirche (1964), S. 101

231 Steinbach & Tuchel (Hrsg., 1994), S. 247 und 260f.

232 Speidel (1977), S. 83f.

233 Knightley (1990), S. 87

234 Höhne (1976), S. 326
Knightley (1990), S. 127f.

235 Namier (1949), S. 272

236 Ebd., S. 273

237 Falin (1995), S. 86

238 Ebd., S. 83

239 Quigley (2010), S. 105f.

240 Dokumente (1946), Band 2, S. 119f.

241 Ebd., S. 120f.

242 Ebd., S. 121

243 Ebd., S. 120

244 Falin (1995), S. 86f.
Arita ist der Nachname. Er wird im Japanischen zuerst genannt.

245 Namier (1949), S. 221

246 Ebd., S. 273

247 Ebd., S. 224

248 Ebd., S. 222 und 224

249 Preparata (2011), S. 326

250 Falin (1995), S. 94 und 510, Fußnote 172

251 Ebd., S. 91

252 Namier (1949), S. 226

253 Falin (1995), S. 87f.

254 Ebd., S. 88f.

255 Namier (1949), S. 225

256 Shirer (1961) (1961), S. 520

257 Wikipedia (2015), Weiße Blätter [online]. Verfügbar unter
http://de.wikipedia.org/wiki/Wei%C3%9Fe_Bl%C3%A4tter [12.11.2015]

258 Falin (1995), S. 84

259 Fest (1994), S. 79

260 Fest (1994), S. 80
Preparata (2011), S. 304f.
261 Falin (1995), S. 94
262 Ebd., S. 95
263 Churchill (1954), S. 145
Namier (1949), S. 223
264 Falin (1995), S. 94
265 Ebd., S. 84
266 Ebd., S. 84
267 Höhne (1976), S. 327
268 Kordt (1948), S. 173
269 Höhne (1976), S. 327f.
270 Schmidt (1949), S. 438
271 Höhne (1976), S. 328
272 Schmidt (1949), S. 439f.
273 Höhne (1976), S. 327
274 Ebd., S. 327
275 Falin (1995), S. 85
276 Höhne (1976), S. 327
Dokumente (1946), Band 2, S. 196ff.
277 Falin (1995), S. 84 und 96f.
Dokumente (1946), Band 2, S. 196ff.
278 Falin (1995), S. 95
Namier (1949), S. 226 und 526, Fußnote 98
279 Falin (1995), S. 511, Fußnote 183
280 Ebd., S. 95
281 Ebd., S. 95
282 Namier (1949), S. 227f.
283 Ebd., S. 230
284 Ebd., S. 230
285 Falin (1995), S. 94f.
286 Höhne (1976), S. 330
287 Ebd., S. 330
288 Huber & Müller (1964), Band 2, S. 421
289 Ebd., S. 421
290 Höhne (1976), S. 328
291 Ebd., S. 328f.
292 Falin (1995), S. 98
Preparata (2011), S. 327
293 Bereshkow (1975), S. 24
294 Heitkam u. a. (1990), S. 126f.
295 Höhne (1976), S. 329f.
296 Schultze-Rhonhof (2007), S. 442f.
297 Ebd., S. 442f.
New World Encyclopedia (2013), Concentration Camp [online]. Verfügbar unter: http://www.newworldencyclopedia.org/entry/Concentration_camp [04.12.2015]
Schneider, Andreas (2015), Polnische Verbrechen an Volksdeutschen von 1918 bis 1939 [04.12.2015]. Verfügbar unter: http://newsgroups.derkeiler.com/Archive/De/de.soc.politik.texte/2009-01/msg00001.html [04.12.2015]
Freiger, Stephan (2015), Rückblick mit historischem Bezug [online]. Verfügbar unter: http://www.heimatkreis-neumark.de/Rede_07.html [04.12.2015]

298 Falin (1995), S. 97
299 Ebd., S. 95ff
Namier (1949), S. 230
300 Falin (1995), S. 95f.
301 Namier (1949), S. 230f.
302 Höhne (1976), S. 330
303 Falin (1995), S. 512, Fußnote 1
304 Ebd., S. 99
305 Ebd., S. 110f.
306 Kordt (1948), S. 177. Im Japanischen wird der Familienname zuerst genannt.
307 Falin (1995), S. 132
308 Höhne (1976), S. 331ff.
309 Ebd., S. 331
310 Ebd., S. 333
311 Steinbach & Tuchel (Hrsg., 1994), S. 325f. und Fußnote 24
312 Kordt (1948), S. 176
Schmidt (1949), S. 448
IMG (1948), Band XXII, S. 503
313 Ebd., S. 503f.
314 Ebd., S. 505
315 Gilbert & Gott (1964), S. 213f.
316 Namier (1949), S. 223f.
Schmidt (1949), S. 440 und 443
317 Churchill (1954), S. 146
Kordt (1948), S. 178
Schmidt (1949), S. 444
318 Kordt (1948), S. 178
Vgl. Churchill (1954), S. 146
319 Rothfels (1960), S. 70
320 Falin (1995), S. 72
321 Ebd., S. 72
322 Kordt (1948), S. 178f.
323 Fest (1994), S. 81
Quigley (2010), S. 38
324 Kordt (1948), S. 181
325 Falin (1995), S. 70
326 IMG (1948), Band XXI, S. 505f.
327 Hirche (1964), S. 127
328 Ebd., S. 152
329 Kordt (1948), S. 157, Fußnote 1
330 Falin (1995), S. 110
331 Ebd., S. 514, Fußnote 13
332 Schultze-Rhonhof (2007), S. 558
Falin (1995), S. 509f., Fußnote 159
333 Strauß (1989), S. 294
Schultze-Rhonhof (2007), S. 558
334 Huber & Müller (1964), Band 2, S. 421
IMG (1948), Band XXII, S. 504
335 Mail Online (2015), It's too long-winded! What George VI's adviser thought of early draft of the King's Speech [online]. Verfügbar unter: http://www.dailymail.co.uk/news/article-2512662/Its-long-winded-What-George-VIs-adviser-thought-early-draft-Kings-Speech.html [16.10.2015]

336 Gilbert & Gott (1964), S. 199 und 215ff.
337 Schmidt (1949), S. 447 und 449
338 Ebd., S. 450
339 Höhne (1976), S. 333
340 Schmidt (1949), S. 451
341 Ebd., S. 452
342 Ebd., S. 450 und 452
343 Ebd., S. 452f.
344 Knightley (1990), S. 88 und 134
345 Höhne (1976), S. 334
Shirer (1961), S. 515
346 Ebd., S. 516
347 Höhne (1976), S. 334
348 Schmidt (1949), S. 453
349 Quigley (2010), S. 101f.
350 Der Spiegel (34/1969), Hitler: „Dann Finis Germaniae“ aus der Serie Ausbruch des Zweiten Weltkriegs (I)
351 Pauwels (2013), S. 207
Sutton (2008), S. 64
352 Höhne (1976), S. 321f. und 334
Wikipedia (2015), Besetzung des Jablunkapasses [online].
http://de.wikipedia.org/wiki/Besetzung_des_Jablunkapasses [12.11.2015]
353 Kordt (1948), S. 177, Fußnote 2
354 Falin (1995), S. 104 und 113
355 Ebd., S. 113
356 Ebd., S. 104f.
357 Höhne (1976), S. 336
358 Falin (1995), S. 113
359 Churchill (1954), S. 147f.
360 Falin (1995), S. 112
361 Ebd., S. 112
362 IMG (1948), Band XXII, S. 504
363 Falin (1995), S. 114
364 Höhne (1976), S. 336
365 Hirche (1964), S. 95
366 Wikipedia (2015), Reichsparteitag [online]. Verfügbar unter http://de.wikipedia.org/wiki/Reichsparteitag [12.11.2015]
367 Schmidt (1949), S. 456-458
368 Ebd., S. 458
369 Ebd., S. 458f.
370 Vgl. Schultze-Rhonhof (2007), S. 427ff.
371 Schmidt (1949), S. 459
372 Gisevius (1947), Band 2, S. 38
Quigley (2010), S. 53f.
373 Ebd.
374 Fröhlich (1998), S. 84
375 Shirer (1961), S. 544
376 Fröhlich (1998), S. 84
377 Ebd., S. 84ff.
378 Ebd., S. 86
379 Gilbert & Gott (1964), S. 219f.
Schmidt (1949), S. 460

380 Schmidt (1949), S. 460
381 Höhne (1976), S. 324
Huber & Müller (1964), Band 2, S. 421f.
Diesen Hergang halte ich deshalb für glaubhaft, weil Alfred Naujocks bei seinem Kriegsverbrecherprozess nach 1945 höchstpersönlich ausgesagt hat, dass er diese Fake-Operation 1939 tatsächlich geleitet hat. IMG (1948), Band IV, S. 270f. und Band XXII, S. 26
382 Huber & Müller (1964), Band 2, S. 422
383 Shirer (1961), S. 544f.
384 IMG (1948), Band XXII, S. 504
385 Gisevius (1947), Band 2, S. 121
Höhne (1976), S. 337
386 Speidel (1977), S. 84f.
387 Huber & Müller (1964), Band 2, S. 422
388 Gisevius (1947), Band 2, S. 119f.
389 Zoglmann (1995), S. 339f.
390 Hirche (1964), S. 156
391 Ecke (1990), S. 90
392 Huber & Müller (1964), Band 2, S. 422
393 Ecke (1990), S. 132
394 Fröhlich (1998), S. 90f. und 95
395 Szepansky (1983), S. 75
396 Straeten (1997), S. 153f. – Geprüft von der Gedenkstätte Yad Vashem.
397 Bruch & Hofmeister (2000), S. 156
Andere Bücher nennen noch geringere Zahlen.
Rothfels (1960), S. 31f. und 35f.
BBC (1942), BBC-Sendung vom 24. Dezember 1942. Bericht über die Vernichtung der jüdischen Bevölkerung in Europa. [online]. Verfügbar unter http://www.youtube.com/watch?v=dV4IOnN6hxE [10.11.2015]
Straeten (1997), S. 109 – Ebenfalls geprüft von der Gedenkstätte Yad Vashem.
398 Ebd.
399 Deutschland hat die Reparationen für WK I (sic!) bis zum 4. Oktober 2010 bezahlt.
400 Knightley (1990), S. 128
401 Chroniknet (2015), Chroniknet ist ein Portal zur Geschichte des 20. und 21. Jahrhunderts. September 1939 [online]. Verfügbar unter http://www.chroniknet.de/daly_de.0.html?year=1939&month=9 [01.12.2014]
Hoffmann, Peter (1970), S. 42
402 Schmidt (1949), S. 461f.
Falin (1995), S. 127
403 Ebd., S. 128
404 IMG (1948), Band XXII, S. 506
Schultze-Rhonhof (2007), S. 558
405 Gilbert & Gott (1964), S. 168, 256, 260, 266f. und 275
406 Schmidt (1949), S. 462f.
407 Ebd., S. 463
Es passt nicht so recht an dieser Stelle im Text, aber ich möchte doch zumindest in der Endnote anmerken, dass das Deutsche Reich und Österreich-Ungarn die Umstellung auf die Sommerzeit zum Zwecke der Energieeinsparung am 30. April 1916 eingeführt haben. Bei Wikipedia findet sich das so: „Die Sommerzeit sollte die energieintensiven Materialschlachten des Ersten Weltkriegs unterstützen: Dadurch (Davon) versprach man sich Energieeinsparungen bei der künstlichen

Beleuchtung an langen Sommerabenden. Als Reaktion darauf führten zahlreiche andere europäische Länder einschließlich der Kriegsgegner Großbritannien und Frankreich noch im selben Jahr die Sommerzeit ein. 1919 schaffte Deutschland in der Weimarer Republik die ungeliebte Kriegsmaßnahme wieder ab. Großbritannien war das einzige Land, das zwischen den Weltkriegen kontinuierlich an der Verschiebung der Stunden im Sommer festhielt." Sehr schön, aber sie sprachen auch von einem Waffenstillstand für zwanzig Jahre und nicht von Frieden.
Wikipedia (2019), Sommerzeit [online]. Verfügbar unter:
https://de.wikipedia.org/wiki/Sommerzeit [12.12.2019]

408 Schmidt (1949), S. 463f.

409 Ebd., S. 464

410 Hofer (1982), S. 236f.

411 Höhne (1976), S. 321f.

412 Hofer (1982), S. 237

413 Steinbach & Tuchel (Hrsg., 1994), S. 307
Shirer (1961), S. 593

414 Falin (1995), S. 517, Fußnote 48
Zeit online (2019), Der 20. Juli 1944: Ein vergessener Tag. Artikel in Die Zeit vom 16. Juli 1998 [online]. Verfügbar unter
https://www.zeit.de/1998/30/199830.20.juli_.xml/seite-2 [16.12.2019]
Im Artikel finde ich die Bestätigung für meine Forschungen. Da heißt es: „Auch heute, am 20. Juli 1998, ist dieser in unserer Geschichte so einzigartige Tag im Bewusstsein der Mehrheit der Deutschen nicht präsent, und die Minderheit glaubt noch immer Gerüchte, die einst Widersacher in die Welt setzten. Es sind vor allem zwei Unwahrheiten, die noch immer kursieren:
1. Erst als endgültig klar war, daß der Krieg verloren war, haben die Oppositionellen sich zum Widerstand entschlossen.
2. Es war ein Club von Grafen und Reaktionären, die sich da zusammengefunden haben.
Zu Punkt 1: Schon 1938 wurden Vorbereitungen getroffen. Damals, um einen möglichen Krieg zu verhindern. ..."
Wie ist es zu erklären, dass das falsche Bild auch weiterhin in der Öffentlichkeit vorherrscht? Aber eigentlich wundere ich mich, wie ein Artikel mit dieser Aussage überhaupt in die Zeitung kam.

415 Steinbach & Tuchel (Hrsg., 1994), S. 307

416 Falin (1995), S. 140

417 Sutton (2008), S. 37f.
Gilbert & Gott (1964), S. 149

418 Black (2001), S. 22ff.
Bührer (1992), S. 81f.
Berlin hears Ford is backing Hitler. In: New York Times, 20. 12. 1922, S. 2
Vgl. Sutton (1974), Wall Street and the Bolshevik Revolution.
Preparata (2011), Wer Hitler mächtig machte. Wie britisch-amerikanische Finanzeliten dem Dritten Reich den Weg ebneten. S. 64ff. und 327
Sutton (2008), Wall Street und der Aufstieg Hitlers. S. 23, 44, 51, 91f. und 165
Pauwels (2013), Big Business avec Hitler. S. 185f., 197, 202 und 206f.
Zdral (2002), Der finanzierte Aufstieg des Adolf H. S. 41f. und 90f.
Higham (1983), Trading with the Enemy. An Exposé of the Nazi-American Money Plot 1933-1949
Gassert (1999), Handel mit Hitler. Nach den Schweizer Banken geraten nun auch die amerikanischen Unternehmen ins Visier. In: Die Zeit, 14.01.99, S. 78

419 Sutton (2008), S. 41f. und 152

420 Ecke (1990), S. 133
421 Hirche (1964), S. 121
422 Falin (1995), S. 120
423 Moorhouse (2007), S. 140f.
424 Ebd., S. 141
425 Hoffmann, Peter (1970), S. 397
Höhne (1976), S. 256
426 Steinbach & Tuchel (Hrsg., 1994), S. 306
427 Mensing (1991), S. 452
428 Paustian, Matthias (1994), Die Nationalpolitische Erziehungsanstalt Plön 1933-1945. [online]. Verfügbar unter http://www.akens.org/akens/texte/info/26/41.html [12.11.2015]
429 Hoffmann, Peter (1970), S. 50f.
430 Ebd., S. 50f.
431 Hirche (1964), S. 174
432 Falin (1995), S. 119
Vgl. IMG (1948), Band XXII, S. 546
433 Fest (1994), S. 117f.
434 Rothfels (1960), S. 73
Fest (1994), S. 120
Zayas (2001), S. 246
Sutton (2008), S. 153f.
Pauwels (2013), S. 185f.
435 Fest (1994), S. 118ff.
436 Steinbach & Tuchel (Hrsg., 1994), S. 313
437 Ebd., S. 312f.
438 Schmidt (1949), S. 330
439 Runzheimer (1992), S. 47–49
440 Zayas (2001), S. 228
441 Runzheimer (1992), S. 47–49
Zayas (2001), S. 37 und 228
In der auf Seite 37 angegebenen Zahl von 5.495 Opfern sind Vermisste mit eingeschlossen.
Boberach (Hg., 1984), Band 13, S. 5144f.
442 Zayas (2001), S. 36f.
443 Ebd., S. 245f.
OKW war das Oberkommando der Wehrmacht.
444 Boberach (Hg., 1984), Band 2, S. 357
445 Hoffmann, Peter (1970), S. 147
Moorhouse (2007), S. 297
Shirer (1961), S. 592
446 Rothfels (1960), S. 84
447 Wikipedia (2015), Herbert Czaja [online]. Verfügbar unter http://de.wikipedia.org/wiki/Herbert_Czaja [12.11.2015]
448 Falin (1995), S. 118f. und 516, Fußnote 39
449 Kordt (1948), S. 220
450 Enzensberger (2008), S. 120f.
451 Falin (1995), S. 119 und 127
Speidel (1977), S. 87
452 Falin (1995), S. 119 und 121
453 Ebd., S. 122

454 Namier (1949), S. 268
455 Preparata (2011), S. 339
Kordt (1948), S. 220f.
456 Fröhlich (1998), S. 96
457 Shirer (1961), S. 584
458 Ebd., S. 583
459 Namier (1949), S. 268
Kordt (1948), S. 220
460 Mayer & Mehner (2001), S. 16
Wikipedia (2015), Uranprojekt [online]. Verfügbar unter http://de.wikipedia.org/wiki/Uranprojekt [10.11.2015]
461 Boberach (Hg., 1984), Band 2, S. 349
462 Ebd., S. 382
463 Kennan (1968), S. 114
464 Ebd., S. 115-118
465 Wikipedia (2020), Joannes Baptista Sproll [online]. Verfügbar unter https://de.wikipedia.org/wiki/Joannes_Baptista_Sproll [01.02.2020]
466 Boberach (Hg., 1984), Band 2, S. 382
Der Hochruf auf Kaiser Otto bezieht sich auf Otto von Habsburg-Lothringen, den ältesten Sohn des letzten Kaisers von Österreich und König von Ungarn.
467 Boberach (Hg., 1984), Band 2, S. 349
468 Ebd., Band 3, S. 564
469 Ebd., Band 2, S. 421
470 Ebd., S. 422
471 Ebd., S. 390
472 Falin (1995), S. 124f. und 517, Fußnote 50
Vgl. Knightley (1990), S. 129
473 Shirer (1961), S. 584
474 Ebd., S. 597
Enzensberger (2008), S. 119
475 Fest (1994), S. 123ff.
Hofer (1982), S. 237
476 Fest (1994), S. 123ff.
477 Fröhlich (1998), S. 98
478 Steinbach & Tuchel (Hrsg., 1994), S. 306
479 Fest (1994), S. 125
480 Steinbach & Tuchel (Hrsg., 1994), S. 323
481 Moorhouse (2007), S. 143
482 Steinbach & Tuchel (Hrsg., 1994), S. 307f.
OKW war das Oberkommando der Wehrmacht.
483 Falin (1995), S. 141
484 Moorhouse (2007), S. 303
485 Rothfels (1960), S. 144
486 Ebd., S. 143ff. und 152
487 LeBor (2014), S. 110
488 Shirer (1961), S. 586
489 Ebd., S. 586
490 Falin (1995), S. 127
491 IMG (1948), Band XXII, S. 512 und 514
492 Ebd., S. 506f.
493 Ebd., S. 512, die Literatur bezeichnet weitere Tage als den ersten Termin.

494 Moorhouse (2007), S. 142f.
Shirer (1961), S. 595
Fest (1994), S. 142
495 Falin (1995), S. 127
496 Hirche (1964), S. 119
497 Boberach (Hg., 1984), Band 2, S. 334
498 Ebd., S. 350
499 Ebd., S. 339f.
500 Ebd., S. 339, 347f. und 384
501 Hofer (1982), S. 324
502 Ebd., S. 324f.
Steinbach & Tuchel (Hrsg., 1994), S. 307
Shirer (1961), S. 593
503 Boberach (Hg., 1984), Band 2, S. 347f.
504 Gilbert & Gott (1964), S. 284f.
505 Steinbach & Tuchel (Hrsg., 1994), S. 308
Fest (1994), S. 124
506 Moorhouse (2007), S. 147
507 Falin (1995), S. 129
Vgl. Bereshkow (1975), S. 45
Höhne (1976), S. 273
508 Steinbach & Tuchel (Hrsg., 1994), S. 306-309
Wikipedia (2015), Helmuth Großcurth [online]. Verfügbar unter http://de.wikipedia.org/wiki/Helmuth_Groscurth [12.11.2015]
509 Hoffmann, Peter (1970), S. 166
510 Shirer (1961), S. 594
Steinbach & Tuchel (Hrsg., 1994), S. 309
511 Fest (1994), S. 127f.
512 Ebd., S. 128
513 Hoffmann, Peter (1970), S. 146-186, speziell S. 167
Steinbach & Tuchel (Hrsg., 1994), S. 309
OKH war das Oberkommando des Heeres.
514 Fest (1994), S 127
Hoffmann, Peter (1970), S. 50f.
515 Shirer (1961), S. 596
516 Boberach (Hg., 1984), Band 2, S. 414f.
517 Ebd., Band 2, S. 415
518 Hirche (1964), S. 147
519 Fest (1994), S. 128
Rothfels (1960), S. 85
Moorhouse (2007), S. 141
Hoffmann, Peter (1970), S. 302
520 Fest (1994), S. 128
Moorhouse (2007), S. 140ff.
Hoffmann, Peter (1970), S. 302f.
521 Steinbach & Tuchel (Hrsg., 1994), S. 305f.
Hoffmann, Peter (1970), S. 165
522 Fest (1994), S. 128
523 Gisevius (1947), Band 2, S. 133f.
Fest (1994), S. 129f.
OKW war das Oberkommando der Wehrmacht.

524 Fest (1994), S. 129
Als *erstes* Datum fanden Historiker den 13., den 12. und den 10. November.
525 Shirer (1961), S. 594
Steinbach & Tuchel (Hrsg., 1994), S. 309
Vgl. Hoffmann, Peter (1970), S. 176
526 Knightley (1990), S. 130f.
Preparata (2011), S. 53f.
527 Knightley (1990), S. 84, 86ff. und 132ff.
528 Shirer (1961), S. 595
529 Hoffmann, Peter (1970), S. 177f.
Steinbach & Tuchel (Hrsg., 1994), S. 309
OKW war das Oberkommando der Wehrmacht.
530 Steinbach & Tuchel (Hrsg., 1994), S. 309
Shirer (1961), S. 595
531 Fest (1994), S. 130
532 Shirer (1961), S. 595
Steinbach & Tuchel (Hrsg., 1994), S. 309
533 Ebd., S. 310
534 Ebd., S. 311
535 Shirer (1961), S. 595
536 Falin (1995), S. 129
537 Shirer (1961), S. 597f.
538 Ebd., S. 597f.
539 Moorhouse (2007), S. 89
540 Ebd., S. 89f.
541 Ebd., S. 88ff.
Shirer (1961), S. 597
Nach Shirer waren es 7 Tote.
542 Moorhouse (2007), S. 91
543 Ebd., S. 91f.
544 Ebd., S. 88 und 91
545 Ebd., S. 88
546 Hirche (1964), S. 159
547 Boberach (Hg., 1984), Band 3, S. 467
548 Ebd., S. 449
549 Hoffmann, Peter (1970), S. 304
Rothfels (1960), S. 85
Moorhouse (2007), S. 142
Steinbach & Tuchel (Hrsg., 1994), S. 309
550 Shirer (1961), S. 597
551 Moorhouse (2007), S. 96f.
552 Ebd., S. 85-93
553 Ebd., S. 86-88
554 Ebd., S. 93f.
555 Ebd., S. 93f.
556 Ebd., S. 94
557 Ebd., S. 96
558 Hoffmann, Peter (1970), S. 304
Moorhouse (2007), S. 142
559 Moorhouse (2007), S. 147
560 Boberach (Hg., 1984), Band 3, S. 449

561 Preparata (2011), S. 339
Ein MP ist ein Member of Parliament, ein Abgeordneter des Parlaments.
Gilbert & Gott (1964), S. 274
562 Ebd., S. 274f.
Knightley (1990), S. 132ff.
563 Falin (1995), S. 129
564 Boberach (Hg., 1984), Band 2, S. 424
565 Ebd., Band 3, S. 506f.
566 Ebd., Band 2, S. 459
567 Ebd., Band 3, S. 550
568 Ebd., S. 484
569 Ebd., S. 484
570 Ebd., S. 536
571 Ebd., S. 459
572 Ebd., Band 2, S. 416 und Band 3, S. 597
Dokumente (1946), Band 1, S. 160
573 Boberach (Hg., 1984), Band 3, S. 509
574 Ebd., S. 529
575 Ebd., S. 528
576 Ebd.
577 Ebd., S. 555
578 Ebd., S. 514
579 Steinbach & Tuchel (Hrsg., 1994), S. 400
Boberach (Hg., 1984), Band 3, S. 514
580 Steinbach & Tuchel (Hrsg., 1994), S. 102
581 Boberach (Hg., 1984), Band 3, S. 476
582 Ebd., S. 476 und 555f.
583 Fröhlich (1998), S. 173
584 Boberach (Hg., 1984), Band 3, S. 556
585 Ebd., S. 556
586 Ebd., S. 597f.
587 Ebd., S. 384
588 Shirer (1961), S. 598
589 Boberach (Hg., 1984), Band 3, S. 541
590 Fest (1994), S. 134f.
591 Hofer (1982), S. 325
592 Fest (1994), S. 120f.
593 Boberach (Hg., 1984), Band 2, S. 421
594 Fest (1994), S. 120
Zayas (2001), S. 246
595 Fest (1994), S. 120ff.
596 Boberach (Hg., 1984), Band 3, S. 502
Hirche (1964), S. 97
597 Boberach (Hg., 1984), Band 3, S. 540
598 Ebd., S. 597
599 Ebd., S. 580f.
Gilbert & Gott (1964), S. 154
600 Boberach (Hg., 1984), Band 3, S. 580f.
601 Ebd., S. 569
602 Ebd., Band 2, S. 416
603 Boberach (Hg., 1984), Band 3, S. 548
604 Ebd., S. 596

605 Boberach (Hg., 1984), Band 3, S. 483
606 Ebd., S. 526 und 573
607 Ebd., S. 573
608 Namier (1949), S. 73f.
609 Fröhlich (1998), S. 172
610 Schwipper (2018), S. 27ff.
611 Falin (1995), S. 131
612 Boberach (Hg., 1984), Band 3, S. 468
613 Falin (1995), S. 130f.
614 Schmidt (1949), S. 474
615 Boberach (Hg., 1984), Band 2, S. 357
616 Ebd., S. 415
617 Falin (1995), S. 184f.
618 Rothfels (1960), S. 145
619 Preparata (2011), S. 340
620 Boberach (Hg., 1984), Band 2, S. 390
621 Ebd., S. 421
622 Ebd., Band 3, S. 483
623 Ebd., S. 540
624 Ebd., S. 468
625 Ebd., Band 2, S. 597
626 Ebd., S. 536f.
627 Ebd., S. 555
628 Hoffmann, Peter (1970), S. 256
629 Boberach (Hg., 1984), Band 3, S. 576f.
630 Halder (1949), S. 62: „Das Land, das ihn nicht zum Siege zu tragen vermochte, sich seiner Größe nicht würdig erwiesen hatte, sollte zugrunde gehen. Das sind keine Verzweiflungsgedanken, kein ohnmächtiger Groll im Augenblick des Versinkens. Das sind Gedanken, die er schon früher in voller Ruhe und Klarheit ausgesprochen hat, schon zu Beginn des Krieges und während des russischen Feldzuges. Ein Deutschland, das nicht siegen konnte, sollte ausgelöscht werden nicht durch die Gewalt der Sieger, sondern durch seinen, des Feldherrn und Diktators Willen! Diese Gedanken wird nur verstehen, wer Hitler persönlich erlebt hat. Für ihn gab es, als er an der Spitze der Macht stand, kein Deutschland, und wenn er es auch noch so oft im Munde führte; für ihn gab es keine deutsche Truppe, für deren Wohl und Wehe er sich verantwortlich fühlte; für ihn gab es – zu Beginn unbewusst, in den letzten Jahren auch völlig bewusst – nur eine Größe, die sein Leben beherrschte und der seine dämonische Kraft alles geopfert hat: sein eigenes Ich, das er als buchstäbliche Verkörperung an die Stelle des Volkes gestellt hatte, dem er einst zu dienen gelobt hatte.“ Und das sagte nach dem Untergang des Deutschen Reiches der Generalstabschef des Heeres Franz Halder. Das sollte auch letzte Zweifel ausräumen, ob Adolf Hitler mehr oder minder intelligent war und ob er letztendlich gar für eine fremde Macht gearbeitet hat. Dieser Mensch war ein Psychopath und genau das werden die Kontaktmänner aus England und Amerika um 1920 herum auch an ihm festgestellt und ihren Auftraggebern so weitergegeben haben. Er war ja nachweislich noch nicht einmal ein Antisemit und hat doch gerade in dieser Hinsicht so unendlich großen Schaden angerichtet und Menschen so viel Leid bereitet. Da wurde der passende Knallkopp gefördert.
Hofer (1957), S. 264
Wikipedia (2015), Uranprojekt [online]. Verfügbar unter http://de.wikipedia.org/wiki/Uranprojekt [10.11.2015]
Wikipedia (2015), Carl Friedrich von Weizsäcker [online]. Verfügbar unter

http://de.wikipedia.org/wiki/Carl_Friedrich_von_Weizs%C3%A4cker#Familie [10.11.2015]
Wikipedia (2015), Lise Meitner [online]. Verfügbar unter http://de.wikipedia.org/wiki/Lise_Meitner [10.11.2015]
631 Boberach (Hg., 1984), Band 3, S. 582
632 Ebd., S. 584
633 Ebd., S. 583
634 Ebd., S. 583
635 Deutschlandfunk (2015), Wir haben eine Parteienoligarchie und keine Parteiendemokratie. [online]. Verfügbar unter http://www.dradio.de/dlf/sendungen/zeitzeugen/1380969/ [12.11.2015]
636 Boberach (Hg., 1984), Band 3, S. 535
Haisenko (2016), S. 112
637 Kennan (1968), S. 112ff.
638 Ebd., S. 114
Steinbach & Tuchel (Hrsg., 1994), S. 399
In dieser wissenschaftlichen Publikation wird das für ganz Deutschland verallgemeinert.
639 Kennan (1968), S. 114
640 Falin (1995), S. 131
641 Ebd., S. 132
642 Hughes (1955), S. 145

Literaturauswahl

Bereshkow, Walentin Michailowitsch (1975). Jahre im diplomatischen Dienst. Berlin: Dietz Verlag

Black, Edwin (2001). IBM und der Holocaust. Die Verstrickung des Weltkonzerns in die Verbrechen der Nazis. München: Propyläen Verlag

Boberach (Hrsg., 1984). Die geheimen Lageberichte des Sicherheitsdienstes der SS. 1938-1945. Bände 2 und 3. Herrsching: Pawlak Verlag

Bruch & Hofmeister (2000). Deutsche Geschichte in Quellen und Darstellung. Band 8. Kaiserreich und Erster Weltkrieg 1871-1918. Hrsg. v. Rüdiger vom Bruch und Björn Hofmeister. Stuttgart: Philipp Reclam jun.

Bruppacher, Paul (2013). Adolf Hitler und die Geschichte der NSDAP. Eine Chronik. Teil 2: 1938 bis 1945. 2. überarbeitete und erweiterte Auflage, Norderstedt: Books on Demand GmbH

Bührer, Werner (1992). Finanzierung Hitlers und der NSDAP. In: Legenden, Lügen, Vorurteile. Ein Wörterbuch zur Zeitgeschichte. Herausgegeben von Wolfgang Benz. München: Deutscher Taschenbuch Verlag

Churchill, Winston Leonard Spencer (1954). Der Zweite Weltkrieg. Bern: Alfred Scherz Verlag

Ecke, Felix (1990). Die braunen Gesetze. Über das Recht im Unrechtsstaat. Berlin: Staatsverlag der Deutschen Demokratischen Republik

Dokumente (1946). Dokumente und Materialien aus der Vorgeschichte des II. Weltkrieges. Bände 1 und 2, Moskau: Verlag für fremdsprachige Literatur

Drabkin, Jakov (2014). Die Idee der Weltrevolution und ihre Transformation in der Kominterngeschichte. Beitrag aus Weber, Hermann & Drabkin, Jakov & Bayerlein, Bernhard H. & Galkin, Aleksandr (2014). Deutschland, Russland, Komintern. I. Überblicke, Analysen, Diskussionen. Berlin, Boston: Walter de Gruyter GmbH

Dulles, Allen Welsh (1947). Germany's Underground. Neuauflage 2000, New York: Da Capo Press

Enzensberger, Hans Magnus (2008). Hammerstein oder Der Eigensinn. Frankfurt am Main: Suhrkamp Verlag

Falin, Valentin (1995). Zweite Front. Die Interessenkonflikte der Anti-Hitler-Koalition. München: Droemersche Verlagsanstalt Th. Knaur Nachfolger

Fest, Joachim C. Fest (1991). Hitler. Eine Biographie. Ungekürzte Ausg., 2. Auflage, Frankfurt am Main und Berlin: Ullstein Verlag

Fest, Joachim C. (1994). Staatsstreich. Berlin: Wolf Jobst Siedler Verlag

Florin, Moritz (2009). Der Hitler-Stalin-Pakt in der Propaganda des Leitmediums : „Völkischer Beobachter" über die UdSSR im Jahre 1939. Berlin: Lit Verlag Dr. W. Hopf

Fröhlich, Elke (Hrsg., 1998). Die Tagebücher von Joseph Goebbels. Im Auftrag des Instituts für Zeitgeschichte und mit Unterstützung des Staatlichen Archivdienstes Russlands. Teil I, Band 7, München: K. G. Saur Verlag

Gassert, Philipp (1999). Handel mit Hitler. Nach den Schweizer Banken geraten nun auch die amerikanischen Unternehmen ins Visier. In: Die Zeit, 14.01.1999, S. 78

Gaus, Günter (1986). Die Welt der Westdeutschen. Kritische Betrachtungen. Köln: Kiepenheuer & Witsch

Gilbert, Martin & Gott, Richard (1963). The Appeasers. 2. Ausgabe 1967. London: Weidenfeld and Nicolson. Gekürzt kam das Buch ein Jahr später auch auf Deutsch in den Buchhandel:

Gilbert, Martin & Gott, Richard (1964). Der gescheiterte Frieden. Europa 1933–1939. Stuttgart: W. Kohlhammer Verlag

Gisevius, Hans Bernd (1947). Bis zum bittern Ende. Bände 1 und 2, Darmstadt: Claassen & Würth

Gisevius, Hans Bernd (1963). Adolf Hitler. Versuch einer Deutung. München: Rütten und Loening Verlag

Haisenko, Peter (2016). England, die Deutschen, die Juden und das 20. Jahrhundert. Die perfiden Strategien des British Empire. 4. überarbeitete Auflage, München: Anderwelt Verlag

Halder, Franz (1949). Hitler als Feldherr. München: Münchener Dom-Verlag

Heitkam, Barbara & Kubale, Sibylle & Schmieder, Sven (Übersetzer, 1990). „Unpersonen" – Wer waren sie wirklich? Bucharin – Rykow – Trotzki – Sinowjew Kamenev. Berlin: Dietz Verlag

Higham, Charles (1983). Trading with the Enemy. An Exposé of the Nazi-American Money Plot 1933 – 1949. New York: Backinprint.com

Hirche, Kurt (1964). Der braune und der rote Witz. Düsseldorf und Wien: Econ Verlag

Hofer, Walther (1982). Der Nationalsozialismus. Dokumente 1933 – 1945. Überarbeitete Neuausgabe des Jahres 1957, Frankfurt am Main: Fischer Taschenbuch Verlag GmbH

Hoffmann, Joachim (1998), Die Angriffsvorbereitungen der Sowjetunion 1941. In Uhle-Wettler, Reinhard (Hg.). Wagnis Wahrheit, Kiel: Arndt Verlag

Hoffmann, Peter (1970). Widerstand. Staatsstreich. Attentat. Der Kampf der Opposition gegen Hitler. 2. verbesserte und erw. Auflage, Frankfurt/M., Berlin und Wien: Verlag Ullstein GmbH

Höhne, Heinz (1976). Canaris. Patriot im Zwielicht, München: C. Bertelsmann Verlag GmbH

Huber, Heinz & Müller, Artur (1964). Das Dritte Reich. Seine Geschichte in Texten, Bildern und Dokumenten. München, Wien und Basel: Verlag Kurt Desch GmbH

Hughes, Emrys (1955). Winston Churchill. British Bulldog. His Career in War and Peace. New York: Exposition Press

IMG: Internationaler Militärgerichtshof Nürnberg (1948). Der Nürnberger Prozess gegen die Hauptkriegsverbrecher vom 14. November 1945 – 1. Oktober 1946. Genehmigte Sonderausgabe, herausgegeben vom Internationalen Militärgerichtshof Nürnberg, Frechen: Komet MA-Service und Verlagsgesellschaft mbH

Kennan, George F. (1968). Memoiren eines Diplomaten. Stuttgart: Henry Goverts Verlag

Kleist, Peter (1952). Auch du warst dabei. Ein Beitrag zur Verarbeitung der Vergangenheit. Göttingen: Verlag K. W. Schütz

Knightley, Phillip (1990). Die Geschichte der Spionage im 20. Jahrhundert. Aufbau und Organisation, Erfolge und Niederlagen der großen Geheimdienste. Berlin: Verlag Volk und Welt

Kordt, Erich (1948). Wahn und Wirklichkeit. Die Außenpolitik des Dritten Reiches. Versuch einer Darstellung. Stuttgart: Union Deutsche Verlagsgesellschaft

LeBor, Adam (2014). Tower of Basel. BIZ [Bank für Internationalen Zahlungsausgleich]. Die Bank der Banken und ihre dunkle Geschichte. Zürich: Rotpunktverlag

Mackinder, Halford John (1904). The geographical pivot of history. In: The Geographical Journal. Special Issue: Halford Mackinder and the 'Geographical Pivot of History'. Edited by Klaus Dodds and James D. Sidaway. December 2004. Volume 170. Part 4. Glasgow/Schottland: Royal Geographical Society

Mackinder, Halford John (1919). Democratic Ideals and Reality. A study in the politics of reconstruction. Ausgabe von 1942. London: Constable and Company Ltd.

Mayer, Edgar & Mehner, Thomas (2001). Das Geheimnis der deutschen Atombombe. Gewannen Hitlers Wissenschaftler den nuklearen Wettlauf doch? Die Geheimprojekte bei Innsbruck, im Raum Jonastal bei Arnstadt und in Prag. Rottenburg: Jochen Kopp Verlag

Mensing, Hans Peter (1991). Adenauer im Dritten Reich. Rhöndorfer Ausgabe, Berlin: Wolf Jobst Siedler Verlag

Moorhouse, Roger (2007). Killing Hitler. Die Attentäter, die Pläne und warum sie scheiterten. Wiesbaden: marixverlag

Namier, Lewis Bernstein (1949). Diplomatisches Vorspiel 1938-1939. Berlin: Oswald Arnold Verlag

Pauwels, Jacques R. (2013). Big Business avec Hitler. Brüssel: Les Èditions Aden

Preparata, Guido Giacomo (2011). Wer Hitler mächtig machte. Wie britisch-amerikanische Finanzeliten dem Dritten Reich den Weg ebneten. 2. Auflage, Basel: Perseus Verlag

Quigley, Carrol (2010). Appeasement. Die britische Mitschuld am Zweiten Weltkrieg. Berlin: Kai Homilius Verlag, Compact

Rothfels, Hans (1960). Die deutsche Opposition gegen Hitler. Ungekürzte, stark revid. Ausgabe, Frankfurt am Main und Hamburg: Fischer Bücherei KG

Runzheimer, Jürgen (1992). Bromberger Blutsonntag. In: Legenden, Lügen, Vorurteile. Ein Wörterbuch zur Zeitgeschichte. Hrsg. von Wolfgang Benz. München: Deutscher Taschenbuch Verlag

Scheel, Walter (1989). Nachwort zu: Lesebuch zur Deutschen Geschichte. Texte und Dokumente aus zwei Jahrtausenden. Hrsg. von Bernhard Pollmann, Dortmund: Harenberg Kommunikation

Scheck, Werner (1975), Geschichte Russlands. Von der Frühgeschichte bis zur Sowjetunion. München: Südwest Verlag

Schmidt, Paul (1949). Statist auf diplomatischer Bühne. 1923–1945. Ausgabe von 1961. Frankfurt/Main und Bonn: Athenäum Verlag

Schultze-Rhonhof, Gerd (2007). 1939. Der Krieg, der viele Väter hatte. 6. überarb. und aktualisierte Auflage, München: Olzog Verlag

Schwipper, Bernd (2018). Deutschland im Visier Stalins. Der Weg der Roten Armee in den Europäischen Krieg und der Aufmarsch der Wehrmacht 1941. Eine vergleichende Studie anhand russischer Dokumente. Gilching: Druffel & Vowinckel-Verlag

Shirer, William (1961). Aufstieg und Fall des Dritten Reiches. Frechen: Komet MA-Service und Verlagsgesellschaft mbH, Originalausgabe: Köln: Verlag Kiepenheuer & Witsch

Speidel, Hans (1977). Aus unserer Zeit, Frankfurt am Main, Berlin, Wien : Lizenzausgabe des Deutschen Bücherbundes, Originalausgabe Frankfurt/M., Berlin, Wien: Verlag Ullstein GmbH

Starikow, Nikolai (2008). Wer hat Hitler gezwungen Stalin zu überfallen? Hitlers fataler Fehler. Ins Deutsche übersetzt von Dr. Wolfgang Schacht. St. Petersburg: Verlag Piter.com

Steinbach, Peter & Tuchel, Johannes (Hrsg., 1994). Widerstand gegen den Nationalsozialismus, Bonn: Bundeszentr. für Pol. Bildung

Straeten, Herbert (1997). Andere Deutsche unter Hitler. Mainz: v. Hase & Köhler Verlag

Strauß, Franz Josef (1989). Die Erinnerungen, Berlin: Wolf Jobst Siedler Verlag

Sutton, Antony Cyril (2008). Wallstreet und der Aufstieg Hitlers. Basel: Perseus Verlag

Suworow, Victor (eig. Wladimir Bogdanowitsch Resun, 2000). Stalins verhinderter Erstschlag. Hitler erstickt die Weltrevolution. Übersetzt von Winfried Böhme. Selent: Pour le Mérite-Verlag für Militärgeschichte

Szepansky, Gerda (1983). Frauen leisten Widerstand: 1933 – 1945. 16. – 18. Tausend: Mai 1988, Frankfurt am Main: Fischer Taschenbuch Verlag GmbH

Trepp, Gian (1996). Bankgeschäfte mit dem Feind. Die Bank für Internationalen Zahlungsausgleich im Zweiten Weltkrieg. Von Hitlers Europabank zum Instrument des Marshallplans. 2. Auflage, Zürich: Rotpunktverlag

Trotzki, Leo (1937). Stalins Verbrechen. Zürich: Jean-Christophe-Verlag. Hier wurde der Nachdruck in der ersten Auflage aus dem Jahr 1990 verwendet: Berlin: Dietz Verlag

Wellems, Hugo & Oltmann, Reinhard (2003). Deutschland ausradieren. Das 20. Jahrhundert in entlarvenden Zitaten. Kiel: Arndt Verlag

Zayas, Alfred Maurice de (2001). Die Wehrmacht-Untersuchungsstelle. Dokumentation alliierter Kriegsverbrechen im zweiten Weltkrieg. 7. erweitere Auflage, München: Universitas Verlag in der F. A. Herbig Verlagsbuchhandlung GmbH

Zdral, Wolfgang (2002). Der finanzierte Aufstieg des Adolf H. Wien: Ueberreuter

Zoglmann, Siegfried (1995). Aufsatz in: Reinhard Appel (Hrsg.). Es wird nicht mehr zurückgeschossen... : Erinnerungen an das Kriegsende 1945. Bergisch Gladbach: Lingen

Namensregister

Wichtige Funktionsträger in den einzelnen Staaten

Belgien

König
Leopold III. 175, 245, 253

Deutschland

Reichskanzler
1871 bis 1890: Otto von Bismarck 111, 193, 258
1921 bis 1922: Joseph Wirth 5, 80
1930 bis 1932: Heinrich Brüning 289, 294 (emigrierte 1934)

Der Führer
Adolf Hitler ist wohl oder übel im Buch allgegenwärtig.

Sein Stellvertreter
Rudolf Heß 254, 294

Außenamtschef
1932 bis 1938: Konstantin Freiherr von Neurath 87, 227
1938 bis 1945: Joachim von Ribbentrop 12, 17, 19-24, 34, 37-40, 54-58, 60, 67ff., 74, 85, 92, 95, 100f., 114, 122f., 128f., 132, 134f., 137f., 145f., 150-153, 155f., 158, 160, 162, 177ff., 182, 194f., 213f., 238, 284, 288

Staatssekretär des Auswärtigen Amtes in Berlin
03. 04. 1938 bis 31.03.1943: Ernst Heinrich Freiherr von Weizsäcker 40, 53f., 60, 82f., 103, 108, 123, 132, 136, 138, 190, 202f., 205, 230, 242, 245, 247

Botschafter und Gesandte
1938 bis 1940 in **Brüssel**: Vicco von Bülow-Schwante 245
1938 bis 1939 in **London**: Herbert von Dirksen 21f., 30, 36, 43ff., 54f., 85, 92f., 102, 115ff., 123, 137f.

Estland

Frankreich

Großbritannien

Italien

Japan

Im Japanischen wird der Nachname zuerst genannt.
Das Komma soll hier das Nachschlagen erleichtern.

Polen

Präsident

Zweite Person im Staate

Kabinettschef

Außenminister

Botschafter

Militärattaché

Generalkommissar für Danzig

Chef des Warschauer Generalstabes

Rumänien

Schweiz

Sowjetunion

Spanien

Tschechoslowakei oder ČSR

Vereinigte Staaten von Amerika oder USA

Präsident

Außenminister

Botschafter

Geschäftsträger

weitere Diplomaten

späterer Chef von OSS und CIA

Unternehmen

Abkürzungen

AA	Auswärtiges Amt
AV	Alldeutscher Verband
BDM	Bund Deutscher Mädel
DNVP	Deutschnationale Volkspartei
DVP	Deutsche Volkspartei
HJ	Hitlerjugend
KPdSU	Kommunistische Partei der Sowjetunion
MP	Member of Parliament, Mitglied des Parlaments
NS	Nationalsozialistische ...
OKH	Oberkommando des Heeres
OKW	Oberkommando der Wehrmacht
RAM	Reichsaußenminister
SD	Sicherheitsdienst der SS
SdP	Sudetendeutsche Partei
SS	Sturmstaffel

Inhalt

Ebenfalls im Anderwelt Verlag erschienen:

England war mit dem Aufstieg kontinentaleuropäischer Länder zu Wirtschaftsmächten und Konkurrenten am Ende des 19. Jahrhunderts nicht untergegangen. Dabei standen die Sterne für das Empire nicht günstig. Der Anteil der Insel am Welthandel war über Jahrzehnte immer weiter gesunken, sie verfügte perspektivisch nicht selbst über genug Rohstoffe für ihre eigene Wirtschaft, auch nicht über hinreichend viele Einwohner, um den ökonomischen Aufstieg anderer Länder mit Hilfe von Feldzügen zu beenden. Wie lässt es sich erklären, dass binnen 50 Jahren die erfolgreiche Entwicklung großer Reiche in Kriegen und Diktaturen versandete und England auch ohne materielle Grundlage noch der Global Player ist wie vor hundert Jahren?

Londoner Außenpolitik & Adolf Hitler: Gibt es einen blinden Fleck?
Autor: Reinhard Leube
ISBN 978-3-940321-19-0 **€ 25.00 (D)**

Was haben die Menschen in Deutschland wohl gefühlt und erlebt in den Jahren 1933 bis 1937? Waren alle glühende Nationalsozialisten oder begann mit den Nazis eine Diktatur? Hätte es tatsächlich eine braune Mehrheit gegeben, dann wäre das eine Demokratie gewesen und man hätte die Gestapo und Ähnliches nicht gebraucht. Wie hat aber das Ausland auf den neuen Kanzler Adolf Hitler reagiert? Wieso war die Chefetage in London von ihm eigentlich so begeistert?

Das vorliegende chronologisch aufgebaute Werk vermittelt dem Publikum einen Eindruck von dieser Zeit, der eine Gänsehaut erzeugt. Ganz anders als die unzähligen Dokus, die nur blitzlichtartig Ausschnitte zeigen ...

Atemberaubend
Autor: Reinhard Leube
ISBN 978-3-940321-20-6 **€ 25.00 (D)**

Kann sein, dass die Berufshistoriker ihr Wissen bloß in verschämten Nebensätzen und in ihren Fußnoten unterbringen. In der Geschichte dritter Teil Septemberrevolution kommt alles auf den Tisch, was inzwischen über das Jahr 1938 bekannt geworden ist, zeitlich geordnet und packend erzählt. Nach weniger als sechs Jahren konnte der kleine Hitler, der mit dem Geld aus England und Amerika in Berlin an die Macht kam, von der Bühne wieder verschwunden sein und sein Drittes Reich nicht mehr als eine üble Panne in der Geschichte Deutschlands. Monate vor den Pogromen gegen die Juden vom November 1938 und ein Jahr, bevor ein zweiter Weltkrieg begann, konnte Hitler durch einen Aufstand in seinem Dritten Reich weggeputscht sein. In diesem Buch erleben Sie noch einmal live mit, wie genau das verhindert wurde.

Septemberrevolution
Autor: Reinhard Leube
ISBN 978-3-940321-23-7 **€ 25.00 (D)**

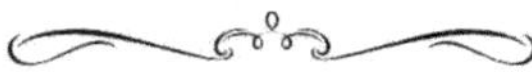

Kriege werden aus zwei Gründen begonnen:
Wirtschaft und Religion. In der Neuzeit ist es oftmals nicht zu übersehen, dass der Kampf ums Öl der wahre Grund für Kriege ist. Die Betrachtungen von Peter Haisenko zeigen, dass es bereits vor mehr als 100 Jahren nicht anders war. Politisch orchestrierte Lügen und Intrigen sind keine Erfin- dung der Neuzeit. Mit diesem Buch gehen Sie auf eine Reise durch das 20. Jahrhundert, und die Analyse wirtschaftlich-politischer Verknüpfungen lässt manche „geschichtliche Wahrheit" zweifelhaft erscheinen.

England, die Deutschen, die Juden und das 20. Jahrhundert
Autor: Peter Haisenko
ISBN 978-3-940321-03-9 **€ 24.90 (D)**

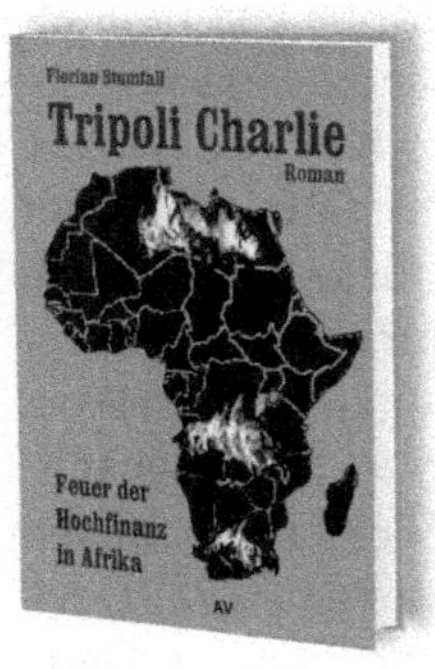

Florian Stumfall war im Bürgerkrieg in Mozambique, in Angola, im Hauptquartier der UNITA in Jamba, er war zu Gast bei Regierungen... Drei Ereignisse hat er in diesem Buch zu einer auf Tatsachen beruhenden Romanhandlung verarbeitet, deren wahrer Kern sich ganz erheblich von dem unterscheidet, was uns die Medien darüber erzählt haben. Stumfall schildert, wie und mit welchem Deal Nelson Mandela in Südafrika von der US-Hochfinanz an die Macht gebracht wurde und wie der Energiekonzern SASOL in Mozambique wegen eines Gasfeldes einen Bürgerkrieg angezettelt hat. Er berichtet vom Krieg in Angola und beschreibt die Rolle, die das weltweite Oppenheimer Diamanten-Monopol gespielt hat, als Jonas Savimbi, der Anführer der antikolonialen UNITA, vom Westen fallen gelassen wurde. Schließlich deckt er auf Basis ihm zugespielter Dokumente die Hintergründe für den 2011 geführten Krieg gegen Gaddafi in Libyen auf.

Tripoli Charlie
Autoren: Florian Stumfall
ISBN 978-3-940321-22-0 **€ 24.30 (D)**

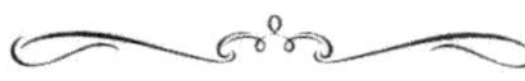

Der NSA-Skandal im Jahre 2013 führte den Deutschen vor Augen, dass sowohl ihre individuelle als auch die staatliche Souveränität nicht gewährleistet sind. Bei dem zu dieser Zeit geführten Bundestagswahlkampf wurde das massenhafte Ausspionieren der Bürger nicht thematisiert. Als am Wahlabend im September 2013 CDU und CSU ihren Sieg feierten, bekam Angela Merkel eine kleine deutsche Fahne gereicht. Diese entsorgte sie mit verzerrtem Gesicht. In jedem anderen Land wäre damit die Karriere eines Politikers beendet gewesen. Ihr Amtseid, alles zum Wohle des deutschen Volkes zu tun, erwies sich als Farce ...

Ist Deutschland ein souveräner Staat?
Autor: Wolfgang Schimank
ISBN 978-3-940321-18-3 **€ 24.00 (D)**

Vor einigen Jahren reisten kleine Gruppen von neugierigen Weltverbesserern aus vielen Ländern nach Neuseeland, um zu bewundern und zu lernen, wie so eine kleine, ehemalige Kolonie es geschafft hatte, einen der höchsten Lebensstandards auf Erden für seine Bürger zu erreichen. Neuseeland stand damals für einen Traum, für den Traum einer tatsächlich möglichen gerechten Welt. Heutzutage kommen die Menschen in Millionenstärke jedes Jahr, aber fast ausschließlich als Touristen oder als Einwanderer, als Ertragsquellen, um Devisen zu bringen, die das Land dringend braucht. Denn inzwischen haben die Investoren wieder die Oberhoheit vom Volk zurückerobert, die ihnen einige Jahre lang aus den Händen geglitten ward.

Ausverkauf vom Traum Neuseeland
Autoren: Hans-Jürgen Geese
ISBN 978-3-940321-24-4 **€ 21.00 (D)**

Wer echte Demokratie will, muss als wichtigste Voraussetzung ein Finanz- und Wirtschaftssystem fordern, das die Macht des Kapitals bricht, der „wundersamen Geldvermehrung" durch Zins und Zinseszins ein Ende setzt und Korruption weitgehend unmöglich macht. Die Humane Marktwirtschaft wird das leisten, und nicht nur das. Sie wird den Menschen Freiheit schenken in bisher nicht gekanntem Ausmaß; ein Leben frei von Lohnsteuer und Inflation und damit eine zuverlässig planbare Zukunft. Um das zu erreichen, bedarf es keiner blutigen Revolution, sondern lediglich der Rückbesinnung auf die Grundsätze des Humanismus – und deren konsequente Umsetzung.

Die Humane Marktwirtschaft
Autoren: Peter Haisenko / Hubert von Brunn
ISBN 978-3-940321-13-8 **€ 15.00 (D)**

Was für ein Leben! Hineingeboren in die dunkelste Epoche der Neuzeit, wird der Protagonist dieser authentischen Odyssee konfrontiert mit menschlichen Grenzerfahrungen, wie wir sie uns, die wir in Frieden, Freiheit und Wohlstand aufgewachsen sind, überhaupt nicht vorstellen können: Hunger, Terror, Verfolgung, Vernichtungslager, Flucht, Gefangenschaft. Ständig in Gefahr, kein Ort, der dauerhaft Schutz und Sicherheit bieten konnte, Verlust der Heimat, Entbehrungen und Verzicht. Wie viele Menschen sind in vergleichbaren Situationen gescheitert?!

Nicht so Peter Gorew. Das Vertrauen auf seine Fähigkeiten und Talente, der Mut, sich in ausweglos erscheinenden Situationen nicht aufzugeben und allen Gefahren zum Trotz seinen Weg zu gehen, ein klares Ziel vor Augen und der unerschütterliche Wille, dieses Ziel zu erreichen, waren ihm Quellen der Kraft und der Orientierung. Nur dank dieser schier unmenschlichen mentalen Stärke konnte er die Wirren des Zweiten Weltkrieges schadlos überstehen und sein Ziel erreichen: ein neues, ein besseres Leben in Freiheit.

Der Leser wird förmlich hineingezogen in diesen geradezu unglaublichen Lebensbericht eines ungewöhnlichen Menschen und muss sich immer wieder vergewissern, dass es sich hier nicht um Fiktion handelt, sondern um die brutale Wirklichkeit eines gelebten Lebens. Die Lektüre dieser beiden Bände hinterlässt eine Fülle unauslöschlicher Bilder und eine tiefe Dankbarkeit für „die Gnade der späten Geburt".

Der Weg vom Don zur Isar

Autor: Vadim Grom

Band 1: ISBN 978-3-940321-12-1 **€ 13.90 (D)**

Band 2: ISBN 978-3-940321-15-2 **€ 14.20 (D)**

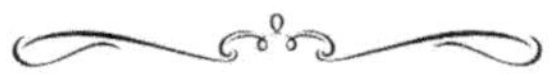

Das gesamte Angebot des Anderwelt Verlages finden Sie unter:

www.anderweltverlag.com

Besuchen Sie auch unser Portal für kritischen Journalismus und Meinungsbildung unter:

www.anderweltonline.com

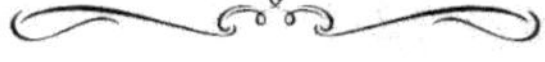